职业技术教育“十四五”规划建设项目 新形态智媒体版

隧道

施工与检测技术

主　编 / 杨国浪
副主编 / 赵程俊
编　委 / 林小雄　梁志武　李锦雄
夏桂平　罗　亮　任青峰

西南交通大学出版社
·成　都·

图书在版编目（C I P）数据

隧道施工与检测技术 / 杨国浪主编. —成都：西南交通大学出版社，2022.8（2024.12 重印）

ISBN 978-7-5643-8801-0

Ⅰ. ①隧… Ⅱ. ①杨… Ⅲ. ①隧道施工－高等职业教育－教材②隧道工程－检测－高等职业教育－教材Ⅳ. ①U45

中国版本图书馆 CIP 数据核字（2022）第 136665 号

Suidao Shigong yu Jiance Jishu

隧道施工与检测技术

主编 杨国浪

责任编辑 / 姜锡伟

封面设计 / 墨创文化

西南交通大学出版社出版发行

（四川省成都市金牛区二环路北一段 111 号西南交通大学创新大厦 21 楼　610031）

发行部电话：028-87600564　028-87600533

网址：http://www.xnjdcbs.com

印刷：四川森林印务有限责任公司

成品尺寸　185 mm × 260 mm

印张　17　　字数　423 千

版次　2022 年 8 月第 1 版　　印次　2024 年 12 月第 3 次

书号　ISBN 978-7-5643-8801-0

定价　55.00 元

课件咨询电话：028-87435775

PREFACE

前言

本书结合高等职业教育的特点，根据课程定位和培养目标，本着工学结合、任务驱动、教学做一体化的设计思想，以职业岗位工作目标为切入点，紧密围绕职业岗位技能要求编写而成。

本书在内容编排上基本结合岗位工作内容，以工作过程为导向，以项目任务为课程内容的主要载体，将知识项目化，以任务驱动教学，使学生在完成具体任务的过程中获得相关理论知识，发展职业能力。全书以隧道施工、检测知识的实际应用为主线，共设置了 11 个学习项目，各个项目之间既独立又有关联，具有易于理解和掌握等特点，突出实用性、针对性和适用性，重视由浅入深和理论联系实际，内容通俗易懂、简明扼要，图文配合紧密。本书可供教师或学习者根据专业侧重点不同和教学需要进行取舍和结合，也可让不同专业学生在学有余力的同时扩展自己的知识面。

本书教学内容紧密结合实际工作，内容选取遵循以应用为目的，以必需、够用为度”的原则，从实际应用的需要出发，力求内容精练，注重理论联系实际。此外，本书还融入了行业最新设计、施工和技术标准的内容，以体现教学内容的先进性、通用性和实用性。

本书由广西建设职业技术学院杨国浪主编，并负责全书统稿；广西建设职业技术学院赵程俊担任副主编；广西建设职业技术学院林小雄、梁志武，广西交通投资集团有限公司李锦雄，中铁二十五局集团有限公司夏桂平、罗亮、任青峰参与了本书的编写。具体编写分工如下：杨国浪负责编写项目一、项目七、项目十；赵程俊负责编写项目二、项目六、项目八；林小雄负责编写项目十一；李锦雄负责编写项目九；夏桂平负责编写项目三；罗亮负责编写项目四；任青峰负责编写项目五；梁志武负责编制复习与思考题、习题库，整理教学图纸。广西建设职业技术学院黄文珑、刘海彬担任主审。

本书在编写过程中，参考了相关的著作和文献资料，在此向有关作者表示诚挚谢意。

由于编者水平和经验有限，书中难免存在疏漏和不足之处，敬请广大读者批评指正。

编者

2022 年 3 月

CONTENTS

目 录

学习项目一 认知隧道概念与结构

任务一 认知隧道基本概念与结构组成

【学习目标】

（1）认知隧道基本概念。
（2）掌握隧道结构组成。

【任务描述】

通过对隧道结构基本概念与组成的学习，能够结合工程实际情况应用隧道概念解决实际问题，具备在图中或现场正确识别隧道结构的能力。

【相关知识】

一、有关隧道的基本概念

1. 隧道

隧道是一种修建在地层中的地下工程建筑物。1970 年，国际经济合作与发展组织召开的隧道会议综合了各种因素，对隧道作出了如下定义：以某种用途在地面下用任何方法按规定形状和尺寸修筑的断面面积大于 2 m^2 的硐室。

2. 围岩

围岩是指隧道开挖后其周围产生应力重分布范围内的岩体，或指隧道开挖后对其稳定性产生影响的那部分岩体（这里的岩体是土体和岩体的总称）。

3. 支护

支护是指为维护围岩稳定而施作的人工结构。

4. 衬砌

衬砌是指为控制和防止围岩的变形与塌落、确保围岩的稳定，或为处理涌水和漏水，或为达到隧道内空整齐或美观等目的，将隧道周边的围岩覆盖起来的结构体。

5. 仰拱

仰拱通俗解释为向上仰的拱，是指为改善上部支护结构受力条件而设置在隧道底部的反向拱形结构，是隧道结构的主要组成部分之一。

它不仅能将隧道上部的地层压力通过隧道边墙结构或将路面上的荷载有效地传递到地下，而且还能有效地抵抗隧道下部地层传来的反力。仰拱与二次衬砌构成隧道整体，增加了结构稳定性。

仰拱在隧道衬砌中一般是先浇筑的，浇筑后模板台车就可以在仰拱砼上定位和支撑，来进行隧道拱墙砼的浇筑。

6. 拱墙

隧道拱墙指隧道两边侧墙和顶部的拱部，一般是利用模板台车一体浇筑的，如图 1-1 所示。

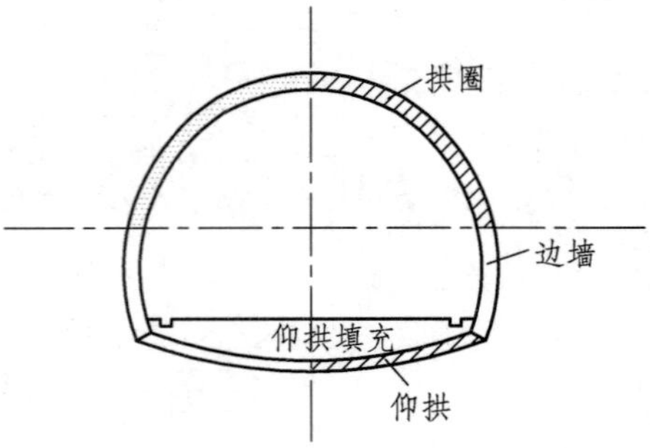

图 1-1　隧道拱墙

7. 仰拱栈桥

由于仰拱位于隧道底部，全幅施工时将产生临时道路的中断，影响掌子面施工车辆和人员的通行，进而影响整个隧道的施工进度。为此，必须采用栈桥的方式，以保证能在隧道施工道路正常通行的情况下施工仰拱。

栈桥

8. 掌子面

“掌子面”又称礤子面，是坑道施工中的一个术语，即开挖坑道（采煤、采矿或隧道工程中）时不断向前推进的工作面。它不是一个固定的面。开挖面有掌子面、边墙面和拱顶面。

“掌子面”是民间的叫法，最早是从煤窑来的，老窑工们形容挖煤的工作面“只有巴掌大的地方”，时间久了就成了“掌子面”，后来也指隧道、井、矿等的作业面。

9. 隧道净空

隧道净空是指隧道内轮廓线所包围的空间，包括隧道建筑限界、通风及其他功能所需的断面面积，是根据“隧道建筑限界”确定的。

10. 隧道建筑限界

隧道建筑限界是指为了保证隧道内各种交通的正常运行与安全，而规定在一定宽度和高度范围内不得有任何部件（包括通风、照明、安全和内装饰等附属设施）侵入的空间范围，如图 1-2 所示。隧道建筑限界主要与公路等级、设计速度等有关。建筑限界高度：高速公路、一级公路为 5.0 m，二级公路为 5.0 m，三、四级公路为 4.5 m。

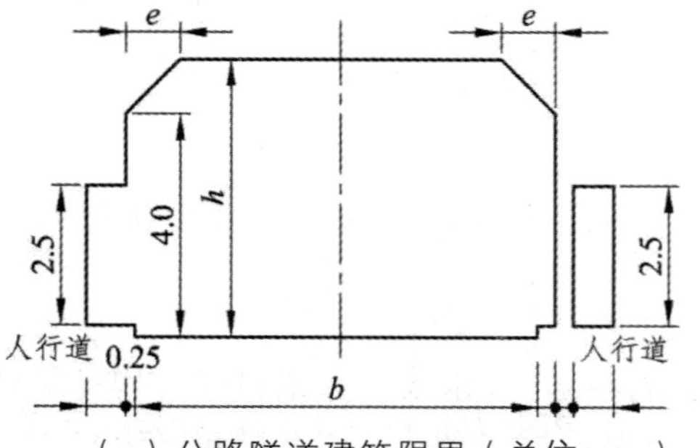

（a）公路隧道建筑限界（单位：m）

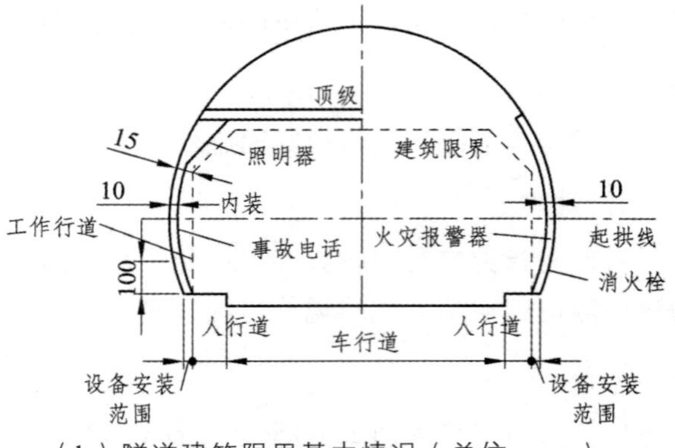

（b）隧道建筑限界基本情况（单位：cm）

图 1-2　隧道建筑限界

11. 隧道长度

隧道长度是指隧道进出口（含与隧道相连的明洞）洞门端墙墙面之间的距离，即两端端墙面与路面的交线同路线中线交点间的距离。双线隧道按上、下行隧道长度的平均值计算。

12. 进尺

进尺是钻探或钻井工程的术语，用于反映采掘或钻探工作进展情况。钻进获得的以米为度量单位的长度数值，可以按每工作循环、昼夜、月、季、年度分别计算。一个作业班（8 h）内的钻进长度，称为班进尺，此外有日进尺、月进尺、年进尺等；一个钻头所钻的总深度，称钻头进尺。进尺是钻探或钻井的工作量指标，是钻探计划、统计、核算、定额等的一个基本项目。

二、隧道结构组成

隧道的分类

隧道的结构组成是指隧道作为单位工程，其结构的组成部分及各部分在总体中所起的作用。隧道由围岩、洞身衬砌、洞门和附属设施四部分组成，如图 1-3 所示。

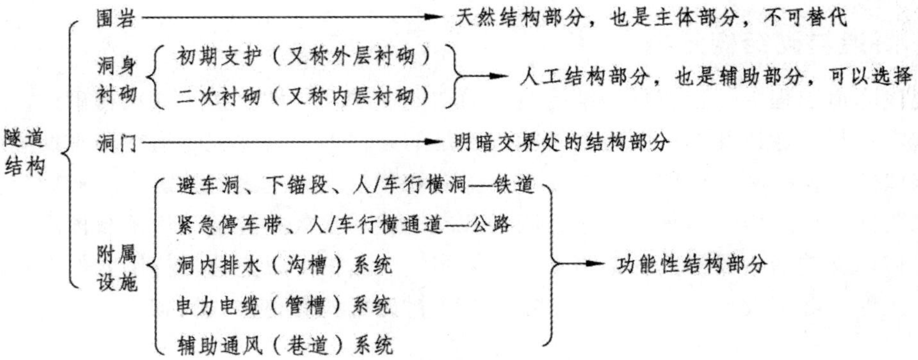

图 1-3　隧道结构组成

任务二　认知隧道洞身衬砌

【学习目标】

（1）掌握隧道衬砌的概念。

（2）理解隧道不同衬砌材料的特点。

（3）理解不同衬砌类型的特点。

（4）理解隧道衬砌构造的要求。

【任务描述】

通过对隧道洞身衬砌结构的学习，能根据隧道衬砌构造要求设计隧道衬砌结构；能够结合工程实际情况选择衬砌类型，并采用合适的衬砌材料；能结合施工图纸理解隧道衬砌构造的要求。

【相关知识】

隧道开挖后，为了保持坑道的稳定，一般都需要在坑道周围修建支护结构。广义地说，可以把人工修筑的支护结构统称为衬砌。隧道支护示意如图1-4所示。

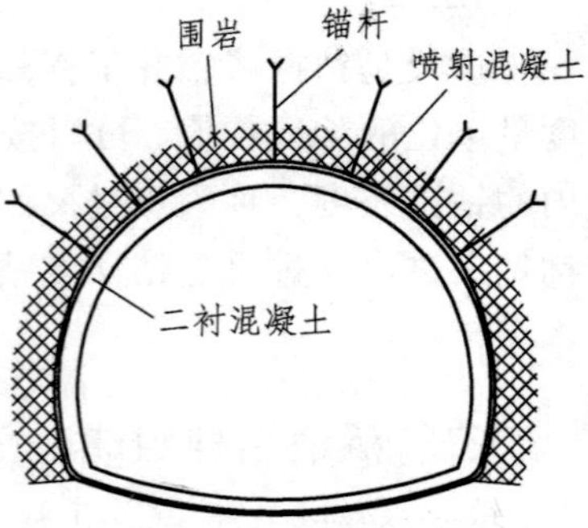

图1-4　隧道支护

一、支护的方式

支护的方式主要有以下几种：

（1）外部支护。外部支护即从外部支撑着坑道的围岩，如模筑混凝土整体式衬砌、砖石衬砌、装配式衬砌、喷射混凝土支护等。

（2）内部支护。内部支护即对围岩进行加固以提高其稳定性，如锚杆支护、压入浆液等。

（3）混合支护。混合支护即内部与外部支护混合在一起的衬砌，如喷锚支护。

二、隧道衬砌结构分类

在现代隧道工程中，隧道衬砌结构被分为初期支护和二期支护（二次衬砌）。

初期支护是在隧道开挖后围岩自稳能力不足的条件下，为保证隧道在施工期间的稳定和安全所采取的工程措施。初期支护主要采用锚杆和喷射混凝土来支护围岩。初期支护施工后即成为永久性承载结构的一部分，它与围岩共同构成了永久的隧道结构承载体系。

隧道初期支护的主要形式为锚喷支护，采用锚喷支护可以充分发挥围岩的自承能力。

在永久性的隧道及地下工程中，常用的二次衬砌形式有整体式衬砌、复合式衬砌及锚喷衬砌。

三、衬砌材料

用来修建隧道衬砌的材料应具有足够的强度和耐久性；在某些环境中，衬砌材料必须具有抗冻性、抗渗性和抗侵蚀性；此外，从经济角度考虑，衬砌材料还应满足就地取材、降低造价、施工方便及易于机械化施工等要求。

1. 混凝土

混凝土的优点是整体性好，既可以在现场浇筑，也可以在加工场预制，而且可以机械化施工。可以在水泥中掺入外加剂，以提高混凝土的性能。其缺点是灌注后不能立即承受荷载，需要进行养生，达到预定强度才能拆模，占用的模板和拱架较多。普通混凝土的耐侵蚀能力较差。

2. 片石混凝土

为了节省水泥，岩层较好地段的边墙衬砌，允许采用片石混凝土（片石的掺量不应超过总体积的20%）。此外，当起拱线以上1 m以外部位有超挖时，其超挖部分也可用片石混凝土进行回填。

片石混凝土选用的石料要坚硬，其强度等级不应低于 MU40，有裂隙和易风化的石料不应采用，以保证质量。

片石、块石、毛石小知识

3. 钢筋混凝土

钢筋混凝土是在混凝土中加入钢筋，其目的是提高混凝土抗拉、抗剪性能。

钢筋混凝土主要用于明洞衬砌及地震区、有偏压、断层碎带或淤泥、流沙等不良地质地段的隧道衬砌中。在特殊情况下可加入旧钢轨或焊接钢筋骨架进行加强。

4. 石料和混凝土预制块

石料衬砌的优点是可就地取材、降低造价，可保证衬砌厚度并能较早地承受荷载，可以节省水泥和模板，耐久性和耐侵蚀性能较好。其缺点是：整体性差，砌缝多容易漏水，防水性能较差；施工主要靠手工操作，难于机械化；费工、费时，施工进度较慢，而且砌筑技术要求高。

5. 喷射混凝土

喷射混凝土是将混凝土干拌和料、速凝剂和水，用混凝土喷射机高速喷射到洁净的岩石表面上凝结而成的。其密实性较高，能快速封闭围岩的裂隙；密贴于岩石表面，早期强度高，能很快起到支护作用。另外，在喷射混凝土中可加入纤维类材料提高其性能，从而形成一种理想的衬砌材料。

6. 立锚杆和钢架

锚杆是一种插入围岩岩体内的杆形构件，可加固围岩。

锚杆的杆体直径宜为 20～32 mm，杆体材料宜采用 HRB335、HRB400 钢；垫板材料宜采用 HPB235 钢。锚杆用的各种水泥砂浆强度不应低于 M20。钢筋网材料可采用 HPB235 钢，直径宜为 6～12 mm。

钢架是为了加强支护刚度而在初期支护或二次衬砌中放置的型钢支撑或格栅钢支撑。初期支护采用的钢架宜用 H 形、工字形、U 形型钢制成，也可用钢管或钢轨制成。

7. 装配式材料

衬砌材料也可采用一些装配式材料，如钢筋混凝土大型预制块、加筋肋铸铁预制块等。另外，为了提高洞内照明高度和视线诱导、加强防水和通风、美化或减少噪声等，可在衬砌内表面粘贴各种各样的装修材料。

四、衬砌类型

按照衬砌的施工工艺，可将隧道衬砌分为以下四种类型。

1. 单层衬砌（整体式模筑混凝土衬砌）

单层衬砌采用混凝土或钢筋混凝土为材料就地灌注而成，也称为模筑混凝土衬砌，按照传统松弛荷载理论设计和施作，如图 1-5 所示。其工艺流程为立模—灌注—养生—拆模。整体式模筑混凝土衬砌的特点是对地质条件的适用性较强，易于按需要成型，整体性好，抗渗性强，并适用于多种施工条件，如可用木、钢模板或衬砌模板台车等。该衬砌类型技术成熟，适用于多种围岩条件，在隧道洞口段、浅埋段及围岩条件很差的软弱围岩中采用时较为稳妥可靠。

2. 装配式衬砌

装配式衬砌是将衬砌分解为若干块构件（也称管片），这些构件在现场或工厂预制，然后运到现场安装，如图 1-6 所示。这种衬砌的特点是拼装成环后立即受力，便于机械化施工，可改善劳动条件、节省劳力。目前，装配式衬砌多在使用盾构法施工的城市地下铁道中采用。

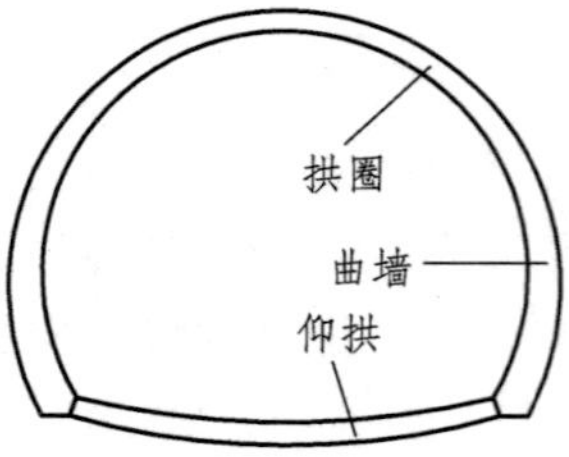

图 1-5　单层衬砌

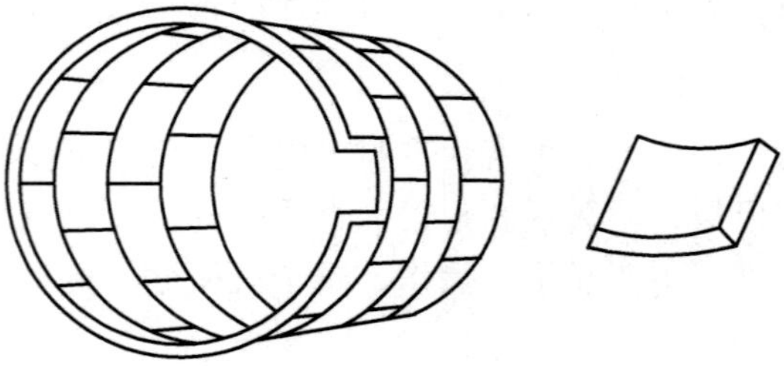
图 1-6　装配式衬砌

3. 锚喷式衬砌

锚喷式衬砌是指锚喷结构既作为隧道临时支护，又作为隧道永久结构的形式。

喷射混凝土是以压缩空气为动力，将掺有速凝剂的混凝土拌和料与水混合成为浆状，喷射到坑道的岩壁上凝结而成的。当岩壁不够稳定时，可加设锚杆、金属网和钢架，构成“锚喷式衬砌”，也称为“喷锚衬砌”，如图 1-7 所示。

在Ⅳ ~ Ⅵ级围岩中不宜单独采用喷锚支护作永久衬砌，一般考虑在Ⅰ、Ⅱ级等围岩良好、完整、稳定的地段中采用。

4. 复合式衬砌

复合式衬砌不同于单层厚壁的模筑混凝土衬砌，它把衬砌分成两层或两层以上，可以是同一种形式、方法和材料施作的，也可以是不同形式、方法、时间和材料施作的，如图 1-8 所示。

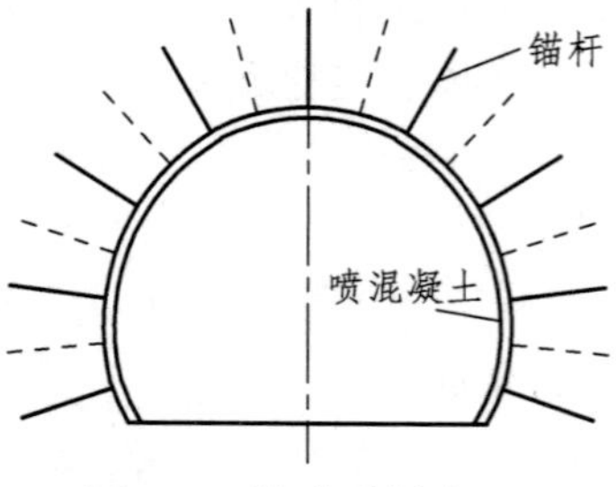

图 1-7　锚喷式衬砌

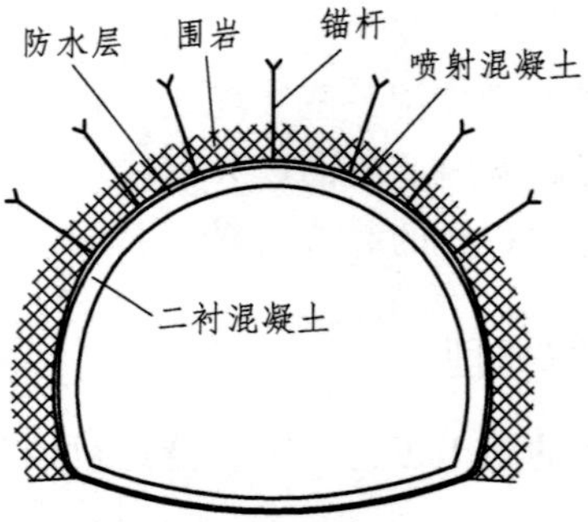

图 1-8　复合式衬砌

目前，在工程中常用的复合式衬砌都是外衬和内衬两层。外衬主要以喷射混凝土和锚杆为基本组合形式；内层衬砌则有多种材料和构造形式，但以就地模筑混凝土为主。

复合衬砌按内、外衬的组合情况可分为喷锚支护与混凝土衬砌、喷锚支护与喷射混凝土衬砌、可缩性钢拱架（或格栅钢构拱架）喷射混凝土与混凝土衬砌、装配式衬砌与混凝土衬砌。

5. 隧道衬砌的其他构造要求

（1）隧道洞口段，应设置加强衬砌，并宜与洞身整体砌筑。铁路隧道一般单线隧道洞口应设置不小于 5 m 长的模筑混凝土衬砌，双线和多线隧道应适当加长；公路隧道洞口段模筑混凝土长度一般情况下两车道隧道应不小于 10 m，三车道隧道应不小于 15 m。洞口段及软弱围岩段的衬砌宜采用钢筋混凝土结构。

（2）围岩稳定性较差段的衬砌应向围岩较好地段延伸 5～10 m。

（3）偏压衬砌段应向一般衬砌段延伸，铁路规定偏压衬砌段应延伸至一般衬砌段内 5 m 以上，公路规定其一般不小于 10 m。公路隧道偏压衬砌一般宜采用钢筋混凝土结构。

（4）横通道、运营通风洞、联络通道等与主隧道连接处的衬砌设计应做加强处理，加强段衬砌应向各交叉洞延伸。公路隧道规定主洞延伸长度不小于 5.0 m，横通道延伸长度不小于 3.0 m。公路隧道一般要求交叉口衬砌采用钢筋混凝土结构。

（5）围岩稳定性较差地段应设仰拱，不设仰拱的隧道应做底板，单线隧道其厚度不得小于 20 ㎝，双线隧道其厚度不得小于 25 ㎝；不设仰拱的地段，衬砌边墙应置于稳固的地基之上。

（6）对衬砌有不良影响的硬软地层分界处，应设置变形缝。

任务三　认知隧道洞门结构

【学习目标】

（1）了解隧道洞门的概念。

（2）掌握隧道常用洞门形式和适用条件。

【任务描述】

通过对隧道洞门相关知识的学习，能在图纸中或现场正确识别不同隧道洞门形式；并能根据不同洞门的适用条件，结合现场情况选用适当的隧道洞门结构。

【相关知识】

一、隧道洞门结构概述

1. 洞门的概念

洞门（隧道门的简称，通常也泛指隧道门及明洞门），是隧道两端的外露部分，是隧道洞口用圬工砌筑，用以保护洞口、排放流水并加以建筑装饰的支挡结构物。它联系衬砌和路堑，是整个隧道结构的主要组成部分，也是隧道进出口的标志。

2. 洞门的作用

（1）减少洞口土石方开挖量，起到挡土墙的作用。

（2）稳定边仰坡，减小引线路堑的边坡高度，缩小正面仰坡的坡面长度，从而使边仰坡得以稳定。

（3）引离地面流水，把流水引入侧沟排走，保证了洞口的正常干燥状态。

（4）装饰洞口，修建洞门也可以算是一种装饰。

二、洞门的类型

公路隧道洞门可根据所处的地形地质条件、自然环境、人文特点设计为墙式洞门或明洞式洞门。墙式洞门可采用端墙、翼墙、柱式三种基本形式，或由其变化的台阶式、城墙式、单圆弧形和多圆弧形等形式；明洞式洞门可采用削竹式、喇叭式、棚洞式三种基本形式，或由其变化的环框式及倒削竹式等形式。

墙式洞门适用于地形较为陡峭、偏压较大或横断面地形复杂条件下的洞口。

明洞式洞门适用于地形平缓、山体稳定或单侧边坡较高等地形条件下的洞口。

1. 环框式洞门

当隧道洞口仰坡极为稳固，岩层坚硬，节理不发育，不易风化（Ⅰ～Ⅱ级围岩），且地形陡峻，无排水要求时，可以将洞口段衬砌加厚，形成洞口环框，主要起加固洞口衬砌和减少洞口雨后滴水对洞口段侵蚀的作用，并对洞口作简单的装饰，不承载。

环框微向后倾，其倾斜程度与顶上的仰坡一致。环框的宽度与洞口外观相匹配，一般不小于 70 cm，突出仰坡坡面不少于 30 cm，使仰坡上流下的水不致从洞口正面淌下，如图 1-9 所示。

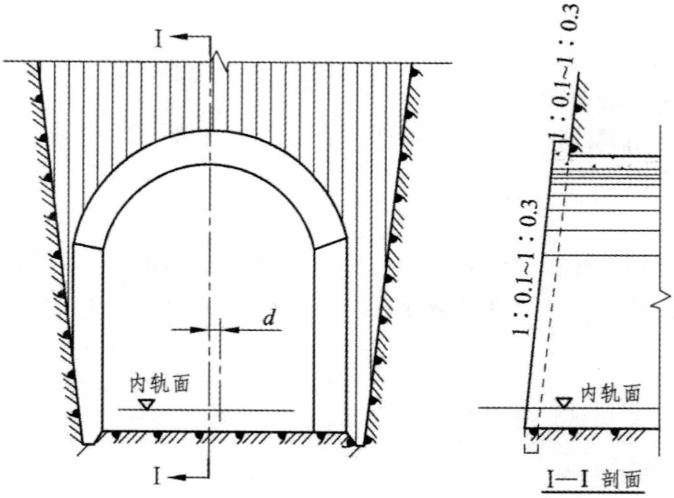

图 1-9　环框式洞门

2. 端墙式洞门

端墙式洞门俗称一字式洞门，它由端墙和洞门顶的排水沟组成，如图 1-10 所示。其中，端墙起挡土墙的作用，主要抵抗山体纵向推力及支持洞口正面上的仰坡，保持其稳定；洞门顶排水沟用来将仰坡流下来的地表水汇集后排走。

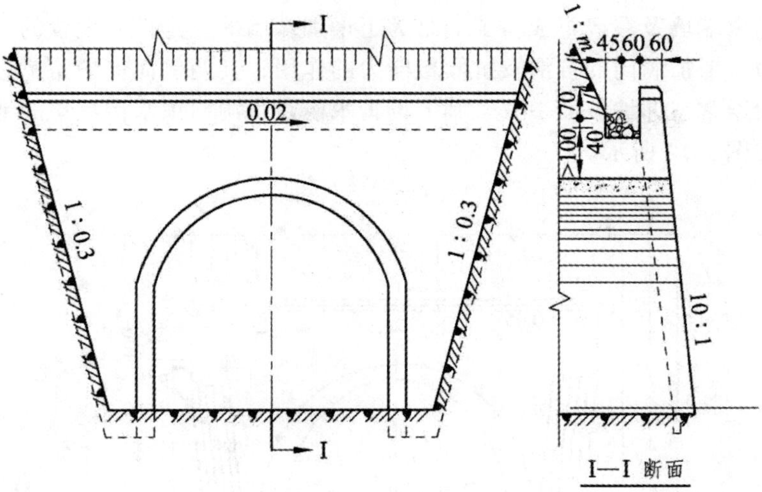

图 1-10　端墙式洞门

端墙式洞门适用于地形开阔、岩层较为坚硬完整的情况。

端墙式洞门具有结构简单、工程量小、施工简便的优点，在岩层较好时使用最为经济，也是最常见的一种洞门。唯其洞门顶排水条件稍差，当横向山坡一侧较低时，宜开挖沟槽横向引排。

3. 柱式洞门

柱式洞门是从端墙式洞门发展而来的，它实际上也是一种端墙形式的洞门，如图 1-11 所示。

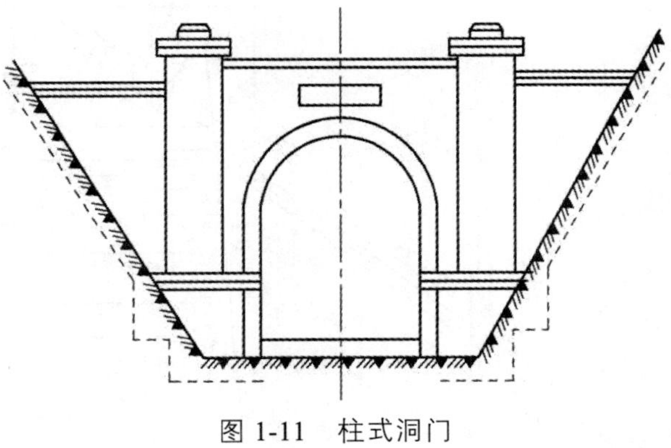

图 1-11　柱式洞门

柱式洞门适用于洞口地形较陡，地质条件较差，岩层有较大侧压力，仰坡有下滑可能性的地段；或洞口地形狭窄，受地形或地质等影响不便设翼墙或不能设翼墙的地段。此时可以在端墙中部设置两个断面较大的柱墩，以增加端墙的稳定性。

由于柱式洞门的墙面有凸出的线条，较为雄伟壮观，因此适宜在城市、风景区或有建筑艺术装饰要求的地区采用，特别是对于较长较大的隧道，采用柱式洞门比较壮观。

4. 翼墙式洞门及耳墙式洞门

1）翼墙式洞门

翼墙式洞门俗称八字式洞门，适用于地质条件较差的Ⅳ级以下围岩，山体纵向推力较大时，以及需要开挖较深路堑的地段。

翼墙式洞门由端墙及翼墙组成。翼墙是为了增加端墙的稳定性而设置的，其正面起到抵抗山体纵向推力、增加洞门的抗滑及抗倾覆能力的作用；其两侧面保护路堑边坡，起挡土墙作用。翼墙顶面通常与仰坡坡面一致，其上设置水沟，将洞门顶水沟汇集的地表水引至路堑侧沟内排走，如图 1-12 所示。

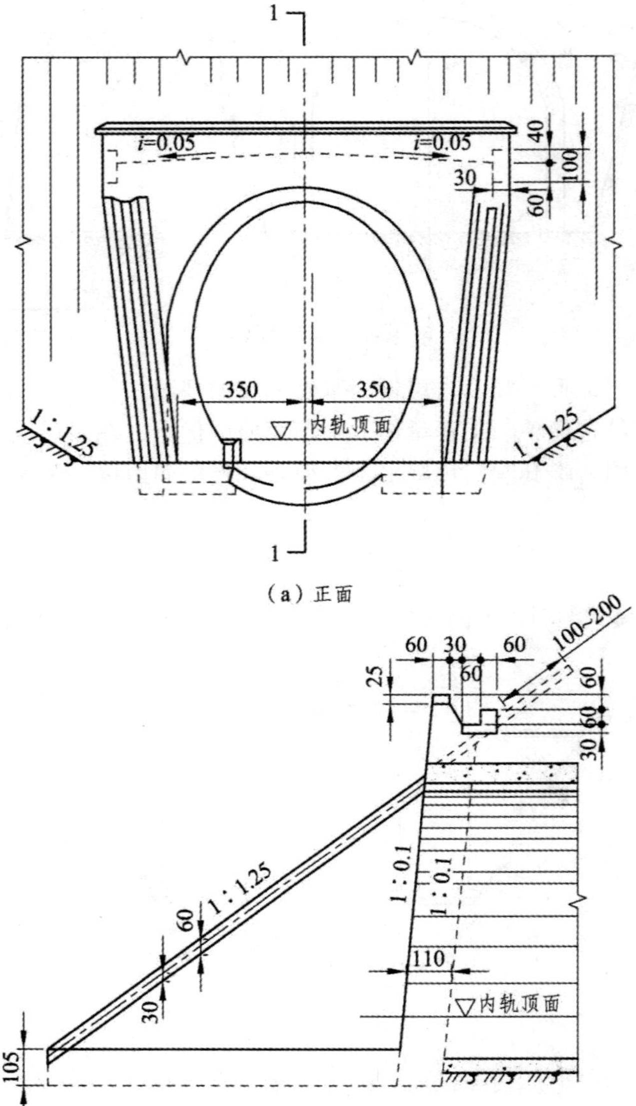

（a）正面

（b）1—1剖面

图 1-12　翼墙式洞门

翼墙式洞门的正面端墙一般采用等厚的直墙，微向后倾斜，斜度为 1：10。翼墙前面与端墙垂直，顶面斜度与仰坡坡度一致（顶面一般与仰坡的延长面一致），墙顶上设流水凹槽，将洞顶上的水从端墙后面沿预留的泄水孔引出墙外，然后沿凹槽流至路堑边沟内。

翼墙的基础应设在稳固的地基上，其埋深应与端墙基础相同。

2）耳墙式洞门

耳墙式洞门，即带耳墙的翼墙式洞门。将翼墙式洞门的端墙两侧各接出一个耳墙至边坡内，呈带耳墙的结构，即形成耳墙式洞门，如图 1-13 所示。

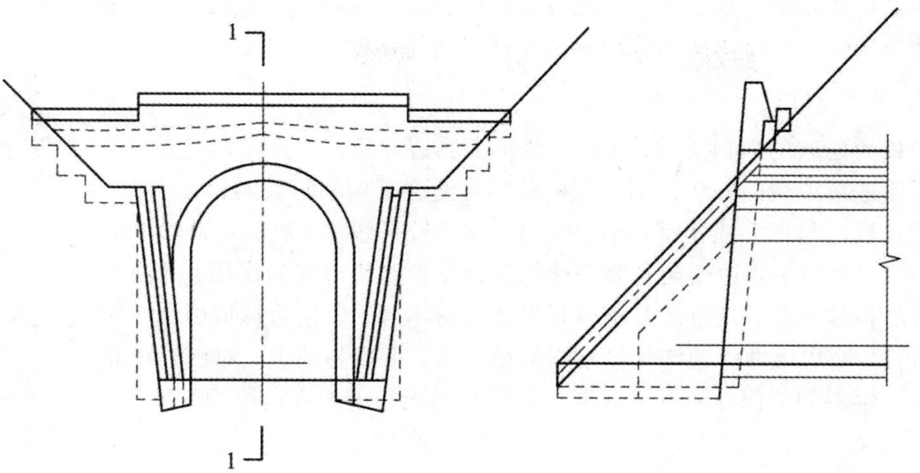

（a）正面　　　　（b）1—1 剖面

图 1-13　耳墙式洞门

这种洞门形式对排泄仰坡、边坡地表水汇水和阻挡洞顶风化剥落体效果良好，并可大大减少对坡面的冲刷，洞口显得宽敞，结构式样比较美观，而且对于边仰坡坡度不一致的洞口，设计时亦便于处理。

5. 台阶式洞门

当洞门处于傍山侧坡地区，地面横坡较陡，洞门一侧边坡较高时，为减少仰坡高度及外露坡长，可采用将端墙一侧顶部改为逐步升级的台阶形式，以适应地形的特点，减少仰坡土石开挖量，此种洞门称为台阶式洞门。台阶式洞门一般会配合偏压隧道衬砌使用，故也称为偏压隧道门，如图 1-14 所示。

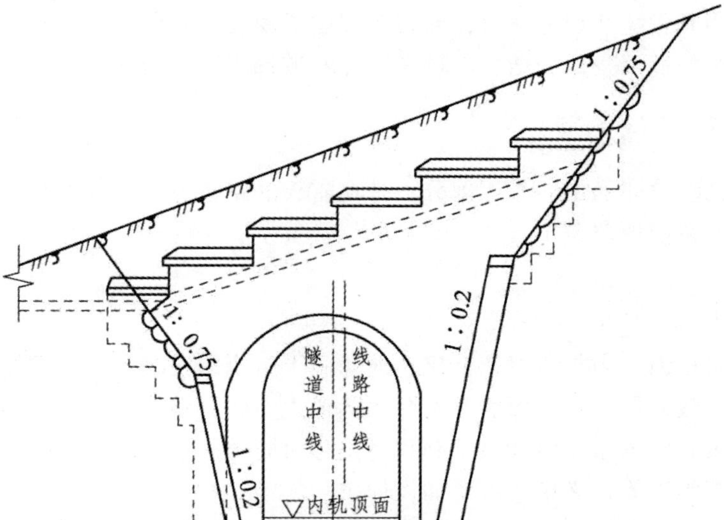

图 1-14　台阶式洞门

台阶式洞门在靠山侧通常需设置挡墙，以降低边坡的开挖高度，并压缩端墙的宽度；低山坡一侧如地质较差，地面较高，也可采用矮挡墙。选用台阶式洞门时，通常需要根据洞口的地形地质条件，与采用明洞或斜洞门作技术经济比较。

6. 削竹式洞门

当洞口为松软的堆积层时，通常应避免大刷边仰坡，一般宜采用接长明洞，恢复原地形地貌的办法，洞口宽敞的场合适合采用削竹式洞口。

“零开挖”进洞理念

削竹式洞门与环框式非常相似，但洞门坡面较平缓，一般应与自然地形坡度相一致。洞门两侧边墙与翼墙一样能起到保护路堑边坡的作用，洞门四周恢复自然植被原状，或重新栽植根系发达的树木等，以使边仰坡稳定。如果具备条件，在引道两旁边沟外侧可以栽植乔木，形成林荫道，对洞外减光十分有益。倾斜的洞门还有利于向洞内散射自然光，增加入口段的亮度。

隧道洞门欣赏

任务四　认知隧道明洞

【学习目标】

（1）了解隧道明洞的修建场合。
（2）掌握隧道明洞的分类。
（3）掌握隧道常用明洞形式和适用条件。
（4）理解隧道明洞的构造要求。

【任务描述】

通过对隧道明洞相关知识的学习，能在图纸中或现场正确识别不同隧道明洞形式；并能根据不同明洞结构的适用条件，结合现场情况为隧道选用适当的明洞结构。

【相关知识】

明洞是用明挖法修建的山岭隧道部分，是在露天的路堑地面上或是在敞口的基坑内，先修筑结构物，然后再回填覆盖土石。

一、拱式明洞

拱式明洞是由拱圈、内外边墙和仰拱（或铺底）组成的混凝土或钢筋混凝土结构，它的内轮廓与隧道相一致，但结构截面的厚度要比隧道大一些，整体性较好，能承受较大的垂直压力和侧压力。拱式明洞由于内外墙基础相对位移对内力影响较大，所以对地基要求较高，尤其是外墙基础必须稳固，必要时需要加设仰拱。

拱式明洞通常用作洞口接长衬砌的明洞，以及用明洞抵抗较大的坍方推力和支撑边坡稳定等。

拱式明洞分为路堑式拱形明洞（路堑式对称型）、偏压直墙式拱形明洞（路堑式偏压型）、偏压斜墙式拱形明洞（半路堑式偏压型）、半路堑单压式拱形明洞等。

1. 路堑式拱形明洞

路堑式拱形明洞适用于路堑边坡对称或接近对称，边坡岩层基本稳定，仅需防护边坡有少量坍塌、落石，或隧道洞口岩层破碎，覆盖层较薄而难以用暗挖法修建隧道的情况。

设置路堑式拱形明洞时，在挖出路堑的基面上，先修建与隧道衬砌相似的结构，然后在上面回填覆盖土石，夯紧并覆盖防水黏土层，层上留有排水的沟槽，以防止地面水的渗入。两侧墙外填以浆砌片石，使其密实。路堑式拱式明洞承受对称荷载，拱、墙均为等截面，边墙为直墙式。路堑式拱形明洞如图 1-15、图 1-16 所示。

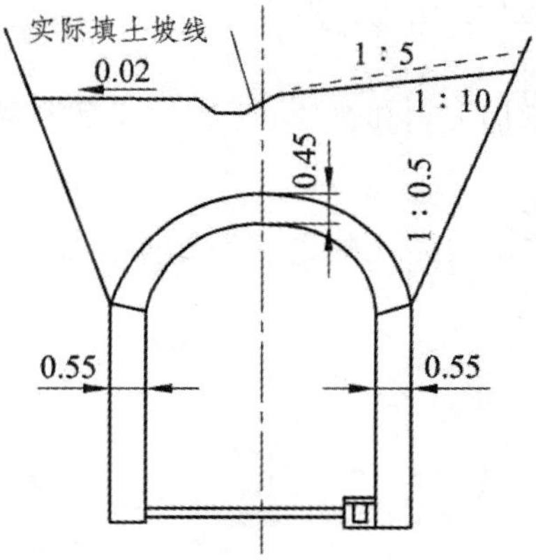

图 1-15　路堑式拱形明洞（一）（单位：m）

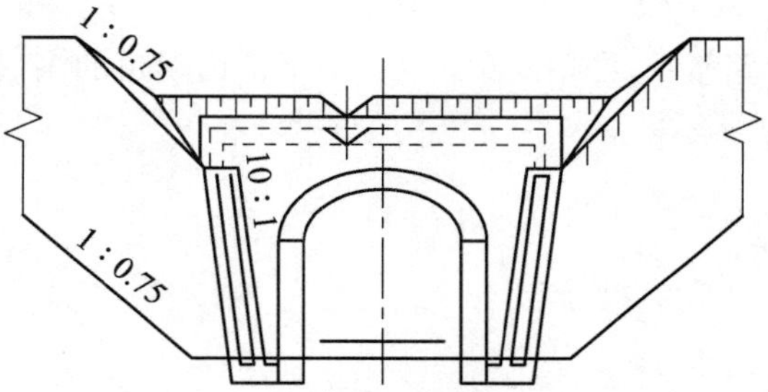

图 1-16　路堑式拱形明洞（二）

2. 偏压直墙式拱形明洞

偏压直墙式拱形明洞适用于两侧边坡高差较大的不对称路堑。其承受不对称荷载，拱圈为等截面，边墙为直墙式，外侧边墙的厚度大于内侧边墙的厚度，如图 1-17、图 1-18 所示。

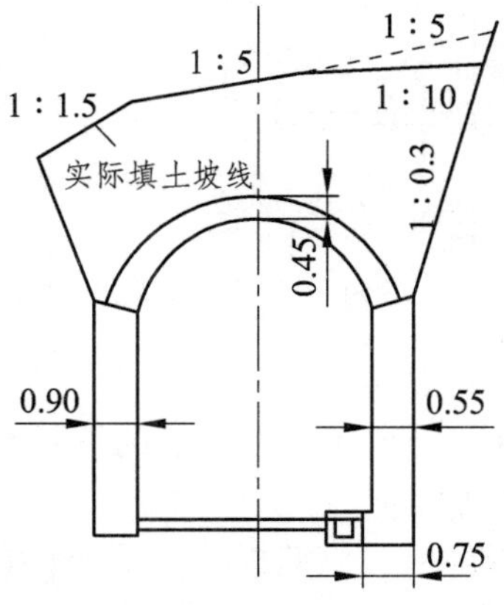

图 1-17　偏压直墙式拱形明洞（一）（单位：m）

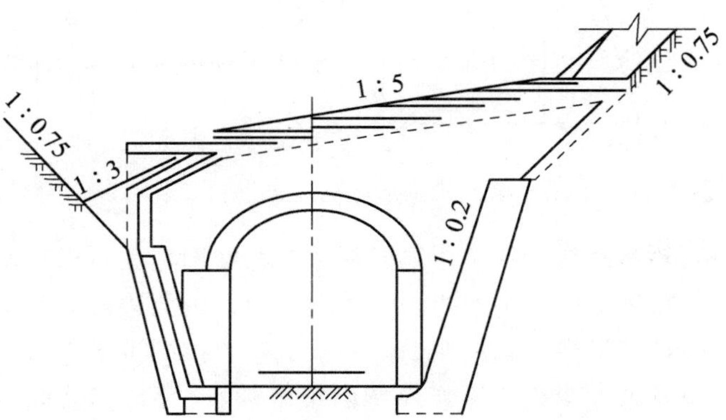

图 1-18　偏压直墙式拱形明洞（二）

3. 偏压斜墙式拱形明洞

偏压斜墙式拱形明洞适用于地形倾斜，低侧处的路堑外侧有较宽敞的地面供回填土石，以增加明洞抵抗侧向压力能力的情况。其承受偏压荷载，拱圈为等截面，内侧边墙为等厚直墙式，外侧边墙为不等厚斜墙式，如图 1-19、图 1-20 所示。

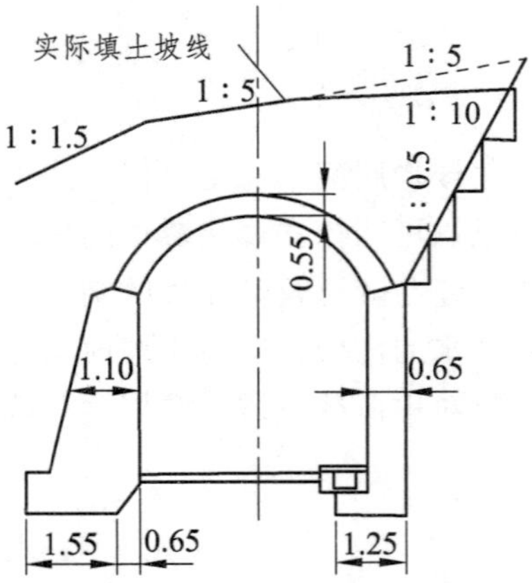

图 1-19　偏压斜墙式拱形明洞（一）（单位：m）

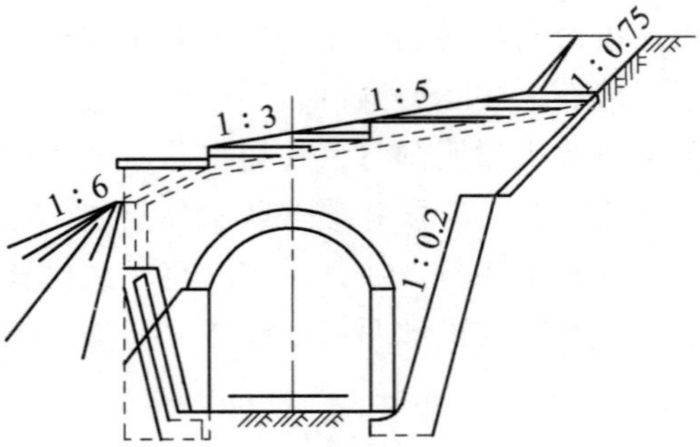

图 1-20　偏压斜墙式拱形明洞（二）

4. 半路堑单压式拱形明洞

半路堑单压式拱形明洞适用于傍山隧道的洞口或傍山线路上的半路堑地段，如图 1-21、图 1-22 所示。

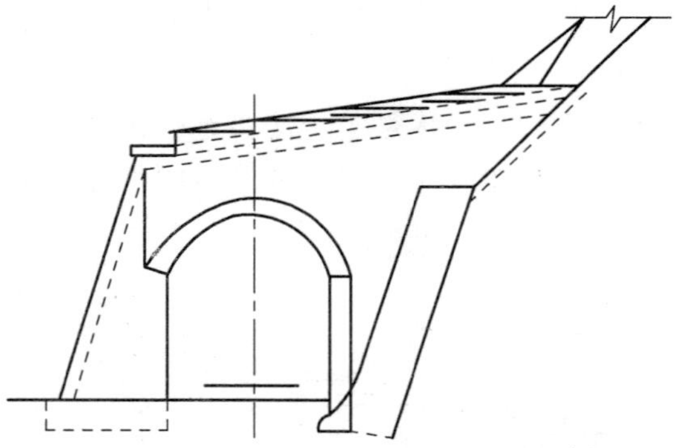

图 1-21　半路堑单压式拱形明洞（一）

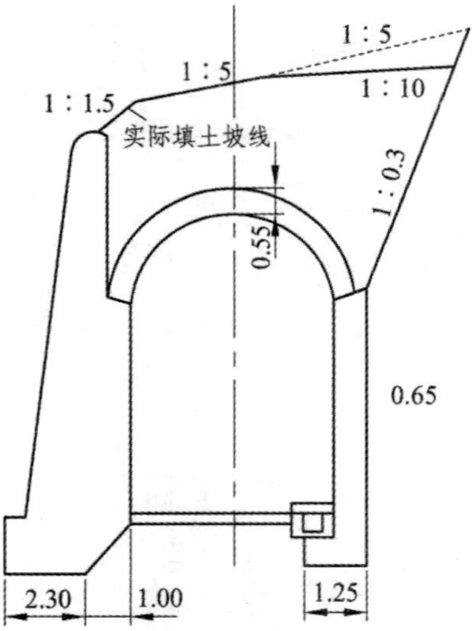

图 1-22　半路堑单压式拱形明洞（二）（单位：m）

其外侧因地形狭小，地面陡峻，无法回填土石以平衡内侧压力。

半路堑单压式拱形明洞受单侧压力，内侧边墙为等厚直墙，外墙为设有耳墙的不等厚斜墙，而且必须把基础放在稳固的基岩上。拱圈可采用等截面或变截面。

当外侧地形低，不能保持回填土的天然稳定坡度，或是按天然稳定坡度则边坡将延伸很远时，可以在结构的外墙顶上接高一段挡墙，用以拦截土石，此种明洞称为耳墙式拱形明洞。

当外侧边墙基底地质条件不好，不足以承受外墙传来的压力而必须把基础放到下方较深的基岩上时，外墙可以延伸直达基岩，形成内外墙不同、内短外长的结构，称为长腿式拱形明洞，如图 1-23 所示。

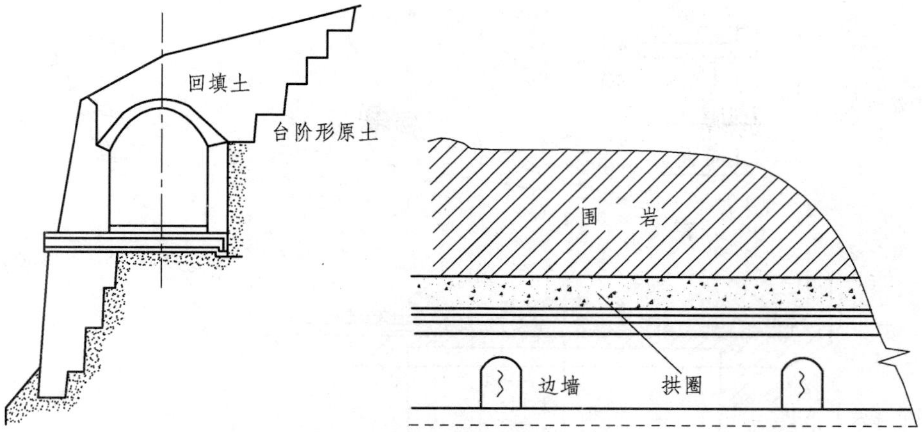

图 1-23　长腿式拱形明洞

明洞顶上的回填土石是为了缓冲落石对衬砌的冲击而设置比的，它的厚度应视落石下坠的实际情况通过计算来确定，一般不应小于 1.5 m。在填土面上应留有不小于 1：1.5 的流水坡。填土的上面及拱顶上方都要做一层黏土隔水水层，以防水渗入。

如果基底地质较好，外墙可以做成连拱形，以节省圬工。如果明洞外侧覆盖土不厚，还可以掏成侧洞，使露天的光线射进来，外界的新鲜空气流进来，从而改善明洞内的环境条件。

拱式明洞是在露天施工的，不受地下坑道条件的限制，所以可以采用钢筋混凝土做拱圈。

当在隧道洞口有公路或水渠横越而又不宜做立交桥时，为了保证公路的畅通而不致中断灌溉农田的水道，可以修建带有渡槽的拱式明洞。当线路必须通过有滑坡的地方时，可以配合挡墙、抗滑桩修建抗滑明洞。

拱式明洞应设置横向贯穿的伸缩缝，其间隔一般为 6～20 m；如有侧洞，则在设置伸缩缝时应避开侧洞的位置。

二、棚式明洞

当山坡的塌方、落石数量较少，山体的侧向压力不大，或因受地质、地形限制，难以修建拱式明洞时，可以修建棚式明洞，简称棚洞。棚洞常见的结构形式有盖板式、刚架式和悬臂式三种。

1. 盖板式棚洞

盖板式棚洞由是顶盖、内边墙、外边墙组成的简支结构。其顶上不是拱圈而是平的盖板，盖板上回填土石，以保护盖板免受山体落石的冲击，如图 1-24 所示。

盖板式棚洞内墙一般为重力式墩台结构，厚度较大，用以抵抗山体的侧向压力，因此它的基础必须放在基岩或稳定的地基上。当侧坡较陡，地面水量不大，坡面稳定而坚实，采用重力式内墙开挖量太大时，也可以采用钢筋混凝土锚杆挡墙的形式。

当外墙不承受侧向压力，仅承受梁和盖板的竖向荷载时，其要求的地基承载力较小，此时外墙可以做得较薄；或可以根据落石情况的严重与否及地质情况，采用立柱式（梁式）或连拱墙式结构。当外侧基岩较浅，地基基础承载力较大时，可采用立柱式。

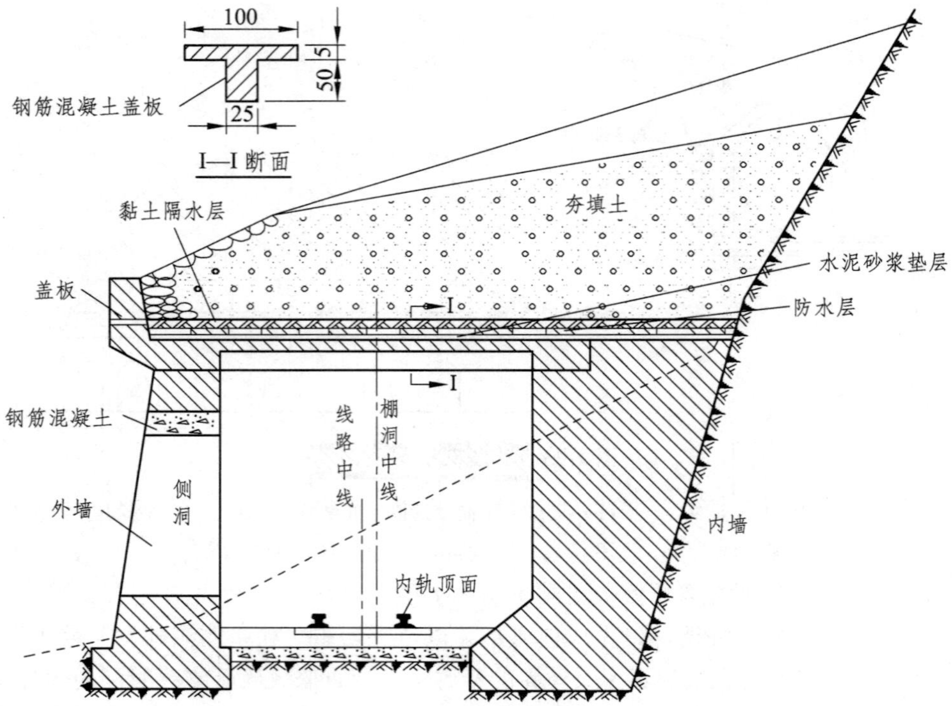

图 1-24　盖板式棚洞（单位：m）

2. 刚架式棚洞

当地形狭窄，山坡陡峻，基岩埋置较深而上部地基稳定性差时，可将刚架式或长腿式外墙置于稳固的地基上，这种明洞称为刚架式棚洞。

刚架式棚洞由外侧刚架、内侧重力式墩台结构、横顶梁、底横撑及钢筋混凝土盖板组成，盖板上应做防水层及回填土石处理，如图 1-25 所示。

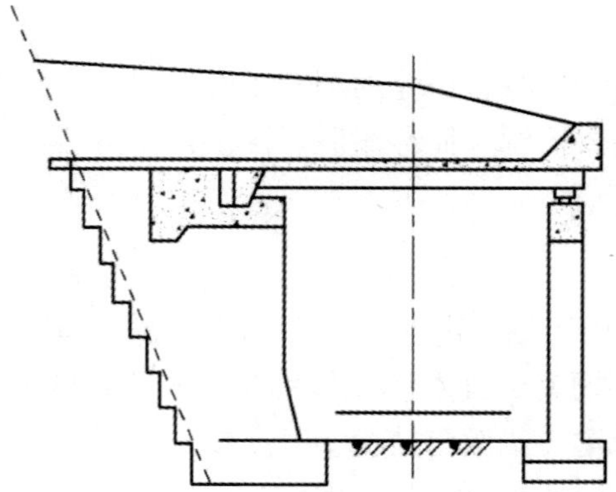
图 1-25　刚架式棚洞

3. 悬臂式棚洞

悬臂式棚洞适用于稳固而陡峻的山坡，外侧地形难以满足一般棚洞的地基要求，以及落石不太严重的情况。

悬臂式棚洞的内墙为重力式，上端接筑悬臂式横梁，其上铺以盖板，在盖板的内端设平衡重来维持结构在外荷载作用下的稳定性；同时，为了保证棚洞的稳定性，要求悬臂必须伸入稳定的基岩内，因为对内墙的稳定性要求很严，故施工时必须十分谨慎；又因其是不对称结构，所以选用时应十分谨慎。悬壁式棚洞如图 1-26、图 1-27 所示。

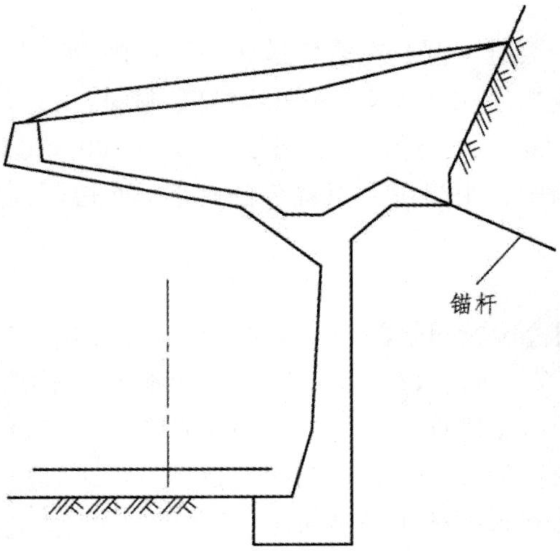

图 1-26　悬壁式棚洞（一）

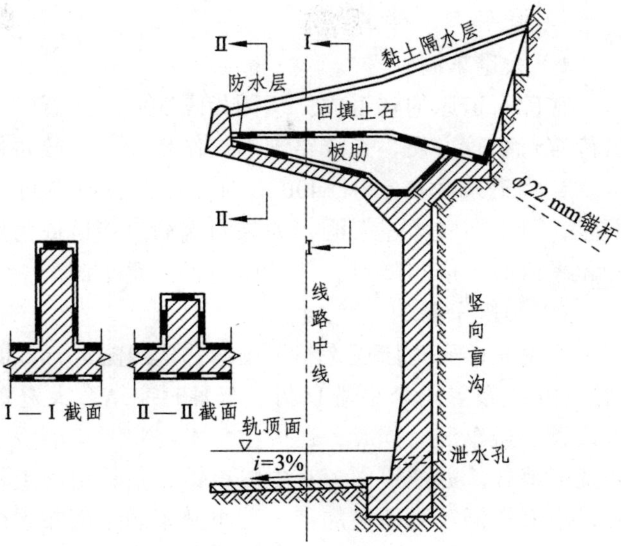

图 1-27　悬壁式棚洞（二）

任务五　认知隧道附属建筑物

【学习目标】

（1）了解隧道主要附属结构。
（2）掌握隧道通风设施。
（3）理解隧道防排水原则。
（4）了解隧道防排水设施。

【任务描述】

通过对隧道附属建筑物相关知识的学习，能对隧道现场或施工图纸中的附属结构进行区分，并能了解不同附属结构的功能作用。

【相关知识】

隧道主体结构完成后，还不能保证车辆的安全通行。为了隧道能正常使用，还必须修建一些附属建筑物。它们包括：安全避让设施、电力通信信号的安放设施、防排水设施等。由于行驶的车辆不同，铁路隧道与公路隧道的附属建筑物有一定的区别。

一、避车洞

当列车通过隧道时，为了保证洞内行人、维修人员及维修设备的安全，在隧道两侧边墙上交错均匀地修建洞室，用于躲避列车，故称之为避车洞。避车洞室根据其大小，分为大避车洞和小避车洞两种。

1. 避车洞的布置

1）大避车洞

在碎石道床的隧道内，每侧相隔 300 m 布置一个大避车洞；在整体道床的隧道内，因人员待避行车较方便，且线路维修工作量较小，故每侧相隔 420 m 布置一个大避车洞门。

当隧道长度在 300～400 m 时，可在隧道中间布置一个大避车洞；隧道长度在 300 m 以下时，可不布置大避车洞；如果两端洞口接桥或为路堑，则当桥上无避车台或路堑两边侧沟外无平台时，应与隧道一并考虑布置大避车洞。

2）小避车洞

无论是碎石道床还是整体道床，单线隧道，每侧边墙应间隔 60 m、双线隧道每侧边墙应间隔 30 m 布置一个小避车洞。布置时应结合大避车洞一起考虑，有大避车洞的地点就不需再设置小避车洞。同时，还应注意不得将避车洞设于衬砌断面变化处、不同衬砌类型衔接处或变形缝处。如隧道邻近有农村市镇，估计由隧道通行的人较多，或曲线半径小、视距较短时，小避车洞还可适当加密。大小避车洞平面布置的方式如图 1-28 所示。

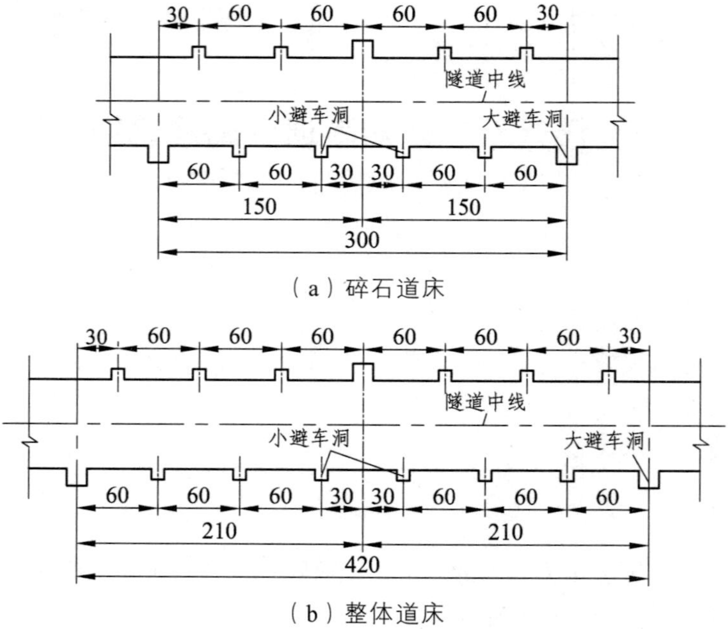

图 1-28　避车洞平面布置方式（单位：m）

为了使避车洞的位置明显，应将洞内全部及洞周边 30 cm 宽粉刷成白色，并在洞的两侧各 10 m 处的边墙上标醒目的白色箭头指向避车洞。

2. 避车洞的净空大小及衬砌类型

避车洞的形状及基本尺寸见图 1-29，大避车洞的净空尺寸为 4.0 m（宽）×2.5 m（深）×2.8 m（中心高），小避车洞的净空尺寸为 2.0 m（宽）×1.0 m（深）×2.2 m（中心高）。

避车洞的衬砌类型应和隧道衬砌类型相适应。

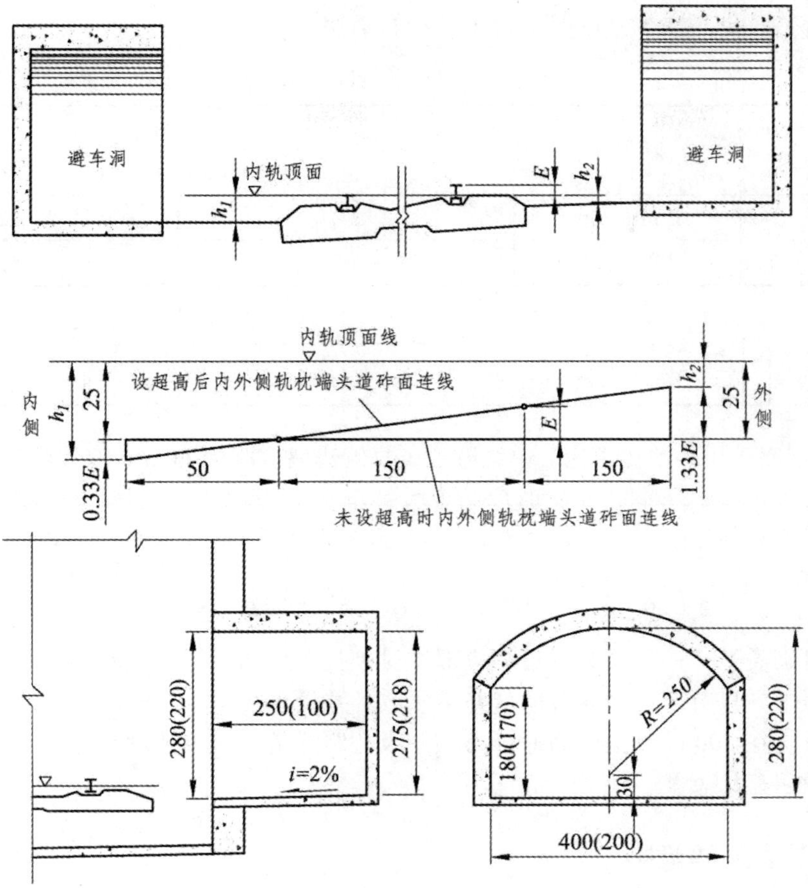

图 1-29　避车洞的形状及基本尺寸（单位：cm）

注：括号内数字为小避车洞尺寸。

二、紧急停车带

当隧道内中行驶的车辆发生故障时应及时离开干道避让，以免发生交通事故，紧急停车带就是专供紧急停车使用的停车位置。尤其是在长大隧道内，故障车必须尽快离开干道，否则必然引起交通阻塞，甚至导致交通事故。因此，高速公路、一级公路的特长和长隧道，应根据需要设置紧急停车带。

紧急停车带的间隔主要根据故障车的可能滑行距离和人力可能推动的距离而定。隧道内紧急停车带的间距一般可取为 500～800 m。

我国超过 2 km 以上的隧道必须考虑设置宽 2.5 m、长 25～40 m 的紧急停车带，间隔为 750 m，参见图 1-30。

三、行人、行车横洞和预留洞室

设计规范规定，行车方向分离的双洞公路隧道，当长度超过 400 m 时宜设置行人横洞，长度超过 800 m 宜设置行车横洞，以供巡查、维修、救援及车辆转换方向用。其设置的间距和尺寸如表 1-1 所示。当隧道长度为 400～600 m 时，可在隧道中间设一个行人横洞；当隧道长度小于 400 m 时，可不设行人横洞。当隧道长度为 800～1 000 m 时，可在隧道中间设一行车横洞；当隧道长度小于 800 m 时，可不设行车横洞。

表 1-1　横洞间距尺寸

名　称	间距/m	尺寸/m	
		宽	高
行人横洞	200～300	2.0	2.2
行车横洞	400～500	4.0	4.5

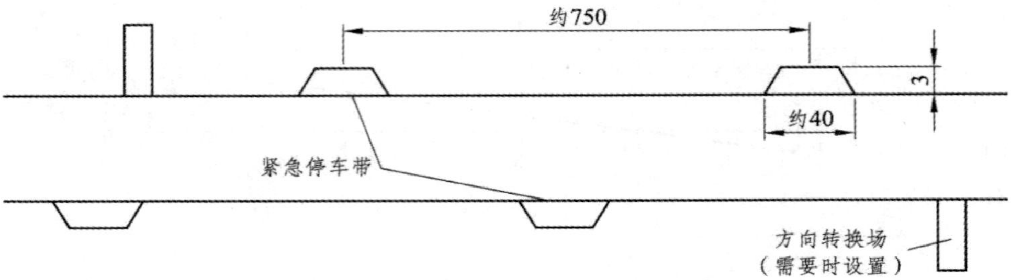

图 1-30　紧急停车带及方向转换场设置示意（单位：m）

横洞的衬砌类型，一般应和隧道相应部位衬砌类型相同，行人横洞的底面应与人行道或边沟盖板顶面平齐。行车横洞两端应与路缘顺坡，并设半径不小于 5 m 的转弯喇叭口。

另外，长度在 500 m 以上的高速公路、一级公路隧道，宜单独设置存放专用消防器材等的洞室，并做明显标志。

四、运营通风建筑物

隧道的通风方式分为自然通风和机械通风两种。按行车道空间的空气流动方式不同，隧道的通风方式归纳如图 1-31 所示。

在选择通风方式时，首先应确定隧道内所需的通风量，然后论证自然通风能否满足要求如果不能，则应当采用机械通风。

从以往隧道实例来看，公路隧道长度在 200 m 以下，甚至 200～500 m 的对向交通隧道，在一定的交通量以下时，均可以考虑用自然通风。

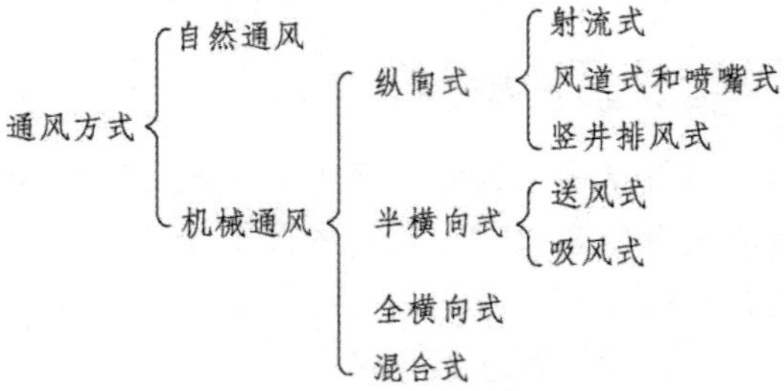

图 1-31　隧道的通风方式分类

我国《公路隧道设计规范 第二册 交通工程与附属设施》（JTG D70/2—2014）规定，宜设置机械通风的条件为：

$$\text{双向交通隧道} \quad L \cdot N \geqslant 6\times10^5 \tag{1-1}$$

$$\text{单向交通隧道} \quad L \cdot N \geqslant 2\times10^6 \tag{1-2}$$

式中：L——隧道长度（m）；

N——设计小时交通流量（辆/h）。

《铁路隧道设计规范》（TB 10003—2016）规定：

① 电力机车牵引，长度大于 20 km 的高速铁路隧道及长度大于 15 km 的货运专线、客货

共线铁路隧道应设置机械通风。

② 内燃机车牵引，长度大于 2 km 的铁路隧道宜设置机械通风。

③ 有特殊要求的铁路隧道应设置机械通风。

1. 通风方式

1）纵向式通风

在通风机的作用下，风流沿着隧道轴线方向流动的称为纵向式通风。采用纵向通风时，可以认为隧道内沿纵向流动的气流从入口至出口都是匀速的。这种通风方式使得空气的污染浓度由入口向出口方向成直线增加。如果自然风从出口吹入隧道（单向交通），则洞内空气污染浓度会增大。当洞内为双向交通时，交通风自然抵消，此时如有自然风吹入隧道，在下风方向的空气污染浓度也会增加。

纵向式通风的类型有射流式通风、风道式通风和集中排气式通风等，根据交通方式不同又可以有不同的具体设计。

（1）射流式通风。

射流风机均为轴流风机。因为采用的风机出口风速较大（在 30 m/s 左右），对隧道内的空气纵向流动起到了引射作用，故称为射流风机。射流风机的特点是体积小、风力大、风向可逆、设备费用少，但噪声大。它的基本构造见图 1-32，具设置与工作方式见图 1-33。

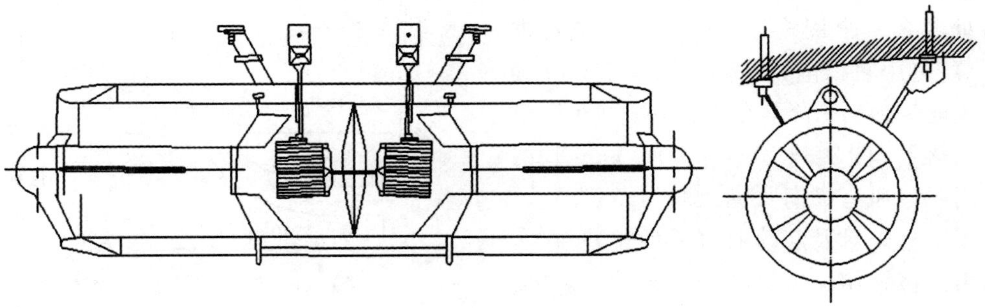

图 1-32 射流风机的基本构造示意

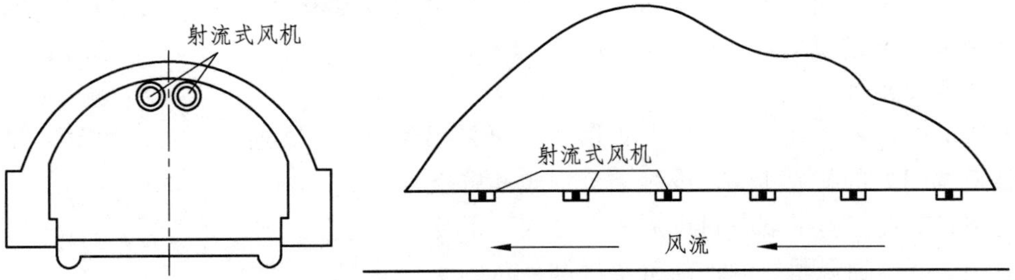

图 1-33 射流式风机纵向式通风设置与工作方式

射流风机要占用隧道断面空间，但省去了洞口风道式通风的风道与风机房。在铁路隧道中，射流风机的基本布置方式有两种。一种是沿隧道纵向等距离布置，其间距宜在 100～150 m，可以保证风流均匀扩散，每个设置断面上设一至两台风机，一般悬于拱顶。在确定隧道建筑限界时，必须保证风机的位置。在电气化隧道中风机不能与拱顶的电力线路太靠近。另一种是集中布置在洞口。

在公路隧道中，当隧道断面为圆形或马蹄形时，将风机吊挂于拱顶；当断面为矩形时，将风机分别置于顶板两角。

射流式通风，在双向交通时，一般可用于长度在 1 km 以下的隧道；单向交通时，可用于长度在 2 km 左右的隧道。当然，具体还要看所需的通风量和车道上所允许的最大风速。规范要求，隧道行车道内由于机械通风产生的最大风速不宜超过 8 m/s，否则会令车乘人员不适，并影响行车的稳定性。如果交通量小，即使隧道再长一些也可运用。

（2）有竖井的纵向式通风。

竖井用于排气时，起到了烟囱的作用，能收到很好的效果，但为了能达到稳定的通风效果，仍需安装风机。公路隧道的双向行车和单向行车，在竖井的设置位置上有所区别。双向交通的隧道，竖井宜设置在隧道中间；单向交通的隧道，则应设置在靠近洞口处，这样可以保证竖井正好位于污染浓度最大的地点，从而发挥最佳通风效果。当然，竖井的位置还要结合施工需要来综合考虑。

（3）洞口风道式通风

这种通风方式是把通风机设置在隧道高洞口端处，通风道与隧道连通。列车车尾一出洞口，立即开动通风机（抽风），把已被活塞风挤到出洞口段内的污浊空气排出洞外。与此同时，洞外新鲜空气由低洞口端随着风流带进隧道内，从而完成一次通风作业。

为防止通风机工作时，新鲜空气从高洞口吸进隧道造成空气短路，降低通风效果，需在高洞口处设置一个用钢或钢木结构组成的框架式帘幕。它用轨顶电路与信号系统进行联锁当列车驶向隧道时，帘幕自动提起，列车通过后即自动落下。图 1-34 所示为一座 3 km 长的隧道采用洞口风道纵向式通风时的布置图。

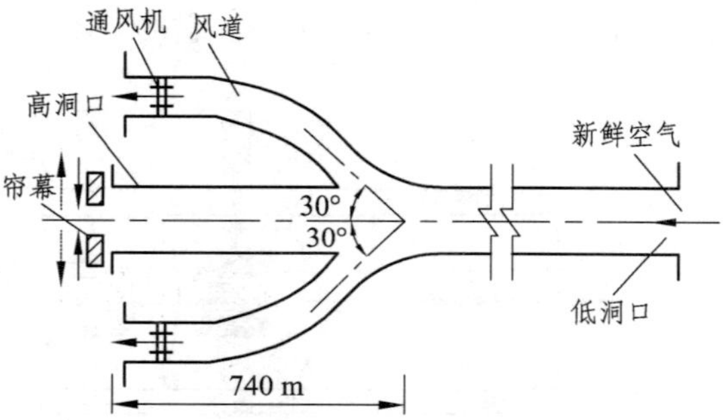

图 1-34　洞口风道式通风布置

由于帘幕笨重及起落时可靠性较差，在实际应用中，也采用无帘幕的洞口风道式通风，但会由于“空气短路”而损失一些风量。

此外，还可采用缩小风道口断面、减小吹入风流与隧道中线的夹角、提高吹入风速等办法来取代帘幕。下述喷嘴式通风就是这样一种方式。

（4）喷嘴式通风。

对于列车运行密度大，且不太长的隧道，可采用环形风嘴式通风方式，如图 1-35 所示。它是在隧道洞门处的衬砌上方，设计一个汇集新鲜空气的空气室，空气室的尽端在衬砌周边上做成环形喷嘴通向洞内。开动通风机，洞外新鲜空气被压送到空气室，当积聚到一定压力时，由喷嘴将新鲜空气以高速和极小的交角喷进隧道内，形成稳定风流。洞口段可不做帘幕，新鲜空气不会从洞口溢出，反而会由于高速风流引起的负压，带进一些新鲜空气。但这种通风形式结构复杂，施工工艺要求高，维修不方便，且能量大部分损失在喷嘴的阻力及喷入隧道时空气的非弹性冲击上面（动能转变为热能），因而设备效率不高。

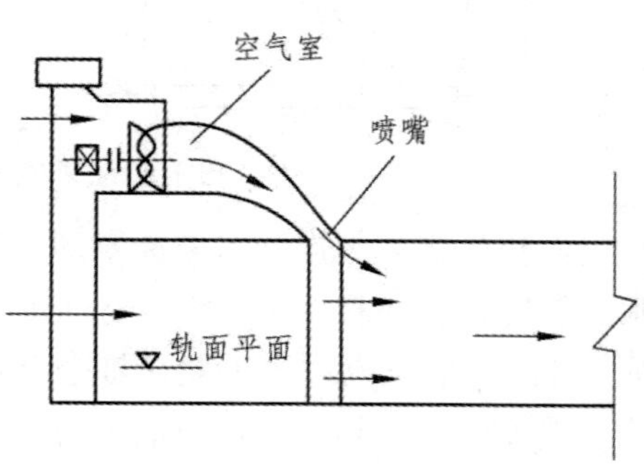

图 1-35　风嘴式通风

2）半横向式通风

纵向式通风的污染浓度不均匀，进风口处最低，出风口处最高。为使出口处的污染浓度保持在容许限度以下，只好加大通风量，但此时其他地方的污染浓度却相当低，这就既不经济，又使隧道内风速过大。

半横向式通风可使隧道内的污染浓度大体上接近一致。送风式半横向通风是半横向式通风的标准形式，新鲜空气经送风管吹向汽车的排气孔高度附近，直接稀释汽车排放的废气。如果洞内有行人，则可以吸到最新鲜的空气。污染空气在隧道上部扩散，经过两端洞口排出洞外，见图 1-36。

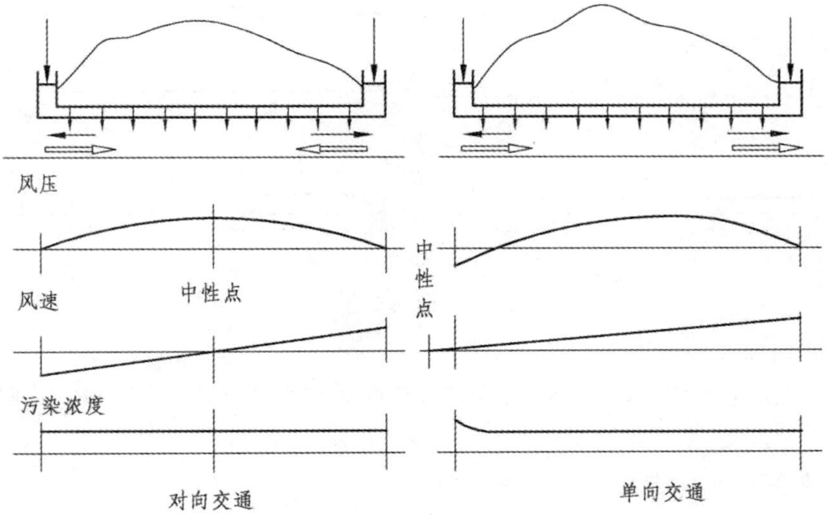

图 1-36　半横向式通风示意

双向交通时，不论是送风方式还是吸风方式，如果双方的交通流量相等，两洞口的气象条件也相同，则隧道内的风压分布为中间最大，两洞口排出或送入的空气量相等。因此，在隧道的中点，空气是静止的，风速为零，这一点称为中性点。除这一点以外，风速向两洞口呈直线增加。污染浓度在送风方式中各处是相同的，而在吸风方式中是中性点处最大。如果双向的交通流量不等，或两洞口的气象条件发生变化，则中性点的位置也随之变动。

单向交通时，送风方式的中性点多半移至进口之外，吸风方式的中性点则靠近出口；污染浓度和双向交通时一样，中性点附近污染浓度最高。

鉴于吸风方式的通风效率较低，且污染浓度非常不均匀，故一般不采用，而普遍采用送风方式。半横向式通风适用于 1～3 km 长的隧道。

3）全横向式通风

在通风机的作用下，风流的方向与隧道轴线方向正交的称为横向式通风。上述几种通风方式都存在纵向风速较大和火灾时对下风侧不利的问题。所以，在长大隧道、重要隧道和水底隧道中，最好是采用全横向式通风。这种通风方式同时设置送风管道和吸风管道，隧道内基本上不产生沿纵向流动的风，只有横向的风流动，见图 1-37。

在双向交通时，车道的纵向风速大致为零，污染浓度的分布沿全隧道大体均匀。但是，在单向交通时，因为交通风的影响，在纵向能产生一定风速。污染浓度由入口至出口有逐渐增加的趋势，一部分污染空气会直接由出口排向洞外，这种排风量有时占很大比例。但通常情况下，可以认为送风量与吸风量是相等的，因而设计时也把送风管道和吸风管道的断面面积设计成一样。

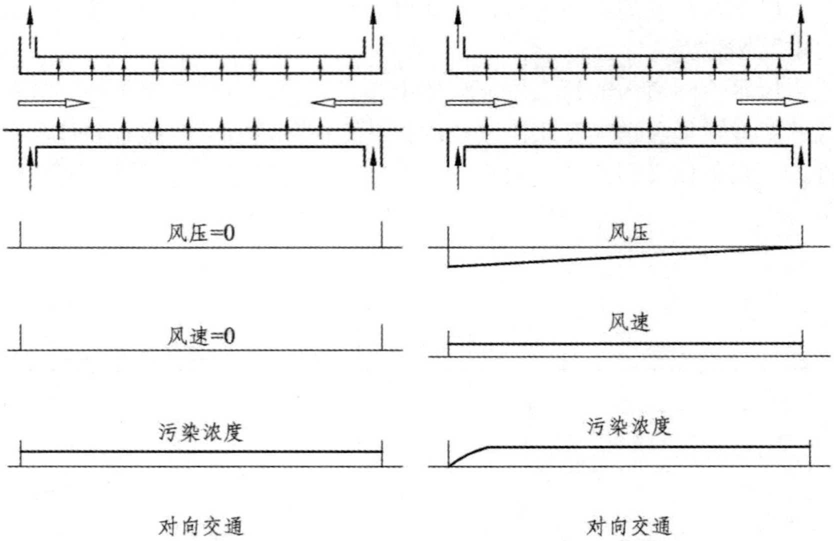

图 1-37　全横向式通风示意

4）混合式通风

混合式通风没有固定的格局，可以由上述几种基本通风形式组合而成，一般都是用于公路隧道。

2. 不同类型的隧道与通风方式的关系

1）水底隧道通风

水底隧道通风的要求比较高，从重要性和安全性上都宜采用可靠性高的全横向式通风。而圆形断面的水底隧道比矩形断面更适合采用这种通风方式，因为圆形断面除了车道空间外，还有多余的空间可以利用，可由车道板下面的空间送风，用顶棚以上的空间排风，其效果相当于半横向式通风的两倍。

2）城市隧道通风

城市交通隧道的交通量一般都很大，且车流不稳定，而全横向式通风和半横向式通风不受交通状况的影响，所以这两种方式都可以用。如果在隧道内设置人行道和自行车道时，从安全和舒适的角度考虑，全横向式通风最为理想，其送风口通常设在两侧距车道面约 1 m 高的位置上，这就能保证行人最先呼吸到新鲜空气。全横向式通风沿隧道纵向几乎没有风流动，使行人感觉不到风速产生的不舒适，也可以保证自行车的稳定和安全。

3）山岭隧道通风

山岭隧道通风要更多地考虑经济性，多半采用纵向式通风或者半横向式通风，一般不采用全横向式通风。

3. 通风风速与交通条件

1）风速要求

当隧道纵坡大或很长时，所需的通风量会很大，因而可能使得车道空间沿隧道纵向流动的风速过大，对车辆产生不良影响，使人感到不舒服，此时应考虑改变通风方式或进行分段通风。此外，万一发生火灾，过大的风速会导致烟火迅速蔓延，危及下风方向的车辆和行人。所以对风速应当有一定的限制。我国规定单向交通隧道设计风速不宜大于 10 m/s，特殊情况可取 12 m/s；双向交通的隧道设计风速不应大于 8 m/s；人车混合通行的隧道设计风速不应大于 7 m/s。

2）交通条件对通风的影响

单向交通时，车速越大，活塞作用越显著。例如车速为 50～60 km/h 时，大约可以产生 6 m/s 的交通风（活塞风）。这种情况以纵向式通风为宜。不过车速与交通量有密切关系，随着交通量的增大，往往容易发生交通阻滞，导致车速降低，从而影响活塞作用的效果。这时交通风处于不稳定状态，所以最好改用半横向式或全横向式通风。车道的平均截面积与隧道的过风面积的比值是直接影响活塞作用的参数，比值越小则活塞风越大。具体说来，大型车所占百分比大时，活塞作用相对较大。双向交通的隧道则因为风流效果互为抵消，故没有活塞作用。

五、运营照明设施

公路隧道要求长度超过 100 m 的高速公路、一、二级公路隧道设置昼夜不断的照明，而对于能通视、交通量较小、行人密度不大的短隧道可不设白天的照明。司机在开车接近、进入和开出隧道的过程中会遇到几种视觉问题，这些问题必须解决，否则将会导致严重的交通事故。

1. 照明区段的划分

白天，由于隧道内外的亮度差别极大，当汽车驶近洞口时，会感到洞口很黑，影响司机辨别洞口附近的情况，特别是从洞外进入洞内时，长隧道会看到“黑洞”，短隧道会看到“黑框”，这就是所谓的“黑洞效应”。

汽车由明亮的外部进入即使是不太暗的隧道以后，人要经过一定时间才能看清洞内的情况，这称为“适应的滞后现象”。

隧道内部由于汽车排放的废气很难迅速消散，形成烟雾，它可将汽车头灯发出的光吸收和散射，从而降低能见度。

当车辆从亮度低的洞内接近出口处时，由于外部亮度极高，出口看上去是个“白洞”，这就是所谓的“白洞效应”。开出洞外时，还会感到极强的眩光，司机的眼睛会感到很不适应。

解决这些视觉问题的方法是设置合理的灯光照明，长隧道的照明可以分为洞口接近段、入口段、过渡段、中间段、出口段五个区段，参见图 1-38。

2. 洞外接近段的减光建筑物与减光措施

1）遮阳棚

遮阳棚设置在洞口外，是为减弱自然光亮度而建筑的拱棚状构造物。其顶棚为透光构造，形如网状结构，网孔大多为透空的，称为开放式构造；也有用玻璃封闭的，称为封闭式构造。网孔应设计成不准阳光直接投射到路面上。设计遮阳棚应以当地日照图为依据，由太阳的高度角和方位角计算出遮阳棚的尺寸、间隔和倾斜角度。

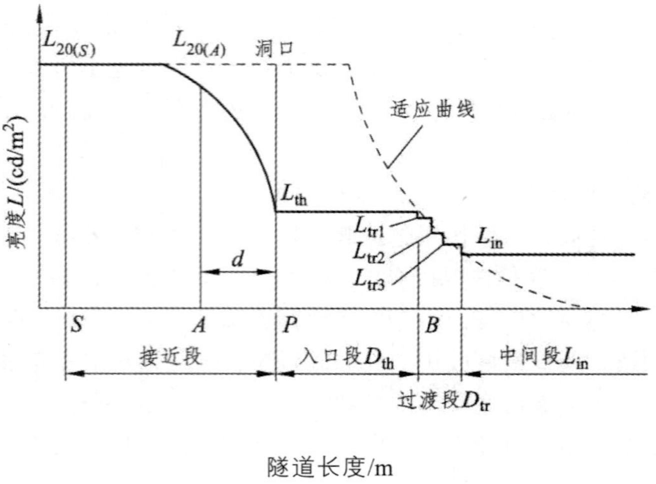

图 1-38 各照明段亮度与长度

P—洞口（或棚口）；S—接近段起点；A—适应点；

d—适应距离；$L_{20(S)}$—洞外亮度；$L_{20(A)}$—适应点亮度；L_{th}—入口段亮度；

L_{tr1}、L_{tr2}、L_{tr3}—过渡段亮度；L_{tin}—中间段亮度；D_{tr1}、D_{tr2}、D_{tr3}—过渡段 1、2、3 分段长度。

2）遮光格栅

遮光格栅也是一种棚状减光建筑物，但构造较简单。其主要特点是允许阳光直接投射到路面上，这是它与遮阳棚的根本区别。

减光建筑物可以设置得很长，长度可达百米，给工程增加了很多造价，但长度过短时又起不到作用；所以除重要的大交通量公路隧道外，一般不予设置。

3）其他减光措施

（1）从接近段起点起，在路基两侧种植常青树。

（2）采用削竹式洞门形式。

（3）大幅绿化坡面。

（4）洞口采用端墙形式时，墙面宜采用冷色调，其反射率应小于 0.17。

此外，在接近段起点处的 20°视场中，天空面积小于 50%时，不宜设置遮光棚。

六、电缆槽与其他设施预留槽

公路隧道的电缆槽与铁路隧道的电缆槽在构造上基本相同，但由于公路隧道的照明与通风标准比铁路隧道要求高，因此电缆槽所需空间通常要比铁路隧道大，并且应按动力电缆（又称“强电”）和通信电缆（又称“弱电”）分别放置在隧道两侧。

此外，公路隧道还需留有设置消防水管的位置；在城市地区的交通隧道，还可能需留有通过其他市政管道（如自来水管、排污管等）的位置。这类管道通常与通信电缆一起放置在隧道一侧。

七、防排水设施

保持干燥是隧道能够正常运营的重要条件之一。但隧道内经常会有一些地下水渗漏进来，且维修工作也会带来一些废水，致使隧道潮湿。洞内湿度大，会使钢轨及扣件易于锈蚀，木枕容易腐烂，从而降低设备的使用寿命。隧道漏水还会引起漏电事故和造成金属的电蚀现象。

在严寒地区，冬季渗入洞内的水结成冰凌，倒挂在衬砌拱圈上，侵入净空限界，危及行车安全。有时道床冒水，结成冰膜，遮盖轨面，需要人工破冰。这些都增加了隧道维修养护的费用。因此，隧道的防排水是隧道设计、施工和运营中的一个重要问题。

1. 治水原则与措施

隧道治水遵循“防、排、截、堵结合，因地制宜，综合治理”的原则。

（1）“防”：在隧道衬砌结构本身上下功夫，使其具有一定的防水能力。如采用防水混凝土使衬砌本身达到一定的抗渗强度，采用止水带封闭衬砌变形缝，等。大量采用的是设置防水层。

（2）“排”：将地下水通过暗管、盲沟排入隧道内，再经由洞内水沟排走，通过排水可以减少渗水压力和渗水量。但大量排水也可能引起负面效果，如将衬砌背后的砂砾淘空，形成空洞，还可能造成当地农田灌溉和生活用水困难等；因此在落实过程中，务必调查清楚。

（3）“截”：截断地表水和地下水流入隧道的通路。为了防止地表水渗入地层内，主要采取以下措施：

①在洞口边仰坡开挖线 5 m 以外，设置排水沟（称为“截水天沟”），并加以铺砌。当岩石外露、地面坡度较陡时也可不设此水沟。仰坡上可种植草皮、喷抹灰浆或加以铺砌。

②对洞顶地表的陷穴、深坑加以回填，对裂缝进行堵塞。处理隧道地表水时，不应妨害当地农田水利规划，做到因地制宜。

（4）“堵”：将地下水堵在围岩层中，不使其渗入隧道。普遍采用的方法是压浆，即向衬砌背后压注止水材料（水泥浆液、化学浆液等），用以充填衬砌与围岩之间的空隙，以堵住地下水的通路，并使衬砌与围岩形成整体，改善衬砌受力条件；还可采用压浆分段堵水，使地下水集中在一处或几处后再引入隧道内排出。

2. 隧道内排水建筑物

1）排水沟

除常年干燥无水的隧道以外，一般的隧道都应设置纵向排水沟，以便将渗漏到洞内的地下水和铁路道床内或公路车道上的积水，顺着线路方向排出洞外。排水沟的断面按排水量计算确定，但一般沟底宽不应小于 40 cm，沟深不应小于 35 cm。水沟应用预制的钢筋混凝土盖板遮盖，铁路隧道中盖板顶面应与避车洞底面齐平。排水沟在一定长度上应设检查井，以便随时清理淤渣。水沟边墙上应预留足够的泄水孔。常见的铁路隧道排水沟如图 1-39，公路隧道排水沟如图 1-40 所示。

在严寒地区，为了不使流水冻结而堵死水沟，应采取防寒措施。一般可修筑浅埋保温水沟，即将水沟加深，用轻质混凝土做成上、下两层，各自设钢筋混凝土盖板。两层盖板之间用保温材料充填密实，其厚度不小于 70 cm。但当浅埋保温水沟不足以防止冻害时，可考虑设置中心深埋渗水沟，即利用地温本身的作用，达到保温防冻害之目的。

公路隧道电缆槽与水沟的相互位置与铁路隧道有所不同。铁路隧道中的水沟设置在靠近衬砌边墙处，而电缆槽则设在靠轨道一方，这是为了让水沟更好地排除衬砌背后的地下水，同时也有利于保证电缆槽的干燥。而在公路隧道中，除了要排走衬砌后面的地下水外，还要排走道路清洁冲洗后的废水和下雨时汽车带进来的雨水，因此水沟一般设于靠车道一方，而电缆槽设于靠衬砌一方，正好与铁路隧道的设置方位相反，衬砌背后的地下水则由排水暗管排入水沟，见图 1-40。

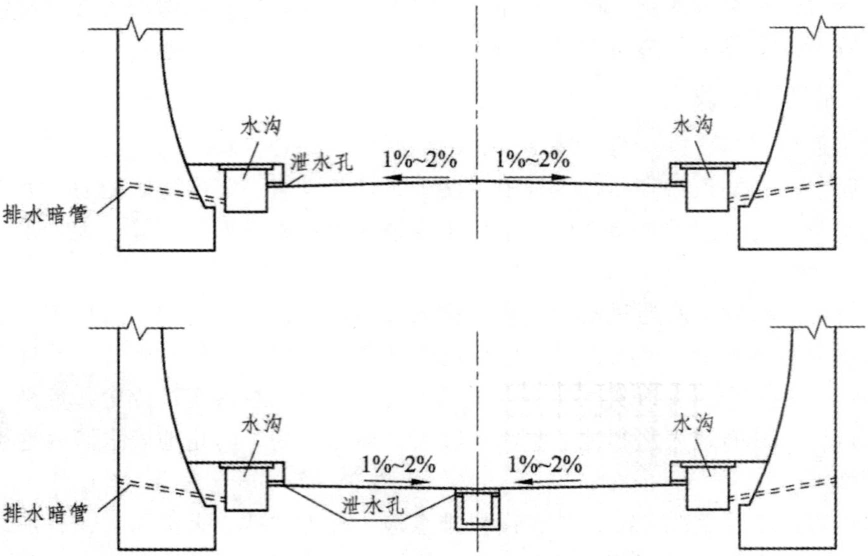

图 1-39　铁路隧道排水沟示意

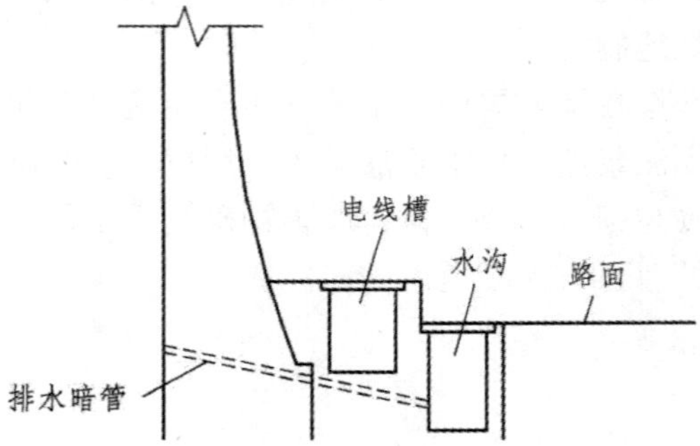

图 1-40　公路隧道排水沟示意

2）盲沟

在衬砌背后砌筑片石盲沟或埋置弹簧软管盲沟。盲沟沿隧道环向设置，间距视水量大小而定，一般为 4～10 m。环向盲沟之间用纵向盲沟相连，汇集衬砌周围的地下水，引入隧道侧沟排出。

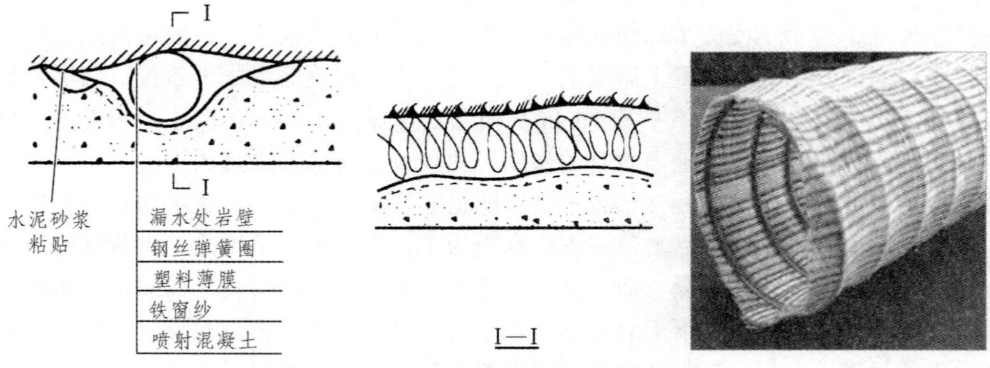

图 1-41　弹簧软管盲沟

（1）弹簧软管盲沟。这种盲沟一般采用 10 号钢丝缠成直径为 5～6 cm 的圆柱形弹簧，或采用硬质又具有弹性的塑料缠成半圆形的弹簧，或采用带孔塑料管作为过水通道的骨架，安装时外覆塑料薄膜和钢窗纱，从渗流水处开始环向铺设并接入泄水孔。

（2）化学纤维渗滤布盲沟。这种盲沟是以结构疏松的化学纤维作为水的渗流通道，其单面有塑料薄膜，安装时使薄膜朝向混凝土一面，如图 1-42 所示。这种渗滤布式盲沟质量轻，便于安装和连续加垫焊接，宽度和厚度也可以根据渗排量的大小进行调整，是一种用于汇集、引排大面积渗水的较理想的渗水盲沟。

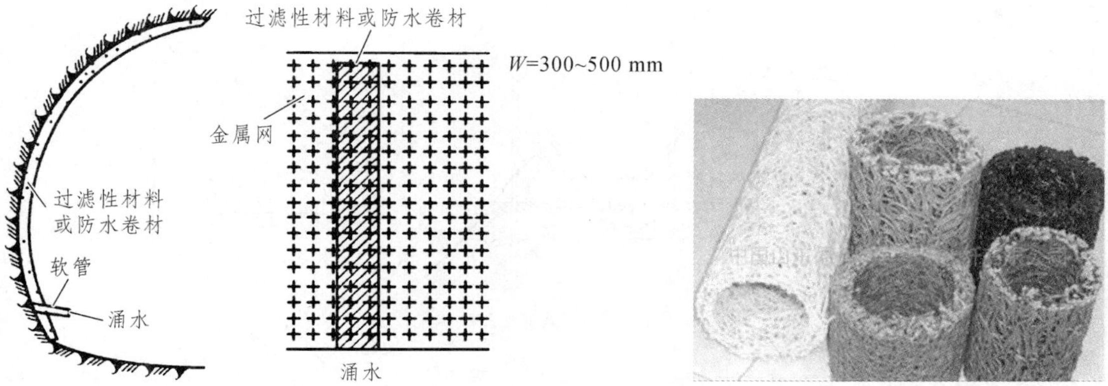

图 1-42　化学纤维滤布盲沟

任务六　认知隧道辅助坑道

【学习目标】

（1）了解隧道辅助坑道的作用。

（2）掌握不同辅助坑道的特点与要求。

【任务描述】

通过对隧道辅助坑道相关知识的学习，能根据不同辅助坑道的形式、作用、修建情况，结合隧道现场条件，为隧道施工选择合适的辅助坑道。

【相关知识】

当隧道较长时，可选择设置适当的辅助坑道，如横洞、斜井、竖井、平行导坑等，用以增加施工工作面，加快施工速度，改善施工条件（通风、排水）。

设置辅助坑道可能使隧道工程造价提高；辅助坑道选择适当与否，会影响其作用的发挥。因此，在选择辅助坑道时应根据是否将其作为永久通风通道、工期要求、施工组织、地形条件、地质及水文地质情况、弃渣场地、具备的施工机具、经济性等各个方面综合考虑。其断面尺寸由地质及施工需要、机具情况而定，一般不宜过大。在无特殊要求时，辅助坑道的支护一般只要求能够保证施工期间的稳定和安全即可。

一、横洞

横洞是在隧道侧面修筑的与之相交的坑道。当隧道傍山沿河、侧向覆盖层较薄时，就可以考虑设置横洞。

横洞布置见图 1-43，为便于车辆运输，相交处可用半径不小于 7 倍轴距的圆曲线相连。运输方式可采用无轨运输或有轨运输。但应注意，横洞纵坡因考虑到便于排水及重车下坡运输方便，有轨运输时应向外设不小于 3%的下坡，无轨运输时可视车辆情况而定。

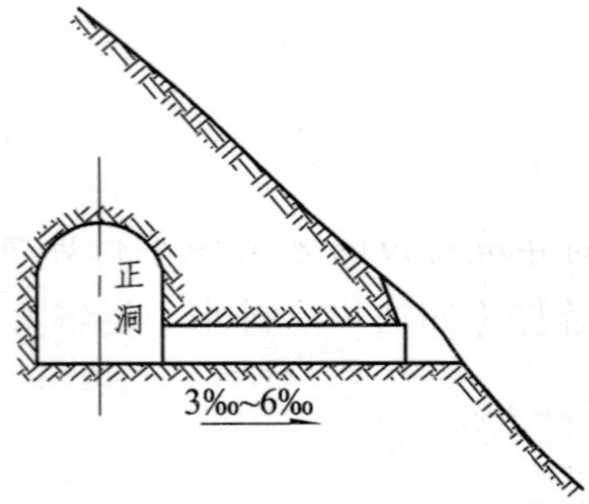

（a）立面

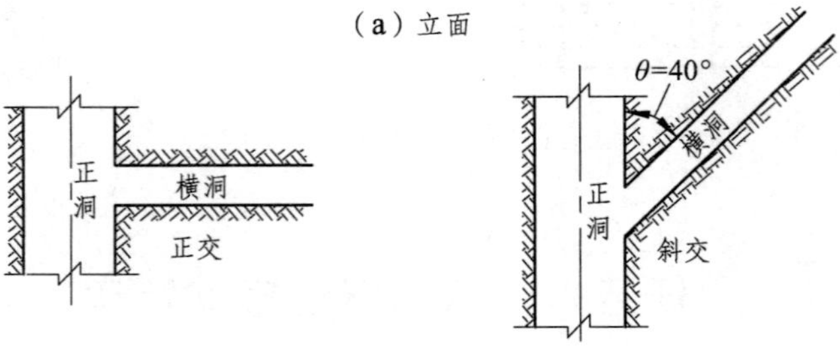

（b）平面

图 1-43　横洞布置示意

一般情况下，横洞不长，故较经济，因此在地形条件允许时，宜优先考虑采用横洞来增辟工作面。

横洞与隧道的交角一般不小于 60°，地形限制时不宜小于 40°，交角太小则锐角段围岩较易坍塌，斜交时最好朝向主攻方向。横洞与隧道的连接形式有双联式或单连式（表 1-2），相交处用半径不小于 12 m 的曲线连接。

表 1-2　横洞与隧道的连接形式

连接形式		图式	说明	连接形式		图式	说明
单连式	正交	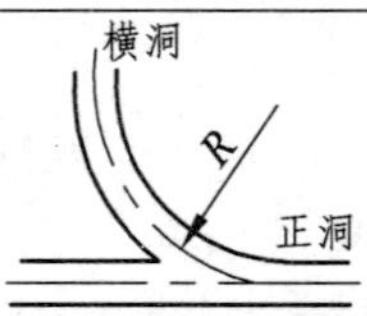	横洞与隧道的平面交 40°～60°；R 不小于 7 倍机车车辆轴距	双连式	正交	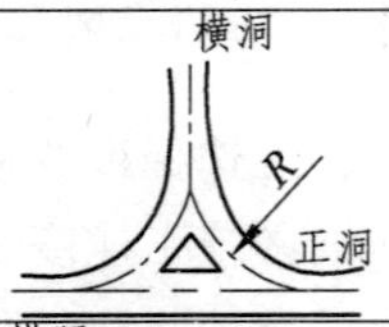	R 不小于机车车辆轴距；L 为 15～25 m
	斜交	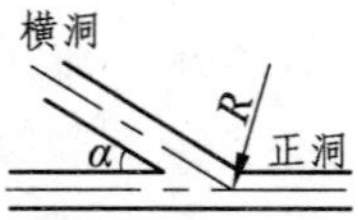			斜交	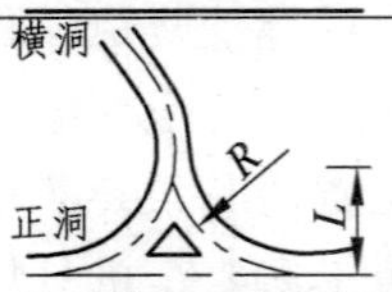	

在考虑把横洞作为运营时的通风口的情况下，横洞断面大小应按通风要求及施工需要一并考虑，并宜修筑（至少在两端适当长度范围内）永久衬砌。

遇隧道洞口处桥隧相连影响施工，或地质条件差，地形条件不利，路堑开挖量大且尚未完工而需进洞等情况，并且又有条件在洞口近处设置横洞时，可利用横洞进入正洞以避免施工干扰和提前进洞加快施工速度。

二、平行导坑

平行导坑是与隧道平行修筑的坑道。对于长大越岭隧道，由于地形限制，或因机具设备条件、运输道路等条件的限制，无法选用横洞、竖井、斜井等辅助坑道时，为加快施工速度，及超前地质勘察，可采用平行导坑方案。但由于多开挖一个导坑会使工程造价提高，因此对于 3000 m 以上的隧道，无其他辅助导坑可设时才考虑平行导坑方案。大断面开挖的隧道，采用大型机具施工，干扰小，施工条件（如通风、排水、运输等） 也好，因此一般不需采用平行导坑。

1. 平行导坑在隧道施工中的作用

平行导坑超前掘进，可进行地质勘察，充分掌握前方地质状况；平行导坑通过横通道与正洞联络，可以增加正洞工作面，加快施工速度，且构成巷道式通风系统、排水降水系统、进料出渣运输系统，可以将洞内作业分区段进行，减少相互干扰；此外还可以构成洞内测量导线网，提高测量精度。

2. 平行导坑设计及施工要点

（1）平行导坑的平面布置如图 1-44 所示。平行导航一般设于地下水流向隧道的一侧，以利用其进行排水，使正洞干燥，但同时也应结合地质情况及弃渣场地等条件综合确定。平行导坑与正洞之间的最小净距，应视地质条件、施工方法、导坑跨度等因素确定，并考虑由于导洞开挖而形成的两个“自然拱”不相接触为好，否则容易造成塌方。一般平行导坑距正洞约为 20 m。平行导坑底面标高应低于隧道底面标高 0.2～0.6 m，以有利于正洞的排水和运输。纵坡原则上与隧道纵坡一致，或出洞采用 0.3%的下坡。

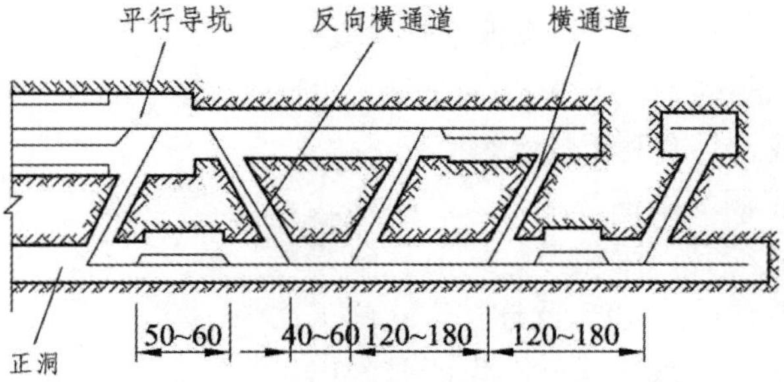

图 1-44　平行导航布置示意（单位：m）

（2）初进洞时可在适当长度（500 m 左右）不设横通道，以后，每隔 120～180 m 设一个横通道，以便于运输。为方便运输调车作业，每隔 3～4 个横通道设置一个反向横通道（图 1-44）。从维持围岩稳定和运输顺畅考虑，横通道与隧道中线的平面交角一般以 40°～45°为宜；夹角过小则夹角中围岩易坍，并且增加了横通道的长度；夹角过大则运输线路的运行条件差。横通道坡度则由正洞与平行导坑的高差而定。

（3）平行导坑修筑衬砌与否，视地质情况而定，一般可不修筑；当考虑作为永久通风道或泄水洞时应施作衬砌。

（4）为更好地发挥平行导坑增辟工作面的作用，以及利用平行导坑超前预测正洞经过地带的地质情况，平行导坑应超前正洞导坑两个横通道以上间距，但也不宜过大，以减少平行导坑施工通风等的困难。

（5）平行导坑一般采用有轨运输。正洞的各项作业应分区分段进行，以减少干扰。分区分段长度应结合横通道及运输组织来选择。

在平行导坑中，一般都采用单道运输，为满足运输调车的需要，可每隔 2～3 个横通道铺设一个双道的会车站，其有效长度一般为 50～60 m，如图 1-44。

三、斜井

斜井是在隧道侧面上方开挖的与之相连的倾斜坑道。当隧道洞身一侧有较开阔的山谷且覆盖层不太厚时，可考虑设置斜井。

斜井设计、施工应注意以下事项：

（1）当隧道埋深不大，地质条件较好，隧道侧面有沟谷等低斜井洼地形时，可采用斜井作为辅助坑道。斜井的平、剖面如图 1-45。

（2）斜井长度一般不超过 200 m，以降低工程造价及保证运输效能。因此，在选用较长斜井方案时，应作经济性比较。

（3）斜井井口位置不应设在洪水淹没处。洞口场地最小宽度一般不应小于 20 m，以利井口场地布置及卸料出渣，井身避免穿越含水量大及不良地质区段。斜井设置位置应能使其充分发挥增辟工作面的作用。斜井仰角的大小，主要考虑斜井长度及施工方便，一般以不大于 25°为宜，且井身不宜设变坡。斜井与隧道中线的夹角不宜小于 40°，并在与隧道连接处宜用 15～25 m 的水平道相连，以便于运输作业和保证运输安全。井口场地通常设有向洞外的不小于 0.3%的下坡，以防车辆溜向洞内造成事故，且有利于排水。

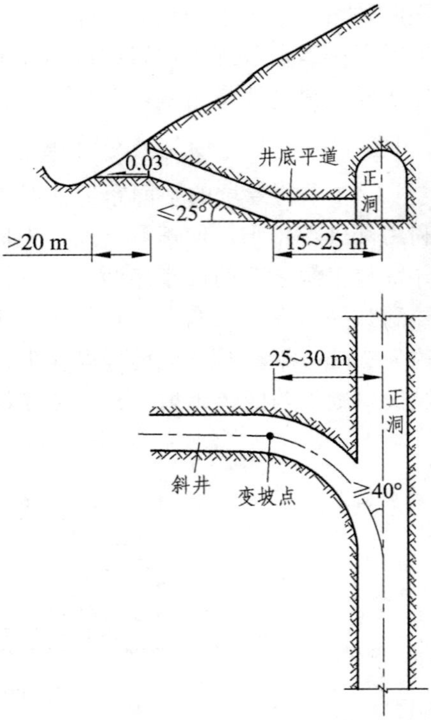

图 1-45　斜井布置示意

（4）斜井与隧道正洞的平面连接形式有单连式、斜双连式和正交双连式三种。采用单连式时，斜井与正洞中线的平面交角不宜小于 40°，此连接方式施工比较简单，多在用皮带运输机或梭式矿车出渣时采用。图 1-46 为斜交双连式，特点是在对着斜井的井底车站前方，有一段安全岔线。即使斜井中发生溜车事故，也不会影响正洞施工的安全。其技术数据为：斜井井底变坡点与正洞中线的距离应不小于 25～30 m；车站长度不小于 8～12 m；安全岔线长度不小于 8～10 m；连接曲线半径为 7～10 倍的车辆轴距；双通道与正洞平面交角为 30°～35°。正交双连式的特点及基本数据与斜交双连式相同，不同的是安全岔线设于两通道中间的岩体之中，开挖爆破时容易引起坍塌，故必须加强支护。

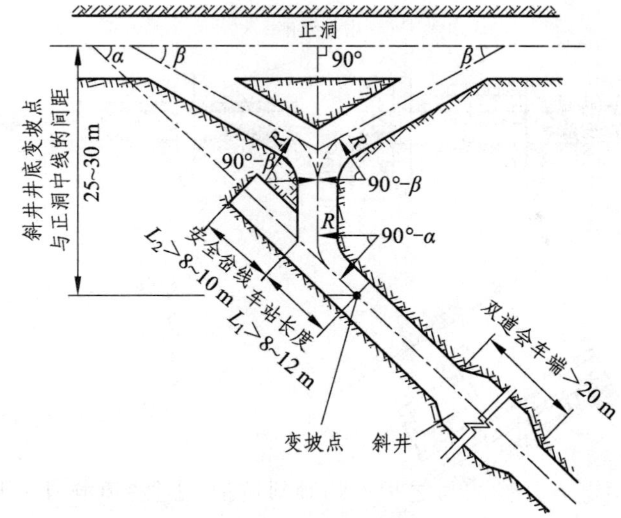

图 1-46　斜交双连式示意图

（5）提升机械一般用卷扬机牵引斗车，坡度很小时亦可采用皮带输送或无轨运输，斜井内的轨道数视出渣量而定。坑道大小在为单线行车道时，一般底宽为 2.6 m；为三轨双线行车道时，底宽为 3.4 m；为双线行车道时，底宽为 4.1 m（以上均包括单侧设宽 70c m 的人行道）。坑道高度通常≥2.6 m。其中，以单线或三轨双线较为常用，并在斜井中部设有 20～30 m 的四轨双线错车道，这样可减少断面及节约运输器材。在斜井需作为通风道时，其断面大小应满足通风要求。

（6）井口段应修筑衬砌，其他部分视地质条件及是否作为永久通风道等条件决定是否修筑永久衬砌。

（7）施工期间应作好井口防排水工程，严防洪水淹没。卷扬机牵引斗车需防止钢丝绳中断或脱钩等事故。为此应严格控制牵引速度：斜井长小于 200 m 时，车速不大于 3.5 m/s；斜井长超过 200 m 时，可适当提高车速。井口应设置安全闸（图 1-47），在斗车出洞后及时安好安全闸以防溜车。为防止斗车在坡道上因脱钩或钢丝绳断裂而下滑；可在斗车上或坡道上设置止溜沟，以阻止斗车继续下滑。也可以在斜井坡道终点或坡道中间适当位置设置安全缆绳（图 1-47），由专人负责看守，在斗车经过后，即在坑道的两帮间缆以钢丝绳，万一斗车脱钩，也不致冲入井底车场而发生严重事故。此外，在井底调车场及井身每隔 30～50 m 宜设避险洞以保证作业人员安全。

（8）为保证施工安全，还应注意井底车场需加支撑，或修筑衬砌。为提高运输效率，可在井底调车场加设储渣仓，并尽量不在斜井口处进行摘挂作业。

四、竖井

竖井是在隧道上方开挖的与隧道相连的竖向坑道。

覆盖层较薄的长隧道或隧道在中间适当位置覆盖层不厚、具备提升设备、施工中又需增加工作面时，可用竖井增加工作面的方案。竖井深度一般不超过 150 m。

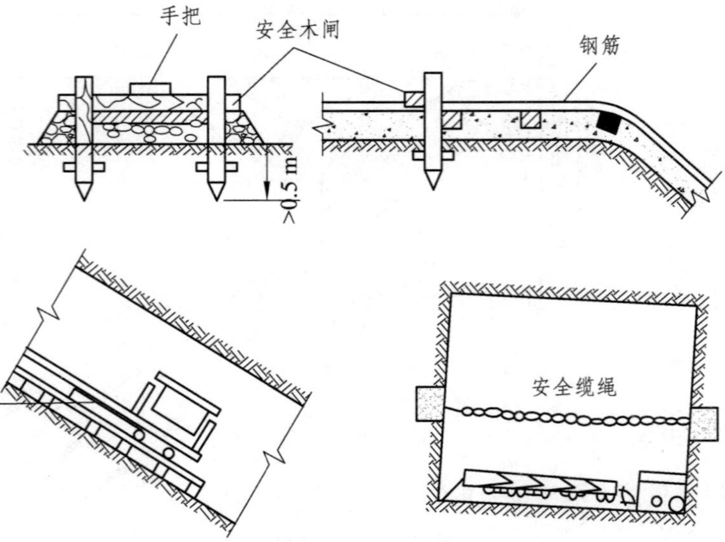

图 1-47　斜井安全设施

竖井的位置可设在隧道一侧，与隧道的距离一般情况下为 15～25 m；或设置在正上方。竖井设置在隧道一侧时，施工安全、干扰少，但通风效果差；竖井设在隧道正上方时，通风效果好，不需另设水平通道，但施工干扰大，施工中不太安全。圆形断面的断面利用率低，但施工较方便，且受力条件好，故常作为在压力较大的围岩中修筑的临时性竖井和简易竖井的截面。

竖井的位置、断面形状，应根据施工要求、通风、是否作为永久通风道、造价等因素综合考虑确定。

【任务实施】

根据提供的教学图纸，列出本隧道的洞门结构形式、洞门材料、衬砌支护结构类型、隧道附属结构等，初步认识隧道。

【复习与思考】

1. 围岩的定义是什么？
2. 隧道的结构组成有哪些？
3. 隧道的衬砌形式有哪些？各有什么特点？
4. 隧道的附属建筑物有哪些？
5. 隧道洞门有哪几种形式？各有什么特点？

2 学习项目二 隧道围岩分级

任务一　认知围岩分级基础

【学习目标】

（1）了解隧道围岩分级的目的。
（2）掌握坑道开挖后的稳定性分类。
（3）认知隧道围岩分级的各因素指标。
（4）掌握弹性波速、岩石质量指标、岩体基本质量指标的计算。

【任务描述】

了解隧道围岩分级的目的，掌握对隧道开挖后稳定性分类，为地质素描进行知识储备；能够根据物探资料进行简单计算，为施工过程中正确判断实际围岩级别进行知识储备。

【相关知识】

围岩分级是指根据岩体完整程度和岩石强度等指标将无限的岩体序列划分为具有不同稳定程度的有限个类别，即将稳定性相似的一些围岩划归为一类，将全部的围岩划分为若干类。

隧道围岩分级是正确进行隧道设计与施工的基础。一个合理的、符合地下工程实际情况的围岩分级，对于改善地下结构设计、发展新的隧道施工工艺、降低工程造价、多快好省地修建隧道有着十分重要的意义。

围岩分级的目的有：作为选择施工方法的依据，进行科学管理及正确评价经济效益，确定结构上的荷载，确定支护结构的类型和尺寸，作为制定劳动定额、材料消耗标准的基础，等等。

隧道围岩分级是为了解决坑道支护而建立起来的，即坑道开挖后是否需要支护，采用什么类型的支护结构，如何支护，等等。隧道的破坏，主要取决于围岩的稳定性，而影响围岩稳定性的因素是多方面的,其中隧道围岩结构特征和完整状态是影响围岩稳定性的主要因素。隧道围岩体的强度，对隧道的稳定性有着重要的影响，地下水、风化程度也是隧道围岩丧失稳定性的重要原因。坑道支护与坑道开挖后的稳定性有着直接的关系。因此，隧道围岩分级的基础条件是坑道开挖后的稳定性。

根据坑道开挖的长期实践，坑道开挖后的稳定性大体上可分为以下几类：

（1）充分稳定：坑道在长时间内有足够的自稳能力，无须任何人为支护即能维持稳定，无坍塌，偶尔有掉块现象。

（2）基本稳定：坑道会因爆破、岩块结合松弛等而产生局部掉块，但不会引起坍塌，坑道是稳定的。层间结合差的平缓岩层顶板可能会发生弯曲和断裂，此时应采取局部支护或轻型支护措施。

（3）暂时稳定：大多数坑道是属于暂时稳定类型的。坑道开挖后会呈现出不同程度的坍塌现象，坍塌后的坑道呈拱形而处于暂时稳定状态。在外界（如爆破、重新更换支撑等）和内部（如地下水等）条件的影响下，坑道如不进行及时支护，会进一步丧失稳定。因此，在这种围岩中必须采取各种类型的支护措施。

（4）不稳定：坑道在不支护的条件下是难以开挖的，随挖随坍，常常要先支后挖，坑道的坍塌发生迅速、影响范围大，有时可坍塌到地表，或在地面形成沉陷盆地。在有水的情况下，土体流动会造成极大的荷载。此时，需要采取专门的支护措施和施工方法来保证坑道的稳定。

坑道围岩的稳定性不同，采取的支护措施和施工方法也不同。因此，按坑道围岩稳定性大致相同的围岩工程地质条件并结合工程实践进行围岩分级是有可能的，也是有根据的。

围岩分级的指标，主要考虑影响围岩稳定性的因素或其组合，大体有以下几种：

一、单一的岩性指标

单一的岩性指标一般有岩石的抗压和抗拉强度、弹性模量等物理力学参数，岩石的抗钻性、抗爆性等工程指标。在一些特定的分级中，如确定钻眼功效、炸药消耗量，土石方工程中划分岩石的软硬、开挖的难易程度等，均可采用岩石的单一岩性指标进行分级。一般多采用岩石的单轴饱和极限抗压强度作为基本的分级指标，这种方法具有试验简单、数据可靠的优点。但单一岩性指标只能表达岩体特征的一个方面，用来作为分级的唯一指标是不合适的，如老黄土地层，在无水的条件下，其强度虽然低，但稳定性却很高。

二、单一的综合岩性指标

单一的综合岩性指标即以单一的指标，反映岩体的综合因素。这些指标包括：

1. 岩体的弹性波传播速度

弹性波传播速度与岩体的强度和完整性成正比，其指标反映了岩石的力学性质和岩体的软硬、破碎程度的综合影响。

《铁路隧道设计规》（TB 10003—2016）将弹性波（纵波）速度引入隧道围岩分级中，将围岩分为 6 级（表 2-1）。

表 2-1　弹性波（纵波）速度分级

围岩类别	Ⅰ	Ⅱ	Ⅲ	Ⅳ	Ⅴ	Ⅵ
弹性波速/(km/s)	A: >5.3	A: 4.5 ~ 5.3 B: >5.3 C: >5.0	A: 4.0 ~ 4.5 B: 4.3 ~ 5.3 C: 3.5 ~ 5.0 D: >4.0	A: 3.0 ~ 4.0 B: 3.3 ~ 4.3 C: 3.0 ~ 3.5 D: 3.0 ~ 4.0 E: 2.0 ~ 3.0	A: 2.0 ~ 3.0 B: 2.0 ~ 3.3 C: 2.0 ~ 3.0 D: 1.5 ~ 3.0 E: 1.0 ~ 2.0	<1.0（饱和土<1.5）

2. 岩石质量指标（RQD）

岩石质量指标是综合反映岩体的强度和岩体的破碎程度的指标。所谓岩石质量指标，是指钻探时岩芯复原率，或称为岩芯采取率。钻探时岩芯的采取率、岩芯的平均和最大长度是受岩体原始的裂隙、硬度、均质性影响的，岩体质量的好坏主要取决于岩芯采取长度小于10 cm的细小岩块所占的比例。因此，岩芯采取率是以单位长度钻孔中10 cm以上的岩芯占有的比例来判断的，即

$$RQD(\%)=\frac{10\text{cm以上岩芯累计长度}\times 100\%}{\text{单位钻孔长度}} \tag{2-1}$$

岩石质量指标分级认为：$RQD>90\%$为优质；$75\%<RQD\leqslant 90\%$为良好；$50\%<RQD\leqslant 75\%$为好；$25\%<RQD\leqslant 50\%$为差；$RQD<25\%$为很差。

3. 围岩自稳时间

围岩自稳时间也被认为是综合岩性指标。隧道开挖后，围岩通常都有一段暂时稳定的时间，不同的地质环境，自稳时间是不同的。劳费（H.Lauffer）认为隧道围岩的自稳时间 t_s 可用下式表示：

$$t_s=\text{常数}\times L^{-(1+\alpha)} \tag{2-2}$$

式中：L——隧道未支护地段的长度（m）；

α——视围岩情况在0～1之间变化，好的岩体可取$\alpha=0$，极差的$\alpha=1$。

劳费根据围岩的自稳时间和未支护地段的长度，将围岩分为稳定的、易掉块的、极易掉块的、破碎的、很破碎的、有压力的、有很大压力的七级。

—单一综合岩性指标一般与地质勘察技术的水平有关，因此，其应用受到一定的限制。

三、复合指标

复合指标是一种用两个或两个以上的岩性指标或综合岩性指标所表示的指标。

1. Q复合指标分级

Q复合指标分级是巴顿（N.Barton）等人提出的岩体质量——Q指标，Q综合表达了岩体质量的6个地质参数，见下式：

$$Q=(RQD/J_h)(J_r/J_a)(J_w/SRF) \tag{2-3}$$

式中：RQD—岩石质量指标，其取值方法见式（2-1）。

J_h——节理组数目，岩体愈破碎，J_h取值愈大，可参考下列经验数值：没有或很少节理，$J_h=0.5\sim1.0$；两个节理组，$J_h=4$；破碎岩体，$J_h=20$。

J_r——节理粗糙度，节理愈光滑，J_r取值愈小，可参考下列经验数值：不连续节理，$J_r=4$；平整光滑节理，$J_r=0.5$；等等。

J_a——节理蚀变值，蚀变愈严重，J_a取值愈大，可参考下列经验数值：节理面紧密结合，节理中填充物坚硬不软化，$J_a=0.75$；节理中填充物是膨胀性黏土，如蒙脱土，$J_a=8\sim12$；等等。

J_w——节理含水折减系数，节理渗水量愈大，水压愈高，J_w取值愈小，可参考下列经验数值；微量渗水，水压<0.1 MPa；$J_w=1.0$；渗水量大，水压特别高，持续时间长，$J_w=0.05\sim0.1$；等等。

SRF——应力折减系数，围岩初始应力愈高，*SRF* 取值愈大，可参考下列经验数值；脆性而坚硬、有严重岩爆现象的岩石，*SRF*＝10～20；坚硬、有单一剪切带的岩石，*SRF*＝2.5。

这 6 个地质参数表达了岩体的岩块大小（RQD/J_h）、岩块的抗剪强度（J_r/J_a）、作用应力（J_w/SRF）对岩体质量的影响。因此，岩体质量 *Q* 实际上是岩块尺寸、抗剪强度、作用应力的复合指标。根据不同的 *Q* 值，可将岩体质量评为 9 级，见表 2-2。

表 2-2　岩体质量评估

岩体质量	特别好	极好	良好	好	中等	不良	坏	极坏	特别坏
Q	400～1000	100～400	40～100	10～40	4～10	1～4	0.1～1	0.01～0.1	0.001～0.01

2. *RMR* 复合指标

RMR 复合指标由南非学者 Z.T.Bieniiawski 根据 49 个隧道案例的调查结果，于 1973 年提出，后又增加了 300 以上的工程案例对此指标进行了修正。它给出了一个总的岩体评分值 *RMR* 作为衡量岩体工程质量的“综合特征值”。它随岩体质量而从 0 递增到 100。岩体的 *RMR* 值取决于 5 个通用参数和 1 个修正参数，这 5 个通用参数取决于岩石抗压强度 R_1、岩石质量指标 $R_2(RQD)$、节理间距 R_3、节理状态 R_4 和地下水状态 R_5。修正参数取决于节理方向对工程的影响。把上述各个参数的岩体评分值相加就得到岩体的 *RMR* 值，即

$$RMR=R_1+R_2+R_3+R_4+R_5 \tag{2-4}$$

根据 *RMR* 的值，相应地可以将岩体分为 5 类，见表 2-3。

表 2-3　*RMR* 岩体分类

类别	Ⅰ	Ⅱ	Ⅲ	Ⅳ	Ⅴ
岩体描述	很好的岩石	好的岩石	较好的岩石	较差的岩石	很差的岩石
RMR 值	81～100	61～80	41～60	21～40	0～20

3. 岩体基本质量指标

该方法通过岩体的基本质量 *BQ* 来判断岩体质量。确定 *BQ* 需要两个指标：岩体单轴饱和（湿）抗压强度 R_c(MPa)和岩体完整性指数 K_v。确定了 R_c 和 K_v 的值以后，可按下式计算岩体的基本质量指标，即：

$$BQ=100+3R_c+250K_v \tag{2-5}$$

在使用式（2-5）时，应遵守以下限制条件：

当 $R_c>90K_v+30$ 时，应以 $R_c=90K_v+30$ 代入式（2-5）计算 *BQ* 值；

当 $K_v>0.04R_c+0.4$ 时，应以 $K_v=0.04R_c+0.4$ 代入式（2-5）计算 *BQ* 值。

在计算出 *BQ* 的值以后，可以根据表 2-4 对岩体基本质量进行分级。

表 2-4　岩体基本质量分级

基本质量级别	Ⅰ	Ⅱ	Ⅲ	Ⅳ	Ⅴ
基本质量指标 *BQ*	>550	550～451	450～351	350～251	≤250

复合指标考虑了多种因素的影响，对判断隧道围岩的稳定性是比较合理可靠的，可以根据工程对象的要求，选择不同的指标。但是，复合指标的定量数值，一般是通过试验、现场实测或凭经验确定的，带有较大的主观因素。

通过以上分析可知，对隧道围岩的分级，首先应考虑选择对围岩稳定性有重大影响的主要因素，如岩石强度、岩体的完整性、地下水、地应力、结构面产状以及它们的组合关系作为分级指标；其次选择测试设备比较简单、人为因素影响小、科学性较强的定量指标；最后再考虑分级指标要有一定的综合性，如复合指标等。总之，围岩分级应有足够的实测资料为基础，能全面反映围岩的工程性质。

任务二　隧道的围岩分级

【学习目标】

（1）了解不同阶段隧道围岩分级的特点。

（2）掌握隧道围岩基本分级。

（3）掌握隧道围岩修正分级。

【任务描述】

通过对隧道围岩分级的学习，掌握现行隧道围岩基本分级的影响因素及分级情况，掌握修正分级的影响因素及修正方法；能够根据施工图纸描述的地质水文等资料对围岩做出基本分级，并根据现场开挖的实际情况对围岩做出正确的分级判定。

【相关知识】

隧道围岩分类方法有简有繁，隧道围岩分级的详细程度，在工程建设的不同阶段应有所不同。在工程规划和初步设计阶段的围岩分级，可以定性评价为主，判别的依据主要来源于地表的地质测绘以及部分的勘察工作。在工程设计和施工阶段，围岩分级应为专门的目的服务。如为设计提供依据的围岩分级，其判别依据主要是地质测绘资料、地质详勘资料、岩石和岩体的室内和现场试验数据，分级指标一般是半定量和定性的；为隧道施工钻爆提供依据的围岩分级，主要利用各种量测和观测到的实际资料对围岩分级进行补充修正，此时的分级依据是岩体暴露后的实际值。

围岩分级的分阶段实施，是因为围岩分级除了取决于地质条件外，还和工程规模、形状、施工工艺等技术条件有关。不同阶段的地质勘察、试验研究、工作顺序可用图 2-1 来表示。

一、我国铁路隧道围岩的分级

我国隧道围岩分级方法的发展基本以隧道稳定性为主。此外，我国隧道围岩分级中更加重视施工阶段围岩级别的修正，即根据施工阶段获得的围岩分级信息对设计阶段的预分级进行修正。我国隧道围岩分级主要有两个步骤：第一步以基本指标进行基本分级；第二步用修正指标对基本级别进行修正，最终获得修正后的围岩级别。

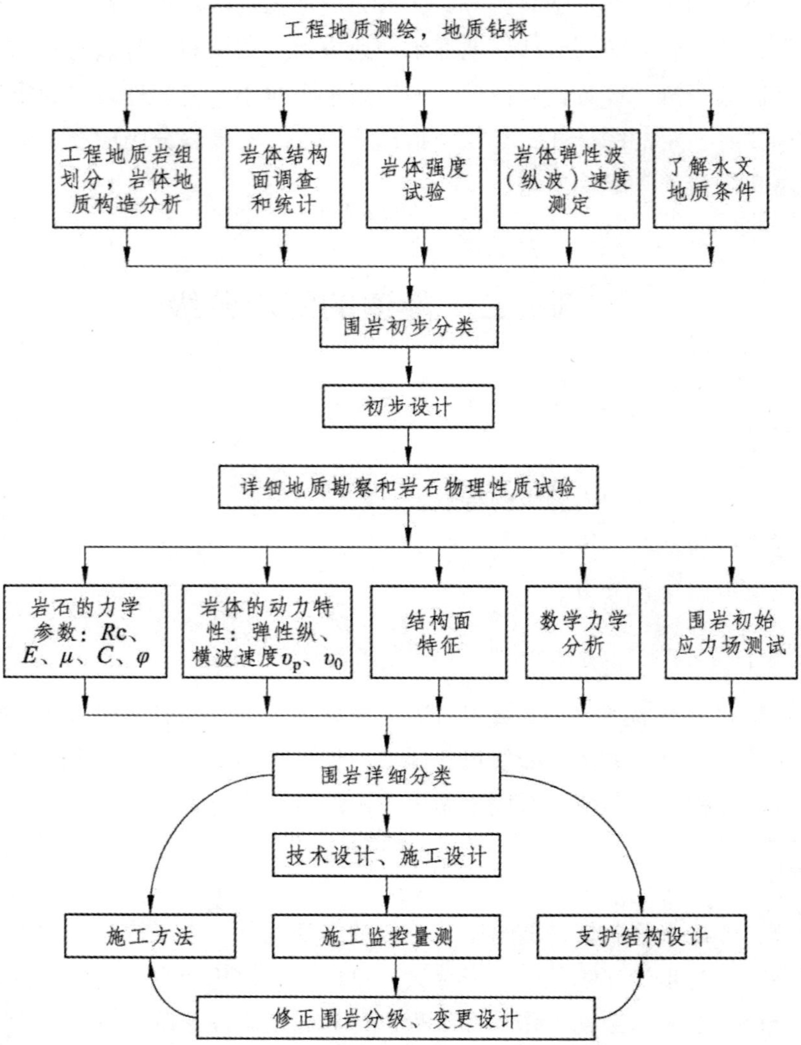

图 2-1　工程各阶段围岩分级系统框图

1. 围岩分级的基本因素及围岩基本分级

1）围岩分级的基本因素

围岩基本分级应由岩石坚硬程度和岩体完整程度两个因素确定。岩石坚硬程度和岩体完整程度应采用定性划分和定量指标两种方法综合确定。岩石坚硬程度可按表 2-5 确定，表中岩性类型可按表 2-6 确定，岩石风化程度可按表 2-7 确定。岩体完整程度可按表 2-8 确定，表中结构面结合程度可按表 2-9 确定，层状岩层厚度划分可按表 2-10 确定。

表 2-5　岩石坚硬程度的划分

岩石类别		单轴饱和抗压强度 R_c/MPa	定性鉴定	代表性岩石
硬质岩	极硬岩	$R_c>60$	锤击声清脆，有回弹，振手，难击碎； 浸水后，大多无吸水反应	未风化～微风化的 A 类岩石
	硬岩	$30<R_c\leqslant 60$	锤击声较清脆，有轻微回弹，稍振手，较难击碎； 浸水后，有轻微吸水反应	微风化的 A 类岩石；未风化～微风化的 B、C 类岩石
软质岩	较软岩	$15<R_c\leqslant 30$	锤击声不清脆，无回弹，较易击碎； 浸水后，指甲可刻出印痕	强风化的 A 类岩石；弱风化的 B、C 类岩石；未风化～微风化的 D 类岩石
	软岩	$5<R_c\leqslant 15$	锤击声哑，无回弹，有凹痕，易击碎； 浸水后，手可掰开	强风化的 A 类岩石；弱风化～强风化的 B、C 类岩石；弱风化的 D 类岩石；未风化～微风化的 E 类岩石
软质岩	极软岩	$R_c\leqslant 5$	锤击声哑，无回弹，有较深凹痕，手可捏碎； 浸水后，可捏成团	全风化的各类岩石和成岩作用差的岩石

注：当无条件取得单轴饱和抗压强度 R_c 实测值时，也可采用实测的岩石点荷载强度指数 $I_{s(50)}$ 的换算值，换算方法按现行国家标准《工程岩体分级标准》（GB/T 50218—2014）执行。

表 2-6　岩性类型的划分

岩性类型	代表岩性
A	岩浆岩（花岗岩、闪长岩、正长岩、辉绿岩、安山岩、玄武岩、石英粗面岩、石英斑岩等）； 变质岩（片麻岩、石英岩、片岩、蛇纹岩等）； 沉积岩（熔结凝灰岩、硅质砾岩、硅质石灰岩等）
B	沉积岩（石灰岩、白云岩等碳酸盐类）
C	变质岩（大理岩、板岩等）； 沉积岩（钙质砂岩、铁质胶结的砾岩及砂岩等）
D	第三纪沉积岩类（页岩、砂岩、砾岩、砂质泥岩、凝灰岩等）； 变质岩（云母片岩、千枚岩等），且岩石单轴饱和抗压强度 $R_c>15$ MPa
E	晚第三纪～第四纪沉积岩类（泥岩、页岩、砂岩、砾岩、凝灰岩等），且岩石单轴饱和抗压强度 $R_c\leqslant 15$ MPa

表 2-7　岩石风化程度的划分

名称	风化特征
未风化	岩石结构构造未变，岩质新鲜
微风化	岩石结构构造、矿物成分和色泽基本未变，部分裂隙面有铁锰质渲染或略有变色
弱风化	岩石结构构造部分破坏，矿物成分和色泽较明显变化，裂隙面风化较剧烈
强风化	岩石结构构造大部分破坏，矿物成分和色泽明显变化，长石、云母和铁镁矿物已风化蚀变
全风化	岩石结构构造完全破坏，已崩解和分解成松散土状或砂状，矿物全部变色，光泽消失，除石英颗粒外的矿物大部分风化蚀变为次生矿物

表 2-8　岩体完整程度的划分

<table>
<tr><th rowspan="2">完整程度</th><th colspan="3">结构面发育程度</th><th rowspan="2">主要结构面结合程度</th><th rowspan="2">主要结构面类型</th><th rowspan="2">相应结构类型</th><th rowspan="2">岩体完整性指数 K_v</th><th rowspan="2">岩体体积节理数/(条/m³)</th></tr>
<tr><th>定性描述</th><th>组数</th><th>平均间距/m</th></tr>
<tr><td>完整</td><td rowspan="2">不发育</td><td>1～2</td><td>>1.0</td><td>结合好或一般</td><td>节理、裂隙、层面</td><td>整体状或巨厚层状结构</td><td>$K_v>0.75$</td><td>$J_v<3$</td></tr>
<tr><td rowspan="2">较完整</td><td>1～2</td><td>>1.0</td><td>结合差</td><td rowspan="2">节理、裂隙、层面</td><td>块状或厚层状结构</td><td rowspan="2">$0.75\geqslant K_v>0.55$</td><td rowspan="2">$3\leqslant J_v<10$</td></tr>
<tr><td rowspan="2">较发育</td><td>2～3</td><td>1.0～0.4</td><td>结合好或一般</td><td>块状结构</td></tr>
<tr><td rowspan="3">较破碎</td><td>2～3</td><td>1.0～0.4</td><td>结合差</td><td rowspan="3">节理、裂隙、劈理、层面、小断层</td><td>裂隙块状或中厚层状结构</td><td rowspan="3">$0.55\geqslant K_v>0.35$</td><td rowspan="3">$10\leqslant J_v<20$</td></tr>
<tr><td rowspan="3">发育</td><td rowspan="2">≥3</td><td rowspan="2">0.4～0.2</td><td>结合好</td><td>镶嵌碎裂构</td></tr>
<tr><td>结合一般</td><td>薄层状结构</td></tr>
<tr><td rowspan="2">破碎</td><td>≥3</td><td>0.4～0.2</td><td>结合差</td><td rowspan="2">各种类型结构面</td><td>裂隙块状结构</td><td rowspan="2">$0.35\geqslant K_v>0.15$</td><td rowspan="2">$20\leqslant J_v<35$</td></tr>
<tr><td>很发育</td><td>≥3</td><td>≤0.2</td><td>结合一般或差</td><td>碎裂结构</td></tr>
<tr><td>极破碎</td><td>无序</td><td>—</td><td>—</td><td>结合很差</td><td></td><td>散体结构</td><td>$K_v\leqslant 0.15$</td><td>$J_v\geqslant 35$</td></tr>
</table>

注：平均间距指主要结构面间距的平均值。

表 2-9　结构面结合程度的划分

结合程度	结构面特征
结合好	张开度小于 1 mm，为硅质、铁质或钙质胶结，或结构面粗糙，无充填物； 张开度 1～3 mm，为硅质或铁质胶结； 张开度大于 3 mm，结构面粗糙，为硅质胶结
结合一般	张开度小于 1 mm，结构面平直，钙泥质胶结或无充填物； 张开度 1～3 mm，为钙质胶结； 张开度大于 3 mm，结构面粗糙，为铁质或钙质胶结；
结合差	张开度 1～3 mm，结构面平直，为泥质胶结或钙泥质胶结； 张开度大于 3 mm，多为泥质或岩屑充填
结合很差	泥质充填或泥夹岩屑充填，充填物厚度大于起伏差

表 2-10　层状岩层厚度的划分

层状岩层厚度	单层厚度
巨厚层	大于 1.0 m
厚层	大于 0.5 m，且小于等于 1.0 m
中厚层	大于 0.1 m，且小于等于 0.5 m
薄层	小于等于 0.1 m

围岩基本质量指标 BQ 值，应根据岩石坚硬程度、岩体完整程度分级因素的定量指标 R_c 的兆帕数值和 K_v，按下式计算：

$$BQ=100+3R_c+250K_v \tag{2-7}$$

在使用式（2-7）时，应符合下列规定：

当 $R_c>90K_v+30$ 时，应以 $R_c=90K_v+30$ 和 K_v 代入式（2-7）计算 BQ 值；

当 $K_v>0.04R_c+0.4$ 时，应以 $K_v=0.04R_c+0.4$ 和 R_c 代入式（2-7）计算 BQ 值。

在计算出 BQ 的值以后，可以根据表 2-11 对岩体基本质量进行分级。

2）围岩的基本分级

根据以上分级的基本因素及指标，给出各级围岩的主要工程地质特征、围岩基本质量指标、围岩弹性纵波速度等要素，《铁路隧道设计规范》（TB 10003—2016）将铁道隧道围岩划分为 6 级。

表 2-11　围岩基本分级

级别	岩体特征	土体特征	围岩基本质量指标 BQ	围岩弹性纵波速度 v_p/(km/s)
Ⅰ	极硬岩，岩体完整	—	>550	A: >5.3
Ⅱ	极硬岩，岩体较完整； 硬岩，岩体完整	—	550～451	A: 4.5～5.3 B: >5.3 C: >5.0

续表

级别	岩体特征	土体特征	围岩基本质量指标 BQ	围岩弹性纵波速度 v_p/(km/s)
Ⅲ	极硬岩，岩体较破碎； 硬岩或软硬岩互层，岩体较完整； 较软岩，岩体完整	—	450～351	A: 4.0～4.5 B: 4.3～5.3 C: 3.5～5.0 D: >4.0
Ⅳ	极硬岩，岩体破碎； 硬岩，岩体较破碎或破碎； 较软岩或软硬岩互层，且以软岩为主，岩体较完整或较破碎； 软岩，岩体完整或较完整	具压密或成岩作用的黏性土、粉土及砂类土，一般钙质、铁质胶结的粗角砾土、粗圆砾土、碎石土、卵石土、大块石土，黄土（Q_1、Q_2）	350～251	A: 3.0～4.0 B: 3.3～4.3 C: 3.0～3.5 D: 3.0～4.0 E: 2.0～3.0
Ⅴ	较软岩，岩体破碎； 软岩，岩体较破碎至破碎； 全部极软岩及全部极破碎岩(包括受构造影响严重的破碎带)	一般第四系坚硬、硬塑黏性土，稍密及以上、稍湿或潮湿的碎石土、卵石土、圆砾土、角砾土、粉土及黄土（Q_3、Q_4）	≤250	A: 2.0～3.0 B: 2.0～3.3 C: 2.0～3.0 D: 1.5～3.0 E: 1.0～2.0
Ⅵ	受构造影响严重呈碎石、角砾及粉末、泥土状的富水断层带，富水破碎的绿泥石或炭质千枚岩	软塑状黏性土，饱和的粉土、砂类土等，风积沙，严重湿陷性黄土	—	<1.0 （饱和土<1.5）

2. 围岩分级的影响因素及分级的修正

在围岩基本分级的基础上综合考虑地下水状态、初始地应力状态和主要结构面产状等因素，对围岩分级进行修正。围岩级别修正宜采用定性修正与定量修正相结合的方法，综合分析确定围岩级别。

1）地下水

隧道施工的大量实践证明，水是造成施工塌方、使坑道围岩丧失稳定的重要原因之一。在不同的围岩中，水的影响是不同的。

（1）地下水使岩质软化、强度降低，对软岩尤为明显，对土体则可促使其液化或流动。

（2）在有软弱结构面的围岩中，地下水会冲走充填物或使夹层液化，减少层间摩阻力，促使岩块滑动。

（3）某些围岩，如以石膏、岩盐和蒙脱石为主的黏土岩，遇水后产生膨胀；未胶结或弱胶结的砂岩遇水可产生流沙和潜蚀。

因此，在隧道围岩分级中水的影响是不容忽视的。围岩遇水后会使其级别降低，降低的幅度主要视以下两个条件而定：

（1）围岩的岩性及结构面的状态。

（2）地下水的性质、大小、流通条件及对围岩的浸润状况和危害程度。

围岩分级中关于地下水状态的分级和地下水影响的修正参照表 2-12 和表 2-13。

表 2-12　地下水状态的分级

地下水出水状态	渗水量/[L/(min · 10 m)]
潮湿或点滴状出水	≤25
淋雨状或线流状出水	25～125
涌流状出水	>125

表 2-13　地下水影响的修正

地下水出水状态	围岩级别				
	Ⅰ	Ⅱ	Ⅲ	Ⅳ	Ⅴ
潮湿或点滴状出水	Ⅰ	Ⅱ	Ⅲ	Ⅳ	Ⅴ
淋雨状或线流状出水	Ⅰ	Ⅱ	Ⅲ或Ⅳ①	Ⅴ	Ⅵ
涌流状出水	Ⅱ	Ⅲ	Ⅳ	Ⅴ	Ⅵ

注：①围岩岩体为较完整的硬岩时定为Ⅲ级，其他情况定为Ⅳ级。

2）初始地应力状态

围岩初始地应力状态，当无实测资料时，可根据隧道工程埋深、地貌、地形、地质、构造运动史、主要构造线与开挖过程中出现的岩爆、岩芯饼化等特殊地质现象，按表 2-14 评估。

表 2-14　初始地应力状态评估基准

初始地应力状态	主要现象	评估基准（R_c/σ_{max}）
一般地应力	硬质岩：开挖过程中不会出现岩爆，新生裂缝较少，成洞性一般较好	>7
	软质岩：岩芯无或少有饼化现象，开挖过程中洞壁岩体有一定的位移，成洞性一般较好	
高地应力	硬质岩：开挖过程中可能出现岩爆，洞壁岩体有剥离和掉块现象，新生裂缝较多，成洞性较差	4～7
	软质岩：岩芯时有饼化现象，开挖过程中洞壁岩体位移显著，持续时间较长，成洞性差	
极高地应力	硬质岩：开挖过程中有岩爆发生，有岩块弹出，洞壁岩体发生剥离，新生裂缝多，成洞性差	<4
	软质岩：岩芯常有饼化现象，开挖过程中洞壁岩体有剥离，位移极为显著，甚至发生大位移，持续时间长，不易成洞	

注：表中 R_c 为岩石单轴饱和抗压强度（MPa）；σ_{max} 为垂直于洞轴线方向的最大初始地应力值（MPa）。

初始地应力对围岩级别的修正，宜按表 2-15 进行。

表 2-15 初始地应力影响的修正

初始地应力状态	围岩级别				
	Ⅰ	Ⅱ	Ⅲ	Ⅳ	Ⅴ
极高应力	Ⅰ	Ⅱ	Ⅲ或Ⅳ①	Ⅴ	Ⅵ
高应力	Ⅰ	Ⅱ	Ⅲ	Ⅳ或Ⅴ②	Ⅵ

注：①围岩岩体为较破碎的极硬岩、较完整的硬岩时定为Ⅲ级；其他情况定为Ⅳ级。
②围岩岩体为破碎的极硬岩、较破碎及破碎的硬岩时定为Ⅳ级；其他情况定为Ⅴ级；
本表不适用于特殊围岩。

3）主要结构面产状

主要结构面产状对围岩级别的修正，应考虑主要结构面产状与洞轴线的组合关系，并结合结构面工程特性、富水情况等因素综合分析确定。主要结构面是指对围岩稳定性起主要影响的结构面，如层状岩体的泥化层面，一组很发育的裂隙，次生泥化夹层，含断层泥、糜棱岩的小断层，等等。

4）围岩级别定量修正规定

（1）围岩级别定量修正应对围岩基本质量指标 BQ 进行修正，并以修正后获得的围岩基本质量指标值[BQ]确定围岩级别。

（2）围岩基本质量指标修正值[BQ]可按下式计算。其修正系数 K_1、K_2、K_3 值可分别按表 2-16、表 2-17 和表 2-18 确定。

$$[BQ]=BQ-100(K_1+K_2+K_3) \tag{2-8}$$

式中：[BQ]——围岩基本质量指标修正值；

BQ——围岩基本质量指标值；

K_1——地下水影响修正系数；

K_2——主要软弱结构面产状修正系数；

K_3——初始地应力影响修正系数。

表 2-16 地下水影响修正系数 K_1

地下水出水状态	岩体基本质量指标 BQ				
	>550	550～451	450～351	350～251	≤250
潮湿或点滴状出水	0	0	0～0.1	0.2～0.3	0.4～0.5
淋雨状或线流状出水	0～0.1	0.1～0.2	0.2～0.3	0.4～0.6	0.7～0.9
涌流状出水	0.1～0.2	0.2～0.3	0.4～0.6	0.7～0.9	1.0

表 2-17 主要结构面产状影响修正系数 K_2

结构面产状及其与洞轴线的组合关系	结构面走向与洞轴线夹角<30°，结构面倾角 30°～75°	结构面走向与洞轴线夹角>60°，结构面倾角>75°	其他组合
K_2	0.4~0.6	0～0.2	0.2～0.4

表 2-18　初始地应力影响修正系数 K_3

初始地应力状态	岩体基本质量指标 *BQ*				
	>550	550～451	450～351	350～251	≤250
极高应力	1.0	1.0	1.0～1.5	1.0～1.5	1.0
高应力	0.5	0.5	0.5	0.5～1.0	0.5～1.0

二、我国公路隧道围岩分级

公路隧道的围岩分级：根据岩石的坚硬程度和岩体完整程度两个基本因素的定性特征和定量的岩体基本质量指标 *BQ*，进行初步分级；在岩体基本质量分级的基础上，考虑修正因素的影响，修正岩体基本质量指标值，得出基本质量指标修正值[*BQ*]，再结合岩体的定性特征进行综合评判，确定围岩的详细分级。

《公路隧道设计规范　第一册　土建工程》（JTG 3370.1—2018）规定，公路隧道的围岩分级根据调查、勘探、试验等资料，并对以上指标和因素进行分析确定。公路隧道围岩分为6级，表 2-19 给出了各级围岩的主要定性特征和围岩基本质量指标 *BQ* 或修正值[*BQ*]。

表 2-19　公路隧道围岩级别划分

围岩级别	围岩岩体或土体主要定性特征	围岩基本质量指标 *BQ* 或修正质量指标[*BQ*]
Ⅰ	坚硬岩（饱和抗压极限强度 R_b>60 MPa），岩体完整； 巨块状或巨厚层状整体结构	>550
Ⅱ	坚硬岩（R_b>30 MPa），岩体较完整，块状或厚层状结构； 较坚硬岩，岩体完整，块状整体结构	550~451
Ⅲ	坚硬岩，岩体较破碎，巨块（石）碎（石）状镶嵌结构； 较坚硬岩或较软硬质岩，岩体较完整，块状体或中厚层状结构	450~351
Ⅳ	坚硬岩，岩体破碎，碎裂（石）结构； 较坚硬岩，岩体较破碎~破碎，镶嵌碎裂结构； 较软岩或软硬岩互层，且以软岩为主，岩体较完整~较破碎，中薄层状结构	350~251
	土体：1．压密或成岩作用的黏性土及砂性土； 2．黄土（Q_1，Q_2）； 3．一般钙质、铁质胶结的碎、卵石土、大块石土	
Ⅴ	较软岩，岩体破碎； 软岩，岩体较破碎~破碎； 极破碎各类岩体，碎、裂状、松散结构	<250
	一般第四系的半干硬～硬塑的黏性土及稍湿至潮湿的一般碎、卵石土、圆砾、角砾土及黄土（Q_3、Q_4）； 非黏性土呈松散结构，黏性土及黄土呈松软结构	
Ⅵ	软塑状黏性土及潮湿、饱和粉细砂层、软土等	

注：公路隧道围岩分级表中“级别”和“围岩主要定性特征”栏，不包括特殊地质条件的围岩，如膨胀性围岩、多年冻土等。

各级围岩的自稳能力，可根据围岩变形量测和理论计算分析评定，或按表 2-20 判定。

表 2-20　隧道各级围岩自稳能力判断

围岩级别	自稳能力
Ⅰ	跨度≤20 m，可长期稳定，偶有掉块，无塌方
Ⅱ	跨度 10~20 m，可基本稳定，局部可发生掉块或小塌方； 跨度<10 m，可长期稳定，偶有掉块
Ⅲ	跨度 10~20 m，可稳定数日至 1 月，可发生小~中塌方； 跨度 5~10 m，可稳定数月，可发生局部块体位移及小~中塌方； 跨度<5 m，可基本稳定
Ⅳ	跨度>5 m，一般无自稳能力，数日至数月内可发生松动变形、小塌方，进而发展为中~大塌方；埋深小时，以拱部松动破坏为主；埋深大时，有明显塑性流动变形和挤压破坏； 跨度≤5 m，可稳定数日至 1 月
Ⅴ	无自稳能力，跨度 5 m 或更小时，可稳定数日
Ⅵ	无自稳能力

注：①小塌方：塌方高度<3 m，或塌方体积<30 m^3。
②中塌方：塌方高度 3~6 m，或塌方体积 30~100 m^3。
③大塌方：塌方高度>6 m，或塌方体积> 100 m^3。

任务三　围岩压力的确定

【学习目标】

（1）了解隧道围岩压力的类型。
（2）理解隧道坑道开挖前后围岩的应力状态。
（3）掌握影响隧道围岩压力的因素。
（4）了解围岩松动压力的确定方法。
（5）掌握深浅埋隧道的判定原则。

【任务描述】

通过对隧道围岩压力相关知识的学习，能根据坑道开挖前后围岩的应力状态对比，以及影响隧道围岩压力的因素，理解施工方法、步骤、机械设备等对开挖坑道稳定性的影响；能根据图纸条件对隧道的深浅埋作出初步判定，计算压力大小，根据动态施工原则，对施工方法和支护手段等进行有效调整。

【相关知识】

隧道围岩压力是指隧道开挖后，围岩作用在隧道支护上的压力，是隧道支撑或衬砌结构的主要荷载之一。其性质、大小、方向以及发生和发展的规律，对正确地进行隧道设计与施工有很重要的影响。

在稳定的地层中开挖坑道，由于围岩在爆破后发生松动以及暴露后受到风化，个别落石现象不可避免。在完整而坚硬的岩层中开挖隧道，也会遇到小块岩石突然脱离岩体向隧道内弹出的现象，这种现象称为“岩爆”。这些都是围岩压力的表现。为了保证隧道有足够的净空，就要修建支护结构，以阻止围岩的移动和崩塌。支护结构就是用来承受围岩压力的。

一、围岩压力类型

围岩压力按作用力发生的形态，一般可分为以下几种类型。

1. 松动压力

由于开挖而松动或坍塌的岩体以重力形式直接作用在支护结构上的压力称为松动压力。按作用在支护结构上位置的不同，松动压力分为竖向压力、侧向压力和底压力。松动压力常在下列三种情况出现时发生。

（1）在整体稳定的岩体中，可能出现个别松动掉块的岩石。

（2）在松散软弱的岩体中，坑道顶部和两侧边帮冒落。

（3）在节理发育的裂隙岩体中，围岩某些部位沿软弱面发生剪切破坏或拉坏等局部塌落。

2. 形变压力

形变压力是指由于围岩变形受到与之密贴的支护（如锚喷支护等）的抑制，而使围岩在与支护结构共同变形的过程中，对支护结构施加的接触压力。形变压力除与围岩应力的状态有关外，还与支护时间和支护刚度有关。

3. 膨胀压力

由于围岩吸水而膨胀崩解所引起的压力称为膨胀压力。它与形变压力的基本区别在于它是由吸水膨胀引起的。

4. 冲击压力

冲击压力是指围岩中积累了大量的弹性变形能之后，由于隧道的开挖，围岩的约束被解除，能量突然释放所产生的压力。

因为冲击压力与岩体能量的积累与释放问题有关，所以它与弹性模量直接相关。弹性模量较大的岩体在高地应力的作用下，易于积累大量的弹性变形能，一旦遇到适宜的条件，就会突然猛烈地大量释放。

二、坑道开挖前后围岩的应力状态

1. 坑道开挖前围岩的应力状态

坑道开挖前，地层处于相对静止状态。地层中任何一处的土石都受到其上、下、左、右、前、后土石的挤压，保持着相对的平衡状态，称为原始应力状态。它是由上覆地层自重、地壳运动的残余应力以及地下水活动等因素决定的。

2. 坑道开挖后围岩的应力状态

隧道的开挖，移走了隧道内原来受力的部分岩体，破坏了围岩初始应力场的平衡状态，围岩从相对静止的状态转变为变动的状态。围岩力图达到一个新的平衡，其应力和应变开始一个新的变化运动，运动的结果，使得围岩的应力重新分布并向开挖的隧道空间变形。理论和实践证明，隧道开挖后，解除了部分围岩的约束，隧道周围初始应力将沿隧道一定范围重新分布。一般情况下，其应力状态如图 2-2 所示，形成 3 个区域。

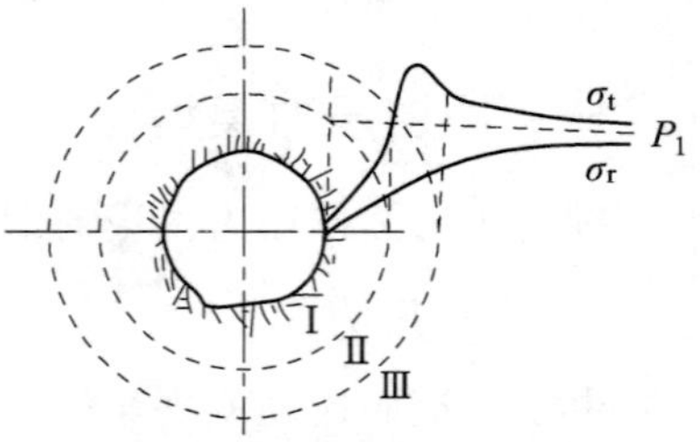

图 2-2　隧道开挖后的应力状态

Ⅰ区域称为低应力区。在有裂隙和破碎的岩石中或松软围岩中，由于岩体强度小，隧道开挖后，岩体不能承受急剧增大的周边应力而产生塑性变形，使隧道周边的围岩应力松弛而形成一个应力降低的区域，使高应力向岩体深处转移，被扰动的这部分岩体就开始向隧道内变形。变形值超过一定数值后，岩体就移动、坍塌或处于蠕动状态。

Ⅱ区域称为高应力区。这一部分岩体也受到了扰动。在应力重分布的过程中，这个范围内岩体的应力升高，但尚未被破坏，实际相当于形成了一个承载环，起到承载的作用。

Ⅲ区域为原始应为区。距离隧道较远的岩体未受到开挖的影响，仍处于原始的应力状态。

在极坚硬面完整的围岩中，隧道周边应力急剧增高，由于岩体强度大，未形成如松软破碎岩体那种变形过大和开裂坍塌的情况，因而不存在应力降低区，而只有高应力向原始应力过渡的重分布特点，所以往往不需要设置支护结构来提供外加平衡力。换句话说，这种隧道是自稳的。

综上所述，隧道的开挖，破坏了围岩原有的平衡，产生了变形和应力重新分布。但是这种变化发展不是无限的，它总是为了达到新的平衡而处在一种新的应力状态中。

三、围岩的成拱作用

开挖隧道所引起的围岩松动和破坏的范围有大有小。对于一般裂隙岩体中的深埋隧道，其波及范围仅局限在隧道周围一定深度，作用在支护结构上的围岩松散压力远远小于其上覆岩层自重所造成的压力，这可用围岩的“成拱作用”来解释。当坑道开挖后，如果让其任意变形、松动和坍塌，最后将看到在坑道上方形成一个相对稳定的拱形洞穴，人们常称之为“天然拱”或“平衡拱”。它上方的一部分岩体承受着上覆地层的全部重力，如同一个承载环，并将荷载向两侧传递下去，这就是所谓的围岩的成拱作用。

1. 自然拱形成的四个阶段

（1）变形阶段：隧道开挖后，在围岩应力重分布过程中，顶板开始沉陷，并出现拉断裂纹，可视为变形阶段。

（2）松动阶段：顶板的裂纹继续发展并且张开，由于结构面切割等原因，顶板逐渐转变为松动，可视为松动阶段。

（3）塌落阶段：顶板岩体视其强度的不同而逐步坍塌，可视为坍塌阶段。

（4）成拱阶段：顶板塌落停止，达到新的平衡，此时其界面形成一近似的拱形，可视为成拱阶段。

2. 影响自然拱的主要因素

（1）隧道埋深。隧道埋深是成拱的必要条件，只有当隧道埋深超过某一临界值时，才有可能形成自然拱。习惯上称这种隧道为深埋隧道，否则为浅埋隧道。

（2）隧道断面形状和大小。隧道断面形状和大小影响了自然拱成拱的范围，隧道拱圈越平坦，跨度越大，则自然拱越高，围岩松散压力也越大。

（3）施工因素。施工因素反映了对围岩的扰动程度。如爆破所产生的震动，常常是引起塌方的重要原因之一，造成围岩压力过大；又如分部开挖多次扰动围岩，也会引起围岩失稳，加大自然拱范围。

四、影响围岩压力的因素

影响围岩压力的因素很多：如工程地质因素，主要包括原始应力状态、岩石的力学性质、岩体的结构面等；又如工程结构因素，包括施工方法、支护设置的时间、支护本身的刚度、坑道的形状和尺寸、坑道的埋置深度等。其中，起决定作用的是围岩的地质条件，这是内因，其对围岩压力的影响已在围岩分级中有所论述。下面将就其他因素（外因）对围岩压力的影响进行分析。

影响围岩压力的因素

1. 时间

不论是何种围岩，在坑道开挖后的暴露时间都是越短越好。从另一方面讲，就是要尽早修筑永久性衬砌并使之能提供所需的支护力，否则要受到较大的松动围岩压力的作用。按照一般混凝土衬砌的修筑方法，从开挖到做完衬砌并使之具有一定的强度，往往需要较长的时间，也就是说衬砌结构从一开始就要受到很大的松动围岩压力，因此应该将衬砌结构做得厚一些。而采用喷射混凝土技术来支护围岩，可使围岩的暴露时间缩短，能及时制止围岩的变形，防止因变形过大产生较大的松动压力，能充分利用围岩自身的承载能力。

2. 坑道的形状和尺寸

围岩压力是随着坑道尺寸的增大而增大的，当坑道有引起应力集中的形状，即有明显的拐角时，围岩的压力相对较大。

3. 坑道的埋置深度

当坑道的埋置深度在一定范围内时，围岩压力是随着埋置深度的增大而增大的；当坑道的埋置深度超过一定范围时，围岩压力的大小基本不受埋置深度变化的影响。

4. 支护

有支护的坑道，其围岩压力要比无支护的坑道小；支护及时要比支护晚的围岩压力小；支护与坑道周边密贴得越好则围岩压力越小；支护刚度较小（即柔性支护）时坑道的围岩压力相对较小。

5. 爆破

采用爆破法进行开挖对围岩的稳定性极为不利，尤其是对地质条件较差的围岩，爆破的扰动很大，能造成围岩压力过大、岩体松动甚至塌方。因此，在隧道施工中应严格控制爆破用药量，提倡采用光面爆破、预裂爆破等先进的爆破技术。

6. 超挖回填

对衬砌背后的超挖部分进行回填时，若回填不密实，会使围岩得不到很好的支护而继续松动，严重时会造成围岩坍塌，引起衬砌裂损。

五、围岩松动压力的确定方法

围岩压力的确定目前有下列三种常用方法：

（1）直接量测法。这是一种切合实际的方法，对隧道工程而言，也是研究发展的方向；但由于受量测设备和技术水平的制约，直接测量法目前还不能普遍适用。

（2）经验法或工程类比法。这种方法是根据大量以往工程实际资料的统计和总结，按不同围岩分级提出围岩压力的经验数值，作为后建隧道工程确定围岩压力依据的方法，是目前使用较多的方法。

（3）理论估算法。这种方法是在实践的基础上从理论上研究围岩压力的方法。由于地质条件具有不确定性，影响围岩压力的因素又非常多，这些因素本身及它们之间的组合也带有一定的偶然性，企图建立一种完善的和适合各种实际情况的通用围岩压力理论及计算方法是困难的；因此，现有的围岩压力理论都不十分切合实际情况。

在理论计算方法中，考虑几个主要因素，使其结果相对地接近实际围岩压力的情况，是目前隧道工程设计中采用较多的方法。一般来讲，这些方法都是以某种简化的假设为前提，或以实际工程的统计分析资料为基础。

1. 深埋隧道围岩松动压力的确定

单线铁路隧道按概率极限状态法设计时，垂直均布压力可按下式计算：

$$\begin{cases} q = \gamma h_{\mathrm{q}} \\ h_{\mathrm{q}} = 0.41 \times 1.79^{s} \end{cases} \tag{2-9}$$

式中：q——围岩垂直均布压力（kPa）；

γ——围岩重度（$\mathrm{kN/m^3}$）；

h_{q}——围岩压力计算高度（m）；

s——围岩级别。

单线、双线及多线铁路隧道按破坏阶段法或容许应力法设计时，垂直均布压力可按下式计算：

$$\begin{cases} q = \gamma h_{\mathrm{q}} \\ h_{\mathrm{q}} = 0.45 \times 2^{s-i} \omega \end{cases} \tag{2-10}$$

式中：ω——宽度影响系数，$\omega = 1 + i(B-5)$。其中：B 为坑道宽度（m）；i 为 B 每增减 1 m 时的围岩压力增减率：当 $B \leqslant 5$ m 时取 0.2，$B > 5$ m 时，可取 0.1。

其余符号意义同式（2-9）。

式（2-9）和式（2-10）的适用条件为：①$H/B < 1.7$，H 为坑道的高度；②深埋隧道；③不产生显著的偏压力及膨胀压力的一般围岩；④采用钻爆法施工的隧道。

在产生上述垂直压力的同时，隧道也会有侧向压力出现，即围岩水平均布压力 e。e 可按表 2-21 中的经验公式计算（一般取平均值），其使用条件同式（2-9）和式（2-10）。

表 2-21　围岩水平均布压力

围岩级别	Ⅰ~Ⅱ	Ⅲ	Ⅳ	Ⅴ	Ⅵ
水平均布压力	0	$<0.15q$	$(0.15\sim0.30)q$	$(0.30\sim0.50)q$	$(0.50\sim1.00)q$

2. 深、浅埋隧道的判定原则

深埋和浅埋隧道的分界，按荷载等效高度值，并结合地质条件、施工方法等因素综合判定。按荷载等效高度的判定式为：

$$H_p=2.5h_q \tag{2-11}$$

式中：H_p——深浅埋隧道分界的深度（m）；

h_q——见式（2-9）和式（2-10）。

当隧道覆盖层厚度 $h\geqslant H_p$ 时为深埋，当 $h<H_p$ 时为浅埋。

当地面水平或接近水平时，《铁路隧道设计规范》中规定，覆盖层厚度小于表 2-22 所列数值时，应按浅埋隧道设计。当有不利于山体稳定的地质条件时，浅埋隧道覆盖厚度值应适当加大。

表 2-22　浅埋隧道覆盖层厚度值　　单位：m

围岩级别	Ⅲ	Ⅳ	Ⅴ
单线隧道	5~7	10~14	18~25
双线隧道	8~10	15~20	30~35

【例 2-1】　某铁路单线隧道处在Ⅳ级围岩中，如覆土厚度 h_1=20 m，岩体自重 γ=21.5 kN/m3[3]，隧道开挖宽度 B=7.4 m，开挖高度为 8.8 m，试计算围岩松动压力。计算时纵向取单位宽度。

【解】　由式（2-9）知：

$$h_q=0.41\times1.79^s=0.41\times1.79^4=4.21\ \text{m}$$

由式（2-9）知：h_1=20 m>2.5h_q=10.53 m，属深埋隧道

$$q=21.5\times4.21=90.5\ \text{kN/m}$$

由表 2-21 知：水平压力 $e=(0.15\sim0.3)$，$q=13.5\sim27.15\ \text{kN/m}^3$。

【任务实施】

根据提供的教学图纸，对整个隧道的围岩分级进行分类统计；并自行查询相关资料，收集基本数据，计算隧道中心里程处的围岩松动压力；对距进洞口 50 m 处和距出洞口 100 m 处的隧道位置，进行深浅埋的判定。

【复习与思考】

1. 隧道开挖后的稳定性是如何分类的?
2. 围岩分级的目的是什么?
3. 铁路隧道围岩如何分级?
4. 影响自然拱的因素有哪些?
5. 什么是围岩压力?
6. 影响围岩压力的因素有哪些?
7. 隧道深埋和浅埋是如何界定的?

3 学习项目三 隧道施工准备

隧道工程的施工准备是为了保证隧道工程顺利开工和隧道施工活动正常进行而事先做好的各项工作。它是隧道施工程序中的重要环节，不仅存在于开工之前，而且贯穿在整个隧道施工过程之中。

任务一　施工技术准备

【学习目标】

（1）了解技术准备的意义。

（2）掌握各项技术准备工作的工作内容和要求。

【任务描述】

通过施工技术准备相关知识的学习，掌握各项技术准备工作的工作内容和要求，能对实际项目进行如方案编制、场地布置、施工复测等技术准备工作。

【相关知识】

一、施工调查

通过施工调查，可以了解和核对线路的全面情况、重点工程情况和沿线的施工条件等，确定符合实际情况的施工布置和施工方法，确定材料来源和运输方法，落实各项辅助工程的设置，规划临时工程，作为编制施工组织设计和概预算的重要依据。施工调查的质量直接关系到隧道工程施工的合理性。因此，施工调查既是设计部门勘测设计中的一项重要工作，也是施工企业在基本工程开工前必须进行的一项工作。

施工调查应包括下列内容：

（1）地理环境、气象、水文水质情况。

（2）辅助坑道、洞口位置及相邻工程情况。

（3）施工运输道路、水源、供电、通信、施工场地、征地拆迁情况，弃渣场地容纳能力等。

（4）原材料及半成品的品种、质量、价格及供应能力等，爆破器材的供应情况、供货渠道及管理方式等。

（5）交通运能、运价、装卸费率等。

（6）可供利用的劳动力资源状况，包括工费、就业情况等。

（7）生活供应、医疗、卫生、防疫、民俗及居民点的社会治安情况等。

（8）生态、环境保护的一般规定和特殊要求。

（9）对隧道施工有直接和间接影响的其他问题。

施工调查前应查阅设计文件和相关资料，定制调查大纲。调查结束后根据调查情况编写书面的施工调查报告。

二、设计文件现场核对

隧道工程施工前，应重点对设计文件中的拆迁工程、工程设计方案、工程措施、大型临时工程等进行现场核对，并做好核对记录。

设计文件核对应包括下列内容：

（1）设计文件相互间的一致性、系统性，是否存在差、错、漏、碰。重点是各设计专业接口工程的相互衔接。

（2）隧道平面及纵断面参数计算是否正确。

（3）设计工程数量计算是否正确，超前地质预报设计内容是否完整。

（4）设计的洞口地形、地貌，地上、地下管线和周边建筑物等是否与现场一致。

（5）隧道穿越不良地质段的设计方案、工程措施的合理性、可实施性，应急预警系统是否完善。

（6）弃渣场的结构设计、位置及容量是否满足施工需要和环保要求。

（7）洞口位置，洞口边仰坡的稳定程度，辅助坑道的类型和位置等。

（8）洞口排水系统是否完善，隧道排水与桥涵、路基排水设施及农田灌溉系统的配合、衔接是否合理，排水沟、天沟等的尺寸及排水设施的结构图是否完备、细致。

（9）大型临时设施和过渡工程的设置位置、规模和数量是否合理，能否满足工程施工需要。

在设计文件核对后，应将结果及存在问题以书面形式报送建设、设计、监理等相关单位。

三、实施性施工组织设计及施工作业指导书编制

实施性施工组织设计是工程施工全过程中技术、经济和组织等活动的综合性文件，同时是使施工能达到连续性、均衡性、节奏性、协调性和经济性目标的指导性文件。

实施性施工组织设计是施工单位在核对设计文件、进行现场环境的客观情况调查、充分研究工程合同文件和施工特点的基础上，从协调施工全过程中的人力、物力和空间等三个要素着手而制定的。实施性施工组织设计规划和部署了工程全部的施工生产活动，是对施工全过程实行科学管理的重要手段。有了施工组织设计，就可以按事先设计好的程序组织生产活动，建立正常、有效的施工秩序；可使项目领导和作业班组对施工活动做到心中有数，预测到施工过程中可能发生的各种情况，事先做好准备；主动调整施工中的薄弱环节，及时处理出现的问题，保证施工的顺利进行；可为工程施工的节奏性、均衡性和连续性提供最优方案，从而使施工以最低的成本取得最好的技术经济效果。

编制实施性施工组织设计的目的在于能对工程进行全面、合理、有计划的组织，使设计意图变为现实，按质、按量、如期完成施工任务。

1. 实施性施工组织设计的内容

实施性施工组织设计的内容主要包括：①编制说明；②编制依据；③工程概况；④工程施工的总体部署；⑤主要工程项目的施工方案；⑥施工进度计划；⑦施工总平面图设计；⑧各项资源需要量及进场计划；⑨质量、安全、进度、职业健康、环保与文明施工等组织保证措施；⑩其他应说明的事项。

2. 施工组织设计的编制和审批

（1）施工组织设计应由项目负责人组织编制，可根据需要分阶段编制和审批。

（2）施工组织设计应由总承包单位技术负责人审批。

（3）单位工程施工组织设计应由施工单位技术负责人或技术负责人授权的技术人员审批。

（4）施工方案（措施）应由项目技术负责人审批，报公司备案。

（5）危险性较大的分部（分项）工程施工方案应由施工单位技术部门组织相关专家评审，施工单位技术负责人批准。

（6）由专业承包单位施工的分部（分项）工程或专项工程的施工方案，应由专业承包单位技术负责人或技术负责人授权的技术人员审批；有总承包单位的，应由总承包单位项目技术负责人核准备案。

（7）规模较大的分部（分项）工程和专项工程的施工方案应按单位工程施工组织设计进行编制和审批。

3. 施工作业指导书的编制

隧道施工应针对隧道的特殊过程和关键工序编制施工作业指导书，使施工人员掌握特殊过程和关键工序的作业程序、施工方法、质量标准，了解安全、节能环保等有关注意事项。

施工作业指导书应按照标准化管理要求，将先进成熟的工艺工法、科学合理的生产组织与建设标准、质量目标、安全要求以及现场施工条件相结合，做到图文并茂，简明易懂，可操作性强。

隧道工程施工作业指导书编制范围应包括隧道开挖、初期支护、基底处理、防排水、二次衬砌、超前地质预报、监控量测等。特殊岩土及不良地质隧道还应编制针对性的作业指导书。

施工作业指导书应包括下列主要内容：①适用范围；②作业准备；③技术要求；④施工程序与工艺流程；⑤施工要求；⑥劳动组织；⑦材料要求；⑧设备机具配置；⑨质量控制及检验；⑩安全及环保要求。

隧道工程施工应通过组织现场作业交底和人员培训，确保施工人员全面掌握作业指导书的内容和要求。

四、施工技术交底

施工技术交底应实行分级交底制度，施工技术交底应该覆盖所有参与工程施工的管理人员、技术人员、作业人员。

（1）对项目部各部室及技术人员的交底主要包括下列内容：

① 隧道地质、水文情况、围岩等级等工程概况，工程的重难点、施工调查情况。

② 安全、质量、环保、工期目标及主要节点进度计划安排等。

③ 隧道总体施工组织方案、施工场地布局、大型临时设施及过渡工程方案。

④ 总体施工顺序、技术方案，长及特长隧道与其平行导坑、斜井、竖井的通风、运输方案，采用的新技术、新结构、新材料和新工艺。

⑤ 主要工程材料、设备、劳动力安排及资金计划。

⑥ 特殊岩土和不良地质地段的施工方法，安全技术措施。

⑦ 重大安全技术、环保措施。

⑧ 主要危险源、应急预案及抢险救援机构和设备。

（2）对作业队的技术交底主要包括下列内容：

① 总体施工组织安排及施工方案，包括长、特长隧道及其平行导坑、斜井、竖井的设备配置及通风、运输方案。

② 工程质量、安全、环保、进度目标及保证措施。

③ 施工方法、操作规程及施工技术要求。

④ 新技术、新工艺操作要求。

⑤ 分部、分项工程划分。

⑥ 施工作业指导书。

⑦ 设备加工图、拼装图及使用说明。

⑧ 试验参数及理论配合比。

⑨ 控制测量桩橛、监控量测等。

⑩ 重大危险源、应急救援措施及抢险救援结构和设备。

（3）对作业班组的技术交底主要包括下列内容：

① 各工序施工中可能出现的安全风险、安全注意事项、急救包使用及紧急情况下的应急救援措施，紧急逃生措施。

② 工序施工方法、施工工艺流程及施工先后顺序、工序间衔接处理等。

③ 施工工艺细则、操作要点。

④ 作业标准和质量验收标准等。

⑤ 工程结构物尺寸、里程、中心位置、高程等；有关施工详图和加工图，包括爆破设计、开挖轮廓、支护结构、模板制作设计、钢筋配筋、结构尺寸大样图等。

⑥ 使用材料规格及材质要求、圬工等级、施工配合比等。

⑦ 设备加工图、拼装图及其操作要领，大型施工机械操作规程、安全使用、维修保养规则等。

⑧ 质量通病预防措施。

⑨ 施工安全及技术措施。

⑩ 劳动保护及环境保护有关注意事项。

施工技术交底应形成书面记录，并履行复核、签认手续，交底可采用会议、口头或书面形式。交底资料应留存备查。

五、工地及营地建设

工地及营地建设应按照标准化指南的要求进行。

隧道施工临时驻地建设方案

场地标准化建设照片

钢筋加工场照片

（1）生产区、辅助生产区和办公生活区布置应符合以下规定：

①生产区应按工序有效衔接、布局紧凑等原则，并结合隧道具体情况进行布置。

②辅助生产区宜邻近隧道洞口布置，炸药库、油料库等有特殊要求的场所应满足相关规定。

③办公生活区应与生产区和辅助生产区分开设置，采取相应的分隔措施并保证安全距离。办公生活区宜设在人员相对集中和出入方便的地点。

（2）施工场地布置应包括下列内容：

①各种生产、生活房屋。

②混凝土拌和站、预制场及砂石料场。

③风、水、电设施场地。

④轨道运输的洞外出渣线、编组线、牵出线、其他作业线、卸渣码头及转运场。

⑤汽车运输道路的引入和运输相关设施场地。

⑥大型机具设备的组装和检修场地。

⑦临时存渣场。

⑧场内临时排水系统。

（3）临时工程施工应符合下列要求：

①高压、低压电力线路及变压器和通信线路应统一布置，及早建成。

②各种房屋按其使用性质应符合相应的安全消防规定。爆破器材库、油库的位置应符合有关安全规定；房屋区应有畅通的给排水系统，并避开高压电线。

③严禁将营地等设施布置在受洪水、泥石流、落石、滑坡、雪崩等自然灾害威胁的地点。

④施工便道的设置不得危及隧道洞口工程的安全。

⑤高位水池应远离隧道中线修建。

⑥洞口段为不良地质地段时，不应在其洞顶修建房屋和其他建筑。

⑦临时工程及场地布置应采取保护自然环境的措施。

⑧隧道弃渣场应按设计进行复垦或绿化，坡脚应进行防护。

布置施工场地时，在水源保护地区和施工饮用水源区内不得取弃土、破坏植被等，不得设置拌和站、洗车台、充电房等，并不得堆放任何含有害物质的材料或废弃物。

隧道内、外施工场所应设置警示标识，并配以相应的警示语。

工程竣工时，应修整、恢复受到施工破坏或影响的自然环境。

六、施工复测及控制测量

（1）施工复测应按下列程序进行：

①勘测设计单位与施工单位进行交接桩以后，施工单位应对所交的控制点进行复测。复测应包括下列内容：GPS 点的基线边长度；导线点的转角、导线点间的距离；水准点间的高

差；复测应与相邻标段进行贯通测量，确保标段施工交界处正确衔接。

②复测结果与设计单位的勘测成果不符时，必须再次复测进行确认。当确认设计单位勘测资料有误或精度不符合规定要求时，应积极与设计单位协商对勘测成果进行改正。

③控制点复测完成后应编制详细的复测成果书并形成交桩文件，复测成果应报送监理单位和设计单位，复测成果满足要求并经监理单位批复后方可进行后续的测量工作。

（2）隧道长度大于 1 000 m 时，应根据隧道横向贯通精度的要求进行平面控制测量设计；隧道相邻两开挖口间的路线长度大于 5 000 m 时，应根据隧道高程贯通精度的要求进行隧道高程控制测量设计。

【任务实施】

根据教学图纸，编制施工工地及营地建设方案。方案应包括场地布置图、生产生活用房的名称和数量等。

任务二　隧道施工通风

【学习目标】

（1）掌握隧道施工通风方式。
（2）掌握通风计算。
（3）了解风机及风管布置要求。

【任务描述】

了解隧道施工通风的相关知识，能为隧道施工选择合适的通风方式，并计算通风量。

【相关知识】

在隧道施工中，由于凿岩、爆破、装渣运输、喷射混凝土等作业而产生大量的粉尘，而且炸药爆炸还会释放出大量的 CO、NO_2、SO_2、H_2S 等有害气体；隧道穿经煤层或某些地层时，还会放出瓦斯、H_2S 等有害气体；洞内施工人员的呼吸要消耗氧气，呼出二氧化碳；坑木的氧化腐朽、机具的运转摩擦，亦会释放出二氧化碳等：这些都会使洞内的空气恶化，降低洞内施工效率，甚至会造成安全事故。此外，随着导坑不断向山体深部延伸，温度和湿度相应提高，人体也会受到有害影响。所以，隧道施工中的通风是极其重要的。

净化坑道内的空气，降低有害气体的浓度，减少粉尘含量，就是隧道施工通风和防尘的目的。只有满足了通风、防尘的要求，才能保证施工人员的健康与安全，进而提高劳动生产效率。

按照施工规范的规定，洞内作业环境必须符合下列卫生标准：

（1）隧道施工通风应能提供洞内各项作业所需要的最小风量。每人应供应新鲜空气 $3m^3/min$；采用内燃机作业时，供风量不宜小于 $4.5\ m^3/(min\cdot kW)$。全断面开挖时风速不小于 0.15 m/s，导洞内不应小于 0.25 m/s，但均不应大于 6 m/s。

（2）粉尘最高容许浓度为 1 m^3 空气中含有 10%以上游离 SiO_2 的粉尘为 2 mg。

（3）瓦斯隧道装药爆破时，爆破地点 20 m 内的风流中的瓦斯浓度必须小于 1.0%；总回风道风流中的瓦斯浓度应小于 0.75%；当开挖面的瓦斯浓度大于 1.5%时，所有人员必须撤到安全地点。

（4）有害气体最高容许浓度：CO 的最高容许浓度为 30 mg/m^3，在特殊情况下，施工人员必须进入工作面时浓度可为 100 mg/m^3，但在工作面的时间不得超过 30 min；CO_2 按体积计，不得大于 0.5%；氮氧化物（换算成 NO_2）为 5 mg/m^2。

（5）洞内气温不得超过 28℃，噪声不得超过 90 dB。

一、施工通风方式

施工通风方式有自然通风和机械通风两类，其中，自然通风是利用洞室内外的温差或高差来实现通风的一种方式，受洞外气候条件的影响极大，一般仅用于短直隧道。施工通风方式应根据隧道的长度、掘进坑道的断面大小、施工方法和设备条件等诸多因素来确定。独头掘进长度超过 150 m 时，就要采用机械通风；独头掘进长度超过 1.5 km，宜进行通风设计。

实施机械通风，必须有通风机和风道。按照风道的类型及通风机安装位置，通风方式分为以下几种：

1. 风管式通风

风管式通风即风流经由管道输送，分为三种形式，如表 3-1 所示。

表 3-1　风管式通风的方式

风管式通风方式		适用情况	说　明
压力式	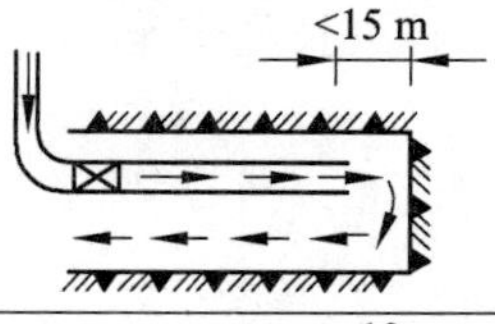	①单独可用于 100~400 m 内的独头巷道； ②多机串联可用于 400~800 m 内的独头巷道	①能较快地排除工作面的污浊空气； ②拆装简单； ③污浊空气排出时流经全洞
抽出式	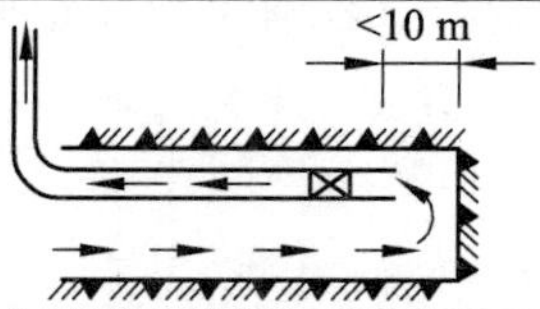	长度在 400 m 以内的独头隧道	新鲜空气流经全洞，到达工作面时已不太新鲜；要求风管末端距工作面不超过 10 m，布置上有困难，常因此通风效果差
混合式	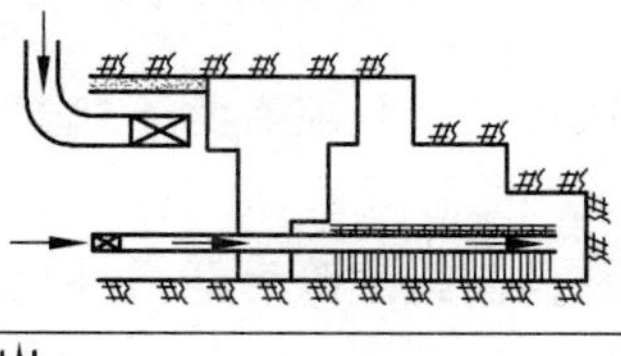	长度在 800~1500 m 以内的独头隧道	①污浊空气经由隧道上部抽出洞外，新鲜空气从下部进入隧道，再经风管送到下导坑工作面； ②抽出风机能力要大于压入风机 20%~30%； ③抽出、吸入风口的布置最小要错开 30 m，以免在洞内形成短路风流
	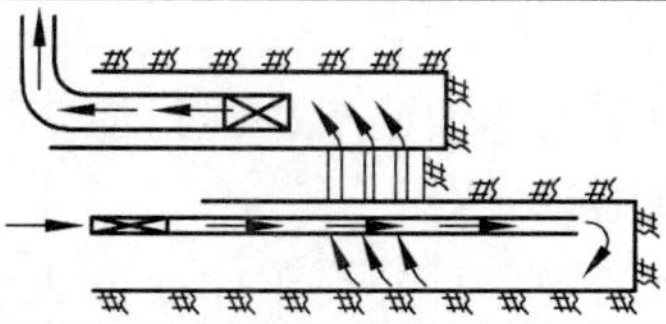	使用于上下导坑或全断面分块开挖，用药量较大，下导坑为双轨断面的隧道施工	

隧道通风方式的选择根据坑道长度、施工方法、设备条件等确定。一般情况下，单头掘进长度在 1000 m 以下的隧道施工通风采用压入式，单头掘进长度在 1000 m 以上时采用混合式。

必须指出，表 3-1 中规定的风管末端到开挖面间的距离一定要保证，因此开挖面在推进时，必须及时接长风管。

风管式通风的优点是设备简单，布置灵活，易于拆装。但由于管路的加长，通风阻力亦增大；另外，由于管路的接头或多或少有漏风，若接头的质量得不到保证则会造成因风管过长而达不到要求风量的结果。

2. 巷道式通风

在设有平行导坑的隧道施工中采用巷道式通风。其特点是，通过最前面的横通道使正洞和平行导坑组成一个风流循环系统，在平行导坑附近安装通风机，污浊空气由平行导坑抽出，新鲜空气由正洞流入，形成循环风流，如图 3-1 所示。另外，对平行导坑和正洞导坑前面的独头巷道，再辅以局部的风管式通风。

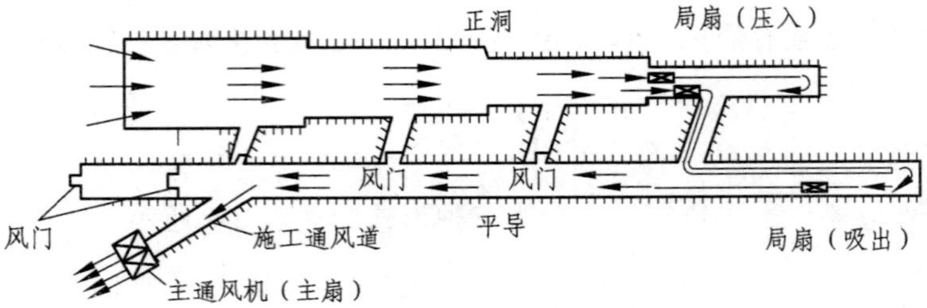

图 3-1　巷道式通风示意

这种通风方式断面小、阻力小，可供应较大的风量，是目前解决长隧道施工通风比较有效的方法。

3. 风墙式通风

这种通风方式适用于隧道比较长，一般风管式通风难以解决，又没有平行坑道可以利用的情况。它利用隧道成洞部分较大的空间，用砖砌或木板隔出一条 2～3 m 的风道，以减小风管长度，增大风量，从而满足通风要求。

二、通风方式的选择

通风方式应针对污染源的特性，尽量避免成洞地段的二次污染，且应有利于快速施工。因而在选择时应注意以下几个问题：

（1）自然通风因其影响因素较多，通风效果不稳定且不易控制，故除短隧道外，应尽量避免采用。

（2）压入式通风能将新鲜空气直接输送至工作面，有利于工作面施工，但污浊空气将流经整个坑道。若采用大功率设备、大管径风管，则其适用范围较广。

（3）抽出式通风的风流方向与压入式相反，但其排烟速度慢，且易在工作面形成炮烟停滞区，故一般很少单独使用。

（4）混合式通风集压入式和抽出式的优点于一身，但管路、风机等设施增多。在通风管径较小时可采用，若需要大管径风管、大功率风机时，其经济性不如压入式。

（5）利用平行导坑作巷道通风，是解决长隧道通风的方案之一，其通风效果主要取决于通风管理的好坏。若无平行导坑，且断面较大，则可采用风墙式通风。

（6）选择通风方式时，一定要选用合适的设备即通风机和风管，同时要解决好风管的连接问题，尽量减小漏风率。

（7）做好施工中的通风管理，对设备要定期检查、及时维修，加强环境监测，使隧道通风更加经济、合理。

三、通风计算

施工通风计算的目的是：供给洞内所需的新鲜空气，以改善劳动条件，保障作业人员身体健康；选择合适的通风机，布置合理的通风管道，从而满足施工作业环境的要求。

施工通风计算内容包括风量计算和风压计算。

1. 风量计算

隧道施工的通风量计算，因施工方法、隧道断面、爆破器材、炸药种类、施工设备等不同而有所区别。目前所用的通风计算公式大都是从矿井通风及铁路运营通风的计算公式类比或直接引用得到的，一般进行以下几个方面的计算，并取其中的最大数值，再考虑漏风因素进行调整，最后加备用系数，作为选择风机的依据。供风风量应按实际需要风量的 1.5 倍计算。

（1）按洞内同时工作的最多人数所需要的风量计算：

$$Q=Kmq \tag{3-1}$$

式中：Q——所需风量（m^3/min）；

K——风量备用系数，取 1.1～1.2；

m——洞内同时工作的最多人数；

q——洞内每人每分钟需要新鲜空气量，通常按 3 m^3/（min · 人）考虑。

（2）按稀释洞内同时爆破的最多炸药量所产生的有害气体需要的风量计算。

由于通风方式不同，计算方法也各不相同。

①巷道式通风。

$$Q=5Ab/t \tag{3-2}$$

式中：A——同时爆破的炸药量（kg）；

b——1kg 炸药折合成一氧化碳的体积，一般采用 0.04 m^3/kg；

t——爆破后的通风时间（min）。

②风管式通风。

a. 压入式通风：

$$Q=\frac{7.8}{t}\sqrt[3]{AS^2L^2} \tag{3-3}$$

式中：S——坑道断面面积（m^2）；

L——坑道长度（m）；

其他符号意义同前。

b. 抽出式通风：

$$Q=\frac{15}{t}\sqrt{ASL_{散}} \tag{3-4a}$$

式中：$L_{散}$——爆破后炮眼的扩散长度（m），非电起爆时 $L_{散}$=15+A（m），电雷管起爆时 $L_{散}$=15+A/5（m）；

其他符号意义同前。

c. 混合式通风：

$$Q_{混压}=\frac{7.8}{t}\sqrt[3]{AS^2L_{入口}^2} \tag{3-4b}$$

通常取 $$Q_{混吸}=1.3Q_{混压} \tag{3-4c}$$

式中：$Q_{混压}$——压入风量（m^3/min）；

$Q_{混吸}$——抽出风量（m^3/min）；

$L_{入口}$——压入风口至工作面的距离（m），一般采用 25 m 计算

其他符号意义同前。

（3）按内燃机作业废气稀释的需要计算：

$$Q=n_iA \tag{3-5}$$

式中：n_i——洞内同时使用内燃机作业的总功率（kW）；

A——洞内同时使用内燃机每 1 kW 所需的风量，一般用 3 m^3/（min · kW）计算。

（4）按洞内允许最小风速计算：

$$Q=60v_{min}S \tag{3-6}$$

式中：v_{min}——洞内允许最小风速（m/s）全断面开挖时为 0.15 m/s，其他坑道为 0.25 m/s；

S——坑道断面面积（m^2）。

按上述四种情况计算后，取其中最大者为计算风量。要求通风机提供的风量为

$$Q_{供}=PQ \tag{3-7}$$

式中：Q——计算所需最大风量。

P——漏风系数，管道式通风时，根据风管直径、长度、材料不同可分别由表 3-2、表 3-3 和表 3-4 查得；巷道式通风则常采用 1.2～1.3。

表 3-2　聚乙烯塑料风管漏风系数

风管直径/m	风管延长/m								
	100	200	300	400	500	600	800	900	1000
0.5	1.019	1.045	1.091	1.145	1.157	1.230			
0.6	1.014	1.036	1.071	1.112	10130	1.180	1.330		
0.7	1.010	1.028	1.053	1.080	1.108	1.145	1.237	1.288	1.345
0.8	1.008	1.022	1.040	1.067	1.090	1.126	1.195	1.229	1.251

表 3-3　胶皮风管漏风系数

风管延长/m	50	100	150	200	250	300	400	500
漏风系数 P	1.04	1.08	1.11	1.14	1.16	1.19	1.25	1.30

表 3-4　金属风管漏风系数

风管长/m	风管每节为 3 m 及下列直径（m）时的漏风系数 P			风管每节为 4 m 及下列直径（m）时的漏风系数 P		
	0.5	0.7	0.8	0.5	0.7.	0.8
100	1.02 1.09	1.01 1.04	1.01 1.03	1.02 1.06	1.01 1.03	1.01 1.02
200	1.08 1.27	1.05 1.16	1.03 1.16	1.06 1.19	1.02 1.11	1.02 1.05
300	1.16 1.51	1.09 1.29	1.06 1.18	1.10 1.37	1.06 1.22	1.04 1.12
400	1.25 1.82	1.15 1.46	1.10 1.32	1.16 1.61	1.10 1.34	1.06 1.23
500	1.36 2.25	1.21 1.62	1.14 1.45	1.25 1.88	1.14 1.51	1.08 1.32
600	1.49 2.76	1.28 1.93	1.19 1.57	1.27 2.22	1.18 1.66	1.12 1.45
700	1.63 3.44	1.36 2.20	1.27 1.79	1.48 2.60	1.28 1.85	1.16 1.56
800		1.45 2.63	1.33 2.05		1.30 2.13	1.22 1.74
900		1.54 2.89	1.36 2.25		1.39 2.28	1.25 1.87
1000		1.65 3.42	1.50 2.52		1.46 2.62	1.28 2.07

对于长距离大风量供风，目前一般采用 PVC 塑布软管，管路直径大于 1 m。由于采用长管节（20～50 m），从而大大降低了接头漏风，漏风以管壁位置为主。如选用优质管路，在管路良好的条件下，每 100 m 漏风率一般可控制在 2%以下，其漏风系数可由送风距离及每 100 m 漏风率计算而得。

若处于高山地区，由于大气压强降低，供风量需进行风量修正，即

$$Q_{高}=\frac{100Q_{正}}{P_{高}} \tag{3-8}$$

式中：$Q_{高}$——高度修正后的供风量（m^3/min）；

$P_{高}$——高山地区大气压（kPa），见表 3-5；

$Q_{正}$——正常条件下的供风量，即式（3-7）中的 $Q_{供}$。

表 3-5　海拔高度与大气压（$P_{高}$）的关系

海拔高度/m	1500	2000	2500	3000	3500	4000	4500	5000
大气压强/kPa	82.9	77.9	73.2	68.8	64.6	60.8	57.0	53.6

2. 风压计算

在通风过程中，要克服沿途所受阻力，保证将所需风量送到洞内，并达到规定的风速，则必须要有一定的风压。因此，风压计算的目的就是要确定通风机本身应具备多大的压力才

能满足通风需要。

气流所受到的阻力有摩擦阻力和局部阻力（包括断面变化处阻力、分岔阻力、拐弯阻力）及正面阻力，可用下式表示：

$$h_{总阻} = \sum h_{摩} + \sum h_{局} + \sum h_{正} \tag{3-9}$$

1）摩擦阻力（$h_{摩}$）

摩擦阻力是管道（巷道）周壁与风流相互摩擦以及风流中空气分子间的扰动和摩擦而产生的阻力，也称沿程阻力。

根据流体力学的达西公式可以导出隧道通风的摩擦阻力公式：

$$h_{摩} = \frac{\lambda \gamma L v^2}{2dg} (\text{kPa}) \tag{3-10}$$

式中：λ——达西系数；

γ——空气重力密度（kN/m^3）；

L——风管长度（m）；

v——空气在风管中的流动速度（m/s）；

d——风管直径（m）；

g——重力加速度（m/s^2）。

对于任意形状时，d=4S/U，（U 为风管周边长度，S 为风管截面面积），代入上式有

$$h_{摩} = \frac{\lambda \gamma L U v^2}{8gs} (\text{kPa}) \tag{3-11}$$

若风道流量为 Q（m^3/s），则 $v=Q/S$；再令$\alpha=\lambda\gamma/8g$（α称为摩擦阻力系数，单位为 N·s^2/m^4，见表 3-6、表 3-7），将α、v 代入上式有

$$h_{摩} = \frac{\alpha L U Q^2}{s^3} \tag{3-12}$$

表 3-6　管道摩擦阻力系数

风管	直径/mm	α	浸胶风管			
			雷诺数 Re	α	雷诺数 Re	α
金属管	500	0.003 5	1×10^5	0.009 6	6×10^5	0.003 5
	600	0.003 2	2×10^5	0.006 3	7×10^5	0.003 2
	700	0.003 0	3×10^5	0.005 1	8×10^5	0.003 0
	800	0.002 5	4×10^5	0.004 2	9×10^5	0.002 9
塑料管	500	0.001 6	5×10^5	0.003 8	10×10^5	0.002 9
	600	0.001 5	注：$Re = \frac{Q}{1.2d} \times 10^5$ 式中：Q 为风量（m^3/s）；d 为风管直径（m）。			
	700	0.001 3				
	800	0.001 3				

表 3-7　巷道摩擦阻力系数

巷道特征	α	巷道特征	α
混凝土衬砌成洞地段	0.004~0.005	块石砌筑成洞地段	0.006~0.008
砌拱已完成，马口未开挖地段	0.01~0.012	导坑无支撑地段	0.016~0.020
拱部扩大已完成，有扇形支撑地段	0.02~0.03	导坑有支撑，无中间立柱地段	0.020~0.025
拱部扩大已完成，无支撑地段	0.012~0.016	导坑有支撑，有中间立柱地段	0.030~0.040

2）局部阻力（$h_{局}$）

风流经过风管的某些局部地点（如断面扩大、断面减小、拐弯、分岔等）时，由于速度或方向突然发生变化而导致风流本身产生剧烈的冲击，由此产生的风流阻力称局部阻力。

$$h_{局}=\frac{0.612\xi Q^2}{s^2}(\mathrm{kPa}) \tag{3-13}$$

式中：ξ——局部阻力系数，见表 3-8、表 3-9；

其他符号意义同前。

表 3-8　局部阻力系数表（1）

<table>
<tr><td>风管（巷道）式</td><td colspan="6">阻力系数ξ</td></tr>
<tr><td rowspan="4">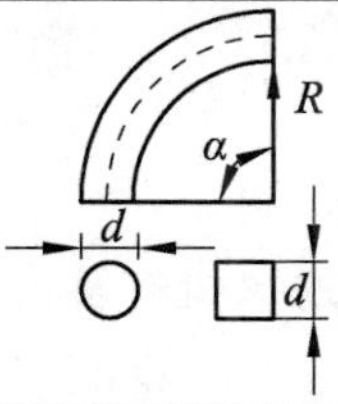</td><td rowspan="2">R/d</td><td colspan="5">α</td></tr>
<tr><td>30°</td><td>45°</td><td>60°</td><td>90°</td><td>120°</td></tr>
<tr><td>1.5</td><td>0.08</td><td>0.11</td><td>0.14</td><td>0.175</td><td>0.20</td></tr>
<tr><td>2.0</td><td>0.07</td><td>0.10</td><td>0.12</td><td>0.15</td><td>0.17</td></tr>
<tr><td rowspan="7">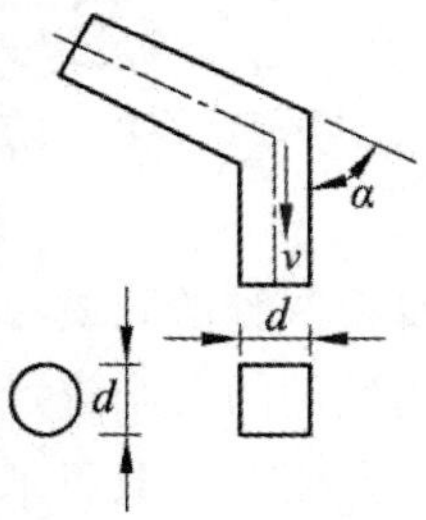</td><td>α</td><td>10°</td><td>20°</td><td>30°</td><td>40°</td><td>50°</td></tr>
<tr><td>ξ</td><td>0.018</td><td>0.070</td><td>0.164</td><td>0.359</td><td>0.494</td></tr>
<tr><td>α</td><td>60°</td><td>70°</td><td>80°</td><td>90°</td><td>100°</td></tr>
<tr><td>ξ</td><td>0.654</td><td>0.818</td><td>1.145</td><td>1.471</td><td>1.800</td></tr>
<tr><td>α</td><td>110°</td><td>120°</td><td>130°</td><td>140°</td><td>150°</td></tr>
<tr><td>ξ</td><td>2.130</td><td>2.620</td><td>2.845</td><td>3.600</td><td>5.070</td></tr>
<tr><td colspan="6">如为圆形则需除以 1.22</td></tr>
<tr><td>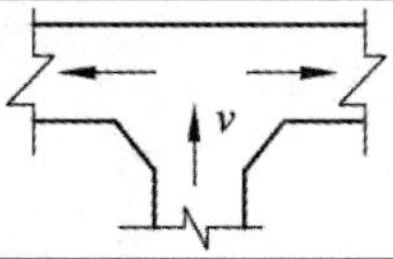</td><td colspan="6">ξ=1.5</td></tr>
<tr><td>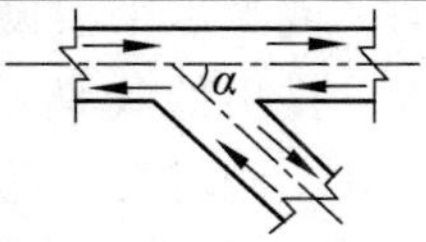</td><td colspan="6">α=45°~60°
ξ=1.5</td></tr>
<tr><td>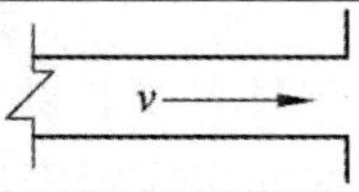</td><td colspan="6">ξ=1.0</td></tr>
<tr><td rowspan="2">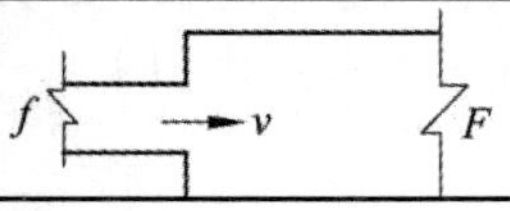</td><td>面积比 f/F</td><td>0.2</td><td>0.4</td><td>0.5</td><td colspan="2">0.8</td></tr>
<tr><td>ξ</td><td>0.64</td><td>0.36</td><td>0.25</td><td colspan="2">0.04</td></tr>
</table>

表 3-9 局部阻力系数表（2）

断面变化地点	ξ	断面变化地点	ξ
由洞口进入成洞	0.60	导坑单道断面进入双道断面	1.70
由成洞进入扩大及下导坑，扩大至上导航	0.46	导坑双面断面进入单道断面	1.00
由上导坑进入漏斗机	0.77	由平行导航进入通风洞	0.50
由漏斗孔进入导坑	1.00		

3）正面阻力（$h_{正}$）

当通风面积受阻时，会在受阻区域出现过风断面减小后再增大这一现象，相应地会增加风流阻力，一般可用下式计算：

$$h_{正}=\frac{0.612\phi S_{m}Q^{2}}{S_{1}-S_{m}} \tag{3-14}$$

式中：ϕ——正面阻力系数。当列车行走时，取 1.5；当列车停放时，取 0.5。当两列车停放间距超过 1 m 时则逐辆相加。

S_m——阻塞物最大迎风面积（m^2）。

S——风管截面积（m^2）。

S_1——风管截面积（m^2）。

四、通风机的选择

隧道通风机的选择根据能满足洞内各项作业所需要的最大风量而定。通风机有轴流式和离心式两类。在隧道施工通风中主要采用轴流式通风机。选择时，根据 $Q_{机}\geqslant 1.1Q_{供}$（1.1 是风量储备系数，$Q_{供}$则为前述计算结果）及 $h_{机}\geqslant P\sum h_{阻}$（$P$ 为漏风系数，$\sum h_{阻}=\sum h_{摩}+\sum h_{局}+\sum h_{正}$），在通风机性能表中选择风机。此外，根据具体情况，还可以选用具有吸尘、防爆和低噪声等性能的通风机。

通风管道的选择，可采用长纤维玻璃丝、锦纶和涤纶织布做骨架的浸涂橡胶的胶质布制成的软盘管，管间连接由拉链、衬裙和双层密封边构成。其管径则根据用风量的大小进行选择，直径 600 mm 及以下的风管多用在导坑断面开挖中，全断面开挖的长大隧道一般多采用 ϕ800 mm、ϕ1200 mm 的风管。

五、风机及风管布置

设置通风机时，其安装基础要充分承受机体重量和运行时产生的振动，或者水平架设到台架上。吸入口注意不要吸入液体和固体，而且要安装喇叭口以提高吸入、排出的效率。

放置在隧道内的风管，应设在不妨碍出渣运输作业、衬砌作业的空间处，同时要牢固地安装，以免受到振动、冲击而发生移动、掉落。在衬砌模板台车附近，不要使风管急剧弯曲，以减少风压损失。风管一般均用夹具等安装在支撑构件上，若不使用支撑，只有喷混凝土和锚杆时，可在锚杆上装特殊夹具挂承力索，而后通过吊钩安装风管。风管的连接应紧密，以减少漏风。一般硬管用密封带或垫圈，软管则用紧固件连接。风管可挂设在隧道拱顶中央、隧道中部或靠近边墙墙角等处，一般在拱顶中央处通风效果较好。

通风管的安装应符合下列规定：

（1）送风管宜采用软管。靠近风机的软风管应采用加强型。

（2）送风式的进风口宜在洞口 30 m 以外。

（3）送排风并用式通风的进风口与出风口宜错开 20 m 左右。洞外排风管出口宜做成烟囱式，并高于压入式风机进风口。

（4）通风管靠近开挖面的距离应根据开挖面大小确定，送风式通风管的送风口距开挖面不宜大于 15 m，排风式风管吸风口不宜大于 5 m。靠近开挖面的风管应可移动，爆破前从掌子面处移走。

（5）采用混合通风方式时，当一组风机向前移动时，另一组风机的管路应相应接长，并始终保持两组管道相邻端交错 20~30 m。局部通风时，排风式风管的出风口应引入主风流循环的回风流中。

（6）通风管的安装应平顺，接头应严密，每 100 m 平均漏风率不应大于 2%，弯管半径应不小于风管直径的 3 倍。

六、通风管理

通风效果的好坏，与通风设备安装质量和维护管理的好坏有十分重要的关系。地下坑道空间狭窄，风管式通风因受到炮崩车剐，导致漏风增加。巷道式通风则往往因风门安装不严或启闭无人过问而形成风流短路。这些都影响施工的安全与进度。因此，对通风应加强管理，制定切实的通风管理制度，固定专人看管，巡回检查，及时保养维修。

七、防尘措施

在隧道施工中，有害气体的危害比较明显，故一般为人们所重视；而粉尘对人体的危害不能立即反映出来，因而往往被忽视。

粉尘的产生主要来自凿岩作业，约占洞内空气中含尘量来源的 85%；其次是由爆破产生的，约占 10%；装渣运输只占 5%。目前，推广湿式钻眼是防尘的主要措施，但要使坑道内含尘量降到 2 mg/m^3 的标准，只靠湿式凿岩是不够的，必须采取综合措施。

1. 湿式凿岩

使用湿式凿岩应注意以下四点：① 水压标准（高压水到达掌子面处的压力不小于 0.3 MPa），水量充足（每台风钻不小于 3 L/min）；② 钎尾标准，钎空正中；③ 水针安装端正，不漏水；④ 操作规范正确，即先开水后开风，先关风后关水，凿岩机保持与钎子方向一致，不得上下左右摇摆，以免卡断水针。在特别缺水地区，可用“干式捕尘”来代替湿式凿岩，但效果欠佳。

2. 机械通风

机械通风是降低洞内粉尘浓度的重要手段。在主要作业（钻眼、装渣等）期间，必须经常保持通风。

3. 喷雾洒水

喷雾洒水和冲刷岩壁，不仅可以消除爆破、出渣所产生的粉尘，而且可以吸收或溶解少量有害气体，并降低坑道温度，使空气变得明净清爽。

4. 个人防护

个人防护主要指戴防尘口罩。

八、施工作业要点

（1）根据选定的风机确定安装位置，平整场地，设置安装风机的基础和支架。根据软风管的安装位置，确定锚杆位置，锚杆孔间距为 5 m，用钻孔机具钻 400 mm 深的安装孔，用药包式锚固剂将锚杆锚入孔内，深度不小于 300 mm。锚杆安装时，力求平、直；用 48 mm 盘条作吊挂钩，拉直后固定在锚杆上。

（2）吊挂风管，先将接头吊挂牢固，再挂软风管上的吊挂环，高度以保证风路顺直为依据确定。每挂完一节软风管，将接头调直、拉紧，然后挂下一节。出风口处接一个钢制接头或接一节同直径的硬风管。通风管全部挂好后，从风机出口处开始，重新调整一遍，使整条风路稳、直、无扭曲、无褶皱。

（3）洞内实施爆破前，对风机采取保护措施，避免冲击波对风管的破坏。洞内起爆后开启风机，排出烟尘。

（4）风机安装必须牢固，周围 5 m 内不得堆放杂物。风机均须配备保险装置，发生故障时，能自动停机。

隧道通风
专项方案

（5）不允许把重物加在通风管上，风管周围不堆放尖锐物体。动力线、照明线不得安装在风管同一侧。

【任务实施】

根据教学图纸及相关资料，该隧道采用两头对向掘进，贯通点位于中间，采用压入式通风时，请进行相应通风计算，并编制通风施工专项方案。专项方案应包括通风方式、通风设备选型、通风量计算、通风管理制度等内容。

任务三　隧道施工风水电的供应

【学习目标】

（1）掌握隧道施工供电的计算。
（2）掌握隧道施工供水的计算。
（3）掌握隧道施工空压机站的计算。
（4）了解隧道施工供电供水供风的技术要求。

【任务描述】

通过隧道施工供电供水供风相关知识的学习，能为隧道施工选择合适的供电供水供风方式，并进行相应计算，布置相应管路。

【相关知识】

一、施工供电

1. 施工用电量估算

在施工现场，电力供应首先要确定总用电量，以便选择合适的发电机、变压器、各类开关设备和线路导线。

在实际生产中，并非所有设备都同时工作，而且处于工作状态的用电设备也并非均在额定工作状态，所以确定现场供电负荷的大小时，不能简单地将所有用电设备的容量相加。

为了安全可靠地供电，节约开支，减少投资，工地施工用电量常采用估算公式进行计算。

（1）同时考虑施工现场的动力和照明：

$$S_{总}=\frac{K\sum P_1K_1K_2}{\eta\cdot\cos\phi+\sum P_2K_3} \tag{3-15}$$

式中：$S_{总}$——施工总用电量（kV·A）；

K——备用系数，一般取 1.05～1.10；

$\sum P_1$——整个工地动力设备的额定输出功率总和（kW）；

$\sum P_2$——整个工地照明用电量总和（kW）；

η——动力设备的平均效率，采用 0.83～0.88，通常取 0.85 进行计算；

$\cos\phi$——平均功率因数，采用 0.5～0.7；

K_1——动力设备同时使用系数，通风机的同时用电系数为 0.8～0.9，施工电动机械同时用电系数为 0.65～0.75；

K_2——动力负荷系数，主要考虑不同类型设备带负荷工作时的情况，一般取 0.75～1.0；

K_3——照明设备同时使用系数，一般可取 0.6～0.9。

（2）只考虑动力负荷。

当照明用电相对于动力用电而言，所占比例较少时，为简化计算，可在动力用电量之外再加 10%～20%，作为总用电量。

$$S_{动}=\frac{K\sum P_1}{\eta\cos\varphi}K_1K_2 \tag{3-16}$$

$$S_{总}=(1.1\sim1.2)\ S_{动} \tag{3-17}$$

式中：$S_{动}$——现场动力设备所需的用电量；

其他符号意义同上。

当采用大型用电设备（如掘进机）时，K_1 可取 1.0 进行计算。

2. 供电方式

隧道施工供电方式有自设发电站和地方电网供电两种。施工中通常采用地方电网供电，自设发电站只用于地方供电不能满足施工用电需要或距离地方电网太远的情况。此外，自发电还可在地方电网供电不稳定时作为备用。为了保证供电的稳定性，在有些重要施工场所还应设置双回路供电网。这里主要介绍变电站的有关内容。

1）变压器选择

一般根据估算的施工总用电量来选择变压器，其容量应等于或略大于施工总用电量，且在使用过程中，一般使变压器承受的用电负荷达到额定容量的60%左右为佳。具体可按下述方法确定：

（1）配属电动机械的单台最大容量占总用电量的1/5及以下时，变压器最大容量S_e为：

$$S_e = \frac{K_1 \sum P_1}{\eta \cos\phi} \quad (\text{kW}) \tag{3-18}$$

②配属电动机械的单台最大容量占总用电量的1/5以上时，变压器最大容量S_e为：

$$S_e = \frac{5 \sum P_1}{\eta \cos\phi} \cdot K_1 \mu \ \ (\text{kW}) \tag{3-19}$$

式中：μ——配属机械中最大一台的容量与总用量的比值。

根据上述计算结果，从变压器产品目录中选择适当型号的配电变压器。

2）变压器位置的确定

（1）变压器必须安设在其供电范围的负荷中心，使其投入运行时的线路损耗最小，且能满足电压要求。当配电电压在380 V时，供电半径不应大于700 m，一般以500 m为宜。高压变电站之间的距离，一般在1 000 m左右。

（2）变压器应选择在高压进线方便处，且应尽量接近高压线，一般情况下还应安设在大负荷的附近。洞内变压器应安设在干燥的避车洞或不用的横通道处，变压器与周围及上下洞壁的距离不得小于30 cm，同时按规定要求设置安全防护设施。

3. 导线选择及供电线路布置

1）线路电压等级

隧道供电电压一般是三相四线400 V/230 V。动力机械的电压标准是380 V，成洞地段照明可采用220 V。工作地段照明和手持电动工具按规定选用安全电压供电。

2）导线选择

线路始末两端电压的差称为线路电压损失，俗称电压降。当供电线路中有电流时，由于导线具有阻抗，会产生电压降，线路末端电压低于首端电压。根据施工规则的规定，选用的导线断面应使末端电压降不超过额定电压的10%及国家对经济电流密度的规定，如表3-10所示。线路电压降可按下式计算：

$$\Delta U_1 = \frac{54LI}{100I_i S} \quad 或 \quad \Delta U_2 = \frac{934LI}{1000I_i S} \tag{3-20}$$

式中：ΔU_1——按单相电路计算的电压降（V）；

ΔU_2——按三相电路计算的电压降（V）；

L——送电距离（m）；

I——线路通过的电流强度（A）；

I_i——经济电流密度（A/mm^2）；

S——导线截面面积（mm^2）。

表 3-10　导线的经济电流密度 I_i（单位：A/mm^2）

导线	类型	铜导线	铝导线
经济	电流密度	1.4	0.9

根据上述公式计算所需导线截面面积后，就可选择导线的规格。一般不宜采用加大导线截面而减小电压降来的措施增加送电线路距离。

3）供电线路布置

在成洞地段，400 V/230 V 供电线路一般采用塑料绝缘铝铰线或橡皮绝缘铝芯线架设，开挖、未衬砌地段以及手提灯应使用铜芯橡皮绝缘电缆。布置线路时应注意以下几点：

（1）隧道内配电线路分低压进洞和高压进洞两种。低压进洞一般采用 400 V 的电压，配电变压器设在洞外，一般应用于 1 000 m 以下（独头掘进时）的隧道；高压进洞一般采用 10 kV 的电压，配电变压器设在洞内，应用于 1 000 m 以上的隧道，以保证线路终端电压不致过低。

（2）根据隧道作业特点，电路架设分两次进行。在进洞初期，先用橡套电缆装设临时电路，随着工作面的推进，在成洞地段用胶皮绝缘线架设固定线路，换下临时电缆供继续前进的工作面使用。

（3）输电干线或动力、照明线路安装在同一侧时，必须分层架设，且应在与风、水管路相对的一侧。其原则是：高压在上，低压在下；干线在上，支线在下；动力线在上，照明线在下。

（4）洞内敷设的高压电缆，在洞外与架空高压线连接时，应安装一组相同电压等级的阀型避雷器及开关设备；架设低压线路进洞时，在洞口的电杆上，应安装一组低压阀型避雷器。

（5）不允许将通电的多余电缆盘绕堆放，以免增加线路电压降，同时防止电缆过热而燃烧。

（6）低压进路导线敷设方法分垂直、水平两种。一般采用垂直排列，原因是水平排列占空间较大，容易影响施工机械通过。垂直排列时，采用针式绝缘子固定，线间距为 0.2 m，下部导线离地面不小于 3 m，横担间距一般为 10 m。高压电缆进洞一般采用明敷设。明敷设是指分别用金属托架、挂钩、木耳子或帆布带等将电缆架设固定在明处，电缆线离地面不小于 3.5 m，横跨间距一般为 3～5 m。

（7）线路需分支时，分支至所接设备的连接应使用橡套电缆，并在每一分支接线接头与所接设备之间安装开关和熔断器。分支接头处应用绝缘胶布包裹，并按规定搭接。照明线路则仅在总分支接头处设置开关和熔断器。

（8）在有渗漏水、滴水的地段应用胶皮电缆，在开挖工作面附近应用防水灯头。

（9）曲线地段和洞室拐弯处应增加照明灯头。

（10）洞内每隔 50～100 m 应设应急照明灯 1 盏。

4. 施工照明

1）普通光源施工照明

（1）变压器。

安全变压器的容量不宜过大，输入电压为 220 V，输出电压有 4 个等级，以便按工作面的安全因素要求选用照明电压，四个等级分别是 36 V、32 V、24 V、12 V。输出端不应高出额定电压的 105%，以防止烧坏灯泡。照明安全变压器作业地段照明必须使用安全变压器，并应装有根据电源电压下降而能调整的插头。

（2）照明布置。

根据隧道施工规范，不同地段的照明布置要求如表3-11所示。

表3-11 不同地段照明布置要求

工作地段		灯头距离/m	悬挂高度/m	灯泡容量/kW
施工作业面		不少于15 W/m^2（断面较大时可适当采用投光灯）		
开挖地段和作业地段		4	2~2.5	60
运输巷道		5	2.2~3	60
特殊作业地段或不安全因素较多地段		2~3	3~5	100
成洞地段	用日光灯时	8~10	4~5	60
	用灯泡时	20~30	4~5	40
竖井内		3		60

注：在直线段，灯头距离采用表中大数，曲线段采用小数。

（3）事故照明设施。

在主要交通道、竖井、斜井、涌水较大的抽水站、高压变电站等重要地点，应设事故照明装置以确保安全。

2）新光源照明

所谓新光源，是指低压卤钨灯、高压钠灯、钪钠灯、钠铊铟灯等新型电灯。以往施工照明采用的白炽灯等普通光源，具有价格低、使用方便，但耗电量大且亮度弱的特点。与之相比，新光源的优点：一是安全性能好；二是节电效果明显；三是使用寿命长，维修方便，可减小电工的劳动强度；四是大幅度地增加了施工工作面和场地的照明度，既为施工人员创造了一个明亮的作业环境，又可保证操作质量。新光源洞内照明布置如表3-12所示。

表3-12 新光源洞内照明布置

工作地段	照明布置
开挖面后40 m以内作业段	两侧用36 V、500 W卤钨灯各2盏（或300 W卤钨灯7盏，以不少于2000 W为准），灯泡距离隧道底面高4 m
开挖面后40~100 m以内作业段	安设2盏400W高压钠灯和2盏400 W钠铊铟灯，间距约15 m，灯泡距离隧道底面高5 m
开挖面后100 m至成洞末端	每隔40 m，左右侧各设计400 W高压钠灯1盏
模板台车衬砌作业段	台车前10~15 m，增设400 W高压钠灯1盏，台车上亮度不足时，增设500 W卤钨灯
成洞地段	每隔40 m，安装400 W高压钠灯1盏
斜井、竖井井身掌子面及喷射混凝土作业面	使用500 W卤钨灯，已施工井身部分选用小功率110 V高压钠灯，间距为：混合井30 m安装1盏，主、副井25 m安装1盏
洞外场地	每隔200 m，安装400 W高压钠灯1盏

5. 安全用电

安全用电主要是指防止触电事故。常用的安全技术措施有：采用绝缘、屏护遮拦，保证安全距离；采用保护接零；采用安全电压，等等。

（1）线路及接头不许有裸露，要经常检查，发现裸露应立即包扎。

（2）各种过电流保护装置不应加大其容量，不能用任何金属丝代替熔丝。

（3）电工人员操作时必须戴绝缘手套和穿绝缘胶靴。

（4）在需要触及导电部分时，必须先用测电气检查，确认无电时，才能开始工作，并事先将有关的开关切断封锁，以防误合闸。

（5）一切电气设备的金属外壳或构架都必须进行妥善接地处理。

在隧道施工中需要接地的设施有：与电机连接的金属构架、变压器外壳、配电箱外壳、启动器外壳、高压电缆的金属外皮、低压橡套电缆的接地芯线（即连接变压器中性点的中性线）、风水管路、轨道及洞内临时装设的金属支架等。

接地是由高压电缆外皮和低压电缆的接地芯线以及所有明线架设的中性线连接成一个总的接地网络，在网络上分别连接上述需要接地的设施，构成一个具有多处接地装置的接地系统。不用高压供电的隧道，应在 400 V/230 V 进线端设置中心接地装置。

二、施工供水

1. 水质要求

施工用水需要无臭味、不含有害矿物质的洁净天然水。在施工现场需要做好水质化验工作，以保证水质满足要求。参照国家水质标准，施工用水要求见表 3-13。

表 3-13　施工用水要求

用水范围	水质项目	允许最大值
混凝土作业	硫酸盐含量（SO_4^{2-}）	不大于 1 000 mg/L
	pH 值	不得小于 4
	其他杂质	不含油、糖、酸等
湿式凿岩与防尘	细菌总数	在 37℃培养 24 h，每升中不超过 100 个
	大肠菌总数	每升水中不超过 3 个
	浑浊度	不大于 5 mg/L，特殊情况下不大于 10 mg/L

2. 用水量估算

总用水量包括施工、生活、消防所需的耗水量。

1）施工用水

施工用水与工程规模、机械化程度、施工进度、人员数量和气候条件等有关，因而变化幅度较大，很难估计精确。一般根据以往经验确定，可参考表 3-14 估算一昼夜的总用水量。

表 3-14　隧道施工用水量估算表

用　途	单　位	耗水量	说　　明
凿岩机用水	t/（h·台）	0.20	
喷雾洒水用水	t/（min·台）	0.03	按每次放炮后喷雾 30 min
衬砌用水	t/h	1.50	包括混凝土拌和、养生和洗石等用水
空压机用水	t/（d·台）	5.00	其中大部分可考虑循环使用

2）生活用水

生活用水量一般可按如下参考指标估算：生产工人平均（0.1～0.15）m^3/d，非生产工人平均（0.08～0.12）m^3/d。

3）消防用水

由于施工工地住房为临时住房，相应标准较低，除按消防要求在设计、施工及临房布置等方面做好防火工作外，还应按临时房屋每 3000 m^2、消防耗水量（15～20）L/s、灭火时间为 0.5～1 h 计算消防用水量，以防不测。

3. 选择水源

隧道施工常用的水源有高山自然水、山上泉水、河水、钻井抽水、洞内地下水源等。应根据工程的实际情况选用水源，原则如下：

（1）当生活、生产用水位置高差很大，系统供水有困难时，可采用分别选择水源的方式。

（2）施工生产用水，应尽量利用自然水头，引用高处的水源；枯水季度，可考虑设机具抽水。

（3）不同季节分别采用两个水源供水，如洪水季节采用河水，枯水季节采用浅井或管井取地下水。

4. 确定供水方式

供水方式主要根据水源实际情况选定：可将水源的水自流引导或采用机械提升到蓄水池储蓄，并通过水管送达使用地点；在高寒山区及缺水地区，则可采用汽车安装水箱运水，或分级抽水、长距离管路供水。

5. 筑（安装）供水设备

1）贮水池

贮水池一般修建在洞口附近上方，但应避免设在隧道顶上或其他可危及隧道安全的部位，其高差应能保证最高用水点的水压要求。当采用机械或部分机械提升时，应备有抽水机。水池结构应尽量简单，确保不漏水，一般采用石砌，根据地形条件用埋置式或半埋置式。当地形条件受限制，不能埋置时，也可采用修建水塔或用钢板焊接水箱等方式。水池的容积大小应与抽水设备、集中用水量相配合，并应有一定的储备量，以满足施工的需要。

水池位置至配水点的高差 H 可按下式计算：

$$H \geqslant 1.2h+\alpha h_f \text{（m）} \tag{3-21}$$

式中：h——配水点要求水头高度（m），如湿式凿岩需要水压为 0.3 MPa，则 h=30 m；

α——水头损失系数（按管道水头损失 5%～10%计算），α=1.05～1.10；

h_f——管道内水头损失（m），确定用水量后（一般按 m^3/h 计）选用钢管内径，按钢管水力计算而得。

利用高山自流水供水，水源流量大于用水高峰流量时，水池容积一般为 20～30 m^3；如水源流量小于用水量，则需要根据每班最大用水量并考虑必要贮备来计算水池容积，如下式：

$$V=24\alpha C(Q_C+Q_S)\ (m^3) \tag{3-22}$$

式中：V——水池容积（m^3）；

α——调节系数，一般取 1.10～1.20；

C——贮水系数（为水池容量/昼夜用水量），昼夜用水量小于 1000 m^3 时采用 1/4～1/6，昼夜用水量在 1000～2000 m^3 时采用 1/6～1/8；

Q_C——生产用水量（m^3/h）；

Q_S——生活用水量（m^3/h）。

2）水泵和泵水房

（1）扬程计算：

$$H=h'+\alpha h_f\ (m) \tag{3-23}$$

式中：h'——水池与水源之间的高差（m）；

α及 h_f 意义同前。

根据扬程及选用的钢管直径可选择合适的水泵。

（2）泵房

临时抽水泵房的要求可按临时房屋的有关规定办理。水泵在安装前，应按图纸检查基础的位置、预留管道孔洞等各部分尺寸是否符合要求，水泵底座位置经校核后，方能灌注水泥砂浆并固定地脚螺栓。

6. 水管的选择与布置

供水管道的管径可根据下列公式计算：

$$D=\sqrt{\frac{4Q}{\pi V}}\approx 1.13\sqrt{\frac{Q}{V}}\ (m) \tag{3-24}$$

式中：Q——用水点总用水量（m^3/s）；

V——在管道内的流速，一般不大于 3 m^3/s，不小于 0.5 m^3/s。

供水管道的布置应符合下列要求：

（1）管道敷设要求平顺、短直且弯头少，干路管径尽可能一致，接头严密不漏水。

（2）管道沿山顺坡敷设悬空跨距大时，应根据计算来设立支柱承托，支撑点与水管之间加木垫；严寒地区应采用埋置或包扎等防冻措施，以防水管冻裂。

（3）水池的输出管应设总闸阀，干路管道每隔 300～500 m 应安装闸阀一个，以便维修和控制管道。管道闸阀布置还应考虑一旦发生管道故障（如断管）能够暂时由水池或水泵房供水的布置方案。

（4）给水管道应安设在电缆线路的异侧，不应妨碍运输和行人，并设专人负责检查养护（可与压风管道共同组织一个维修、养护工班）。

（5）管道前端至开挖面，一般保持的距离为 30 m，用直径 50 mm 高压软管接分水器，中间预留异径三通，至其他工作面供水使用软管连接，其长度不宜超过 50 m。

（6）如利用高山水池，其自然压头超过所需水压时，应进行减压，一般是在管路中段设中间水池作为过渡站，也可直接利用减压阀来降低管道中水流的压力。

三、施工供风

修建隧道时，为配合开挖、出渣、初期支护及内层衬砌等基本作业而进行的其他作业，称为辅助作业。辅助作业内容主要有压缩空气供应、施工用水供应、施工用电供应以及施工通风与防尘。

在隧道施工中，常用的以压缩空气为动力的风动机械有凿岩机、混凝土喷射机、锻钎机、压浆机等。这些风动机具所需的压缩空气是由空气压缩机（以下简称空压机）生产，并通过高压风管输送给风动机械的。

风动机械需要在一定的风压和风量条件下才能正常工作。因此，应注意保证压缩空气具有足够的工作风量和工作风压，同时还应尽量减少管路损失，以节约能源、降低消耗。

1. 空压机站的供风能力

压缩空气由空压机生产供应。空压机一般集中安设在洞口外附近的空压机站内。空压机站的生产能力取决于耗风量的大小，并考虑一定的备用系数。耗风量应包括隧道内同时工作的各种风动机械的生产耗风量和由储气筒到风动机具沿途的损失。空压机站的供风能力 Q 可用下式来计算：

$$Q=(1+K_{备})\left(\sum qK+q_{漏}\right)k_{m}\ (\mathrm{m^3/min}) \tag{3-25}$$

式中：$K_{备}$——空压机的备用系数，一般采用 75%～90%。

$\sum q$——风动机具所需风量（$\mathrm{m^3/min}$），可查阅风动机具性能表。

K——同时工作系数，见表 3-15。

k_m——空压机所处海拔高度对空压机供风能力的影响系数，见表 3-16。

$q_{漏}$——管路及附件的漏耗损失（$\mathrm{m^3/min}$），其值为

$$q_{漏}=\alpha\sum L$$

其中：α——每千米漏风量，平均为 1.15～2.0 $\mathrm{m^3/min}$；

L——管路总长（km）。

表 3-15 同时工作系数

机具类型	凿岩机		装渣机		锻钎机	
同时工作台数	1～10	11～30	1～2	3～4	1～2	3～4
K	1.00～0.85	0.85～0.75	1.0～0.75	0.70～0.50	1.0～0.75	0.65～0.50

表 3-16 海拔高度影响系数 k_m

海拔高度/m	0	305	610	914	1219	1524	1829	2134	2438	2743	3048	3658	4572
k_m	1.00	1.03	1.07	1.10	1.14	1.17	1.20	1.23	1.26	1.29	1.32	1.37	1.43

2. 空压机的选择

根据计算确定的空压机站的供风能力，选择合适的空压机和适当容量的贮风筒。当一台空压机不能满足供风需要时。可选择多台空压机组成空压机组。为便于操作和维修，宜采用同类型的空压机。考虑到在施工中风量负荷的不均匀性，为避免空压机的回风空转，可选择

一台小容量（一般为其他空压机容量的一半）的空压机进行组合。空压机一般分有电力和内燃两类。一般短隧道采用内燃空压机，长隧道采用电动空压机。当施工初期电力缺乏时，长隧道也可采用内燃空压机过渡。

3. 空压机站的布置

空压机站应设在空气洁净、通风良好、地基稳固且便于设备搬运之处，并应尽量靠近洞口，以缩短管路，减少管道漏风损耗。当有多个洞口需集中供风时，应选择在适当位置，使管路损耗尽量减少。

4. 风管的选择

风管的选择应满足工作风压不小于 0.5 MPa 的要求。为保证工作风压，钢管终端的风压不得小于 0.6 MPa，通过胶皮风管输送至风动机具的工作风压不得小于 0.5 MPa。空压机生产的压缩空气在运输过程中，由于管壁摩擦、接头、阀门等产生阻力，其压力会损失，尤其是连接钢管与风动机具的胶皮风管，其压力损失较大，一般应尽量缩短其使用的长度。根据达西公式可计算钢管的风压损失，计算后所得的终端风压符合上述要求即可。

根据达西公式，钢管的风压损失Δp可按下式进行计算：

$$\Delta p=\lambda\cdot\frac{L}{d}\cdot\frac{v^2}{2g}\cdot\gamma\cdot 10^{-6}\ (\text{MPa}) \tag{3-26}$$

式中：λ——摩阻系数，见表 3-17。

L——送风管路长度（m，包括配件当量长度，见表 3-18）。

d——送风管内径（m）。

g——重力加速度，采用 9.81 m/s^2。

v——压缩空气在风管中的速度（m/s），根据风量和风管面积可得。

γ——压缩空气的重度。在标准大气压强下，温度为 0℃时，空气重度为 12.9 N/m^3，温度为 t℃时，其重度则为$\gamma_t=12.9\times273/(273+t)$ N/m^3，此时，压力为 P 的压缩空气的重度$\gamma=\gamma_t\times(P+0.1)/0.1$ N/m^3，P 为空压机生产的压缩空气的压力（MPa），由空压机性能可知。

表 3-17 风管摩阻系数

风管内径/mm	50	75	100	125	150	200	250	300
λ	0.0371	0.0324	0.0298	0.0282	0.0264	0.0245	0.0234	0.0221

表 3-18 配件折合成管路长度

单位：m

配件名称		球心阀	闸门阀	丁字管	异径管	45°弯头	90°弯头	135°弯头	逆止阀
钢管直径/mm	25	6.0	0.3	2.0	0.5	0.2	0.9	1.4	
	50	15.0	0.7	4.0	1.0	0.4	1.8	2.8	3.2
	75	25.0	1.1	7.0	1.7	0.7	3.2	4.9	
	100	35.0	1.5	10.0	2.5	1.0	4.5	7.0	7.5
	150	60.0	2.5	17.0	4.0	1.7	7.7	12.0	12.5
	200	85.0	3.5	24.0	6.0	2.4	10.8	16.8	18.0
	300		6.0	40.0	10.0	4:0	18.0	28.0	30.0

以上计算的压力损失值若过大，则需选用较大管径的风管，从而减少压力损失值，使钢管末端风压不得小于 0.6 MPa。

胶皮风管是连接钢管与风动机具的，由于其压力损失较大，一般应尽量缩短其使用的长度，从而保证压缩空气的工作压力不小于 0.5 MPa。胶皮风管的压力损失值见表 3-19。

表 3-19　压缩空气通过胶皮风管的压力损失　　单位：MPa

通过风量/(m^3/min)	胶管内径/mm	胶管长度/m					
		5	10	15	20	25	30
2.5	19	0.008	0.018	0.020	0.035	0.040	0.055
	25	0.004	0.008	0.013	0.017	0021	0.030
3	19	0.010	0.020	0.030	0.050	0.060	0.075
	25	0.006	0.012	0.018	0.024	0.040	0.045
4	19	0.020	0.040	0.055	0.080	0.100	0.110
	25	0.010	0.025	0.040	0.050	0.060	0.075
10	50	0.002	0.004	0.006	0.007	0.010	0.015
20	50	0.010	0.020	0.035	0.050	0.055	0.065

5. 管道的安装

管道的安装应符合下列要求：

（1）管道敷设应平顺、接头严密、防止漏风，凡有裂纹、创伤、凹陷等现象的钢管不能使用。

（2）在洞外地段，风管长度超过 300 m、温度变化较大时，宜安装伸缩器；靠近空压机 150 m 以内，风管的法兰盘接头宜用耐热材料制成垫片，如石棉衬垫等。

（3）压风管道在总输出管道上，必须安装总闸阀，以便控制和维修管道；主管上每隔 300～500 m 应分装闸阀；按施工要求，在适当地段（一般每隔 60 m）加设一个三通接头备用；管道前端至开挖面距离宜保持在 30 m 左右，并用高压软管接分风器；分部开挖法通往各工作面的软管长度不宜大于 50 m，与分风器联结的胶皮软管长度不宜大于 10 m。

（4）主管长度大于 1 000 m 时，应在管道最低处设置油水分离器，定期放出管中聚积的油水，以保持管内清洁与干燥。

（5）管道安装前应进行检查，钢管内不得留有残杂物和其他脏物；各种闸阀在安装前应拆开清洗，并进行水压强度试验，合格者方能使用。

（6）管道在洞内应敷设在电缆、电线的另一侧，并与运输轨道有一定距离。管道高度一般不应超过运输轨道的轨面，若管径较大而超过轨面，则应适当增大距离。如与水沟同侧时，不应影响水沟排水。

【任务实施】

根据提供的教学图纸，按双头对向掘进开挖，进行隧道通风的计算以及通风专项方案的编制。

【复习与思考】

1. 技术准备工作主要包括什么内容？
2. 简述施工调查的注意事项。
3. 简述施工组织设计及作业指导书的编制。
4. 简述隧道施工通风方式及适用条件。
5. 简述隧道施工通风量的计算过程及考虑因素。
6. 简述隧道施工供风的计算过程及考虑因素。
7. 简述隧道施工供电线路布置的注意事项。

4 学习项目四 隧道洞口工程施工

隧道洞口地段一般埋深浅，地质条件差，且常位于松散堆积或风化破碎的岩层中，地表水汇集，地下水丰富，施工稍有疏忽，极易发生坍塌事故，甚至破坏山体稳定，引起地表开裂、山体滑坡等病害，严重威胁施工安全，影响施工的正常进展。隧道洞口是隧道施工中的关键地段，在隧道工程施工中应充分重视。

隧道洞口工程指土方、边仰坡防护、洞门及其相邻的翼墙、挡土墙及洞口排水系统等。

任务一　边仰坡施工

【学习目标】

（1）掌握隧道施工工艺流程。
（2）熟悉边仰坡开挖和防护施工要点。

【任务描述】

通过隧道边仰坡施工的学习，能够描述施工工艺流程，能够结合施工要点编制技术方案和指导现场施工。

【相关知识】

洞口开挖前，先做好边仰坡外的截水沟、排水沟和洞口排水沟，方可进行洞门边仰坡及路堑土石方施工。也应结合设计文件，遵循“早进晚出”的原则，复核确认明暗位置的合理性，控制边仰坡开挖高度。在边仰坡施工中，应边开挖边防护，同时加强监测，随时检查、监测边坡和仰坡的变形状态，切实掌握边仰坡的稳定情况。洞口开挖严禁放大炮而影响边仰坡稳定，以确保进洞施工安全。

一、施工工艺流程

隧道洞口边仰坡开挖及防护施工工艺流程见图 4-1。

二、边仰坡开挖

根据地形、地质条件，土方和强风化岩一般采用挖掘机开挖及装渣，自卸汽车运渣，人工配合清理边仰坡开挖面。不得掏底开挖或上下重叠开挖。对于较硬的土层采用人工手持风镐进行凿除。石方一般采取松动爆破，机械和人工配合清理。石质地层仰坡开挖需要爆破时，应以浅眼松动爆破为主，且预留光爆层。开挖时应随时检查边坡和仰坡，如有滑动、开裂等现象，应适当放缓坡度或采取适当的加固措施。

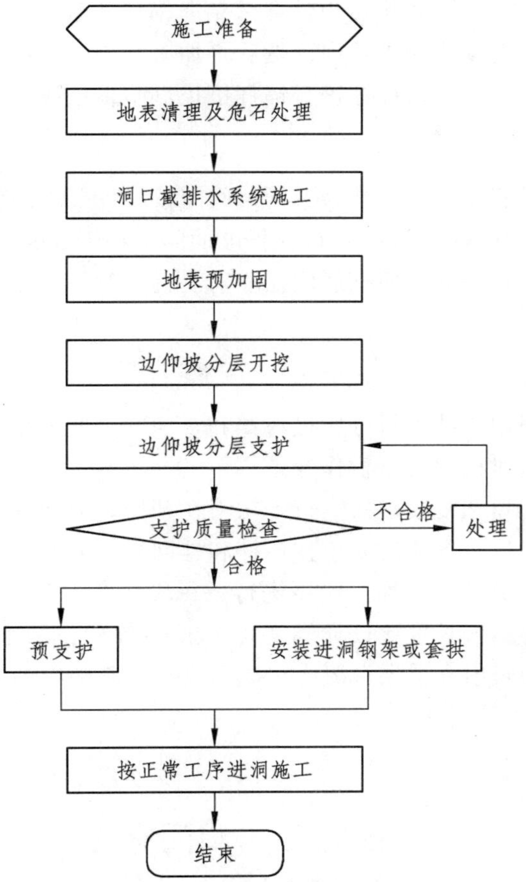

图 4-1　洞口边仰坡开挖及防护施工工艺流程

隧道洞口边仰坡开挖前应先清除边仰坡上的植被、浮土、危石，做好边仰坡的临时截水天沟，截水天沟距边仰坡开挖边线不小于 5 m。将地表水和边仰坡积水引离洞口，以防地表水冲刷而造成边仰坡失稳。

洞口边仰坡开挖按设计控制坡度，自上而下，分层开挖，随挖随支护，随时监测、检查山坡稳定情况。开挖过程中边仰坡上的浮石、危石要及时清除，坡面凹凸不平处予以修整平顺。挖掘机开挖后预留 20～30 cm 进行人工修坡，清除虚土。对于边仰坡土层较硬的围岩采用人工手持风镐进行凿除，减少对边仰坡原状土的扰动，确保边仰坡稳定，防止洞口边仰坡坍塌。

开挖过程中，不得破坏边仰坡以外的植被，尽可能确保土体植被的完整。

三、边仰坡防护

边仰坡开挖后及时进行打锚杆、挂钢筋网、喷混凝土临时防护，以防围岩风化、雨水渗透而滑塌。当边仰坡较高时，应分层开挖，分层防护。

1. 砂浆锚杆施工

砂浆锚杆施工工艺流程为：钻孔→清孔→注浆→插入杆体。钻孔可采用 YT-28 凿岩机，锚杆预先在洞外按设计要求加工制作，施工时锚杆钻孔位置及孔深必须精确，锚杆要除去油污、铁锈和杂质。先用 YT-28 凿岩机按设计要求钻凿锚杆孔眼，达到标准后，用高压风清除孔内岩屑，用注浆泵将水泥砂浆注入孔内，然后将加工好的杆体插入孔内，并将锚杆与钢筋网焊为整体。待终凝后按规范要求抽样进行锚杆抗拔试验，抗拔值不小于设计值的 90%。

2. 钢筋网安设

钢筋网在锚杆施作后安设，钢筋类型及网格间距按设计要求施作。钢筋网在初喷混凝土后根据被支护坡面的实际起伏状铺设，与被支护坡面间隙小于 3 cm，钢筋网与钢筋网连接处、钢筋网与锚杆连接处点焊在一起，使钢筋网在喷射混凝土时不易晃动。钢筋网在加工场加工成片。

3. 喷射混凝土施工

喷射混凝土骨料用强制式拌和机分次投料拌和，为减少回弹量，降低粉尘，提高一次喷层厚度，可采用混凝土喷射机湿式喷射作业。

喷射混凝土一般分初喷和复喷二次进行。初喷在开挖完成后立即进行，以尽早封闭暴露坡面，防止雨水渗透而滑塌。复喷混凝土在锚杆和挂网安装后进行。

喷射混凝土按分段、分片由下而上顺序进行，每段长度不超过 6 m，一次喷射厚度控制在 4～6 cm 以内，喷射时插入长度比设计厚度大 5 cm 的铁丝，每 1～2 m 设 1 根，作为控制施工喷层厚度用。后一层喷射在前层混凝土初凝后进行。新喷射的混凝土按规定洒水养护，最少养护时间不少于 7 d（终凝 2 h 以后）。

任务二　洞门施工

【学习目标】

（1）掌握隧道施工工艺流程。
（2）熟悉洞门施工要点。

【任务描述】

通过隧道洞门施工的学习，能够描述施工工艺流程，能够结合施工要点编制技术方案和指导现场施工。

【相关知识】

隧道洞口
碎石场

一、洞门施工工艺流程

端墙式洞门施工工艺流程见图 4-2，斜切式洞门施工工艺流程见图 4-3。

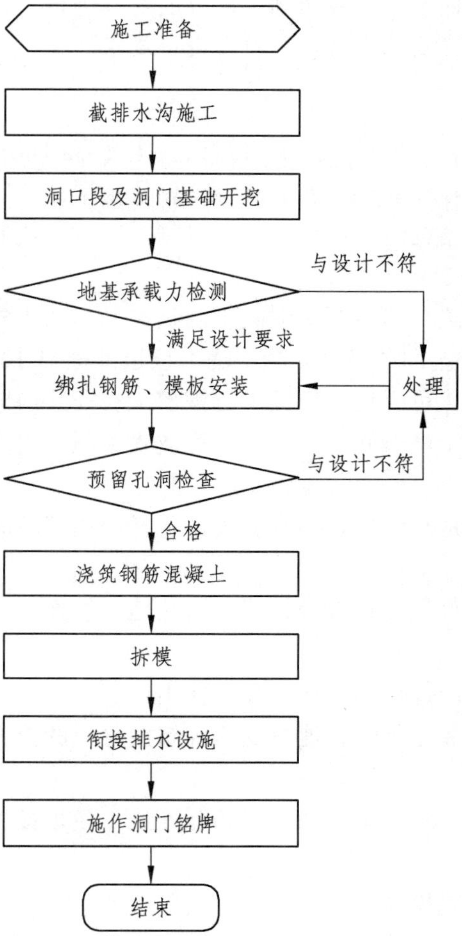

图 4-2　端墙式洞门施工工艺流程

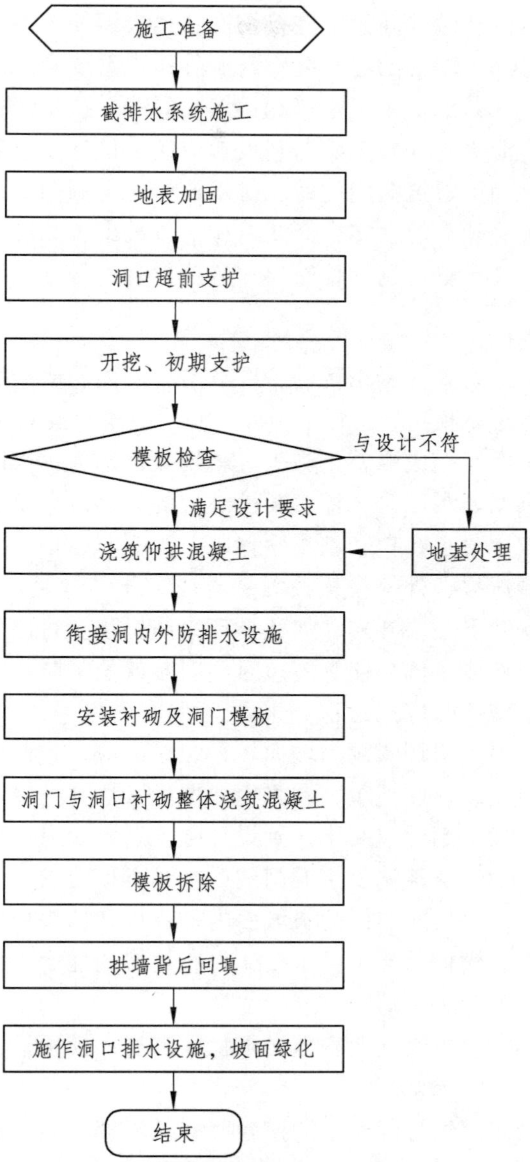

图 4-3　斜切式洞门施工工艺流程

1. 端墙式洞门施工

（1）端墙应在土石方开挖后及时完成，基础超挖部分应用与基础同级的混凝土和基础同步浇筑，端墙及挡墙、翼墙的开挖轮廓面应符合设计要求。

（2）端墙混凝土施工前根据施工范围，搭设脚手架至端墙顶，以便固定侧向模板和墙面装饰施工，搭设中应预留出隧道进出洞运输通道位置。

（3）端墙混凝土一般以拱顶、帽石底为界分 3 次立模浇筑成型。模板及支（拱）架应根据洞门结构形式、荷载大小、地基土类别、施工设备、施工工艺等条件设计。浇筑混凝土应两侧对称进行，不得对衬砌产生偏压。

（4）端墙与洞口衬砌连接方式应符合设计要求。为加强端墙与衬砌的整体性，一般在明洞衬砌和端墙间设置连接钢筋，连接钢筋（端墙锚筋）与衬砌中的纵筋要绑扎牢固。

（5）端墙的泄水孔应与洞外排水系统及时连通。

（6）隧道洞门端墙和挡墙、翼墙、挡土墙在墙体施工的同时，按设计图纸要求设置反滤层、泄水孔、施工缝，其设置应满足设计要求和防排水施工要求。

（7）隧道洞门的截、排水设施应与洞门工程同步施工，当端墙顶部水沟置于填土上时，填土必须夯填密实，必要时应加以铺砌，端墙背后回填土应在明洞两侧分层对称进行。

（8）隧道洞门检查梯、隧道铭牌、号标的结构样式和设置位置符合设计要求。

2. 斜切式洞门施工

斜切式衬砌结构内轮廓线与正洞内轮廓线相同，一般可利用洞身衬砌台车配合洞口斜切段定型钢模进行混凝土施工，洞门前檐及洞门端模可采用 5 cm 厚的木模，以便根据其特殊构造一次性完成混凝土施工。斜切段衬砌为扩大断面结构时，可利用洞身衬砌台车改装或制作可供循环利用符合扩大断面结构的衬砌台车组织施工。

混凝土在拌和站集中拌制，运输车运输至浇筑点，然后泵送混凝土浇筑，采用插入式振捣棒振捣，外侧模板按混凝土浇筑分层厚度分层支立，在每层混凝土浇至该层外模口 10 cm 时安装下一层外模，如此循环直至拱顶。每层外模（可采用木模或组合钢模）在安装前应加工制作成整体，使其能短时间安装就位，防止混凝土浇筑间断时间过长形成人为施工缝。

施工时应注意：

（1）斜切式洞门坡面较平缓时，应尽量与自然地形坡度相一致。为避免开挖边仰坡时局部坍塌破坏原地貌，宜采用非爆破方法开挖。

（2）洞门混凝土达到设计强度后，及时回填边仰坡超挖部分，恢复自然地形坡面。

（3）浇筑混凝土洞门的模板及拆模要求：

①斜切式洞门的斜坡面内外模板和挡头板应专门设计和制作，配套使用。

②模板及支（拱）架应具有足够的强度、刚度和稳定性，能承受所浇筑混凝土的重力、侧压力及施工荷载。

③模板及支架安装必须稳固牢靠，模板及支架与脚手架之间不得相互连接。模板接缝必须严密不漏浆。

④模板与混凝土的接触面必须清理干净并涂刷脱模剂。

⑤混凝土浇筑前，模板内的积水和杂物应清理干净。

⑥拆除模板及支（拱）架的条件：当洞门结构跨度大于 8 m 时，混凝土强度必须达到其设计强度标准值的 100%；当洞门结构跨度小于等于 8 m 时，混凝土强度必须达到其设计强度标准值的 70%。

二、洞门基础施工

洞门施工前，必须完成仰坡外的截、排水沟，对大气降雨形成的地表径流进行有效拦截，防止洞门基坑开挖后，在降雨期洞口周围汇集大量雨水，冲刷浸泡基坑，降低基底承载力。

在确保洞门施工前一切准备工作就绪后，包括人员、物资机具等准备到位后，对挡墙、翼墙、端墙或明洞外侧大边墙的基坑进行准确测量放样，复核基坑轴线、高程，确保位置符合设计要求。

当基坑边坡岩质较好、地层稳定时，采取垂直开挖，并对边坡进行临时喷锚防护；当基坑较深，垂直开挖不具备条件或难以保证边坡稳定时，根据现场地形情况和基坑边缘与已施作结构物的距离大小，适当采取放坡开挖，并加强对开挖边坡的有效加固，防止边坡失稳。在基坑开挖过程中，除做好地表防排水工作外，坑内应设置水泵抽排地下水，水泵抽水能力选择渗水量的 1.5～2.0 倍。为防止排出的水回流、回渗，用胶管或水槽将水引至远处。

基坑采用挖掘机开挖，人工配合，遇坚石时采用浅眼松动爆破开挖。机械开挖至设计基底高程以上 20 cm 时，由人工采用风镐挖至设计高程，确保基底不超挖。当岩面倾斜时，将岩面凿平，使承重面与重力成垂直角度，以防滑移，并清除基底面松动碎石块和杂物，基底高程符合设计要求。

端墙及挡墙、翼墙基础、缓冲结构的基底承载力必须满足设计要求，承载力可采用静力触探试验或标准贯入试验检测，当设计对基础有特殊处理要求时，基坑开挖后及时进行基础处理加固。施工中，应仔细核对基础地质资料，遇黄土地层时，还应对黄土湿陷性进行现场试验，以准确确定湿陷范围和厚度，并根据试验结果及时调整处理措施。对于有湿陷性的黄土地基，一般采取灰土换填的方式进行处理，即先将基底相应厚度的湿陷性黄土挖出，然后分层夯填灰土，换填完毕后，按设计要求对换填层进行现场原位试验。

端墙及挡墙、翼墙基础位于软硬不均的地基上时，除按设计要求处理外，还应在软弱地基分界处设沉降缝。基础沉降缝与明洞沉降缝上下应处于同一截面上，并保持贯通，沉降缝缝宽和沉降缝填塞应符合有关规范或设计要求。

辅助坑道口洞门基础施工完成后，应及时对洞外地表按设计要求采用 M10 浆砌片石铺砌，防止雨水下渗，将汇水引排至洞口排水系统中。

正洞口洞门基础施工完成后，适时做好洞口排水与明洞或暗洞侧沟排水系统的衔接。

三、洞门防排水及回填

斜切式洞门结构明挖施工段的拱部和边墙外露部分，均应先涂刷水泥基防水涂料。填土部分的拱墙先施作 3 cm 厚的 M10 水泥砂浆保护层，再铺设防水板，在防水板外施作 3 cm 厚的 M10 水泥砂浆保护层后再回填。

端墙背后排水管网可采用外包土工布的打孔波纹管，排水管在路基面高度处采用 PVC 管排入侧沟。端墙后横向排水管要求以不小于 3%的坡度设置。

挡墙身在路基面处及以上部分应设置泄水孔，并上下左右交错布置。为防止泄水孔堵塞，应在泄水孔进口处设置反滤层，并在最低排泄水孔下部设置黏土隔水层。反滤层材料除了用填石外，也可考虑使用无纺布。

为便于隧道中心水沟排水，隧道洞口需设置检查井。当采用墙式洞门时，检查井设在距洞口里程 3 m 处；当采用斜切洞门时，检查井设在隧线分界里程外路基范围内；当桥隧相连，洞口外无法设置检查井时，应根据具体设计图进行施工。

当洞口边仰坡设置骨架护坡防护时，斜切洞门应在平台上坡脚处设置水沟，将水引排至线路两侧或自然沟；端墙式洞门在挡墙上部或挡墙侧的平台上设置挡水板，并将水引至吊沟，翼墙侧引至墙顶沟槽。

洞门端墙及挡墙、翼墙后的空隙应根据实际情况，及时采用土石或改良土等回填密实，以确保边仰坡稳定。回填的土石不得含有石块、碎砖、灰渣及有机杂物，也不得有冻土。回填施工应均匀对称进行，并分层夯实，其两侧回填土面高差不得大于 50 cm，人工夯实每层厚度不得大于 25 cm，机械夯实每层厚度不得大于 30 cm。洞门端墙及挡墙、翼墙墙背超挖较少时，采用墙体同级材料回填，超挖较多时采用的回填材料应符合相关规定。隧道边坡超挖部分采用 M10 浆砌片石嵌补至坡面齐平，勿使墙后水流堵塞或造成积水现象。

四、施工注意事项

（1）端墙及挡翼墙后的空隙须及时回填，并保证回填密实。

（2）洞门要求挡翼墙与端墙连接良好，并应及时施作。

（3）洞门结构的所有基础均需置于稳固地基上，基底虚渣、风化层及积水等必须清除干净。

（4）当洞门端墙范围内的衬砌基础小于端墙基础深度时须加深衬砌基础，使其与端墙基础深度一致。

（5）采用斜切式洞门时应最大限度地减少边仰坡的开挖和刷坡，隧道洞门结构力求简洁、美观。

（6）边仰坡连接处的刷方应采用圆弧顺接开挖，防护应因地制宜，根据各洞门的具体设计情况采用合理的形式。

（7）对洞口端墙排水系统应定期检查其畅通性，当有堵塞时应及时疏通。

（8）隧道洞门的截、排水设施应与洞门工程同时施工，当墙端墙顶部水沟置于填土上时，填土必须夯填密实，必要时应加以铺砌。

五、施工控制要点

（1）根据洞门形式，按设计要求放出洞门点位和基础开挖轮廓线，确保轮廓和位置准确。

（2）基坑开挖中做好安全防护，地基承载力必须满足要求，防止基底承载力不足，影响结构质量。

（3）按设计要求浇筑混凝土或砌筑浆砌片石基础，材料质量和结构尺寸必须符合设计要求。

（4）墙身施工时，砌筑或浇筑混凝土或回填均应两侧对称进行，不得对衬砌产生偏压，并保证其位置准确和墙面平顺。

（5）墙身浇筑混凝土前，加强模板及支架的检查，浇筑中派专人指挥，杜绝漏浆、跑模，保证洞门圬工外观质量。

（6）加强细部构造技术交底管理，层层复核，严格按技术交底作业，确保墙身的反滤层、泄水孔、变形缝设置符合设计要求。

（7）砌体砂浆应饱满，砌缝做到整齐、无通缝。沉降缝整齐垂直、上下贯通。

（8）洒水养护不得小于 7 d，以保证混凝土养护质量，必要时延长养护期。

（9）混凝土拆模强度必须达到设计或有关规定要求后方可拆模，并提高成品保护意识，模板拆除时防止表面及棱角受损。

（10）洞门检查梯、隧道铭牌、号标的设置应符合设计要求，严格控制位置、尺寸、字体等，并确保外观质量，做到字体统一，大小一致，线条流畅，颜色均匀。

任务三　明洞施工

【学习目标】

（1）掌握隧道施工工艺流程。

（2）熟悉明洞衬砌结构、回填绿化的施工要点。

【任务描述】

通过隧道明洞施工的学习，能够描述施工工艺流程，能够结合施工要点编制技术方案和指导现场施工。

【相关知识】

一、基本概念及施工工艺流程

明洞是设在隧道洞口部或路堑地段，为防止边仰坡的崩塌影响行车安全,用明挖法修建的建筑物。明洞不同于一般隧道，因为它不是在地层内先挖出坑道，然后修建结构物的；而是在露天的路堑地面上，或是在敞口的基坑内，先修筑结构物，然后再回填覆盖土石。在隧道的进出口处，当遇到地质差且洞顶覆盖层较薄，用暗挖法难以进洞时，或洞口路堑边坡上受坍方、落石、泥石流等威胁而危及行车安全时，或铁路、公路、河渠必须在线路上方通过，且不宜做立交桥或暗洞时，或为了减少隧道工程对环境的影响，保护环境和景观，洞口段需延长时，均需要修建明洞。明洞是隧道洞口或线路上起防护作用的重要建筑物。

明洞施工工艺流程见图 4-4。

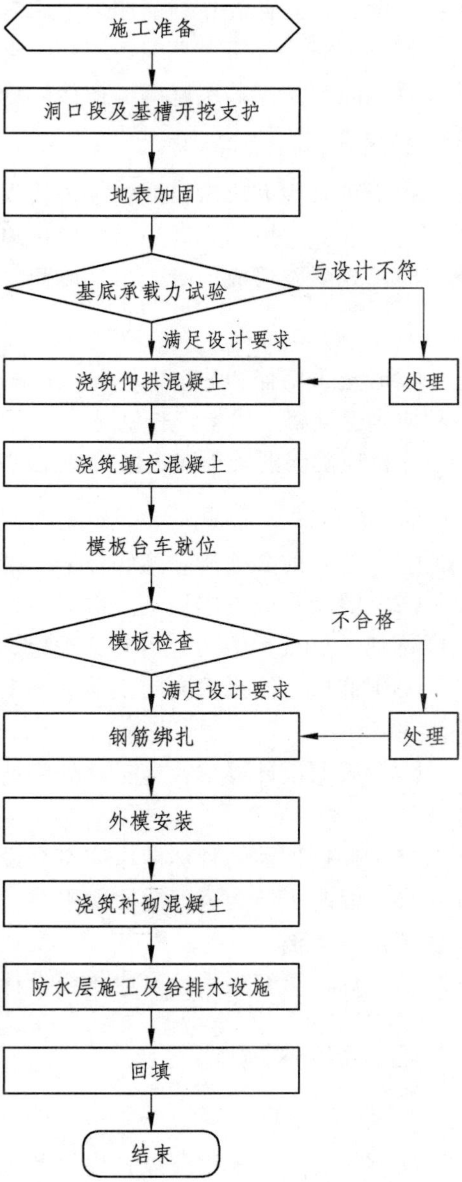

图 4-4　明洞施工工艺流程

二、基底处理

土质挖方开挖到基底高程后清理浮土，进行地基承载力试验，与设计图纸核对。地基承载力达到设计要求后，准备进行下道工序；如地基承载力不够，报业主、监理、设计单位变更设计，可采取浆片、混凝土换填等处理措施。

石质挖方开挖到设计高程后清理浮渣，对进入仰拱范围内的孤石进行小炮处理，经验收合格后进入下道工序。

三、仰拱及填充混凝土施工

1. 中心排水管施工

按照设计开挖中心排水管沟槽，浇筑管座混凝土，安装中心排水管，回填沟槽。施工过程中注意：排水管安装要平顺，与管座间填充密实；沟槽按照设计回填，要求密实平整；按照设计预留检查井和引水管。

2. 钢筋制作、安装

仰拱钢筋在钢筋加工场定制的模具上制作，注意按照规范要求错开钢筋搭接位置，保证搭接长度，钢筋存放在钢筋棚内或用防水布包严，防止锈蚀。

仰拱钢筋加工后运至现场绑扎，绑扎前对钢筋的位置进行放样；绑扎过程中严格控制钢筋位置、间距、保护层厚度、搭接焊缝长度和质量、钢筋绑扎点数量。

3. 模板制作、安装

模板可采用大块木模或钢模进行现场拼制，模板的刚度及平整度应符合要求，支撑可采用钢管，确保支撑的牢固稳定。对拼缝不严密的局部采用膨胀胶进行填塞封堵，防止混凝土浇筑时出现漏浆造成混凝土出现麻面。

4. 混凝土浇筑

混凝土采用拌和站集中拌和，运输车运至施工地点直接入模进行浇筑。混凝土拌和及运输过程应确保混凝土质量，避免混凝土出现离析及混凝土坍落度损失过大，影响混凝土质量。混凝土振捣应确保混凝土满足内实外光的质量要求。仰拱回填的片石强度及大小必须符合要求。

5. 施工控制要点

（1）施工前必须清除隧底虚渣、淤泥和杂物，超挖部分应采用同级混凝土回填。

（2）混凝土应整体浇筑一次成型，填充混凝土应在仰拱混凝土终凝后浇筑，填充混凝土强度达到 5 MPa 后方可允许行人通过，达到设计强度的 100%后才能允许车辆通行。

（3）仰拱、仰拱填充施工前须将上循环混凝土仰拱接头作凿毛处理，并按设计要求设置止水带。

（4）根据设计要求，施工缝处钢筋应断开，并要注意与拱墙衬砌施工缝处于同一垂直面上。

（5）仰拱顶面高程和曲率应符合设计要求，高程允许偏差为±15 mm。

（6）混凝土结构表面应密实平整、颜色均匀，不得有露筋、蜂窝、孔洞、疏松、麻面和缺棱掉角等缺陷。

（7）仰拱填充表面坡度应符合设计要求，坡面应平顺、排水畅通、不积水。

四、明洞衬砌施工

1. 台车拼装、定位

明洞衬砌施工采用整体式模板台车一次浇筑。模板台车按照隧道净空周边加大 5 cm 设计，预留出变形量和施工误差，预防衬砌侵入隧道净空。模板台车加工后运到现场进行拼装，拼装过程中及时修整模板的平整度和模板间的错台。模板台车设上下扶梯和工作平台，并在工作平台四周设扶手，确保施工人员安全。

模板台车拼装完成后应检查验收，仔细检查模板的弧度、平整度、模板错台、构件间连接的牢固性。

模板台车验收合格后行进至明洞位置根据测设的中心线就位，主要控制模板平面位置和拱顶高程，以及支撑的牢固性。台车定位借助测量仪器，用全站仪将隧道衬砌中心线测出，并用钢钉钉点做好标记，找出衬砌台车的中心，用吊锤找出台车中心线与衬砌中心线的偏差后进行调整，直至两中心线重合。再用水准仪测出衬砌台车中心顶面的高程，算出与衬砌中心顶面高程的差值后调整高度。分别测出左右两个脚点的方位，与设计方位对比，找出差值后进行调整。至此，台车的位置定位完成。将台车的支撑螺旋杆全部撑开并扭紧，每根螺旋杆必须都由专人负责检验，以防松动（混凝土浇筑过程中也要不定时地进行检验）。绑扎钢筋完毕后，用钢模板将台车端头封闭，封闭后的端头要密合，不能出现较大的缺口，要保证混凝土施工过程中，外模及堵头模板不漏浆。

2. 钢筋绑扎

拱圈钢筋在钢筋加工场加工，加工时注意按照规范要求错开钢筋搭接位置，保证搭接长度。加工后运至现场绑扎，绑扎前对钢筋的位置进行放样；绑扎过程中严格控制钢筋位置、间距、保护层厚度、搭接焊缝长度和质量、钢筋绑扎点数量。

钢筋绑扎中注意安装预埋件，要求预埋件固定牢固，防止混凝土浇筑过程中移动。

3. 外模安装

外模要有一定的刚度，拼接密实、支撑牢固。检查重点为模板缝隙和支撑牢固程度，避免跑浆和跑模。

两头端模同样要求拼接密实、支撑牢固。洞门处的端模尤为重要，要保证浇筑后位置正确、光滑平整。端模安装过程中按照设计要求安装环向止水带。

4. 混凝土浇筑

将台车上所有的工作和检查窗口全部打开，从衬砌台车的一侧接入混凝土输送泵的输送管道，调试混凝土搅拌设备后开始浇筑。混凝土在浇筑过程中要保证左右两侧同步浇筑，以平衡混凝土自重所带来的偏压力，防止将台车挤压偏位，造成胀模。混凝土入模后要及时振捣，振捣时间要适中，不能太长也不能太短，以免造成混凝土离析或不密实。在施振过程中要注意对预留及预埋件的保护，以免将其损坏，使其失去作用。在弧顶部位的混凝土可采用附着式振捣器对其进行振捣。在施工过程中要保证混凝土的坍落度及良好的流动性以填充拱部的剩余空间。

混凝土施工完成后，要在规定的时间内拆模，以防止时间过长，混凝土附着于模板表面，不易拆除，最终导致粘连，影响混凝土表面的美观。泵送混凝土的拆模待混凝土强度达到 8 MPa 后进行。

混凝土拆模后，要及时进行养护，以保证混凝土的强度按期增长。在实际施工中，可采用洒水养护。待混凝土强度达到要求后，方可取消对混凝土的养护。

5. 施工要求

（1）衬砌不得侵入隧道设计轮廓线，浇筑混凝土前应复测中线、高程和模板的外轮廓尺寸。

（2）混凝土灌注前及灌注过程中，应对模板、支架、钢筋骨架、预埋件等进行检查，发现问题应及时处理，并做好记录。

（3）混凝土振捣时，不得碰撞模板、钢筋和预埋件。

（4）衬砌施工缝端头必须进行凿毛处理，并用高压水冲洗干净。

（5）按设计要求预留沟、槽、管、线及预埋件，并同时施作附属洞室混凝土衬砌。

（6）混凝土衬砌灌注自下而上，先墙后拱，对称浇筑。在施工过程中，如发生停电应立即启动备用电源，确保混凝土浇筑作业连续进行。

（7）泵送混凝土结束时，应对管道进行清洗，但不得将洗管残浆灌入已浇筑好的混凝土上。

（8）钢筋混凝土衬砌地段，必须用与衬砌混凝土相同配合比的细石混凝土或砂浆制作垫块，确保钢筋保护层的厚度。

（9）明洞混凝土的浇筑应设挡头板、外模和支架。

（10）需要及时回填的明洞，内模板支架应在回填至拱脚位置且混凝土强度达到设计强度的70%后方可拆除。

五、防水层施工

明洞的防水层施工按设计要求进行。

六、回填绿化及排水系统

在明洞及洞门混凝土施工完成后，待混凝土的28 d抗压强度达到设计要求后，便可对明洞进行回填。洞顶回填的材料应选用均匀的碎石土，回填时要分层回填并压实。因不宜在明洞衬砌上施加过大压力，故压实工具应选用小型机具（如打夯机），其夯实厚度及强度要严格按照路基标准进行。回填的最后一层为耕植土，主要为日后的绿化工作做好准备，故耕植土可松铺。洞顶要做好排水系统，如洞顶排水沟等，保障洞顶排水顺畅，无积水，以减轻洞内的防排水压力，达到综合防排的效果。

明洞回填施工应符合下列要求：

（1）明洞拱背回填应在外模拆除、防水层和排水盲管施工完成后进行。人工回填时，拱圈混凝土强度应不小于设计强度的75%；机械回填时，拱圈混凝土强度应不小于设计强度。

（2）明洞回填应加强对防水层及排水系统的保护，不得损坏防水层及排水系统。

（3）侧墙回填应对称进行，石质地层中岩壁与墙背空隙较小时可用与墙身同级混凝土回填，空隙较大时可用片石混凝土回填密实。回填至与拱顶齐平后，再分层满铺填筑至设计高度。

（4）明洞两侧回填水平宽度小于1.2 m的范围应采用浆砌片石或同级混凝土回填。

（5）应用小型机械分层进行拱顶回填，分层厚度不大于0.3 m，两侧回填土面的高差不得大于0.5 m。夯填超过拱顶1.0 m以上后方可采用大型机械回填。

（6）回填料不宜采用膨胀岩土，表土层需作隔水层时，隔水层应与边仰坡搭接平顺，防止地表水下渗。顶面0.2 m可用耕植土回填。

【任务实施】

根据提供的教学图纸，为本隧道的洞门结构形式编制施工工艺流程，并编制施工技术要点。

洞口工程施工

【复习与思考】

1. 简述边仰坡施工的工艺流程。
2. 简述各种洞门的施工工艺流程。
3. 简述明洞的施工工艺流程。
4. 简述明洞回填土的施工要求。

5 学习项目五 隧道施工方法及质量控制

任务一　隧道新奥法施工

【学习目标】

（1）掌握各施工方法的施工工艺流程。
（2）掌握各施工方法的适用条件。
（3）熟悉各施工方法的特点。
（4）熟悉各施工方法的注意事项。

【任务描述】

通过隧道新奥法施工方法的学习，掌握各施工方法的施工工艺流程，掌握各施工方法的适用条件，熟悉各施工方法的特点及注意事项；能够针对施工图纸和施工现场条件，选择合适的施工方法。

【相关知识】

隧道施工就是要挖除坑道范围内的岩体，并尽量保持坑道围岩的稳定。开挖是隧道施工的第一道工序，也是关键工序。在坑道的开挖过程中，围岩稳定与否，虽然主要是取决于围岩本身的工程地质条件，但无疑开挖对围岩稳定状态有直接而重要的影响。

因此，隧道开挖的基本原则是：在保证围岩稳定或减少对围岩扰动的前提条件下，选择恰当的开挖方法和掘进方式，并应尽量提高掘进速度。即在选择开挖方法和掘进方式时，一方面应考虑隧道围岩地质条件及其变化情况，选择能很好地适应地质条件及其变化，并能保持围岩稳定的方法和方式；另一方面应考虑坑道范围内岩体的坚硬程度，选择能快速掘进，并能减少对围岩扰动的方法和方式。

在隧道施工中，开挖方法是影响围岩稳定的重要因素之一。因此，在选择开挖方法时，应对隧道断面大小及形状、围岩的工程地质条件、支护条件、工期要求、工区长度、机械配备能力、经济性等相关因素进行综合分析，采用恰当的开挖方法，尤其应与支护条件相适应。

隧道开挖方法实际上是指开挖成型方法。按开挖隧道的横断面分部情形来分，开挖方法可分为全断面开挖法、台阶开挖法、分部开挖法等，见表 5-1。

表 5-1　隧道开挖方法

序号	名称	横断面示意图	纵断面示意图
1	全断面开挖法		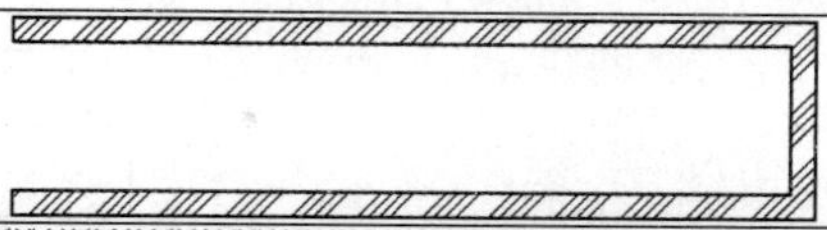
2	台阶开挖法	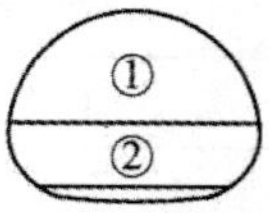	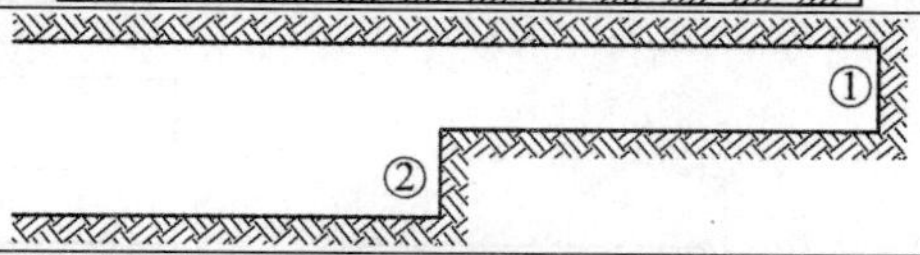
3	环形开挖预留核心土法	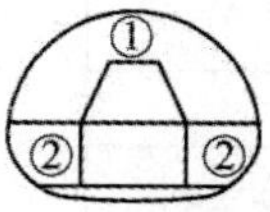	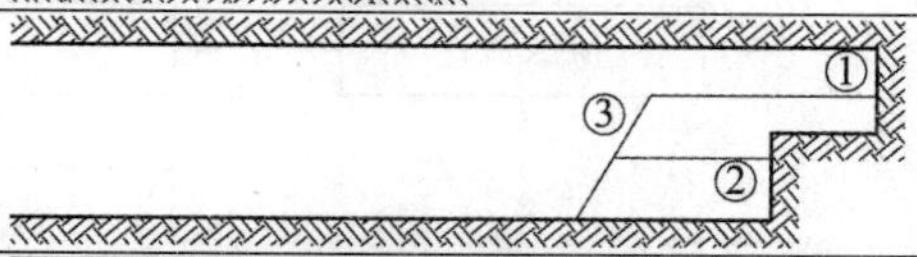
4	单侧壁导坑法	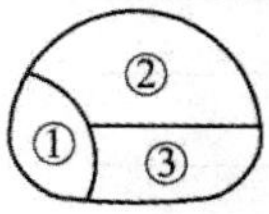	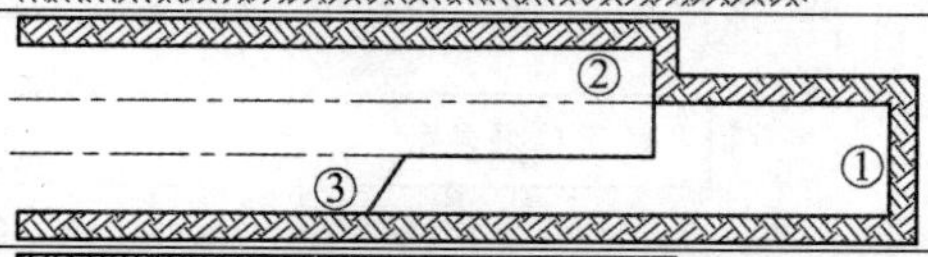
5	双侧壁导坑法	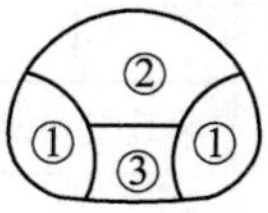	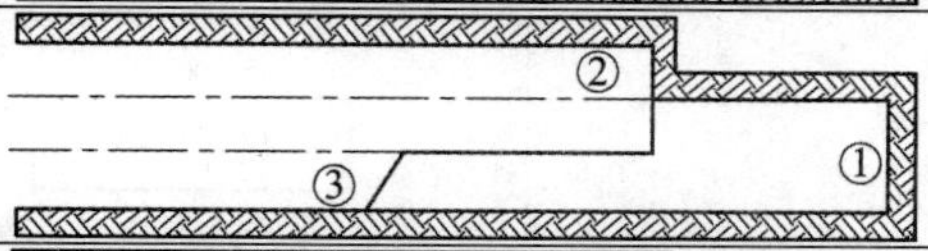
6	中洞法	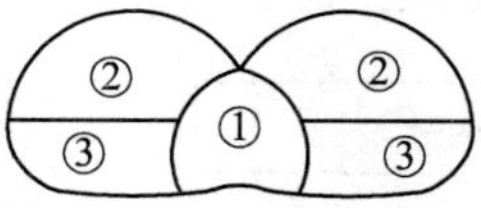	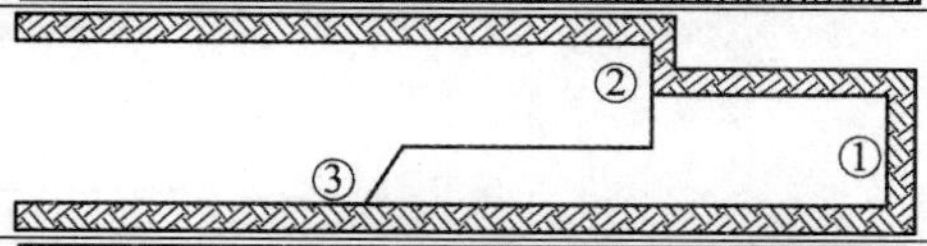
7	中隔壁法	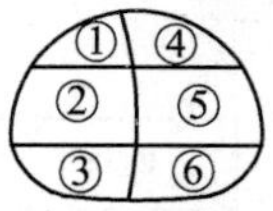	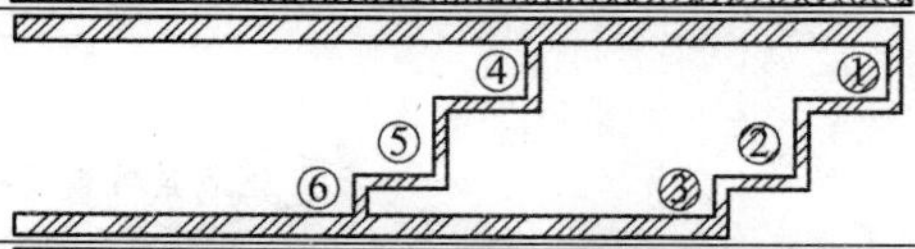
8	交叉中隔壁法	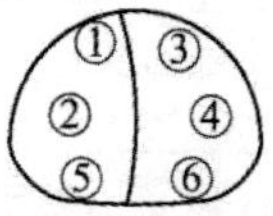	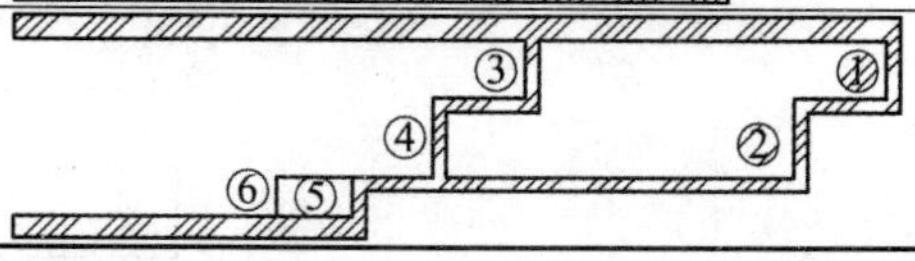

一、全断面开挖法

全断面开挖法是按设计轮廓线一次爆破开挖成型，再施作衬砌的施工方法。

隧道开挖方法

1. 全断面开挖法的施工工序及流程

（1）全断面开挖法的施工工序（图 5-1）。

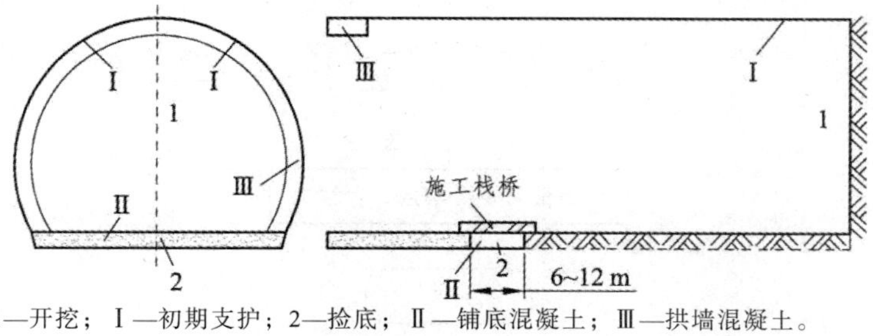

1—开挖；Ⅰ—初期支护；2—捡底；Ⅱ—铺底混凝土；Ⅲ—拱墙混凝土。

图 5-1　全断面开挖法施工工序示意图

（2）全断面开挖法的施工工艺流程（图 5-2）。

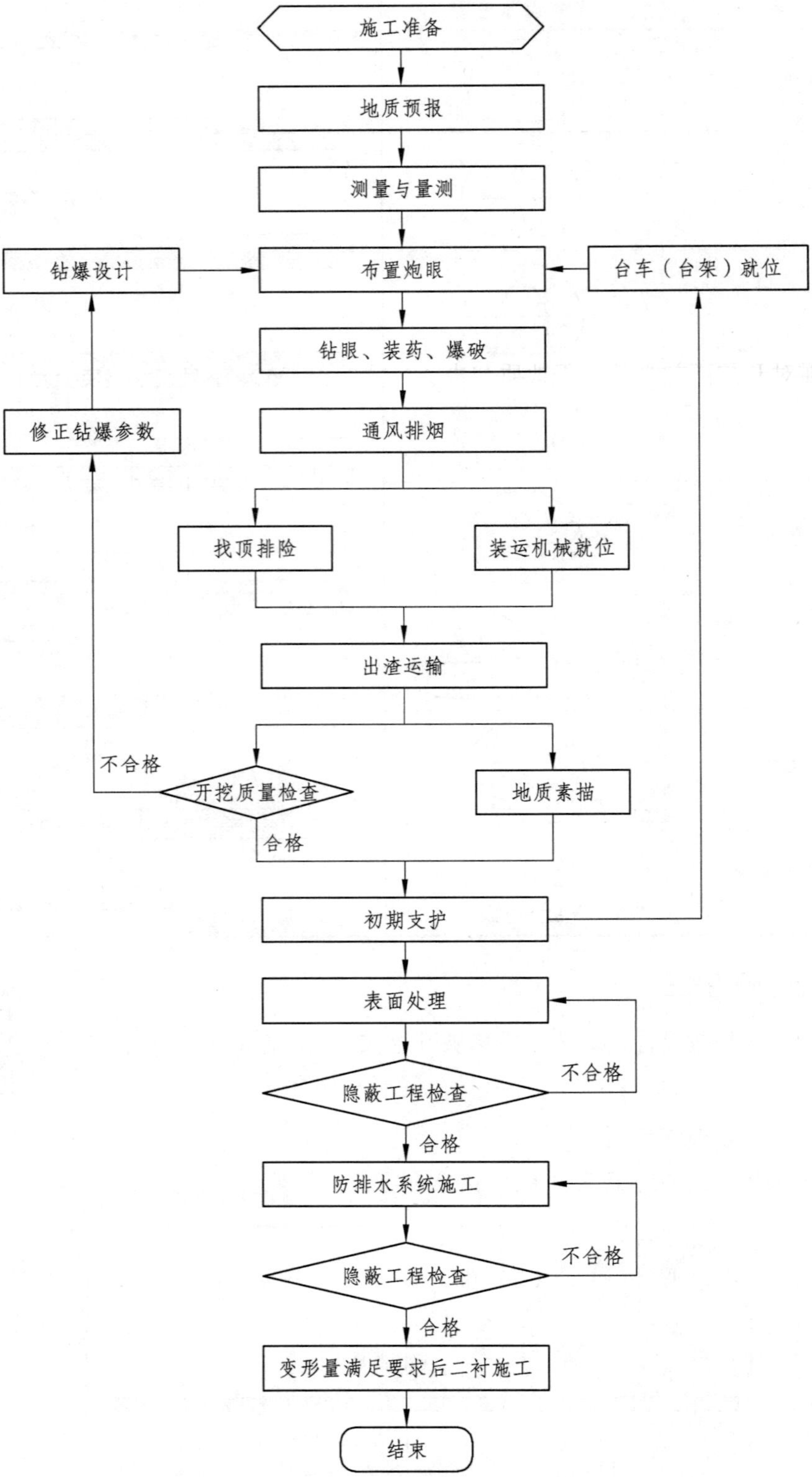

图 5-2　全断面开挖法施工工艺流程

2. 全断面开挖法的特点及施工注意事项

1）特点

（1）可以减少开挖对围岩的扰动次数，有利于围岩天然承载拱的形成。

（2）全断面开挖法有较大的作业空间，有利于采用大型配套机械化作业，提高施工速度，防水处理简单，且工序少，便于施工组织和管理。

（3）对地质条件要求高，围岩必须有足够的自稳能力。

（4）由于开挖面较大，围岩相对稳定性降低，且循环工作量相对较大。

（5）当采用钻爆法开挖时，每次深孔爆破振动较大，因此要进行精心的钻爆设计和严格的控制爆破作业。

2）施工注意事项

（1）加强对开挖面前方的工程地质和水文地质的调查。对不良地质情况要及时预测预报、分析研究，随时准备好应急措施（包括改变施工方法），以确保施工安全和工程进度。

（2）控制一次同时起爆的单段最大爆破药量（各个区段中装药量最多区段的装药量），降低爆破振动对围岩的影响，确保开挖工作面的稳定。

（3）应根据掌子面围岩稳定情况、爆破振动、钻孔和出渣效率、超挖控制等确定循环进尺：Ⅲ级围岩宜控制在 3 m 左右；Ⅰ、Ⅱ级围岩，使用气腿式凿岩机时，可控制在 4 m 左右，使用凿岩台车时可根据围岩稳定情况适当调整。

（4）宜采用机械化作业，各工序机械设备要配套。如钻眼、装渣、运输、初期支护、模筑衬砌等主要机械和相应的辅助机具（钻杆、钻头、调车设备、气腿凿岩钻架、注油器、集尘器等），在尺寸、性能和生产能力上要相互配合，工作方面能环环紧扣，不致彼此互受牵制而影响掘进，以充分发挥机械设备的使用效率。注意经常维修设备及备有足够的易损零部件，以确保各项工作的顺利进行。

（5）加强各辅助作业和辅助施工方法的设计与施工检查。尤其在软弱破碎围岩中使用全断面开挖时，应对支护后围岩的变形进行动态量测与监控，使各辅助作业的三管两线（即高压风管、高压水管、通风管、电线和运输路线）保持良好状态。

（6）重视和加强对施工作业人员的技术培训，使其能熟练掌握各种机械的操作方法，并进一步推广新技术，不断提高工效，改进施工管理，加快施工速度。

（7）全断面开挖法选择支护类型时，应优先考虑锚杆、喷混凝土、挂网、钢架等支护形式。

3. 适用条件

（1）全断面法一般适用于Ⅰ、Ⅱ、Ⅲ级围岩，Ⅳ、Ⅴ级围岩在采取有效措施稳定开挖面后，也可采用全断面开挖法。

（2）有钻孔台车或自制作业台架及高效率装运机械设备。

（3）隧道长度或施工区段长度不宜太短，根据经验一般不应小于 1 km，否则采用大型机械化施工，其经济性较差。

采用全断面一次开挖法，必须注意机械设备的配套，以充分发挥机械设备的效率。隧道机械化施工有 3 条主要作业线，见表 5-2。

表 5-2　隧道机械化施工作业线

作业线	采用的大型机械设备
开挖作业线	钻孔台车、装药台车、装载机配合自卸汽车（无轨运输时）、装渣机配合矿车及电瓶车或内燃机车（有轨运输时）
喷锚作业线	混凝土喷射机、混凝土喷射机械手、喷锚作业平台进料运输设备及锚杆灌浆设备
模筑衬砌作业线	混凝土拌和作业厂、混凝土输送车及输送泵、施作防水层作业平台、衬砌钢模台车

为加快隧道建设，必须实现隧道施工机械化，而隧道工程新技术、新工艺的推广又为机械化施工奠定了基础。同时，机械化的发展又推动了隧道施工工艺水平的不断提高。机械设备选型时应遵循可靠性、经济性、配套性等原则。

二、台阶开挖法

台阶开挖法就是将开挖断面分两部或多部开挖，可根据地层条件、断面大小和机械配备情况选用。台阶开挖法可分为上、下两部或上、中、下三部开挖。二台阶法适用于双线隧道Ⅲ级以上围岩，也可用在单线隧道Ⅳ级以上围岩地段；三台阶法可用在高速铁路双线隧道Ⅲ、Ⅳ级围岩，单线隧道Ⅵ级围岩。台阶数量不宜多于 3 个。

1. 二台阶开挖法

二台阶开挖法也称正台阶法，根据台阶长度可分为长台阶法、短台阶法和超短台法阶（也称微台阶）三种，如图 5-3 所示。

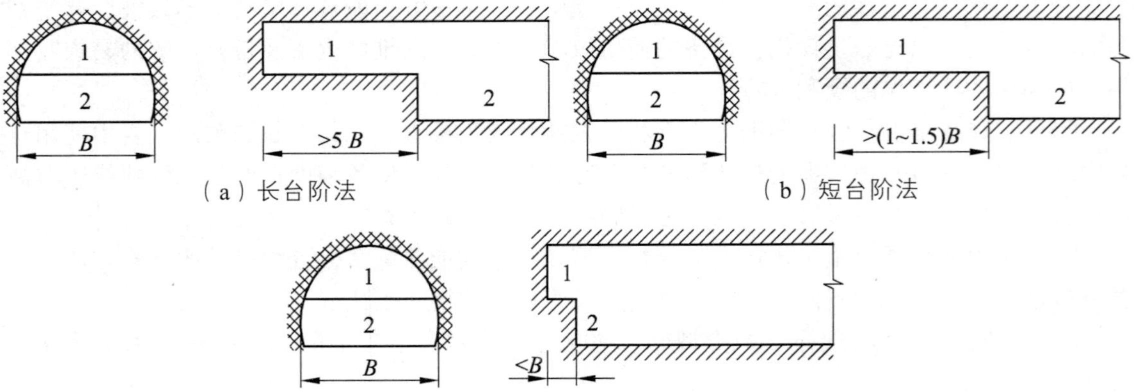

（a）长台阶法　　（b）短台阶法

（c）超短台阶法

图 5-3　二台阶开挖法

1）长台阶法

长台阶法是将断面分成上半断面和下半断面两部分进行开挖，上、下断面相距较远，一般上台阶超前 50 m 以上或大于 5 倍洞跨。施工时上、下部可配属同类机械进行平行作业。当隧道长度较短时，亦可先将上半断面全部挖通后，再进行下半断面施工，即为半断面法。

长台阶法开挖断面小，有利于维持开挖面的稳定，适用范围较全断面法广，一般适用于地质条件较差的Ⅲ、Ⅳ、Ⅴ级围岩，在上、下两个台阶上，分别进行开挖、支护、运输、通风、排水等作业线，因此台阶长度适当长一些，一般考虑至少为 50 m。但台阶长度过长，如大于 100 m，则增加了轨道的铺设长度，同时其通风排烟、排水的难度也大大增加。这样反而降低了施工的综合效率，因此推荐台阶长度为 50~80 m。

2）短台阶法

短台阶法也是分成上、下两个断面进行开挖，只是两个断面相距较近，一般上台阶长度小于 5 倍，但大于 1～1.5 倍洞跨。台阶长度既要实现分台阶开挖，又要实现支护及早封闭。

短台阶法应用于地质条件差的Ⅳ、Ⅴ级围岩时，台阶长度定为 10~15 m，即 1~2 倍开挖宽度，主要是考虑拉开工作面，减少干扰，因此台阶长度不宜过短。上台阶一般采用少药量的松动爆破，出渣采用人工或小型机械转运至下台阶，一般不考虑有轨运输，因此台阶长度又不宜过长，如果超过 15 m，则出渣所需的时间显得过长。

短台阶法可缩短支护闭合时间，改善初期支护的受力条件，有利于控制围岩变形。其缺点是上部出渣对下部断面施工干扰较大，不能全部平行作业。

3）超短台阶法

超短台阶法也是分成上、下两个断面进行开挖，但上台阶仅超前小于 1 倍洞跨（一般为 3～5 m）的距离，只能采用交替作业。台阶长度小于 3 m 时，无法正常进行钻眼和拱部的喷锚作业支护；台阶长度大于 5 m 时，利用爆破将石渣翻至下台阶有较大困难，必须采用人工翻渣，所以不可取。

超短台阶法是全断面开挖的一种变异形式，适用于Ⅱ、Ⅲ级围岩。超短台阶法上下断面相距较近，机械设备集中，作业时相互干扰大，生产效率低，施工速度慢。

2. 二台阶开挖法的施工工序及流程

二台阶开挖法的施工工序见图 5-4，台阶开挖法的施工工艺流程见图 5-5。

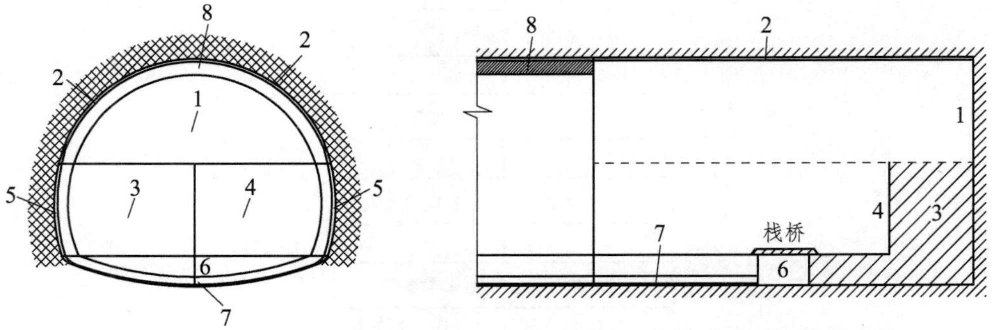

1—上台阶开挖；2—上台阶初期支护；3、4—下台阶错开开挖；5—下台阶初期支护；
6—仰拱开挖；7—仰拱及仰拱填充；8—二次衬砌混凝土。

图 5-4　二台阶法施工工序示意图

3. 二台阶开挖法的施工注意事项

1）特点

隧道二台阶法是介于全断面法和三台阶法之间的一种施工方法：相对于全断面来讲，其一次开挖的断面减小了，较全断面法安全且进度较快；相对于三台阶法来讲，其拱部开挖断面加大了，爆破夹制作用减小了，光面开挖效果更好，且隧道分部次数减少，有利于支护的及早闭合。

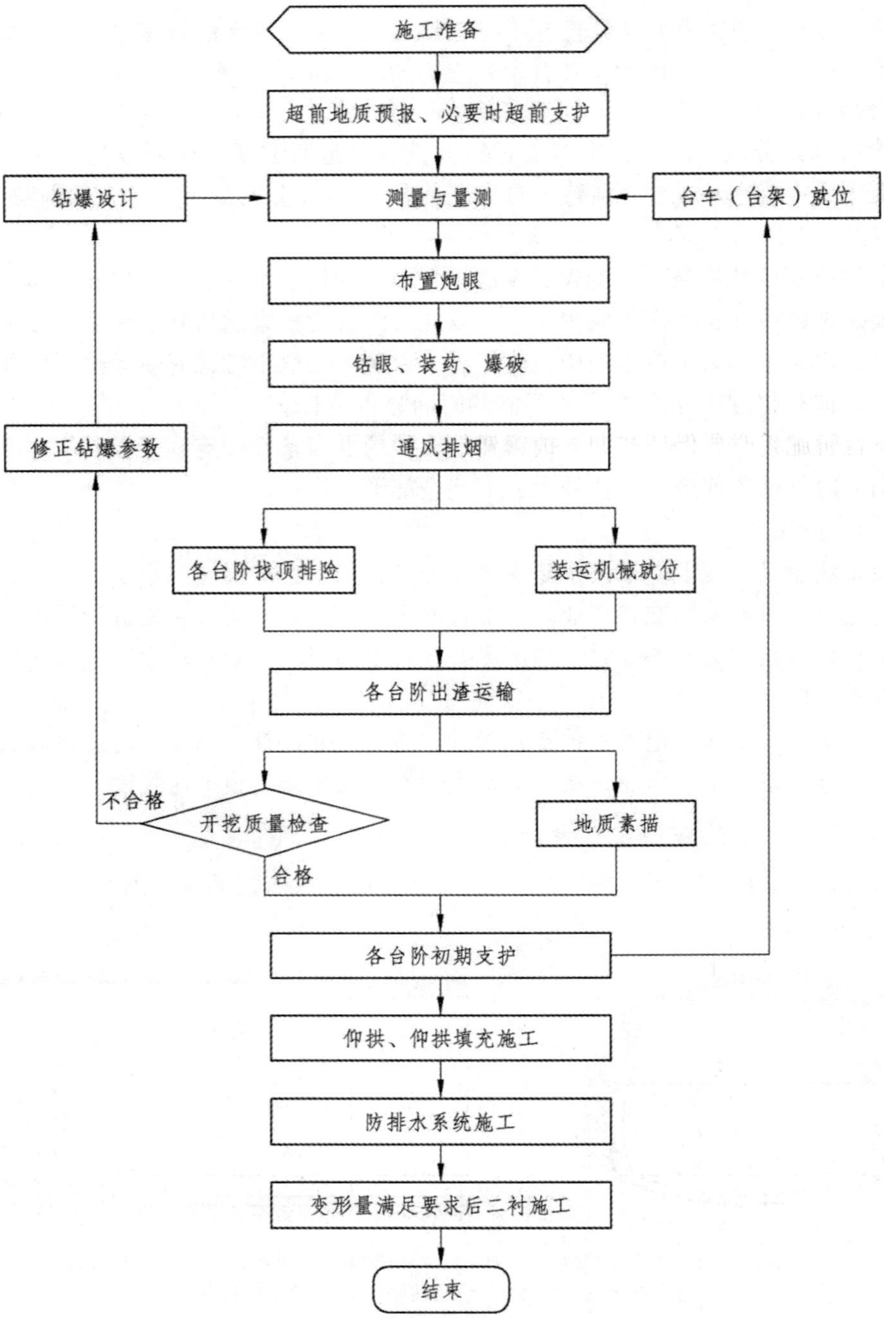

图 5-5　二台阶、三台阶法施工工艺流程

2）施工要求

（1）钻爆开挖时应采用弱爆破，爆破时严格控制炮眼深度及装药量。

（2）台阶高度应根据地质情况、隧道断面大小和施工机械设备情况确定，台阶开挖高度以 2.5～3.0 m 为宜。

（3）上台阶开挖每循环进尺，Ⅲ级围岩宜不大于 3 m，Ⅳ级围岩宜不大于 2 榀钢架间距，Ⅴ级围岩宜不大于 1 榀钢架间距。Ⅳ、Ⅴ级围岩下台阶每循环进尺宜不大于 2 榀钢架间距。

下台阶单侧拉槽长度宜不超过 15 m。

（4）下台阶断面开挖应两侧交错进行，前后错开应 3~5 m，同一榀钢架两侧不得同时悬空。下台阶开挖后仰拱应紧跟。施工中应解决好上下台阶的施工干扰问题，下部应减少对上部围岩、支护的扰动。

（5）施工中，应按有关规范及要求进行监控量测，及时反馈结果，为支护参数的调整、浇筑二次衬砌的时机提供依据。

（6）上台阶施作钢拱架时，采用扩大拱脚和锁脚锚杆等措施控制围岩和初期支护变形，必要时施作临时仰拱。

（7）下台阶在上台阶喷射混凝土达到设计强度 70%时开挖，当岩体不稳定时需缩短进尺，必要时分下台阶左右两部开挖，并及时施作初期支护和仰拱。

（8）下台阶施工时要保证初期支护钢架整体顺接平直，螺栓连接牢靠。

（9）上台阶开挖超前一个循环后，上下台阶可同时开挖。

4. 三台阶开挖法

三台阶开挖法是将隧道分成上、中、下 3 个断面进行开挖。三台阶开挖法可用于双线隧道Ⅲ、Ⅳ级围岩，单线隧道Ⅵ级围岩地段。

三台阶的划分应遵循以下两点：

（1）拱部第一台阶矢跨比不得小于 1/5，且台阶高度在满足人工作业空间需求的前提下尽量低。矢跨比小于 1/5，则支护的力学性能更接近于梁而不是拱，很危险，所以一般情况下，拱部第一台阶矢跨比按照 1/5～1/3 确定；降低拱部第一台阶高度的意义在于，当掌子面发生滑塌时，其停止滑塌的条件就是塌体形成坡面，所以，降低拱部第一台阶高度有助于尽快稳定滑塌。

（2）第二台阶底应位于隧道断面圆心高度位置。第二台阶底位于隧道断面圆心位置的意义在于，当围岩发生变化时，有利于工法的转变。如围岩由Ⅲ级变为Ⅳ级时，由于Ⅲ级围岩一般采用二台阶开挖法施工，且其台阶划分是以圆心为准的，所以只要先暂停中台阶掘进而只掘进上台阶，约两个循环后三台阶的形式就形成了（刚开始上台阶的渣扒至中台阶即可，不必运出）；当围岩由Ⅳ级变为Ⅲ级时，只要暂停上台阶的掘进，两三个循环后，二台阶的形式即可形成。

上台阶长度的确定主要考虑两个条件：一是满足凿岩机作业所需长度要求，二是不得小于上台阶高度。中台阶长度的确定主要考虑满足挖掘机作业空间需求和确保上台阶稳定。上、中台阶长度一般为 5～8 m。

1）施工作业

（1）三台阶法的施工工序见图 5-6。

（2）三台阶法的施工工艺流程与二台阶法相同，见图 5-5。

2）施工要求

（1）超前支护的长度应大于进尺的 2 倍。

（2）对于土质围岩一般采取机械开挖，而对于石质围岩，一般采取弱爆破的方法开挖。

（3）各步台阶一次开挖长度宜控制在 2～3 m，下台阶开挖后仰拱应紧跟。

（4）中、下台阶开挖时要确保支护基础襟边宽度不小于 1.0 m。

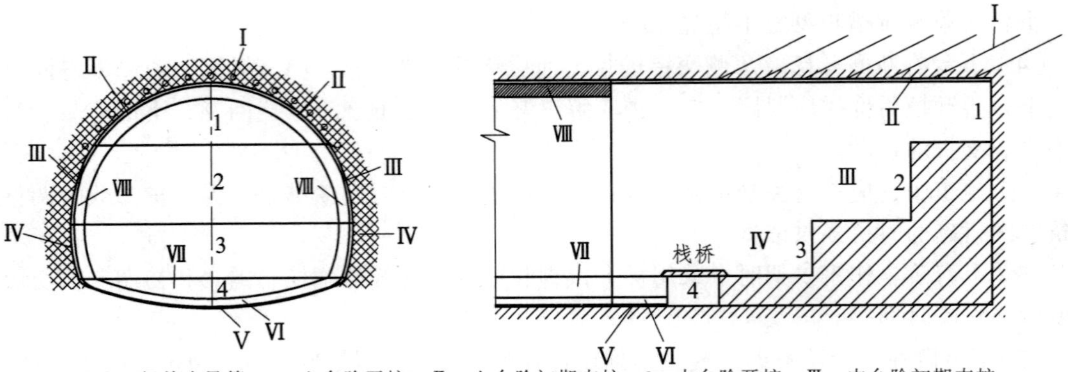

Ⅰ—超前小导管；1—上台阶开挖；Ⅱ—上台阶初期支护；2—中台阶开挖；Ⅲ—中台阶初期支护；3—下台阶开挖；Ⅳ—下台阶初期支护；4—仰拱开挖；Ⅴ—仰拱初期支护；Ⅵ—仰拱混凝土；Ⅶ—仰拱填充混凝土；Ⅷ—拱墙混凝土。

图 5-6　三台阶开挖法施工工序示意

三、分部开挖法

分部开挖法是将隧道断面分部开挖逐步成型，且一般将某部超前开挖，故也可称为导坑超前开挖法。分部开挖法可分为环形开挖预留核心土法、中隔壁法、交叉中隔壁法、双侧壁导坑法、单侧壁导坑法和中洞法等。

1. 环形开挖预留核心土法

环形开挖预留核心土法也称弧形导坑预留核心土法，是在上部断面以弧形导坑领先，其次开挖下半部两侧，再开挖中部核心土的方法。

环形开挖留核心土法常用于Ⅲ~Ⅵ级围岩隧道掘进，能适应不同跨度和多种断面形式，与 CD（CRD）、双侧壁等开挖工法相比，没有需拆除的临时支护，节省投资。

1）施工作业

弧形导坑预留核心土施工工序见图 5-7，施工工艺流程见图 5-8。

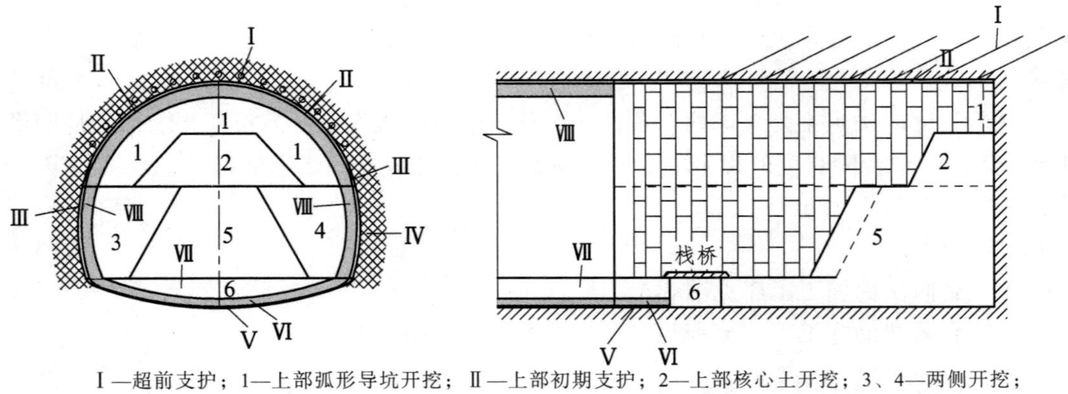

Ⅰ—超前支护；1—上部弧形导坑开挖；Ⅱ—上部初期支护；2—上部核心土开挖；3、4—两侧开挖；Ⅲ、Ⅳ—两侧初期支护；5—下部核心土开挖；6—仰拱开挖（捡底）；Ⅴ—仰拱初期支护；Ⅵ—仰拱衬砌混凝土；Ⅶ—仰拱填充混凝土；Ⅷ—拱墙二次衬砌。

图 5-7　弧形导坑预留核心土施工工序示意图

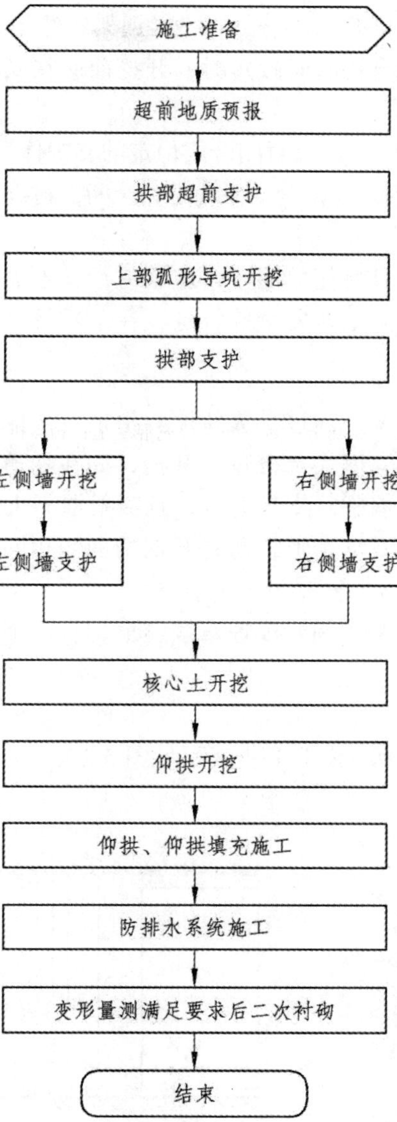

图 5-8　弧形导坑预留核心土施工工艺流程

2）施工要求

（1）环形开挖每循环长度宜为 0.5～1.0 m，台阶高度宜为 2.5~3.5 m。

（2）开挖后应及时施作喷锚支护，安装型钢支撑或格栅支撑，每两榀钢架之间应采用钢筋连接，并应加设锁脚锚杆，初期支护形成闭合断面的位置距拱部开挖面不宜超过 30 m。

（3）环形开挖每循环进尺，Ⅴ级围岩宜不大于 1 榀钢架间距，Ⅳ级围岩宜不大于 2 榀钢架间距。中下台阶每循环进尺，不得大于 2 榀钢架间距。预留核心土面积的大小应满足开挖面稳定的要求，一般不小于整个断面的 50%。

（4）拱部超前支护完成后，方可开挖上台阶环形导坑；预留核心土长度宜为 3~5 m，宽度宜为隧道开挖宽度的 1/3~1/2。各台阶预留核心土开挖每循环进尺宜与其他分部循环进尺一致。

（5）核心土与下台阶开挖应在上台阶支护完成且喷射混凝土强度达到设计强度的 70%后

进行。下台阶左、右侧开挖应错开 3~5 m，同一榀钢架两侧不得同时悬空。

（6）当地质条件差，围岩自稳时间较短时，开挖前应在拱部设计开挖轮廓线以外进行超前支护。

（7）仰拱施作应紧跟下台阶，以及时闭合成稳定的支护体系。仰拱要超前二次衬砌且分别全幅浇筑，全断面衬砌时间根据监控量测结果确定，全断面衬砌距离掌子面一般不超过 70 m。

3）适用条件

环形开挖留核心土法施工具有简单明了，施工易行，不需要特殊的机械设备，减少施工投入，开挖工作面稳定性好，施工较安全等特点，在土质及易坍塌的软弱围岩中使用较多。

2. 中隔壁法（CD）法

中隔壁法被证明是通过软弱、浅埋、大跨度隧道最有效的施工方法。

中隔壁法是将隧道分为左右两大部分进行开挖，先在隧道一侧采用台阶法自上而下分层开挖，待该侧初期支护和中隔墙临时支护完成，且喷射混凝土达到设计强度 70%时再分层开挖隧道的另一侧，其分部次数及支护形式与先开挖的一侧相同。

1）适用条件

中隔壁法一般适用于Ⅳ、Ⅴ级围岩浅埋双线隧道，软弱围岩或三线隧道采用中隔壁法时宜增设临时仰拱。

2）施工作业

中隔壁法施工工序见图 5-9，施工工艺流程见图 5-10。

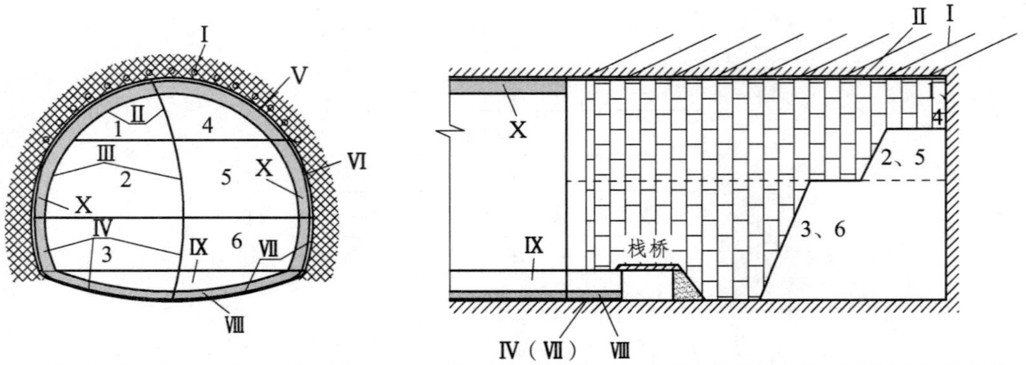

Ⅰ—超前支护；1—左侧上部开挖；Ⅱ—左侧上部初期支护；2—左侧中部开挖；Ⅲ—左侧中部初期支护；
3—左侧下部开挖；Ⅳ—左侧下部初期支护；4—右侧上部开挖；Ⅴ—右侧上部初期支护；
5—右侧中部开挖；Ⅵ—右侧中部初期支护；6—右侧下部开挖；Ⅶ—右侧下部初期支护；
Ⅷ—仰拱衬砌混凝土；Ⅸ—仰拱填充混凝土；Ⅹ—拱墙二次衬砌。

图 5-9　中隔壁法施工工序示意

3）施工要求

（1）各部开挖时，周边轮廓应尽量圆顺，减小应力集中。开挖进尺不得大于 1 榀钢架间距。

（2）各部的底部高程应与钢架接头处一致。

（3）左右部的开挖高度应根据地质情况、隧道断面大小和施工设备确定。每侧按两部或三部台阶开挖，开挖后应及时施作初期支护、中隔壁。初期支护完成、强度达到设计规定后方可进行下一分部开挖。

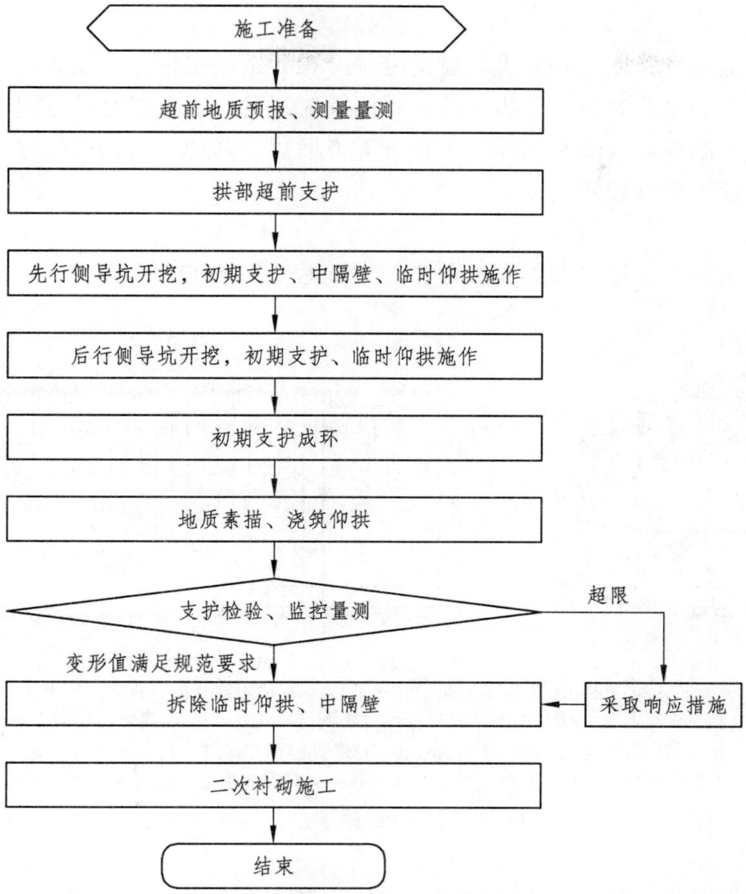

图 5-10　中隔壁法施工工艺流程

（4）后一侧开挖形成全断面时，应及时完成全断面初期支护闭合。

（5）开挖时，同层左、右两侧纵向错开 10～15 m，单侧上下台阶长度一般为 3～5 m。

（6）先行侧的中隔壁应设置成向外鼓的弧形，并应向后行侧偏斜 1/2 个钢拱架宽度。

（7）各部开挖时，相邻部位的喷射混凝土强度应达到设计强度的 70%。

（8）在仰拱施工前，应逐段拆除临时支护，一次拆除长度应与仰拱浇筑长度相适应。临时支护拆除后应及时施作仰拱、仰拱填充和二次衬砌。临时支护拆除前后，应加强量测。

（9）特殊情况下可将中隔壁浇筑在仰拱中，待铺设防水板时再割断。

3. 交叉中隔壁法（CRD 法）

交叉中隔壁开挖法也是将隧道分侧分层进行开挖，分部封闭成环。每开挖一部均及时施作锚喷支护，安设钢架，施作中隔壁，安装底部临时仰拱。一侧超前的上、中部，待初期支护完成且喷射混凝土达到设计强度 70%时，再开挖隧道另一侧的上、中部，然后开挖一侧的下部，最后开挖另一侧的下部，左右交替开挖。

1）适用条件

交叉中隔壁开挖法适用于Ⅴ、Ⅵ级围岩及围岩较差的浅埋地段。

2）特点

交叉中隔壁法是大跨度、软弱围岩隧道分部开挖，钢架支撑，仰拱先行施工方法中的一种。各部开挖及支护自上而下，步步成环，封闭及时，且中隔壁能有效地阻止支护结构收敛变形和下沉，在控制地面沉降和土体水平位移等方面优于其他工法；但拆除中隔壁时风险较大，工序繁杂，施工速度较慢。

3）施工作业

交叉中隔壁法施工工序见图5-11，施工工艺流程见图5-12。

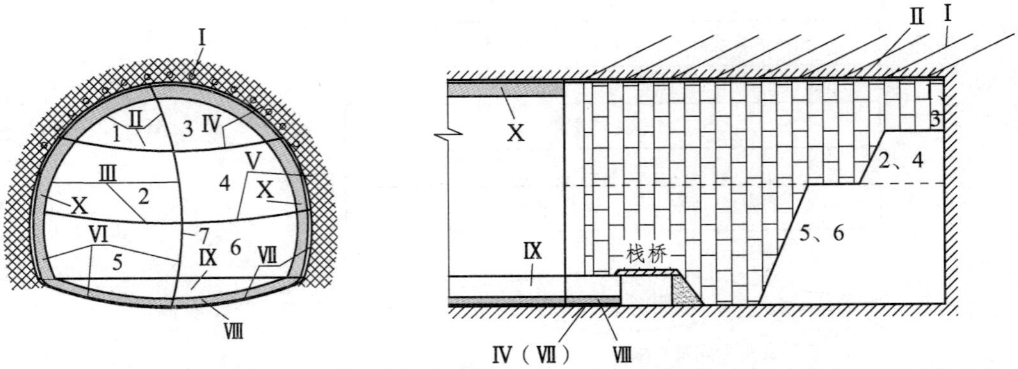

Ⅰ—超前支护；1—左侧上部开挖；Ⅱ—左侧上部初期支护成环；2—左侧中部开挖；Ⅲ—左侧中部初期支护成环；3—右侧上部开挖；Ⅳ—右侧上部初期支护成环；4—右侧中部开挖；Ⅴ—右侧中部初期支护成环；5—左侧下部开挖；Ⅵ—左侧下部初期支护成环；6—右侧下部开挖；Ⅶ—右侧下部初期支护成环；7—拆除中隔墙及临时仰拱；Ⅷ—仰拱二衬混凝土；Ⅸ—仰拱填充混凝土；Ⅹ—拱墙二次衬砌。

图5-11　交叉中隔壁法施工工序示意图

4）施工要求

（1）根据地质条件，隧道断面的分部，应以初期支护受力均匀，便于发挥人力、机械效率为原则，一般水平方向分两部、上下分二至三层开挖。开挖进尺不得大于1榀钢架间距。

（2）先行施工部位的临时支撑（中隔壁、临时仰拱），均应有向外（下）鼓的弧度。

（3）同一层左、右侧两部纵向间距不宜大于15 m，上下层开挖工作面相距一般保持在3～4 m，且待喷射混凝土强度达到设计强度的70%后再开挖相邻部位。

（4）各部的开挖及支护应自上而下，开挖后及时施作初期支护、中隔壁、临时仰拱，步步成环，尽量缩短成环时间。初期支护完成、强度达到设计规定后方可进行下一分部开挖。每个台阶底部均应按设计规定及时施工临时钢架或临时仰拱。

（5）中隔壁宜设置为弧形，并应向后行侧偏斜1/2个钢拱架宽度。

（6）隧道左右开挖小断面水平临时支护保持对接一致。

（7）根据监控量测结果，中隔壁及临时仰拱在仰拱浇筑前逐段拆除，一次拆除长度应与仰拱浇筑长度相适应。临时支护拆除后应及时施作仰拱、仰拱填充和二次衬砌。临时支护拆除前后，应加强量测。

4. 双侧壁导坑法（眼镜法）

双侧壁导坑法是采用先开挖隧道两侧导坑，及时施作导坑四周初期支护及临时支护，必要时施作边墙衬砌，然后再根据地质条件、断面大小，对剩余部分采用二台阶或三台阶开挖的方法。

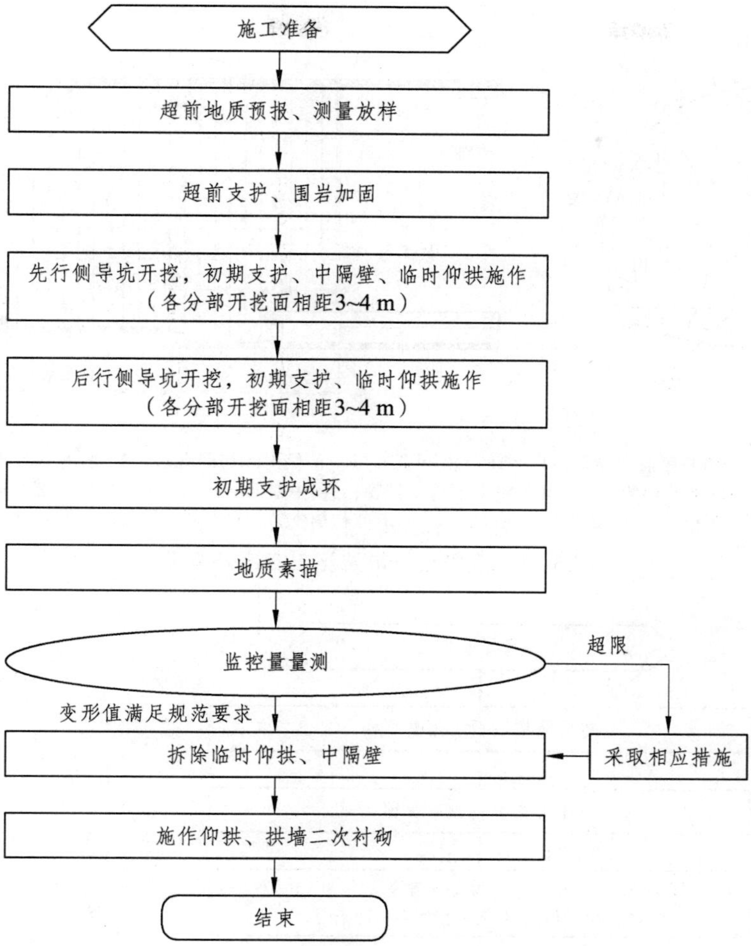

图 5-12　交叉中隔壁法施工工艺流程

1）使用范围

双侧壁导坑法适用于浅埋双线或三线隧道Ⅴ、Ⅵ级围岩。

2）特点

双侧壁导坑法具有开挖断面小、扰动范围小、支护快、封闭早和安全性高等特点。采用双侧壁导坑法施工时，两侧导坑可根据围岩情况采用全断面开挖，也可以分步开挖。对变形较大、初期支护结构开裂破坏的，可在两侧壁导坑内中部增设临时型钢横撑，以达到维护稳定的目的。

3）施工作业

双侧壁导坑法施工工序见图 5-13，施工工艺流程见图 5-14。

4）施工要求

（1）双侧壁导坑法开挖时，应先开挖隧道两侧导坑，再开挖中部剩余部分。

（2）侧壁导坑形状应近似椭圆形，导坑断面宽度宜为整个隧道断面宽度的 1/3。

（3）双侧壁导坑、中央部上部、中央部下部错开一定距离平行作业。导坑应超前 30~50 m。

（4）导坑开挖后应及时进行初期支护及临时支护，并尽早封闭成环。

（5）双侧壁导坑采用短台阶法开挖，台阶长度为 3～5 m，必要时留核心土；左右侧壁导坑可同步施工，但应超前中部 10～15 m。

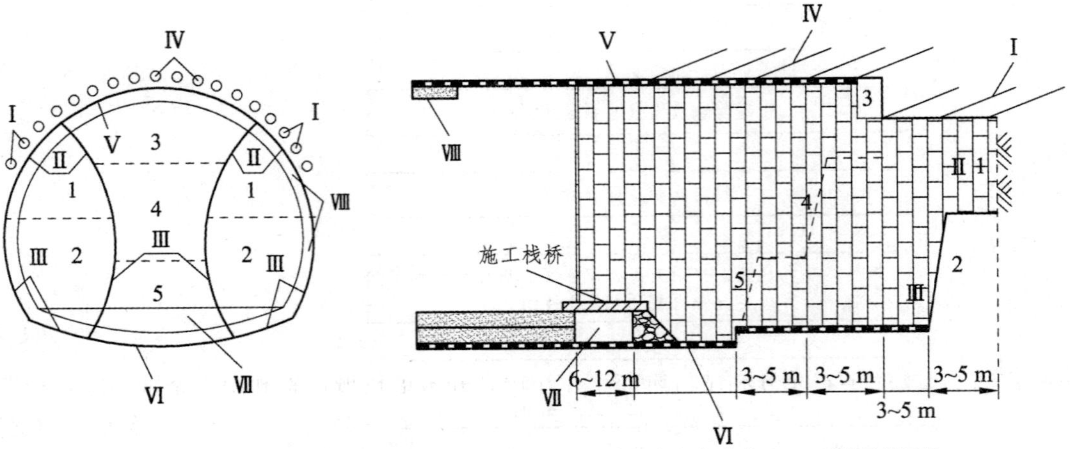

Ⅰ—两侧超前小导管；1—两侧上部开挖；Ⅱ—两侧上部初期支护；2—两侧下部开挖；
Ⅲ—两侧下部初期支护；Ⅳ—拱部超前小导管；3—中壁上部开挖；Ⅴ—中壁上部初期支护；
4—中壁中部开挖；5—中壁下部开挖；Ⅵ—中壁下部初期支护；Ⅶ—仰拱混凝土施工；Ⅷ—拱墙混凝土。

图 5-13　双侧壁导坑法施工工序示意图

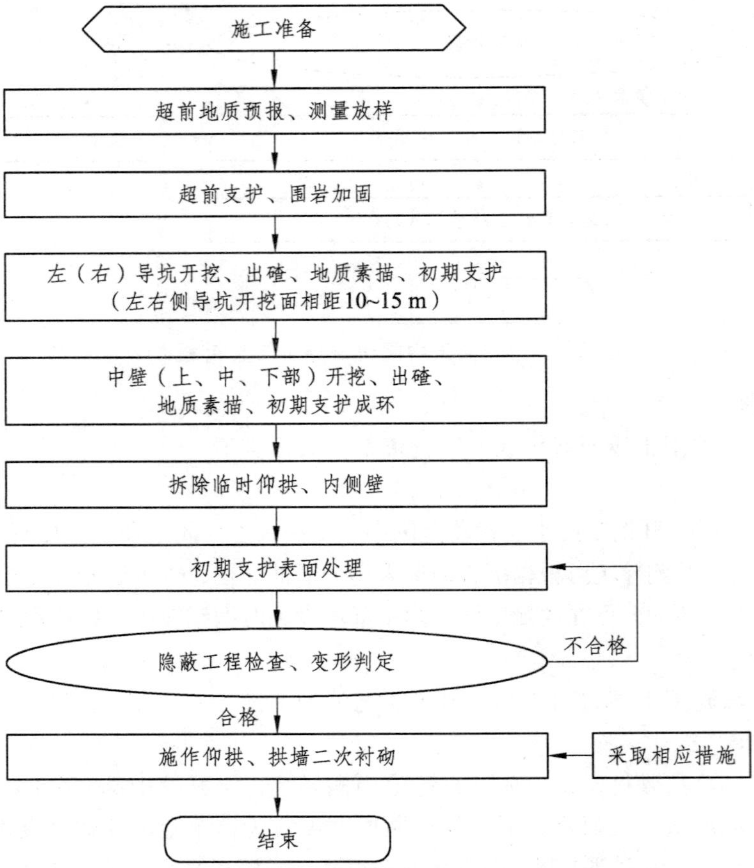

图 5-14　双侧壁导坑法施工工艺流程

（6）拱部与两侧壁间的钢架应定位准确、连接牢固，确保架设钢架连接后在同一个垂直面内。

（7）当全断面初期支护封闭成环后，量测显示支护体系稳定，变形很小时，方可拆除临时支护。临时支护宜在仰拱浇筑前逐段拆除，一次拆除长度应与仰拱浇筑长度相适应。临时支护拆除后应及时施作仰拱、仰拱填充和二次衬砌。临时支护拆除前后，应加强量测。

双侧壁导坑法具有控制地表沉陷好（仅为短台阶法的1/2）、施工安全等优点，但进度慢、成本高。因此，该法适用于断面跨度大，地表沉陷要求严格，围岩条件特别差的隧道。

5. 单侧壁导坑法

1）开挖面分部形式

单侧壁导坑法一般将断面分成三块，即侧壁导坑①、上台阶②、下台阶③，见表5-1。侧壁导坑的尺寸应本着充分利用台阶的支撑作用，并考虑机械设备和施工条件而定。一般侧壁导坑的宽度不宜超过0.5倍洞宽，高度以到起拱线为宜。这样，导坑可分二次开挖和支护，不需要架设工作平台，人工架立钢支撑也较方便。导坑与台阶的距离没有硬性规定，但一般应以导坑施工和台阶施工不发生干扰为原则，所以在短隧道中可先挖通导坑，再开挖台阶。上、下台阶的距离则视围岩情况，参照短台阶法或超短台阶法确定。

2）施工作业顺序

（1）开挖侧壁导坑，并进行初期支护（锚杆加钢筋网，或锚杆加钢支撑，或钢支撑、喷射混凝土），应尽快使导坑的初期支护闭合。

（2）开挖上台阶，进行拱部初次支护，使其一侧支撑在导坑的初期支护上，另一侧支撑在下台阶上。

（3）开挖下台阶，进行另侧边墙的初期支护，并尽快建造底部初期支护，使全断面闭合。

（4）拆除导坑临空部分的初期支护。

（5）建造内层衬砌。

3）特点及适用条件

（1）优点：洞室开挖跨度减小（通过形成闭合支护的侧导坑将隧道断面跨度一分为二），有利于围岩稳定。

（2）缺点：由于导坑要闭合、内侧支护要拆除，因此增加了材料用量和工程造价；施工进度慢。

（3）适用条件：单侧壁导坑是将断面横向分成三块或四块，每步开挖的宽度较小，而且封闭型的导坑初期支护承载能力大；所以，单侧壁导坑法适用于围岩稳定性较差、断面跨度大、地表沉陷难以控制的软弱松散围岩。

6. 中洞法

中洞法适用于双连拱隧道，采用先施作隧道中墙混凝土，后开挖两侧的施工方法。

中洞法施工要求：中洞法开挖高度应大于中墙高度1 m，开挖宽度应大于5 m；中洞开挖长度根据隧道长度、宽度以及地质情况综合考虑，一般为50~80 m；对长度为200~300 m的短隧道可先贯通中洞，然后再施工两侧侧洞；中洞开挖后应及时施作初期支护，再分段灌注中墙混凝土，每一纵向段长度为4~6 m，在中墙混凝土达到设计强度后方可拆模，并进行临时横向支撑。

【任务实施】

根据提供的教学图纸，为该隧道某个施工里程的施工选择合适的施工方法，配置合适的施工机械设备和劳动力。学生根据学号完成对应桩号里程段的方法选择。

任务二　开挖质量检测

【学习目标】

（1）掌握开挖质量的检查内容与质量标准。

（2）熟悉开挖检测方法。

【任务描述】

通过隧道开挖质量检测相关知识的学习，掌握钻爆法开挖质量的检查内容与质量标准，熟悉各种开挖质量的检测方法，能对施工现场进行正确的开挖质量检测。

【相关知识】

一、开挖质量标准

1. 爆破开挖作业质量规定

（1）开挖断面尺寸应符合设计规定。

（2）应根据开挖方法、断面大小、地质条件等因素确定合理的循环进尺。

（3）开挖作业不得危及人员、设备及支护结构的安全。

（4）开挖后应清除危石，并及时进行初期支护作业。

（5）危石清除工作应采用机械作业与人工作业相结合的方式。

2. 爆破后开挖断面检查内容与质量要求

爆破后开挖断面检查内容与质量要求见表 5-3 和表 5-4。

表 5-3　开挖断面检查内容与质量要求

检查内容	质量要求
欠挖和超挖	详见表 5-4 的规定
周边炮眼痕迹保存率	硬岩 80%、中硬岩 70%、软岩 50%，痕迹应在开挖轮廓面上均匀分布
两茬炮衔接的台阶形误差	不得大于 15 cm

表 5-4　隧道允许超挖值

项次	检查项目		规定值或允许偏差	检查方法和频率
1	拱部超挖/mm	破碎岩、土（Ⅳ级、Ⅴ级、Ⅵ级）	平均 100，最大 150	全站仪或激光断面仪检测：每 20 m 检查 1 个断面
2		中硬岩 软岩（Ⅱ、Ⅱ、Ⅳ级围岩）	平均 150，最大 250	
3		硬岩 软岩（Ⅰ级围岩）	平均 100，最大 200	

续表

项次	检查项目		规定值或允许偏差	检查方法和频率
4	边墙超挖/mm	每侧	+100，0	尺量：每 20 m 检查1处
5		全宽	+200，0	
6	仰拱、隧底超挖/mm		平均 100，最大 250	全站仪或水准仪：每20 m 检查 3 处

注：①超挖测量以爆破设计开挖线为基准线。

②最大超挖值系指最大超挖处至设计爆破开挖轮廓切线的垂直距离。

③表列数值不包括测量贯通误差、施工误差。

④炮孔深度大于 3 m 时，允许超挖值可根据实际情况另行确定。

⑤ $平均超挖值=\dfrac{超挖面积}{爆破设计开挖断面周长(不包括隧底)}$。

⑥目测疑似超挖断面指检测范围内目测有可疑超欠挖的断面，检测断面可布置在该断面位置，超欠挖范围较大时，可加密检测断面。

3. 开挖质量基本要求

（1）开挖断面尺寸应符合设计要求。

（2）应严格控制欠挖。拱脚、墙脚以上 1 m 范围内及净空图折角对应位置严禁欠挖。当石质坚硬完整且岩石抗压强度大于 30 MPa，并确认不影响衬砌结构稳定和强度时，允许岩石个别凸出部分（每 1 m^2 内不大于 0.1 m^2）侵入断面，锚喷支护时，欠挖值不得大于 30 mm，混凝土衬砌时，欠挖值不大于 50 mm。

（3）应尽量减少超挖。隧道允许超挖值规定见表 5-4。

表 5-5　开挖轮廓预留变形量

围岩级别	预留变形量/mm		围岩级别	预留变形量/mm	
Ⅰ	双车道隧道	—	Ⅳ	双车道隧道	50~80
	三车道隧道	—		三车道隧道	80~120
	四车道隧道	—		四车道隧道	120~150
Ⅱ	双车道隧道	—	Ⅴ	双车道隧道	80~120
	三车道隧道	10~50		三车道隧道	100~150
	四车道隧道	30~80		四车道隧道	150~250
Ⅲ	双车道隧道	20~50	Ⅵ	双车道隧道	依照设计和现场监控量测信息确定
	三车道隧道	50~80		三车道隧道	
	四车道隧道	80~120		四车道隧道	

注：①围岩破碎取大值，围岩完整取小值。

②膨胀性岩体或者围岩有明显流变时，应根据监控量测信息反馈计算分析选定。

（4）隧道开挖轮廓应按设计要求预留变形量，预留变形量大小宜根据监控量测信息进行调整。隧道开挖轮廓预留变形量见表 5-5。

（5）超挖应回填密实。超挖回填应符合设计规定，设计中没有规定时应符合下列要求：

① 拱部坍塌形成的超挖处理应编制方案，并经审批后按方案处理。

② 沿设计轮廓线的均匀超挖，有钢架时，可采用喷射混凝土回填，或增大钢架支护断面尺寸，使钢架贴近开挖轮廓，在施工二次衬砌时，以二次衬砌混凝土回填；无钢架时，可在施工二次衬砌时，以二次衬砌混凝土回填。

③ 局部超挖，超挖量不超过 200 mm 时，宜采用喷射混凝土回填密实。

④ 边墙部位超挖，可采用混凝土或片石混凝土回填。

4. 爆破效果要求

隧道开挖方法包括钻爆法和机掘法等，但是目前工程上应用最广的还是钻爆法。对于用钻爆法开挖隧道，其爆破效果应符合下列规定：

（1）开挖轮廓圆顺，开挖面平整。

（2）周边眼炮痕（炮眼痕迹）保存率可按式（5-1）计算，炮痕保存率应满足表 5-6 的规定。

$$\text{周边眼炮痕保存率}\xi = \frac{\text{残留有痕迹的炮眼数}}{\text{周边眼总数}} \times 100\% \tag{5-1}$$

表 5-6　炮痕保存率标准

围岩条件	硬岩	中硬岩	软岩
炮痕保存率/%	≥80	≥70	≥50

注：① 周边眼指均匀布置在开挖轮廓线周边的炮眼。
② 式（5-1）中周边眼不包括底板周边眼。
③ 当痕迹保存大于孔深的 70%时，按残留有痕迹的炮眼计数。
④ 松散软岩很难残留炮痕，主要以满足平整圆顺即可认定为合格。

（3）两茬炮衔接时，出现的台阶形误差不得大于 150 mm。对于炮眼深度大于 3 m 的情况，可根据实际情况另行确定。

（4）采用光面爆破[大型钻孔台车开挖，深眼（大于 3 m）爆破]开挖时，爆破效果应符合表 5-7 的要求。

表 5-7　光面爆破效果评定

序号	项目	硬岩	中硬岩	软岩
1	平均线性超挖量/cm	16～18	18～20	20～25
2	最大线性超挖量/cm	20	25	25
3	两茬炮衔接台阶最大尺寸/cm	15	20	20
4	炮眼痕迹保存率/%	≥80	≥70	≥50
5	局部欠挖/cm	5	5	5
6	炮眼利用率/%	90	90	95

注：①平均线性超挖量是由凿岩台车的外插角而定的，随循环进尺长度而变，孔深时取大值。
②岩面上不要有明显的爆破裂缝。
③爆破后石渣破碎程度要与所使用的装渣机械相适应，否则应调整爆破参数。

二、开挖断面检测方法

隧道开挖断面检测目前最常用的方法为极坐标法，其代表设备为隧道激光断面仪，仪器精度高、速度快、效率高，是一种非接触式测量方法。另外也可采用以内模为参照物的直接测量法、使用激光束的方法和使用投影机的方法，见表 5-8。

表 5-8　隧道开挖断面检测方法

测定方法及采用的测定仪		测定方法概要
直接量测开挖面断方法	以内模为参照物的直接测量法	以内模为参照物，用钢尺直接测量是否欠挖
	使用激光束的方法	利用激光射线在开挖面上定出基点，并由该点实测开挖断面
	使用投影机的方法	利用投影机将基点或隧道基本形状投影在开挖面上，然后据此实测开挖断面
非接触观测法	极坐标法（断面仪法）	以某物理方向（如水平方向）为起算方向，按一定间距（角度或距离）依次测定仪器旋转中心与实际开挖轮廓线交点之间的矢径（距离）及该矢径与水平方向的夹角，将这些矢径端点依次相连即可获得实际开挖的轮廓线
	三维近景摄影法	在隧道内设置摄影站，采用三维近景摄影方法获取立体像对，在室内利用立体测图仪定向和测绘，得出实际开挖轮廓线
	直角坐标法	利用激光打点仪照准开挖壁面各变化点，用经纬仪测出各点的水平角和竖直角，利用立体几何的原理，计算出各测点距坐标原点的纵横坐标，按比例画出断面图形

1. 以内模为参照物的直接测量法

1）测量方法

在二次衬砌立模后，以内模为参照物，从内模量至围岩壁的数据 l 加上内净空 R_1 即为开挖断面数据。量测时，钢尺尽量与内模垂直（图 5-15）。

量测段数的划分：自一侧盖板顶至拱顶均分为 9 段，两侧共 18 段、19 个量测数据，编号分别为 A_1~A_{19}，如图 5-16 所示。隧道内每隔 5 m（10 m）测量一个开挖断面，测量时，钢尺尽量与内模（梳形木、钢拱架）垂直。

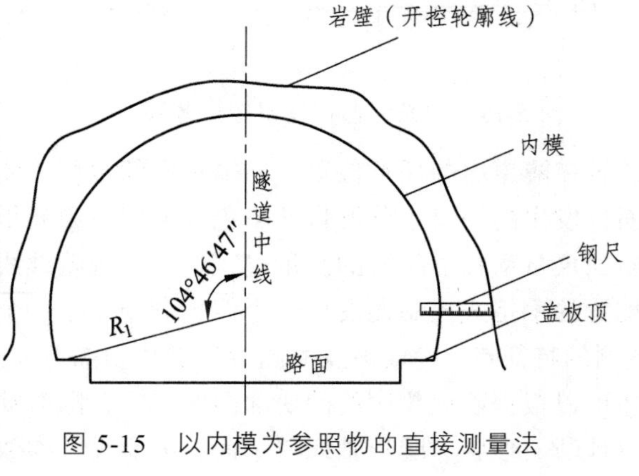

图 5-15　以内模为参照物的直接测量法

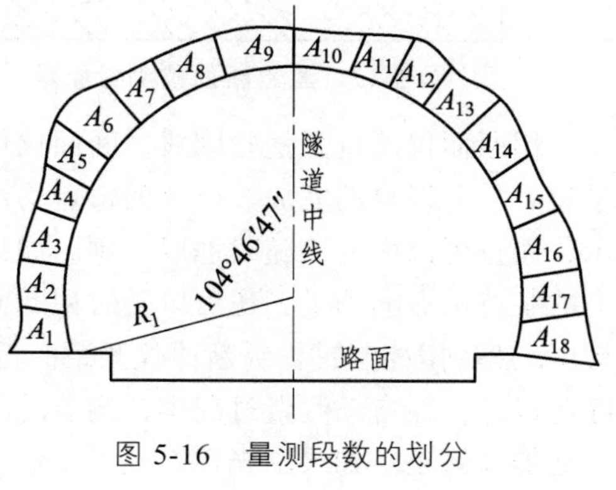

图 5-16　量测段数的划分

2）开挖质量评价原理

隧道开挖质量不能以某一个开挖断面为标准进行评价，而应以某一长度段内（通常以 50 m 或 100 m 长）所有的实测数据的综合计算分析来评价开挖质量；并与设计要求进行比较分析，综合评价。

2. 三维近景摄影法

该法的原理是：用摄影经纬仪分别在隧道轴线上，摄影基线的左端、右端，采用正直、等倾左偏等摄影方法获取立体像对（摄影时需对欲测的洞壁较均匀地照明）；然后将获取的隧道开挖的立体像对利用隧道内的施工控制导线，在室内用立体测图仪进行定向和测绘，即可获得实际开挖轮廓线与设计开挖轮廓线的比较。

3. 激光断面仪检测开挖断面

1）测量原理

激光断面仪的测量原理为极坐标法。如图 5-17 所示，以某物理方向（如水平方向）为起算方向，按一定间距（角度或距离）依次测定仪器旋转中心与实际开挖轮廓线交点之间的矢径（距离）及该矢径与水平方向的夹角，将这些矢径端点依次相连即可获得实际开挖的轮廓线。通过洞内的施工控制导线可以获得断面仪的定点定向数据，在计算软件的帮助下，自动完成实际开挖轮廓线与设计开挖轮廓线的空间三维匹配，最后形成如图 5-18 所示的输出图形，并可输出测点与相应设计开挖轮廓线之间的超欠挖值（（距离、面积）。如果沿隧道轴向按一定间隔测量多个检测断面，还可得出实际开挖方量、超挖方量、欠挖方量。用断面仪测量实际开挖轮廓线的优点在于不需要合作目标（反射棱镜）。

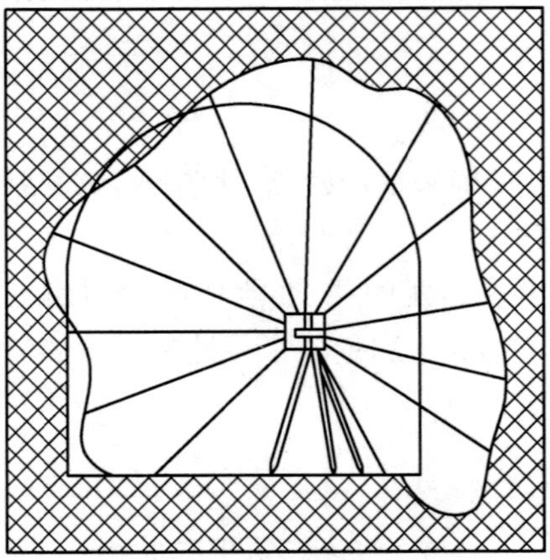

图 5-17　激光断面仪测量原理

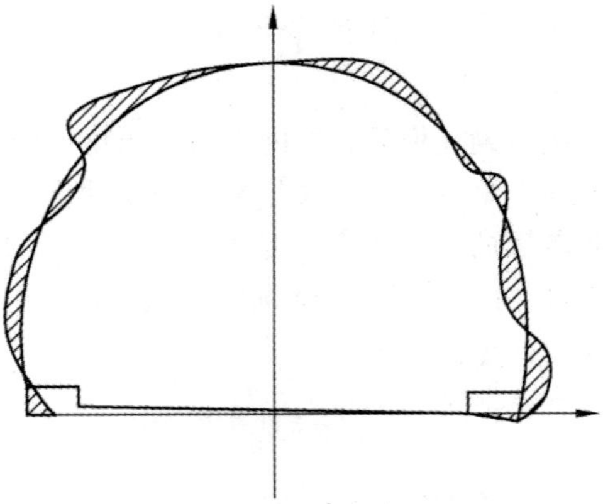

图 5-18　激光断面仪输出图形效果

用断面仪测量开挖轮廓线，断面仪可以放置在隧道内的任意位置，扫描断面的过程（测量记录）可以自动完成。所测的每点均由断面仪发出的一束十分醒目的单色可见红色激光指示，而且可以由人工随时加以干预。如果在断面仪自动扫描断面的测量过程中，发现轮廓线上的某特征点漏测了，还可以随时用断面仪配置的手持式控制器发出一个停止命令（按一个键），然后用控制键操纵断面仪测距头返回欲测的特征点，完成该点的测量后继续扫描下去。除此以外，在自动测量过程中，测点的间距还可以根据断面轮廓线的实际凸凹形状，随时动态地加以修正。如果事先在控制器中输入了设计断面形状、隧道轴线、平面、纵面设计参数

（可以在室内输入）以及断面仪实测时的定向参数（实测时输入），则在完成某一开挖断面的实际测量后，可以立即在控制器的屏幕上显示如图 5-18 所示的图形。在控制器上操纵断面仪测距头旋转，指向激光所指示的断面轮廓线上的某点，就对应于控制器上图形显示的光标点，并可实时显示该点的超欠挖数值。

将断面仪控制器中的数据传输到普通计算机中，运行断面仪配套的后处理软件，则可从打印机、绘图机上自动获得成果。

目前在隧道施工中，激光断面仪不仅可应用于开挖断面检测，也在初期支护（喷射混凝土衬砌）、二次衬砌断面轮廓检测中得到了广泛应用。

2）检测方法

（1）检测前准备。

①根据检测任务要求确定检测断面、单个断面检测点数。一般情况下，开挖检测断面为 20 m 1 个，初期支护检测断面为 10 m 1 个，二次衬砌检测断面为 20 m 1 个。

②采用隧道激光断面仪对隧道开挖断面检测前，应先采用经纬仪或全站仪按一定间距放出测量断面中线测点（放置断面仪的点）及该测点实际高程和对应法向点（与测量点连线且在垂直于隧道轴线的横断面上的点），并记录该点的桩号、实际高程和中线偏位值。

③放点要求。隧道激光断面仪进行断面检测具有任意点检测的优势，检测时虽然无固定检测位置的要求，但为了便于后期数据处理，一般要求：

a. 条件允许的情况下，检测点应放在隧道轴线上（保证等角自动测量时候各测点间距相等）。

b. 现场条件受限，不能在隧道轴线上放置检测点时，可以偏离隧道轴线放检测点，但是应记录下实际高程和与隧道轴线偏位值，并适当加密检测点（避免被检断面远离检测点一侧的测点间距过大）。

c. 在隧道为直线隧道且检测点距离较短情况下，可以用相邻测量断面的轴线检测点来确定测量断面与隧道轴线垂直的方向；但是在隧道为曲线隧道和偏离隧道轴线放点的情况下，须事先放出法向点。

（2）隧道断面检测步骤

①将隧道激光断面仪置于所需检测断面的测量点上，安装并调整好仪器，使仪器水平且垂直归零后光点在测量点上。

②利用该检测点的法向点或者相邻检测点（在直线段均为中线测点的情况下），确定断面仪主机方向，保证所检测的断面在垂直于隧道轴线的断面内，且统一按特定旋转顺序检测。

③退出仪器手动调试界面进入主界面选择“测量断面”。

④在“测量断面中”选择等角自动测量，输入所测量断面的桩号并设置好所量测断面的起始和终止测量角度及所需量测的点数等参数，最后点“测量”，仪器自动开始检测。检测时注意观察掌上电脑上所显示的检测断面曲线，如发现异常测点，及时到现场观察，以便确定是否为障碍物遮挡引起。

⑤测量结束，在提示栏中显示检测完的信息时即可退出，数据自动保存在掌上电脑中（部分新型断面仪，在测量结束后需要把新测的断面保存在已有或者新建的断面组文件内），然后进行下一个断面检测。检测断面数据带回室内进行处理，以减少在隧道内的时间，减少对施工的影响。

（3）检测数据处理。

现场检测完成后，回到室内将掌上电脑的测量数据传输到计算机上，采用该仪器提供的台式机后处理软件对数据进行处理。处理步骤一般如下：

① 编辑标准断面。熟悉设计资料中的标准断面，根据检测断面测点选择情况和标准断面情况，并考虑到各个断面的超高旋转等因素编制标准断面。

② 打开标准断面。逐个导入测量曲线（部分新型断面仪导入断面组文件）。

③ 断面数据处理。

a. 确定水平调整参数。根据测量点的中点偏位和标准断面原点的位置，确定水平偏位调整值 X（测点在标准断面原点右侧为正值，左侧为负值）。

b. 确定高差调整值。根据测点实际高程 H_1 和标准断面原点设计高程 H_2 确定高差调整值 Δh。

$$\Delta h = H_2 - H_1 \tag{5-2}$$

c. 计算最终仪器高度值。用测量时的仪器高度值 Z_1 和高差调整值 Δh 计算标准断面仪器高度 Z，即完成断面数据处理过程。

$$Z = Z_1 - \Delta h = Z_1 - (H_2 - H_1) \tag{5-3}$$

④ 完善断面标记。输入相关测量信息（如测量时间、测量单位和测量人等）和检查断面桩号，如发现检测现场输入断面有误，在断面输出前重新编辑桩号。

⑤ 输出断面结果。根据检测要求和实际需要输出断面处理结果。最后根据处理的标准曲线和实测曲线对比图像和输出附表的说明，判断隧道断面是否侵入标准断面（初期支护或者二次衬砌）的设计限界，在哪些部位存在侵限和侵限值大小。为了便于后期使用，在最后的结果中应标注障碍物等引起的假侵限部位。

【任务实施】

针对隧道实体教学模型，采用合适的方法，选择正确的检测仪器进行开挖质量检测，并编制出检测报告，给出结论。

【复习与思考】

1. 隧道钻爆法施工的方法有哪些？其特点是什么？
2. 简述隧道开挖的质量要求。
3. 开挖断面的检测方法有哪些？各有什么特点？

6 学习项目六 钻爆开挖与出渣

任务一　认知爆破设备和材料

【学习目标】

（1）了解常用的钻眼机具。
（2）了解常用的爆破器材。

【任务描述】

通过认知爆破设备和材料，能为钻爆施工选择合适的机具和合适的爆破器材。

【相关知识】

钻爆开挖作业是隧道钻爆法施工中首要的一项，它是在岩体上钻凿出一定孔径和深度的炮眼，并装上炸药进行爆破，从而达到开挖的目的。开挖作业占整个隧道施工工程量的比重较大，其造价占总造价的20%~40%，是隧道施工中较关键的基本作业。

一、钻眼机具

隧道工程中常用的凿岩机有风动凿岩机和液压凿岩机。另有电动凿岩机和内燃凿岩机，但较少采用。其工作原理都是利用镶嵌在钻头体前端的凿刃反复冲击（并转动）破碎岩石而成孔。有的可通过调节冲击功大小和转动速度以适应不同硬度的石质，达到最佳成孔效果。

钻眼速度受以下几个因素的影响：冲击频率、冲击功、钻头的凿刃形式、钻眼直径、钻眼深度及岩体抗钻性等。另外，钻头与钻杆、钻杆与机头的套装紧密程度和钻杆的质量、粗细则影响冲击功的传递。若套装不紧密、钻杆轴线与机头轴线重合不好或钻杆硬度小，钻杆较粗，都会损耗冲击功而降低钻眼速度。

1. 钻头和钻杆

钻头前端镶嵌硬质高强耐磨合金钢凿刃，钻头则直接连接在钻杆前端（整体式）或套装在钻杆前端（组合式），钻杆尾则套装在凿岩机的机头上。常用钻头的钻孔直径有38 mm、40 mm、42 mm、45 mm、48 mm等，用于钻中空孔眼的钻头直径可达102 mm，甚至更大。钻头和钻杆均有射水孔，压力水即通过此孔清洗岩粉。

凿刃起着直接破碎岩石的作用，它的形状结构、材质、加工工艺是否合理，都直接影响凿岩效率和其本身的耐磨性能。凿刃的种类按其形状可分为片状连续刃及柱齿刃（不连续）

两类。片状连续刃有一字形、十字形等几种布置形式；柱齿刃有球齿、锥形齿、楔形齿等形状之分。

一字形片状连续刃钻头的制造和修磨简单，对岩性的适应能力较强，适用于功率较小的风动凿岩机在中硬以下岩石中钻眼，但钻眼速度较慢，且在节理裂隙发育的岩石中容易卡钻。

十字形片状连续刃钻头和柱齿刃钻头的制造和修磨较复杂，主要与功率较大和冲击频率较高的重型风动或液压凿岩机配套，适用于在各种岩石中钻眼，尤其在高硬度岩石中或节理裂隙发育的岩石中钻眼效果良好，速度也快。

2. 风动凿岩机

风动凿岩机俗称风钻，以压缩空气为动力。它具有结构简单，制造容易，操作方便，使用安全，不怕超负荷和反复启动，在多水多尘的恶劣环境中仍能正常使用等优点；但其压缩空气的供应设备比较复杂，能量利用率低，工人劳动强度大，动力投资费用高，且噪声大。

根据支持和向前推进方式的不同，风钻又可分为手持式、气腿式、伸缩式、导轨式四种。手持式凿岩机的质量为 10~25 kg，可用在中硬或坚硬岩石中。气腿式凿岩机的质量为 23~50 kg，气腿的推力除了支持凿岩机的质量外，还可对凿岩机产生向前的推力，它在工作面上的就位和转移都很容易，主要用在坚硬岩石上钻水平或倾斜的炮眼。伸缩式凿岩机的质量一般在 40 kg 左右，它附有气腿，与主机在同一纵向轴线上连成一体，立于地面钻朝上的炮眼。导轨式凿岩机质量一般为 36~110 kg，架设在导轨上，由自动推进器向前推进，适于安装在凿岩台车上，能钻凿各个方向的炮眼，在中硬以上岩石中使用。

3. 液压凿岩机

液压凿岩机是以电力带动高压油泵，通过改变油路，使活塞往复运动，实现冲击作用。

液压凿岩机与风动凿岩机比较，主要具有以下优点：

（1）液压凿岩机的液压系统设计配套合理，对能量的利用率高，可达 30%~40%，而风动凿岩机对能量的利用率仅有 15%；其机械润滑条件好，各主要机械零件使用寿命较长。

（2）液压凿岩机集机、电、液于一体，构造复杂，质量较大，多需安装在专用的台车上使用。液压凿岩机的工作噪声比风动凿岩机低 10~15 dB；也没有像风钻那样需要排气，工作面没有雾气，空气较清新，工作环境较好。

（3）液压凿岩机能自动调节冲击频率、扭矩转速和推力等参数，以适应不同性质的岩石，提高凿岩功效；液压凿岩机比风动凿岩机的钻眼速度快 50%~150%。在花岗岩中，其纯钻进速度可达 170~200 cm/ min。

开挖机械设备

4. 凿岩台车

将多台凿岩机安装在一个专用的移动、控制设备上，可实现多机同时作业和集中控制，该设备称为凿岩台车。现代凿岩台车的能量传递和动作传递方式多采用全液压系统来实现。尤其是采用了液压控制的机械臂进行方向控制，可以方便地实现向上打眼，解决了人工操纵向上打眼的困难。

其特点为：钻机为液压钻，比风动钻机提高了电能利用率；钻进速度快，钻眼深；施工人员少，劳动强度低；对操作技术要求高，施工环境好；工程成本高，维修要求高；软岩中不能充分发挥其优势。

凿岩台车按其走行方式可分为轨道走行式、轮胎走行式及履带走行式三种，按其结构形式可分为实腹式、门架式两种，按控制的自动化程度可分为人工控制、电脑控制、电脑导向三种。

二、爆破器材

1. 隧道工程中常用的炸药

工程用炸药一般以某种或几种单质炸药为主要成分，另外加一些外加剂混合而成。目前，隧道爆破施工中使用最广泛的是硝铵类炸药。硝铵类炸药的主要成分为硝酸铵，占60%以上，其次是梯恩梯或硝酸钠（钾），占10%～15%。

1）浆状（水胶）炸药

浆状炸药是由氧化剂溶液、敏化剂、胶凝剂为基本成分组成的混合炸药。水胶炸药在浆状炸药的基础上应用交联技术，使之形成塑性凝胶状态，进一步提高了炸药的化学稳定性和抗水性，炸药结构更均一，提高了传爆性能。浆状（水胶）炸药具有抗水性强、密度高、爆炸威力大、原料广、成本低和安全等优点，常用在露天有水深孔爆破中。

2）乳化炸药

以硝酸铵、硝酸钠水溶液与碳质燃料通过乳化作用形成的乳脂状混合炸药通常称为乳化（胶）炸药。其外观随制作工艺不同而呈白色、淡黄色、浅褐色或银灰色。乳化炸药具有爆炸性能好、抗水性能强、安全性能高、环境污染小、原料来源广和生产成本低、爆破效率比浆状及水胶炸药更高等优点。在露天爆破中，使用乳化炸药每立方米岩石炸药耗量比混合炸药（浆状炸药70%～80%，铵油炸药30%～20%）降低23.1%，延米炮孔爆破量增加18.2%，石渣大块率从0.97%～1.0%下降到0.6%～0.7%，尤其适用于硬岩爆破。

3）硝化甘油炸药

硝化甘油炸药又称为胶质炸药，是一种高猛度炸药，它的主要成分是硝化甘油（或硝化甘油与二硝基乙二醇的混合物）。硝化甘油炸药抗水性强、密度高、爆炸威力大，因此适用于水中和坚硬岩石的爆破。它对撞击摩擦的敏感度高，安全性差，价格昂贵，保存期不能过长，容易老化而使性能降低甚至失去爆炸性能，故一般只在水下爆破中使用。

隧道爆破使用的炸药一般均由厂制或现场加工成药卷，药卷直径有22 mm、25 mm、32 mm、35 mm、40 mm等，长度为165～500 mm，可按爆破设计的装药结构和用药量来选择使用。

4）煤矿许用炸药

对于瓦斯隧道，由于掘进工作面的空气中大部分都有瓦斯或煤尘，当其在空气中的含量达到一定浓度时，一旦遇到电火花、明火及爆破作业，就有可能引起爆炸。因此，用于瓦斯隧道掘进中的炸药应当具备一定的安全条件，对于不同瓦斯等级的煤矿所使用的炸药，应具有相应的安全等级。

煤矿许用炸药是指允许用于有瓦斯和煤尘爆炸危险作业面的炸药。

2. 起爆材料（系统）

起爆材料包括实施爆破时激发炸药所需要的一系列起爆和传爆材料，如导火索、雷管、导爆索、继爆管、塑料导爆管等。设置传爆起爆系统的目的是在距装药（药包或药卷）处安全距离以外通过发爆（点火、通电或激发枪）和传递，使安设在药包或药卷中的雷管起爆，并引发药包或药卷爆炸，从而爆破岩石。

1）导火索与火雷管

导火索是用来点燃火雷管的配套材料，它能以较稳定的速度连续传递火焰给火雷管，并使火雷管在火焰作用下爆炸。导火索具有一定的防潮耐水能力，在 1 m 深常温静水中浸 2 h 后，其燃烧速度和燃烧性能不变。普通导火索不能在瓦斯或有矿尘爆炸危险的场所使用。

通过导火索燃烧后喷出火星引爆的雷管，称为火雷管。火雷管是最简单的一种雷管，一端开口，另一端封闭成窝穴状起聚能作用。火雷管成本低，使用比较简单灵活，不受杂散电流的影响，应用广泛。但火雷管受撞击、摩擦和火花等作用时容易引起爆炸。火雷管全部是即发雷管。

爆破作业中点燃导火索，需使用专制的点火材料。常用的点火材料有点火棒、拉火管、点火筒等。

雷管号数按其起爆能量的大小分为 10 个等级（号数）。号数愈大，起爆能力愈强。隧道工程中常用的是 6 号和 8 号雷管。

2）电雷管

电雷管是在火雷管中加设电发火装置而成的。电雷管是用导电线传输电流使装在雷管中的电阻发热而引起雷管爆炸的。

电雷管可分为即发电雷管和迟发电雷管。

为实现延期起爆，迟发电雷管的延期时间是在即发电雷管中加装延期药来实现的。延期时间的长短均用段数来表示。

迟发电雷管按其延期时间差可分为秒迟发和毫秒迟发系列。国产秒迟发电雷管按延期时间的长短分为 7 段，段数越大，延期时间越长。最长延期时间为（7.0+1.0）s。

在有杂散电流的条件下，应采用抗杂散电流电雷管。

3）塑料导爆管与非电雷管

（1）塑料导爆管。塑料导爆管是用来传递微弱爆轰给非电雷管，使之爆炸的传爆材料之一。它是在聚乙烯塑料管［外径（2.95±0.15）mm，内径（1.4±0.10）mm］的内壁涂有一层高能炸药［主要成分是奥克托今（环四亚甲基四硝胺）或黑索金（环三亚甲基三硝胺），（16±2）mg/m］，管壁上的高能炸药在冲击波作用下可以沿着管道方向连续稳定爆轰，从而将爆轰传播到非电雷管使雷管起爆。弱爆轰在管内的传播速度为 1 600～2 000 m/s，但因其微弱，而不致炸坏塑料管。

塑料导爆管有以下优点：抗电、抗火、抗冲击性能好；起爆、传爆性能稳定，甚至在扭结、180°对折、局部断药、管端对接的情况下均能正常传爆。它不能直接起爆炸药，应与非电毫秒雷管配合使用。其在运输和使用过程中抗破坏能力强，安装简单，使用方便，价格便宜，且可作为非危险品运输，因而在隧道工程中被广泛应用，尤其是在带电环境施工和炮眼数较多时使用，更能发挥其优势。

（2）非电雷管的构造及延期时间系列。非电雷管需与塑料导爆管配合使用。国产非电雷管的延期时间也可分为毫秒、半秒、秒迟发三个系列。

（3）导爆管的发爆及连接网络。导爆管可用 8 号火雷管、导爆索、击发枪、专用激发器发爆。其连接和分支可集束捆扎雷管继爆，也可以用连通器连接继爆（图 6-1）。

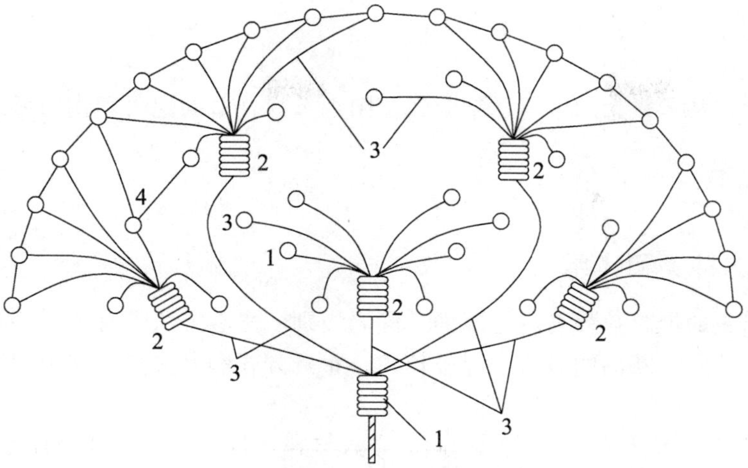

图 6-1　导爆管-非电雷管起爆网络之一

1—总集束；2—分支集束；3—导爆管；4—炮孔。

4）导爆索与继爆管

导爆索是以单质猛炸药黑索金或太安（季戊四醇四硝酸酯）作为索芯的传爆材料。它经雷管起爆后，可以直接引爆其他炸药。根据适用条件的不同，导爆索主要分为普通导爆索和安全导爆索两种。

普通导爆索是目前生产和使用较多的一种，它具有一定的防水性能和耐热性能，但在爆轰传播过程中火焰强烈，所以只能用在露天爆破和没有瓦斯的地下爆破作业中。其爆速不小于 6 500 m/s。

安全导爆索是在普通导爆索的药芯或外壳内加了适量消焰剂，使爆轰过程中产生的火焰变小，温度降低，不会引爆瓦斯或矿尘，专供有瓦斯或矿尘爆炸危险的地下爆破作业使用。其爆速不小于 6 500 m/s。

因导爆索能直接引爆炸药，故在隧道工程中，当采用小直径药卷间隔装药时，常用导爆索将各被动药卷与主动药卷连接，以使被动药卷均能连续爆炸，从而减少数量或简化装药结构，实现减少装药量，达到有控制的弱爆破目的。在装药量计算时，应将导爆索的爆力计入炸药用量中。

继爆管是一种专门与导爆索配合使用的，具有毫秒延期作用的起爆器材。

导爆索与继爆管具有抵抗杂散电流和静电引起爆炸危害的能力，装药时可不停电，增加了纯作业时间，所以导爆索-继爆管起爆系统在矿山和其他工程爆破中得到了广泛应用。其缺点是成本比毫秒电雷管系统高，且在有瓦斯的环境中危险性高，网络中的导爆索不能相互交叉。

任务二　认知爆破基本概念

【学习目标】

（1）掌握炮眼的种类和作用。

（2）理解掏槽形式及特点。

【任务描述】

通过隧道爆破基本概念的学习，结合教学图纸选择合适的炮眼和掏槽形式。

【相关知识】

一、炮眼的种类和作用

隧道开挖爆破的炮眼数目与隧道断面、围岩级别、爆破方法等有关，多在几十至几百个范围内，炮眼按其所在断面的位置、爆破作用、布置方式和有关参数的不同，可大致分为以下几种（图 6-2）。

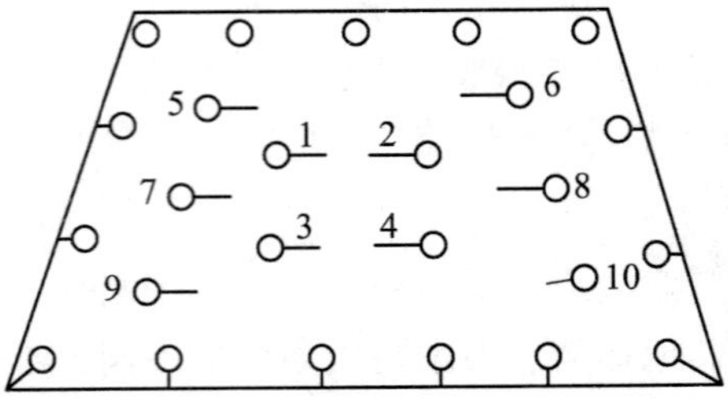

图 6-2　炮眼示意图

1～4 为掏槽眼；5～10 为辅助眼；其余为周边眼。

1. 掏槽眼

针对隧道爆破只有一个临空面的特点，为提高爆破效果，先在开挖断面的适当位置，布置一些装药量较多的炮眼，先行爆破，炸出一个槽腔，为后续炮眼的爆破创造出新的临空面，这种炮眼称为掏槽眼。

2. 辅助眼

位于掏槽眼与周边眼之间的炮眼，统称为辅助眼。其作用是扩大掏槽眼炸出的槽腔，为后续和周边眼爆破创造出临空面。通常把靠近掏槽眼并有扩大掏槽作用的炮眼称为“辅助掏槽眼”或“扩槽眼”，把靠近周边眼的一排炮眼称为“内圈眼”。

辅助眼的布置主要是解决间距和最小抵抗线问题，一般最小抵抗线为炮眼间距的 60%～80%。

3. 周边眼

沿隧道周边布置的炮眼称为周边眼。其作用是炸出较平整光滑的隧道断面轮廓。按其所在位置的不同，周边眼又可分为帮眼、顶拱眼、底板眼。

周边眼的作用是爆破后使坑道断面达到设计的形状和规格。周边眼原则上沿着设计轮廓均匀布置，间距和最小抵抗线应比辅助眼小，以便爆出较为平顺的轮廓。

二、常用掏槽形式和主要参数

掏槽爆破炮眼布置有许多不同的形式，归纳起来可分为斜眼掏槽、直眼掏槽和混合掏槽。以下根据隧道断面的大小，对常用的掏槽形式进行论述。

1. 小断面隧道掏槽技术

所谓小断面，一般指断面面积在 20 m^2 以下的平行导坑或大断面施工的超前上导坑、下导坑，分部开挖的局部断面等。

一般情况下，掏槽眼应布置在开挖面的中下部；但在岩质软硬不均的岩层中，应布置在岩层较为薄弱的位置。另外，掏槽眼必须比其他眼深 0.15～0.25 m，才能为扩槽眼创造出足够深度的临空面，以保证循环掘进进尺。

小断面隧道掏槽眼爆破主要有斜眼掏槽和直眼掏槽两种形式。

1）斜眼掏槽

斜眼掏槽主要有两种形式：锥形掏槽和楔形掏槽。

（1）锥形掏槽。所谓锥形掏槽，是指由数个共同向中心倾斜的炮眼组成的掏槽形式。其炮眼倾斜角度一般为 60°～70°，岩石越坚硬，倾角越小；眼底距离为 0.2～0.4 m，岩石越硬，距离越小。各掏槽眼均布设同一段毫秒雷管，同时起爆，利用各方向上的炸药爆力将位于槽区的岩石“炸出”，爆破后的槽子成角锥形，还需要设扩槽眼将之扩大成较大的临空面。

锥形掏槽具有三种炮眼布置形式：四角锥形、五角锥形或六角锥形。其中：四角锥形掏槽也称四门斗，适用于岩层整体均匀、节理不发育、层理不明显、岩质较坚硬的岩层；五角锥形掏槽适用于较坚硬的倾斜岩层与整体岩层；六角锥形掏槽适用于坚硬且整体性良好的岩层。

各种锥形掏槽炮眼布置形式见图 6-3。

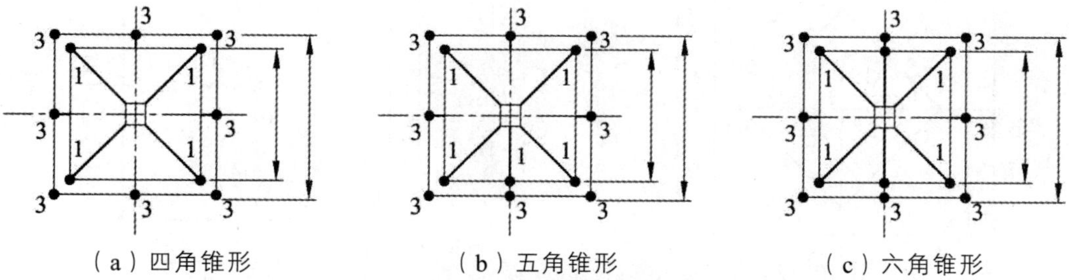

图 6-3　常见锥形掏槽炮眼布置图（单位：cm）

注：炮眼奇数字为炮眼编号，后同。

锥形掏槽一般用于较坚硬的整体岩层中。由于岩层坚硬，锥形掏槽眼深度均控制在 2 m 以下，循环进尺在 1.5 m 左右，在整个断面上炸药单耗一般在 2.5 kg/m^3 以上。

（2）楔形掏槽。楔形掏槽由数对（一般为 2～4 对）相对称且相向倾斜的炮眼组成，爆破后形成楔形的槽。

楔形掏槽的优点是爆力比较集中，爆破效果较好，掏出的槽体积较大，可以适应各种不同坚硬程度的岩层。

根据楔形方向的不同，楔形掏槽可分成垂直楔形和水平楔形两种。垂直楔形掏槽是指成对的掏槽炮眼位于垂直于水平面的平面内，成对的炮孔口连线在掌子面上垂直于槽中央的水平线。垂直楔形掏槽适合于层理接近于水平或倾斜平缓的围岩，以及均匀整体性好的围岩。

水平楔形掏槽是指成对的掏槽眼位于平行于水平面的平面内，成对的炮孔口连线在掌子面上平行于槽中央的水平线。因为炮眼均接近于水平，钻凿方便，因此水平楔形掏槽在小断面掘进时使用比较广泛。其主要形式有普通和层状两种，层状炮眼布置的特点是按普通的水平槽眼每对上下交错布置，使其排列更加均匀，在中等硬度的岩层中可获得良好的爆破效果。

斜眼掏槽的主要优点：适用于各种岩层，并能获得较好的掏槽效果；所需掏槽眼数目较少，单位用药量小于直眼掏槽；槽眼位置和倾角的准确度对掏槽效果的影响较小。

斜眼掏槽的缺点：炮眼深度受掘进断面的限制，尤其在小断面中更为突出；爆破时，岩石的抛掷距离较大，爆堆分散，容易损坏设备和支护。

2）直眼掏槽

直眼掏槽由若干个彼此距离很近、相互平行、垂直于开挖面的炮眼组成。最常用的小断面直眼掏槽有五梅花小直径中空直眼掏槽、菱形掏槽和螺旋形掏槽。

（1）五梅花小直径中空直眼掏槽。掏槽眼的布置如图 6-4 所示，在 1 号眼的周围布置 4 个距离很近的小直径空眼作 1 号眼的临空面，1 号眼起爆后，在中央形成一个孔洞，作其他眼的临空面，这样逐步扩大形成槽腔，其装药量至炮眼深度的 90%左右。

（2）菱形掏槽。常用且能取得良好掏槽效果的菱形掏槽炮眼布置见图 6-5。较软的岩层中部布置 1 个空眼，且炮眼间距取小值，较硬的岩层中布置 3 个空眼，且炮眼间距取大值，起爆顺序对称进行。1、2 号炮眼起爆后形成一个菱形槽腔，装药量取其炮眼深度的 90%左右，一般均能取得满意的效果。

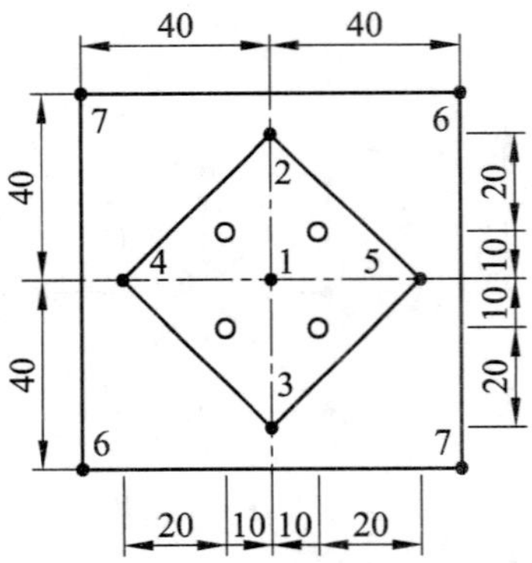

图 6-4　五梅花小直径中空直眼掏槽炮眼布置

（单位：cm）

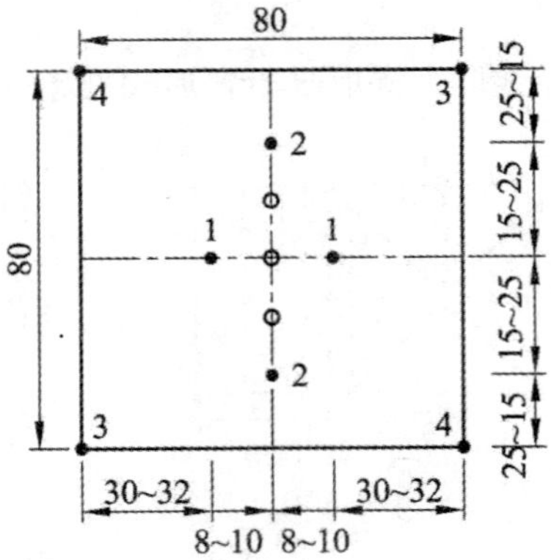

图 6-5　菱形掏槽炮眼布置

（单位：cm）

（3）螺旋形掏槽。其掏槽眼布置如图 6-6，在中硬岩或硬岩中用得最多且最成功。螺旋形掏槽一般均需要在掏槽中部布置数个空眼，岩层越硬，整体性越好，所需要的空眼数亦相对越多。首爆眼距空眼最近，以空眼作为临空面，其他掏槽眼可视岩质、岩层条件决定是采用 4 眼还是 5 眼布置，各装药孔渐成螺旋形远离空眼中心，一次起爆。三空眼螺旋形掏槽在中硬岩中能得到较好的爆破效果，炮眼利用率可达 90%。

直眼掏槽的优点：由于炮眼与掌子面垂直，所以炮眼深度不受开挖面宽度和高度的限制，适宜于钻凿较深的炮眼而提高每循环进尺，在小断面导坑掘进时可达 2.8～3.0 m；所有炮眼均垂直于掌子面钻进，容易控制；钻眼时，各凿岩机相互干扰较少，便于多台凿岩机同时作业，可提高凿岩效率；容易控制眼底深度，使眼底在同一垂直面上；炮眼利用率高，可达 90%～100%；石渣抛掷距离较近，不易打坏支护及机具设备等；在各种硬度的岩层中都可使用。

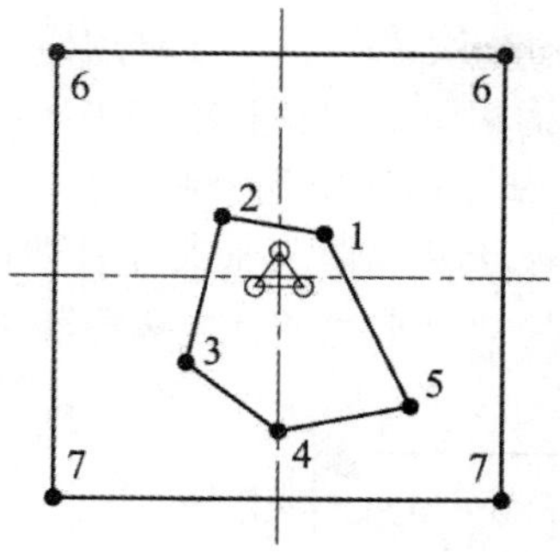

（a）三空眼

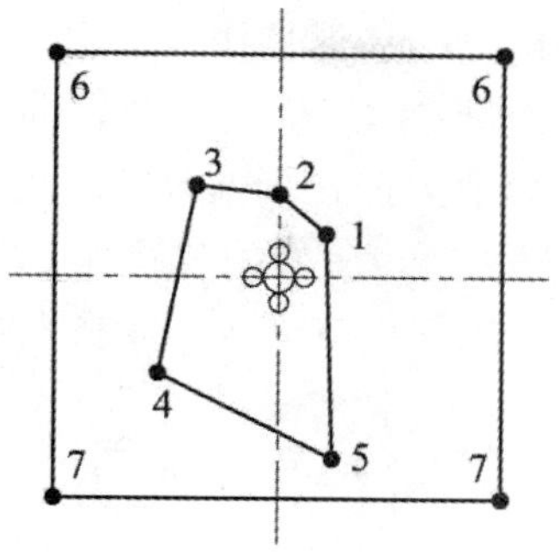

（b）四空眼

图 6-6　三空眼、四空眼螺旋形掏槽炮眼布置示意

直眼掏槽的缺点：需要较多的炮眼数目和较多的炸药，钻眼位置一定要准确，误差不能太大。另外，直眼掏槽对岩性的适应性不强，岩性变硬一点，就需要改变掏槽眼布置形式或增加空眼数量。

3）斜眼与直眼掏槽使用条件对比

根据以上论述，将两大类掏槽眼的使用条件加以对比，详见表 6-1。

表 6-1　斜眼与直眼掏槽对比

序号	直眼掏槽	斜眼掏槽
1	大小断面均可以	大断面较适用
2	韧性岩层不适用	对各种地质条件均适用
3	一次爆破深度可以较大	受隧道宽度限制，不宜太深（<5m）
4	技术要求高，钻眼精度对爆破影响大	相对来说可稍差些
5	炸药用量较多	炸药用量相对较少
6	需要雷管段数多	需要雷管段数少
7	钻眼相互干扰少	钻眼相互干扰大
8	渣堆较集中	抛渣远，易打坏设备

在实际应用中，应根据现场条件，特别是地质条件，以及经济及技术条件等，因地制宜地选择恰当的掏槽方式。

2. 中断面隧道掏槽技术

所谓中断面，主要指断面面积大于 20 m^3 而小于 60 m^3 的开挖断面。在中断面中，炮眼深度一般在 2.5 m 以上，如果掏槽不成功，爆破残眼深，再次处理麻烦，影响施工进度与效益，故中断面爆破应重视掏槽技术。目前，中断面掏槽技术主要有：使用人工手持风钻进行单级或复式楔形掏槽，使用凿岩台车进行大直径中空直眼掏槽。

1）单级楔形掏槽

单级楔形掏槽仅仅依靠数对主掏槽眼进行掏槽爆破，后方的扩槽眼、辅助眼再将槽腔扩大，从而达到为其他炮眼创造临空面的目的。与小断面掏槽眼一样，只要将掏槽眼与掌子面的夹角控制在 60°左右，并按设计装药爆破，即可取得较好的爆破效果。该掏槽形式适合于各种不同的围岩，特别是在中硬岩中的应用较为广泛。

某隧道采用的单级楔形掏槽炮眼布置见图 6-7。一般情况下，各对掏槽眼之间的上下排距取 0.4～0.6 m，硬岩取小值，中硬岩取大值；大掏槽眼底间距控制在 0.2～0.4 m，同样硬岩取小值，中硬岩取大值；掏槽眼布置采用 4+3+2 型，即 4 个掏槽眼、3 个扩槽眼、2 个辅助眼，后面的掘进眼可视围岩的软硬程度取 1～3 个；大掏槽眼通常取 4 排即可，岩石软时可用 3 排，坚硬时可用 5 排或更多，或在大掏槽眼前加数对小掏槽，变为二级楔形掏槽。

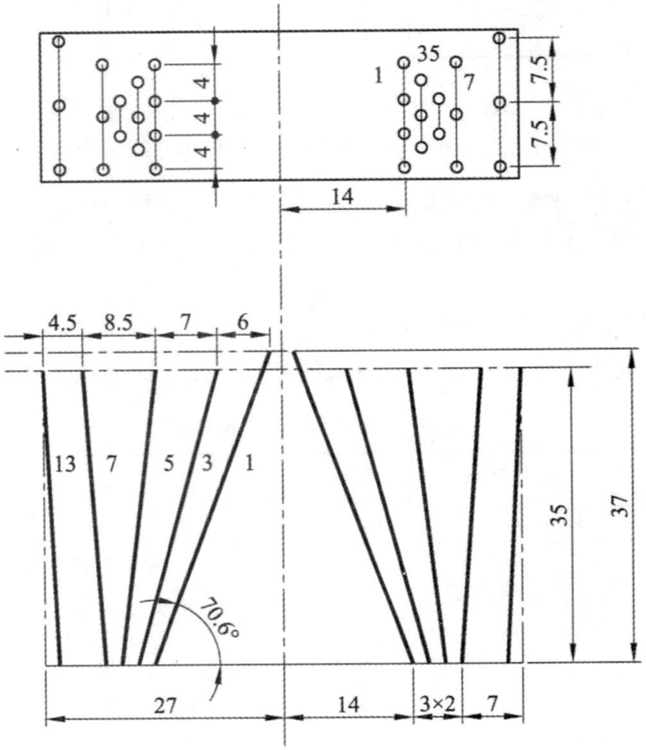

图 6-7 单级楔形掏槽炮眼布置（单位：dm）

单级楔形掏槽的主要优点是：炮眼数量少，对炮眼钻进精度要求不是很高，容易控制和掌握；适用于与各类岩层，不需大直径钻眼设备。其缺点是岩渣抛掷较远，易砸坏洞内施工设备。

2）复式楔形掏槽

在遇到岩石坚硬或掘进断面较大时，可采用复式楔形掏槽。复式楔形掏槽也称 V 形掏槽，是在浅眼楔形掏槽的基础上发展起来的，只要钻眼精度达到深度和角度要求，按设计装药，一般均能取得良好的效果。图 6-8 为二级复式楔形掏槽和三级复式楔形掏槽。上下排间距为 50～90 cm，硬岩取小值，软岩取大值；在硬岩中爆破时，最好采用高威力炸药（如乳化炸药等），排数通常只用 2 排即可，岩石十分坚硬时可用 3 排或 4 排。

3）大直径中空直眼掏槽

大直径中空直眼掏槽实际上是直眼掏槽的一种。大直径中空直眼掏槽是在掌子面中下部用大直径钻机钻凿一个或几个中空炮眼，通常采用直径大于 100 mm 的炮眼作为掏槽炮眼的临空面，在大直径炮眼的周围配合一些小炮眼，以逐渐增大的距离布置掏槽炮眼进行掏槽，一般有菱形掏槽、螺旋形掏槽、对称掏槽等。其炮眼利用率比小直径炮眼掏槽高，一般适用于中硬、硬岩的大断面深孔爆破。

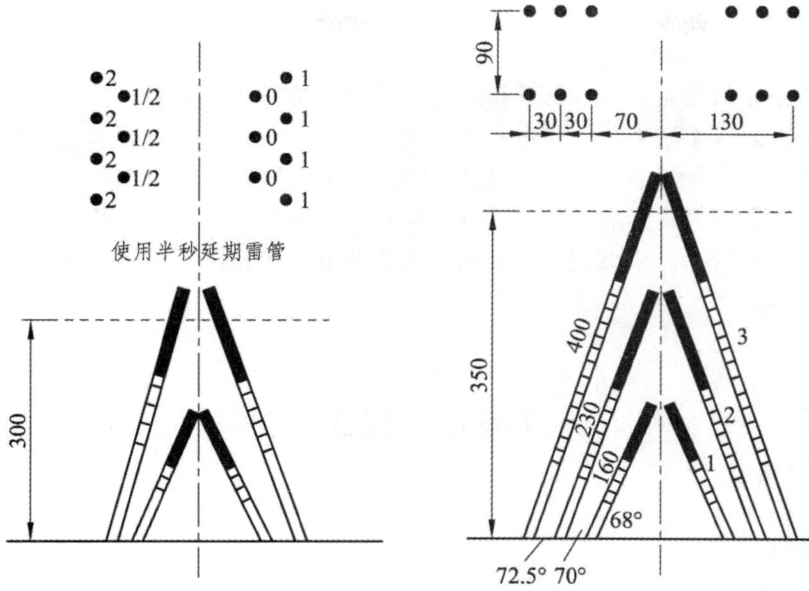

（a）二级复式楔形掏槽　　（b）三级复式楔形掏槽

图 6-8　复式楔形掏槽炮眼布置（单位：cm）

采用大直径中空直眼掏槽，首先要求钻眼方向精确，尽量减少眼位偏差值；按设计的起爆顺序起爆，最好使用毫秒雷管；控制掏槽眼间距，以防止殉爆。其次，控制掏槽眼的炸药用量，以防止“压死”而拒爆。

大直径中空直眼掏槽的几种基本类型如图 6-9 所示。

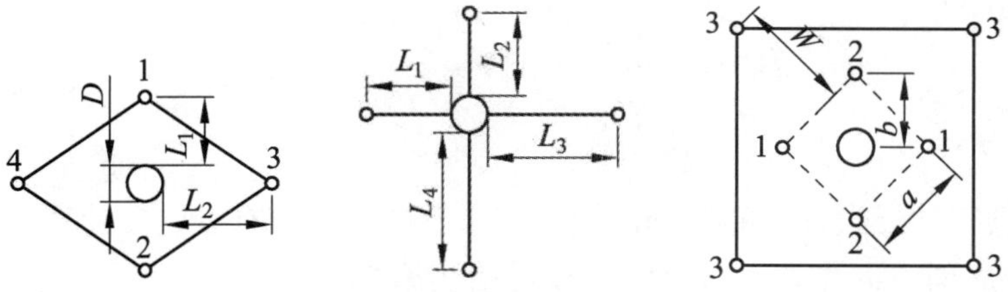

（a）菱形　　（b）螺旋形　　（c）对称形

图 6-9　大直径中空直眼掏槽的基本类型

3. 大断面隧道掏槽技术

当坑道开挖断面在 60 m^2 以上时，由于施工操作空间较大，在中硬岩中采用全断面或台阶法施工时，一般采用大楔形掏槽技术，可以取得较好的经济效果。目前，大断面掏槽主要有：使用人工手持风钻或凿岩台车进行大楔形掏槽，使用凿岩台车进行大直径中空直眼掏槽。

1）大楔形掏槽

大楔形掏槽是普通单级楔形掏槽技术在隧道全断面开挖中的扩展，为目前国内使用较多的人工手持风钻＋台架模式的一种配套技术。该技术能够满足大断面隧道快速、经济掘进的需求。

大楔形掏槽与普通单级楔形掏槽的最大区别在于增大了主掏槽眼之间的眼口间距。普通单级楔形掏槽每对主掏槽眼眼口间距基本上在 3 m 以内，掏槽区域高度约为 1.5 m，即掏槽面积基本上不超过 5 m^2。而大楔形掏槽主掏槽眼眼口间距则拉大至 5 m 左右，掏槽高度可达

4 m，掏槽面积最大可达 20 m^2。

2）大直径中空直眼掏槽

某隧道采用直眼掏槽全段面深孔爆破开挖。其进口为砂岩夹板岩，局部板岩夹砂岩，构造发育，属Ⅲ级围岩，个别地段为Ⅳ级；而后是震旦系长石英砂岩及砂岩与板岩互层，节理较发育，岩体较完整，为Ⅱ级围岩。开挖断面为 85 m^2，炮眼深度为 5.15 m。其出口地质情况为震旦系之灰绿色板岩夹砂岩，中厚层夹薄层状，节理发育，呈背斜褶曲；而后为震旦系之绿色绢绿色板岩夹砂岩，中厚层夹波层状，围岩为Ⅱ～Ⅳ级。开挖断面为 91.9～97.4 m^2，钻眼深度为 5.15 m。

任务三　爆破设计

【学习目标】

（1）了解爆破设计的依据。

（2）掌握爆破设计的方法与内容。

（3）熟悉光面爆破施工要点和质量标准。

【任务描述】

通过隧道爆破设计的学习，根据教学图纸和现场条件，进行基本的爆破设计方案编制。

【相关知识】

一、爆破设计

施工前应进行钻爆设计。隧道爆破设计应做到“有图、有表、有计算、有说明”，并应绘制大比例尺交底图，向作业工人交底，以付诸实施。

1. 隧道爆破设计的依据

隧道工程爆破

（1）工程地质条件、围岩级别。

（2）开挖方法。

（3）开挖断面。

（4）掘进循环进尺。

（5）钻研机具。

（6）爆破器材。

（7）施工队伍的操作技术。

（8）周围环境，尤其是城市隧道，更要考虑环境因素。

2. 隧道爆破设计的方法与内容

（1）利用精简参数及数理统计出来的参数，作为设计参数。

（2）工程类比方法：① 工程地质条件；② 断面大小；③ 使用的爆破器材，尤其是炸药种类与药径；④ 爆破效果。

（3）简单计算：①炮眼个数；②装药量与单耗、装药集中度等。

（4）设计炮眼布置图，包括掏槽眼、辅助眼、掘进眼。掏槽眼较复杂时，应绘制大样图。图中要标明起爆先后顺序和雷管的安排布置。一般有正面图和剖面图即可。

（5）要有钻孔、装药表，标明钻孔名称、钻孔直径、钻孔深度、角度、装药量、延时雷管段数（段别）、开挖断面、开挖进尺、炮眼利用率、炸药总量、单耗、雷管单耗。

（6）要有简单扼要的说明，包括工程地质条件、钻孔、装药、堵塞要求、安全技术措施及经济指标等。

3. 爆破参数设计

炮眼参数包括炮眼直径、炮眼数量和炮眼深度。

1）炮眼直径

炮眼直径对凿岩生产率、炮眼数量、单位炸药消耗量和平整度均有影响。炮眼直径及相应药径的增加可使炸药能量相对集中，使爆炸效果得以提高，但炮眼直径过大将导致凿岩速度下降，并影响岩石破碎质量、洞壁平整程度和围岩稳定性。因此，必须根据岩性、凿岩设备和工具、炸药性能等进行综合分析，合理选用孔径。药卷与炮眼壁之间的空隙通常为炮眼直径的 10%～15%。一般隧道的炮眼直径在 32～50 mm，大型液压钻机可打直径 102 mm、75 mm、63 mm 的炮眼，作为中空孔。

2）炮眼数量

炮眼数量主要与开挖断面、炮眼直径、岩石性质和炸药品种（性能）有关，炮眼的多少直接影响凿岩工作量。炮眼数量按照其能全部装完设计的炸药量来计算，通常按各炮眼平均分配炸药量的原则进行计算。

$$N=\frac{qS}{xm} \tag{6-1}$$

式中：N——炮眼数量（个），不包括不装药的空孔眼数；

q——单位炸药消耗量，按工程类比法，直接查找参考值，或根据经验在 1.2～2.4 kg/m^2 之间选取，硬岩取大值，软岩取小值；

S——开挖断面面积（m^2）；

x——装药量系数（计算装药系数），即装药长度与炮眼全长的比值，可参考表 6-2 中所列数据取值；

m——每米药卷的炸药质量（kg/m）。

表 6-2　装药系数 x 值

炮眼种类	围岩级别			
	Ⅳ	Ⅲ	Ⅱ	Ⅰ
掏槽眼	0.50	0.55	0.80	0.80~0.85
辅助眼	0.40	0.45	0.60	0.70~0.75
周边眼	0.40	0.45	0.50	0.60

炮眼数量最常用的经验值见表 6-3。

表 6-3 炮眼数量参考值

围岩级别	开挖面积/m²				
	4~6	7~9	10~12	13~15	40~50
Ⅳ	10~13	15~16	17~19	20~24	
Ⅲ	11~16	16~20	18~25	23~30	
Ⅱ	12~18	17~24	21~30	27~35	75~90
Ⅰ	18~25	28~33	37~42	43~48	80~100

按公式计算出的 N 值，或表 6-3 的参考值，还应根据光面爆破、预裂爆破增加一些周边眼来作调整。

3）炮眼深度

炮眼深度决定着每一掘进循环钻眼工作量、出渣工作量、循环时间和次数及施工组织，对掘进速度的影响很大，对围岩的稳定性和断面超欠挖也有重大的影响。因此，合理的炮眼深度，应是在隧道施工优质、安全、节省投资的前提下，既能够防止爆破面以外围岩过大的松动，减少繁重支护，避免过大的超欠挖，又能获得最快掘进速度的炮眼深度。一般根据下列因素确定：

（1）考虑围岩的稳定性，并避免过大的超欠挖。

（2）考虑凿岩机的允许钻眼长度、操作技术条件和钻眼技术水平。

（3）考虑掘进循环安排，保证充分利用作业时间。

确定炮眼深度常用的方法有以下三种。

（1）经验公式。采用垂直楔形掏槽时，可按开挖断面的宽度 B 确定：

$$L=(0.5\sim0.7)B \tag{6-2}$$

（2）利用每一掘进循环的进尺数及实际的炮眼利用率来确定：

$$L=\frac{l}{\eta} \tag{6-3}$$

式中：l——每掘进循环的计划进尺数（m）；

η——炮眼利用率，一般不应低于 0.85。

（3）按循环时间确定：

$$L=\frac{T-\left(\dfrac{Nt'}{n'}+t_3+t_5+t_6+t_7\right)}{\dfrac{N}{nv}+\dfrac{\eta S\sin\theta}{\rho}} \tag{6-4}$$

式中：T——一次循环时间（min）；

N——炮眼数量（个）；

n'——同时装药的放炮工人数（人）；

t'——每个炮眼装药所需的时间（min）；

t_3——起爆及通风时间（min）；

t_5——应包括开挖面设置钻眼和装渣机械与清除危石的时间，以及其他时间损失等（min）；

t_6——喷锚作业时间（min）；

t_7——位移量测时间（min）；

n——同时使用的凿岩机台数（台）；

v——钻眼速度（m/min），可根据 L 的大致值近似决定；

η——炮眼利用系数，一般取 0.8～0.9。

S——开挖断面面积（m^2）；

ρ——按实方计算的实际装渣生产率（m^3/min）；

θ——炮眼与开挖面所成的平均角度（°）。

4）装药量的计算及分配

炮眼装药量的多少是影响爆破效果的重要因素。药量不足，会炸不开，使炮眼利用率降低，爆落石渣块过大；装药量过多，则会破坏围岩稳定，崩坏支撑，抛渣过散、过远，对装渣不利，增加洞内有害气体，也会相应地增加排烟时间和供风时间。合理的药量应根据所使用炸药的性能和质量、地质条件、开挖断面尺寸、临空面数量、炮眼直径和深度、爆破的质量与安全控制要求来确定。

目前，多采用体积公式计算出一个循环的总药量，然后按各种类型炮眼的爆破特征进行分配，再在爆破实践中加以检验与修正，直到取得良好的爆破效果为止。总用量 Q 可按下式确定：

$$Q=qL'S \tag{6-5}$$

式中：q——爆破 1 m^3 岩石所需炸药的消耗量（kg），主要取决于围岩级别、临空面数量、断面大小；

L'——设计进尺，其值等于炮眼深度乘以炮眼利用率；

S——开挖断面面积（m^2）。

5）炮眼布置

按照围岩级别和开挖断面、掏槽形式等在断面图上布置炮眼。炮眼布置应遵守下列原则：

（1）先布置掏槽眼，其次是周边眼，最后是辅助眼。掏槽眼一般应布置在断面中央偏下部位，其深度应比其他眼加深 10～20 cm。为爆出平整开挖面，除掏槽眼与底板眼外，所有掘进炮眼眼底应基本落在同一平面上。底部炮眼深度一般与掏槽眼相同。之所以要加深掏槽眼、底板眼深度，是因为要确保掏槽的效果和深度，保证底板不留台阶。

（2）周边眼沿隧道轮廓布置，基本上取等距离布眼，断面拐角拐弯处应布眼，应考虑周边眼有一定的外插角，外插倾斜率宜为 0.03～0.05，使前后两排炮眼的衔接台阶短小，一般为 10～15 cm，即以不影响风钻操作为宜。深孔爆破其台阶会大些，一般为 25～35 cm，应尽量控制超挖。

（3）施工经验表明，一般抵抗线为炮眼间距的 60%～80%。

（4）炮眼间距取决于围岩级别、炮眼直径、炸药种类。硬岩间距大一些，软岩间距小一些。

（5）当炮眼深度超过 2.5 m 时，靠近周边眼的内圈眼应与周边眼有相同的外插角。

（6）当岩层层理明显时，炮眼方向应尽量垂直于层理面。

隧道开挖面炮眼，在遵守上述原则的基础上，有以下几种布置方式：

（1）直线形布眼，将炮眼按垂直方向或水平方向围绕掏槽开挖口直线形逐层排列。

（2）多边形布眼，围绕掏槽部位由里向外逐层布置成多边形。

（3）弧形布眼，顺着拱部轮廓线逐圈布眼。

（4）圆形布眼，当开挖面为圆形时，炮眼围绕断面中心逐层布置成圆形。

6）堵塞炮泥

隧道内所用的炮眼堵塞材料一般为砂子和黏土的混合物，比例大致为砂子 40%～50%、黏土 50%～60%，堵塞长度视炮眼直径和孔深而定。当炮眼直径为 32 mm 和 45 mm 时，堵塞长度不能小于 20 cm 和 45 cm。深孔爆破堵塞长度应在 45 cm 以上。

爆破振动

二、光面爆破

炸药在炮孔内爆炸时，产生强大的冲击波和高压气体，并猛烈冲击炮孔周围岩体，使得周围岩体破碎或开裂。当在有限的轮廓范围内进行开挖爆破时（如隧道及地下工程、矿山井巷的掘进等），一方面要求爆破开挖的边界尽量与设计的轮廓线相符合，不要出现超挖和欠挖，同时也要求开挖边界上的岩体能尽量保持完整无损。光面爆破和预裂爆破，就是为达到上述目标而采用的一种控制爆破技术。

控制开挖轮廓的爆破作业，可以在设计开挖断面内的岩体爆破之前进行，也可以在之后进行。前种情况，就是预先沿设计轮廓线用爆破方法形成一条裂缝，这种方法称为预裂爆破，后一种情况则是在设计断面内的岩体爆破塌落以后才爆破轮廓炮孔，通常称为光面爆破；显然，两者的爆破条件是不完全相同的：预裂爆破时，药包在受夹制的状态下爆破，只有一个自由面；而光面爆破则有两个自由面。由于受各种不同条件的限制，在隧道和巷道中不常用预裂爆破技术，因为爆炸冲击能量在直接作用于孔间并形成控制裂隙面的同时，也会影响围岩；但是预裂爆破在大断面的隧道和洞室中也有成功的实例。

光面爆破是沿着设计轮廓线布置一排平行的炮孔，孔内采用不耦合装药，使每个炮孔既是爆破孔，又是邻近孔的导向孔。不耦合装药可以减小作用在孔壁上的爆炸压力，目的是使爆破后留下的围岩具有光滑表面，符合设计要求，并尽量不受损伤，提高围岩的稳定性和自身的承载能力。光面爆破技术主要用于掘进断面周边的一圈岩石，重点是顶部炮眼和帮眼，所以又称为轮廓爆破或周边爆破。光面爆破技术既可以沿设计轮廓线爆破出规整的断面轮廓，又对周围岩体的损伤很小，因此得到了广泛的应用。

1. 光面爆破的主要参数

光面爆破参数即周边眼的爆破参数，决定了光面爆破的质量。因此，光面爆破技术的核心就是合理设计周边眼的装药结构、崩落厚度、眼间距和装药量，并尽量使各周边眼同时起爆。目前，光面爆破参数设计一般以理论计算为参考，主要通过工程类比和现场试验来调整确定。

1）装药结构

为确保周边孔爆破后形成光面且对围岩不造成损伤，装药结构的设计至关重要。目前公认的是周边眼采用小直径、低猛度、爆轰稳定性好的低威力专用炸药，用不耦合装药或空气间隔装药结构来实现光爆。

不耦合系数可按下式确定：

$$K_d = \frac{d_b}{d_c} \geqslant \left[\frac{n\rho_c D^2}{8K_b\sigma_c}\right]^{\frac{1}{6}} \tag{6-6}$$

式中：d_b、d_c——炮孔直径和装药直径（mm）；

ρ_c、D——炸药的密度（g/cm^3）和爆速（m/s）；

n——压力增大倍数，取 8～10；

K_b——体积应力状态下岩石强度增大系数；

σ_c——岩石单轴抗压强度（MPa）。

在实际施工中，周边眼装药结构常采用以下三种不同形式，见图 6-10，这是一种典型的光面爆破装药结构形式。

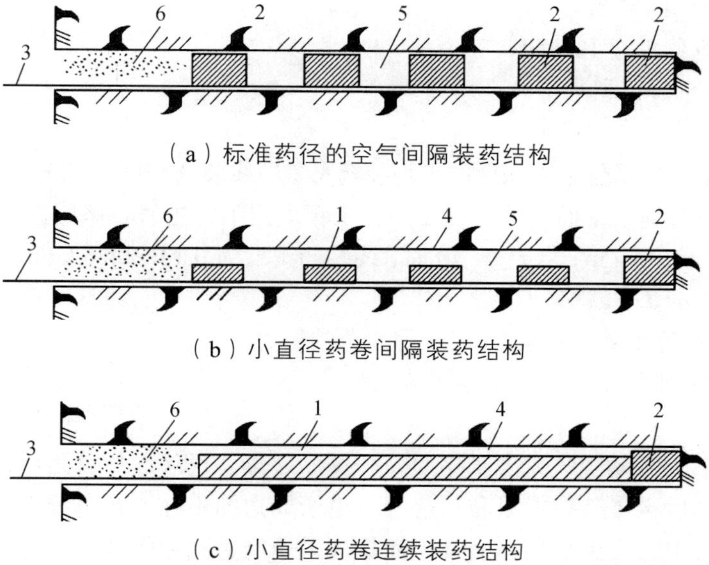

1—ϕ25 mm 药卷；2—ϕ32 mm 药卷；3—导爆索（脚线）；4—径向空气间隔；5—空气间隔；6—堵塞。

图 6-10　周边眼装药结构

2）周边眼间距

合适的炮眼间距应使炮眼间形成贯穿裂缝。炮眼间距 E 可按下式确定：

$$E = \left(\frac{2bp_1}{\sigma_t}\right)^{\frac{1}{a}} d_h \tag{6-7}$$

式中：a——应力波衰减系数，$a = 2 - b$，$b = \frac{\gamma}{1-\gamma}$，$\gamma$为泊松比；

p_1——作用在炮眼上的初始应力峰值（MPa）；

d_b——炮孔直径（m）；

σ_t——岩石抗拉强度（MPa）。

根据实践经验，E 一般为炮眼直径的 10～20 倍。

3）周边炮眼密集系数和光爆层厚度

光面爆破炮眼的最小抵抗线是指周边眼至邻近崩落眼的垂直距离，或称光爆层厚度，是光面爆破的主要设计参数。光面爆破层厚度的理论计算很难，实际中多以现场试验和工程类比来确定。最小抵抗线过大，光爆层的岩石将得不到适当破碎；反之，则在反射波作用下，在围岩内产生较多的裂缝，影响围岩稳定。

光爆层厚度与周边眼间距有密切关系，通常可以综合考虑。将周边眼间距与光爆层厚度的比值称为周边眼密集系数 m，该比值应控制在 0.8～1.0，即周边眼间距不宜大于光爆层厚度，且确保先在周边孔间形成贯通裂缝。实际中根据岩层特性，光爆层厚度 W 取 500～700 mm 为宜，也可采用以下经验公式确定：

$$W=\frac{q_{\mathrm{b}}}{CEl_{\mathrm{b}}} \tag{6-8}$$

式中：q_{b}——炮眼内的装药量；

l_{b}、E——炮眼深度和间距；

C——爆破系数，相当于炸药单耗量。

4）装药量

周边眼装药量常以单位炮眼深度的平均装药量（即线装药密度）来表示，且采用线装药密度来控制爆炸作用对炮眼壁面的破坏程度。在工程应用中，当岩石坚固性系数 f=4～6 时，线装药密度为 0.10～0.14 kg/m；当 f=8～10 时，线装药密度为 0.14～0.25 kg/m。也可按下式计算：

$$q=0.33ekW^2 \tag{6-9}$$

式中：e——炸药换算系数，$e=320/P$，P 为炸药的爆力；

k——爆出标准漏斗时的单位体积耗药量。

5）起爆时差

在光面爆破中，起爆顺序分为正序起爆和反序起爆。反序起爆就是所谓的预裂爆破，先将周边孔起爆，而后再爆破掏槽眼和崩落眼。由于周边孔不在一条直线上，预裂爆破效果不佳，目前掘进爆破中已很少采用，通常光面爆破采用周边孔后爆的正序起爆，分全断面一次爆破和预留光爆层爆破。一般预留光爆层的爆破效果要好一些，但需要二次起爆，实际中也较少采用，只有在掘进断面大、雷管段数不足或起爆能力不够时才考虑采用。

试验和工程爆破实践表明：周边眼同时起爆时，贯穿裂缝平整，效果好；微差起爆次之；秒延期起爆最差。同时起爆时，炮眼间的贯穿裂缝形成得较早，一旦裂缝形成，其周围岩体内的应力就下降，从而抑制了其他方向裂缝的形成和扩展，爆破形成的壁面就较平整。若周边眼起爆时差超过 0.1 s，各炮眼就如同单独起爆一样。炮眼周围将产生较多的裂缝，并形成凹凸不平的壁面。因此，在光面爆破中应尽可能地减小周边眼的起爆时差，选用同段同批次的雷管。

周边眼与其相邻炮眼的起爆时差对爆破效果的影响也很大。如果起爆时差选择合理，则可获得良好的光爆效果。理想的起爆时差应该使先发爆破的岩石应力作用尚未完全消失，且岩体刚开始断裂移动时，后发爆破立即起爆。在这种状态下，既为后发爆破创造了自由面，又能形成应力叠加，发挥了微差爆破的优势。实践证明，起爆时差随炮眼深度的不同而不同，炮眼愈深，起爆时差应愈大，一般在 50～100 ms。

2. 光面爆破施工和质量标准

光面爆破掘进有两种施工方法，即全断面一次爆破和预留光爆层分次爆破。

全断面一次爆破时，按起爆顺序分别装入多段毫秒电雷管或非电塑料导爆管起爆系统起爆，起爆顺序为掏槽眼→辅助眼→崩落眼→周边眼，多用于掘进小断面单线隧道和巷道。

在大断面的隧道和硐室掘进时，可采用预留光爆层分次爆破。采用超前掘进小断面导洞，然后扩大至全断面，这种方法又称为修边爆破。修边爆破的优点是可根据最后留光面爆破层的具体情况调整爆破参数，节约爆破材料，提高光爆效果和质量；其缺点是施工工艺复杂，增加了辅助时间。

为保证光面爆破的良好效果，除根据岩石条件、工程要求正确选择光爆参数外，精确的钻眼也是极为重要的，是保证光爆质量的前提。对钻眼的要求是：平、直、齐、准。

光面爆破炮眼要按照以下要求施工：

（1）所有周边眼应彼此平行，其深度一般较其他炮眼浅。

（2）各炮眼均应垂直于工作面。实际施工时，周边眼不可能完全与工作面垂直，必然有一个角度，根据炮眼深度，一般取 3°～5°。

（3）如果工作面不齐，应按实际情况调整深度及装药量，力求所有炮眼底部落在同一断面上。

（4）开眼位置要准确，偏差不得大于 30 mm。对于周边眼，开眼位置均应位于掘进断面的轮廓线上，不允许有偏向轮廓线里面的误差。

我国光面爆破的常用参数见表 6-4。

表 6-4　光面爆破常用参数

<table>
<tr><th rowspan="2">围岩条件</th><th rowspan="2" colspan="2">隧道开挖跨度/m</th><th colspan="5">周边眼爆破参数</th></tr>
<tr><th>炮眼直径/mm</th><th>炮眼间距/mm</th><th>光爆层厚度/mm</th><th>临近系数</th><th>线装药密度/（kg/m）</th></tr>
<tr><td rowspan="3">整体稳定性好，中硬到坚硬</td><td rowspan="2">拱部</td><td><5</td><td>35~45</td><td>600~700</td><td>500~700</td><td>1.0~1.1</td><td>0.20~0.30</td></tr>
<tr><td>>5</td><td>35~45</td><td>700~800</td><td>700~900</td><td>0.9~1.0</td><td>0.20~0.25</td></tr>
<tr><td>侧墙</td><td></td><td>35~45</td><td>600~700</td><td>600~700</td><td>0.9~1.0</td><td>0.20~0.25</td></tr>
<tr><td rowspan="3">整体稳定一般或欠佳，中硬到坚硬</td><td rowspan="2">拱部</td><td><5</td><td>35~45</td><td>600~700</td><td>600~800</td><td>0.9~1.0</td><td>0.20~0.25</td></tr>
<tr><td>>5</td><td>35~45</td><td>700~800</td><td>800~1000</td><td>0.8~0.9</td><td>0.15~0.20</td></tr>
<tr><td>侧墙</td><td></td><td>35~45</td><td>600~700</td><td>700~800</td><td>0.8~0.9</td><td>0.20~0.25</td></tr>
<tr><td rowspan="3">节理裂隙很发育，有破碎带，松软</td><td rowspan="2">拱部</td><td><5</td><td>35~45</td><td>400~600</td><td>700~900</td><td>0.6~0.8</td><td>0.12~0.18</td></tr>
<tr><td>>5</td><td>35~45</td><td>500~700</td><td>800~1000</td><td>0.5~0.7</td><td>0.12~0.18</td></tr>
<tr><td>侧墙</td><td></td><td>35~45</td><td>500~700</td><td>700~900</td><td>0.7~0.8</td><td>0.15~0.20</td></tr>
</table>

任务四　装渣运输

【学习目标】

（1）掌握出渣量计算方法。

（2）了解装渣方式和装渣机械。

（3）了解运渣方式及其特点。

【任务描述】

根据所学知识，结合施工图纸和现场条件，考虑施工单位自身具备的能力，为隧道出渣选择合适的方式和机械设备。

【相关知识】

装渣运输是隧道作业的基本工序之一，装渣运输作业能力的强弱，决定了它在整个循环中所占的时间比率。该项作业往往占全部开挖作业时间的50%左右，控制着隧道的施工速度。因此，正确选择并准备足够的装渣运输方案、维修好线路、减少相互干扰、提高装渣效率是加快隧道施工速度，尤其是加快长大隧道施工速度的关键。

一、装渣

装渣就是把开挖下来的石渣装入运输车辆。

1. 渣量计算

出渣量应为开挖后的虚渣体积，可按式（6-10）计算。

$$Z=RKLS \tag{6-10}$$

式中：Z 为单循环爆破后的石渣量（m^3）；R 为岩体松胀系数，见表6-5；K 为超挖系数，视爆破质量而定，一般可取1.05～1.15；L 为设计循环进尺（m）；S 为开挖断面面积（m^2）。

表6-5　岩体松胀系数 R 值

岩体级别	Ⅵ		Ⅴ		Ⅳ	Ⅲ	Ⅱ	Ⅰ
土石名称	砂砾	黏性土	硬黏土	砂夹卵石	石质	石质	石质	石质
松胀系数	1.15	1.25	1.30	1.35	1.6	1.7	1.8	1.85

2. 装渣方式

隧道施工的装渣方式包括机械装渣和人力装渣。机械装渣速度快，作业时间短，目前隧道施工中以机械装渣为主要装渣方式，但这种方式仍需配适当数量的人工辅助作业。人力装渣，速度慢，劳动强度大，对工人的健康亦会造成极大伤害，因此仅在无法使用机械装渣时，才考虑采用。

3. 装渣机械

隧道用的装渣机又称装岩机，要求其外形尺寸小、坚固耐用、操作方便、生产效率高。装渣机械的类型很多，按其扒渣机构形式可分为铲斗式、蟹爪式、立爪式、挖斗式。铲斗式装渣机为间歇性非连续装渣机，有翻斗后卸、前卸和侧卸三种卸渣方式。蟹爪式、立爪式和挖斗式装渣机为连续装渣机，均配备刮板（或链板）转载后卸机构。

装渣机的走行方式有轨道走行和轮胎走行两种，也有配备履带走行和轨道走行两种走行机构的。轨道走行式装渣机须铺设走行轨道，因此其工作范围受到限制。但有些轨道走行式装渣机的装渣机构能转动一定角度，可增加其工作宽度。必要时，可通过增铺轨道来满足更大的工作宽度要求。轮胎走行式装渣机移动灵活，工作范围不受限制，但在有水土质围岩的隧道中，有可能出现打滑和下陷。

装渣机械的扒渣方式、走行方式和装备功率不同，其工作能力也不同。选择装渣机时应充分考虑围岩及坑道条件、工作范围及其与运输车辆的匹配和组织，以充分发挥各自的工作效能，缩短装渣时间。

隧道施工中较为常用的装渣机有以下几种。

（1）翻斗式装渣机。翻斗式装渣机又称铲斗后卸式装渣机，有风动和电动之分。它利用机体前方的铲斗铲起石渣，然后后退并将铲斗后翻，经机体上方将石渣投入机后的运输车内。

该机具有构造简单、操作方便的特点，但装载宽度一般只有 1.7～2.2 m，工作长度较短，须将轨道延伸至渣堆，且一进一退间歇装渣，工作效率低，斗容量小。其工作能力较低，一般只有 30～120 m^3/h（技术生产率），主要应用于小断面或规模较小的隧道中。

（2）蟹爪式装渣机。蟹爪式装渣机多采用履带走行，电力驱动。它是一种连续装渣机械，在其前方倾斜的受料盘上装有一对由曲轴带动的扒渣蟹爪。装渣时，将受料盘插入渣堆，同时两个蟹爪交替将石渣扒入受料盘，并由带式（或链板）输送机将石渣装入机后的运输车内。

因受蟹爪扒渣的限制，当岩渣块度较大时，蟹爪式装渣机的工作效率较低，故主要用于块度较小的岩渣及土的装渣作业。其工作能力一般为 60～80 m^3/h。

（3）立爪式装渣机。这种装渣机多采用轨道走行，也有采用轮胎走行或履带走行的，电力驱动。装渣机前方装有一对扒渣立爪，其可以将前方或左右两侧的石渣扒入受料盘，其他同蟹爪式装渣机。立爪式扒渣的性能较蟹爪式的好，对岩渣的块度大小适应性强，采用轨道走行时，其工作宽度可达到 38 m，工作长度可达到轨端前方 3 m，工作能力一般为 120～180 m^3/h。

（4）挖掘式装渣机。这种装渣机（如 ITC312H4）是近几年我国发展起来的较为先进的隧道装渣机。其扒渣机构为自由臂式挖掘反铲，其他同蟹爪式装渣机，并采用电力驱动和全液压控制系统，配备有轨道走行和履带走行两套走行机构。立定时，工作宽度可达 3.5 m，工作长度可达轨道前方 7.11 m，且可以下挖 2.8 m 和兼作高 8.34 m 范围内的清理工作面及找顶工作，上渣能力为 250 m^3/h。

（5）铲斗式装渣机。铲斗式装渣机多采用轮胎走行，也有采用履带式走行或轨道走行的。轮胎走行的铲斗式装渣机多采用铰接车身、燃油发动机驱动和液压控制系统。

轮胎走行铲斗式装渣机转弯半径小，移动灵活；铲取力强，铲斗容量大，可达 0.76～3.8 m^3，工作能力强；可侧卸也可前卸，卸渣准确。但燃油废气会污染洞内空气，须配备净化器或加强隧道通风，常用于较大断面的隧道装渣作业。

轨道走行及履带走行的铲斗式装渣机多采用电力驱动。轨道走行装渣机一般只适用于断面较小的隧道，履带走行的大型电铲则适用于特大断面的隧道。

二、运输

隧道施工的洞内运输分为有无轨运输、轨道运输和皮带运输三种。

1. 无轨运输

无轨运输主要是采用汽车出渣和进料。其优点是不需要铺设轨道，省工省料，机动灵活，适用于施工便道坡度较大或弃渣场离洞口较远的情况；其缺点是在洞中运输时沿程排放废气，污染洞内空气，故一般适用于大断面开挖和中等长度以下的隧道。当隧道较长时，应充分考虑洞内空气污染问题，采取有效的通风措施。

运输车辆应定期检查制动、转向系统和安全装置的完好性，大型自卸汽车应设置示宽灯或标志。

斜井内长距离坡道运输系统，应在适当位置设置避难车道和缓坡道。

2. 轨道运输

轨道运输是铺设小型轨道，用轨道式运输车出渣和进料。轨道运输多采用电瓶车或内燃机车牵引，斗车或梭式矿车运渣。它既可适用于小断面开挖的隧道，也适用于大断面开挖的隧道，尤其适应于 3000 m 以上的长隧道运输，是一种适应性较强的和较为经济的运输方式。

轨道运输应根据需要在洞外设置调车、编组、卸渣、进料、设备维修等线路。

3. 皮带运输

皮带运输是皮带运输机运用皮带的无极运动向洞内或洞外运输物料。皮带运输机运行时皮带跑偏是最常见的故障，为解决这类故障，重点要注意安装的尺寸精度与日常的维护保养。皮带运输机的维护保养是一项极其重要的经常性的工作，应与操作和检修等密切配合，施工时应有专职人员进行值班检查。

皮带运输方式应根据施工方法、隧道长度、断面大小、挖装设备、施工进度等因素进行方案设计，选择带式输送机，确定转渣地点及支架布设等。

对于皮带运输出渣方式，应同时制订进洞物资的运输方案。

4. 装渣运输的原则

隧道施工爆破后应及时清除开挖作业面石渣。独头掘进较长的隧道，根据经济技术比选及弃渣条件，可采用转渣倒运的方式。

隧道施工装渣运输方式应根据断面大小、施工方法、机械设备及施工进度等要求综合考虑，可选择汽车运输、轨道运输及皮带运输方式。

（1）正洞、平行导坑、横洞及综合坡率 $i<10\%$的斜井，宜采用汽车运输方式。

（2）独头掘进大于 3 000 m 的单线隧道可采用轨道运输方式。

（3）综合坡率 $i>10\%$的斜井，宜采用轨道运输方式；$10\%<i<27\%$的斜井，根据经济技术及环境条件比选，可采用皮带运输方式。

隧道运输应建立运输调度，根据施工进度编制运输计划，协调组织，统一指挥，提高运输效率。

施工中仰拱填充、铺底应适时跟进开挖作业面，改善洞内运输路面条件。

隧道仰拱、防水板、拱墙衬砌等施工设备，应充分考虑与隧道运输相适应，并设置信号、标志予以警告。

【任务实施】

结合教学图纸，选择合适的开挖方法，并根据开挖方法编制针对性的光面爆破设计方案。

【复习与思考】

1. 常用的爆破眼类型有哪些？分别有什么作用？
2. 常用的掏槽眼形式有哪些？有什么特点？
3. 简述隧道爆破设计的程序。
4. 简述光面爆破的质量标准。
5. 简述渣量计算原理及公式。
6. 装渣方式和运输方式分别有哪些？

7 学习项目七

隧道支护施工

任务一 初期支护施工及质量检测

【学习目标】

（1）掌握锚杆、喷射混凝土、钢拱架的施工工艺流程。
（2）掌握锚杆、喷射混凝土、钢拱架的施工要点。
（3）熟悉锚杆、喷射混凝土、钢拱架的施工质量检测项目、检测方法及标准。

【任务描述】

通过对隧道初期支护施工及质量检测的学习，能够描述施工工艺流程，指导现场施工，具备进行质量检测的能力。

【相关知识】

初期支护是在隧道开挖后围岩自稳能力不足的条件下，为保证隧道在施工期间的稳定和安全所采取的工程措施。初期支护主要采用锚杆和喷射混凝土来支护围岩，初期支护施作后即成为永久性承载结构的部分，它与围岩共同构成了永久的隧道结构承载体系。

初期支护
施工设备

隧道初期支护的主要形式为锚喷支护，采用锚喷支护可以充分发挥围岩的自承能力。锚喷支护包括锚杆支护、喷射混凝土支护、喷射混凝土锚杆联合支护、喷射混凝土钢筋网联合支护、喷射混凝土与锚杆及钢筋网联合支护、喷钢纤维混凝土支护、喷钢纤维混凝土与锚杆及钢筋网联合支护以及上述几种类型加设钢拱架而成的联合支护等。

一、锚杆

锚杆是利用金属或其他高抗拉性能的材料制成的一种杆状构件，如图 7-1。使用机构装置、黏结介质将其安设在地下工程的围岩或其他工程体中，即可形成能承受荷载、阻止围岩变形的锚杆支护。

1. 锚杆的支护效应

锚杆的支护效应一般认为有以下几种。

1）悬吊效应

把隧道洞壁附近具有裂隙、节理的不稳定岩体，用锚杆固定在深层的坚固稳定的岩体上，将不稳定岩体的重量传递给深层坚固岩体承担，起到悬吊效应，如图 7-2 所示。

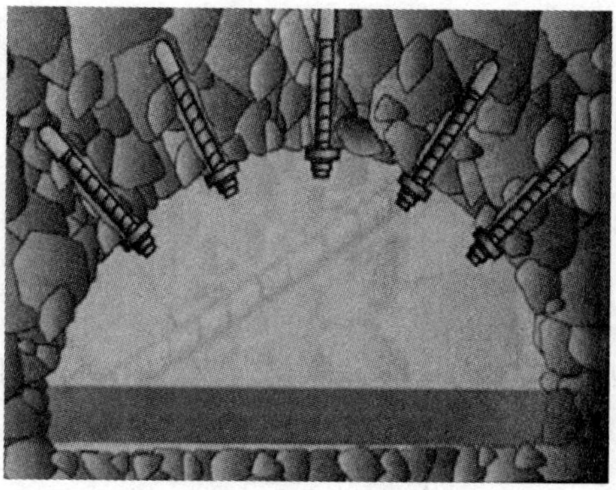
图 7-1 锚杆示意图

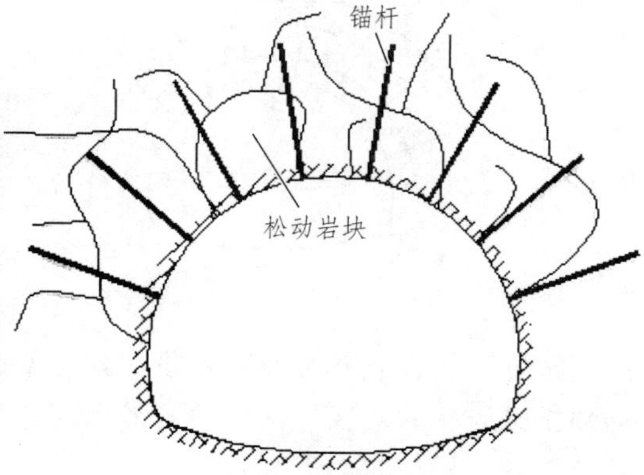

图 7-2 锚杆的悬吊效应

2）组合梁效应

锚杆可将若干层层状岩体串联在一起，增大层间的摩阻力形成组合梁效应，如图 7-3 所示。

3）支撑围岩

锚杆能约束围岩变形，并向围岩施加压力，从而使处于二轴应力状态的洞室内表面附近的围岩保持三轴应力状态，因而能制止围岩强度的恶化，如图 7-4 所示。

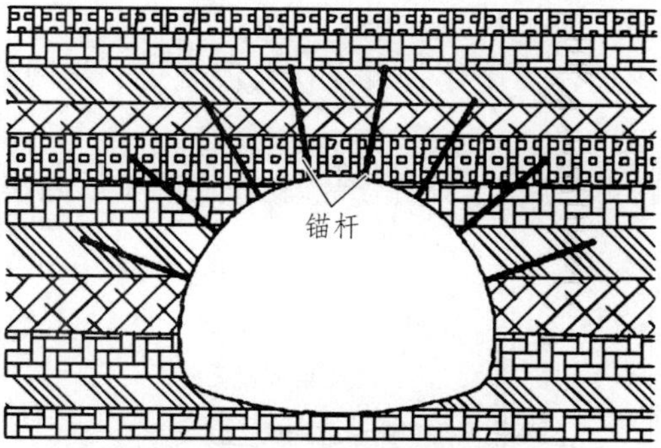

图 7-3 锚杆的组合梁效应

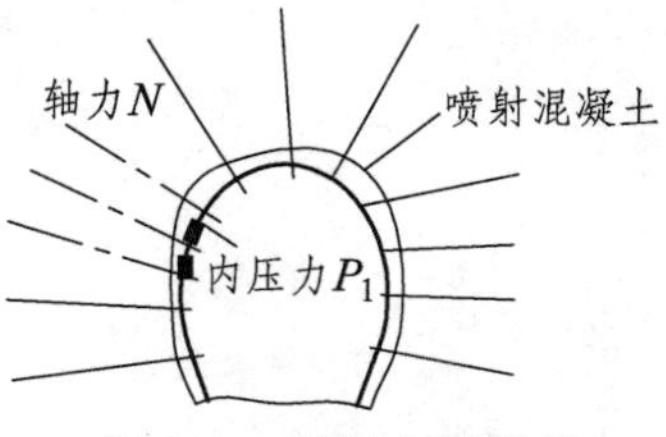

图 7-4 锚杆支撑围岩

4）加固效应

按一定间距在隧道周边呈放射状布置的成组锚杆（或称系统锚杆），可使一定厚度范围内有节理、裂隙的破裂岩体或软弱岩体紧压在一起形成连续压缩带。这种加固效应在使用预应力锚杆时显得十分明显，如图 7-5 所示。在锚杆预张应力 P 的作用下，每根锚杆周围都形成一个两头呈圆锥形的筒状压缩区，各锚杆所形成的压缩区彼此搭接，形成一条厚度为 W 的均匀压缩带。在均匀压缩带中产生了径向压应力 σ_r，给压缩外的围岩提供了径向支护抗力，使围岩接近于三向受力状态，增加了围岩的稳定性。

2. 锚杆的布置

锚杆的布置分局部布置和系统布置。局部布置主要用在裂隙围岩中，重点加固不稳定块体，隧道拱顶受拉破坏区为重点加固区域。局部加固的锚杆必须保证不稳定块体与稳定块体的有效连接。锚杆局部布置的原则为：拱腰以上部位锚杆方向应有利于锚杆的受拉，拱腰以下及边墙部位锚杆宜逆向不稳定岩块滑动方向。

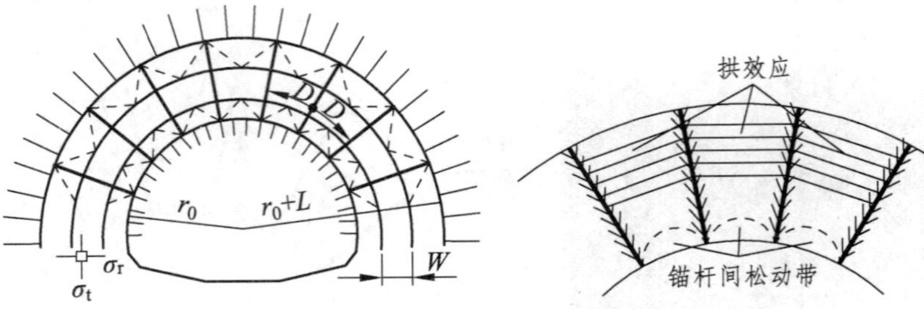

图 7-5　锚杆的加固效应

系统锚杆应用在破碎和软弱的Ⅲ、Ⅳ、Ⅴ、Ⅵ级围岩中，对围岩能起到整体加固作用。对于局部很破碎、软弱围岩部位或可能出现过大变形的部位，应加设长锚杆。

系统锚杆布置应符合下列规定：

（1）在隧道横断面上，锚杆宜垂直于隧道周边轮廓布置。

（2）在岩面上锚杆宜成菱形排列。

（3）为了使系统布置的锚杆形成连续均匀的压缩带，其间距不宜大于锚杆长度的 1/2，在Ⅳ、Ⅴ级围岩中，锚杆间距宜为 0.5～1.2 m，但当锚杆长度超过 2.5 m 时，其间距不宜大于 1.25 m。

（4）设有系统锚杆的地段，系统锚杆宜在下一循环开挖前完成。锚杆施作时序应符合下列规定：

① 无钢架地段，锚杆在初喷混凝土、挂钢筋网后施作，或在初喷混凝土、挂网钢筋网、复喷后施作，如图 7-6（a）。

② 有钢架地段，锚杆在初喷混凝土、挂网钢筋网、立钢拱架、复喷混凝土后施作，如图 7-6（b）。

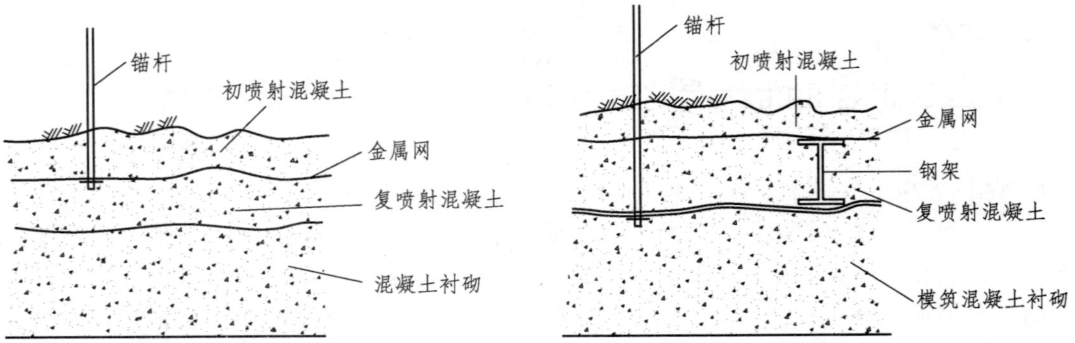

（a）无钢架地段　　　　（b）有钢架地段

图 7-6　锚杆施工时序

（5）用于支护和加固围岩的系统锚杆、局部锚杆不应与钢架焊接。

3. 锚杆的施工要求

在隧道工程中，对锚杆钻孔施工要求如下：

锚杆施工工艺

（1）钻孔机具应根据锚杆类型、规格及围岩情况选择。

（2）钻孔前应根据设计要求，标出钻位置，钻孔数量不得少于设计数量。

（3）锚杆孔距的允许偏差为±150 mm，预应力锚杆孔距的允许偏差为 200 mm。

（4）预应力锚杆的钻孔轴线与设计轴线的偏差不应大于 3%，其他锚杆的钻孔轴线应符合设计要求。

（5）水泥砂浆锚杆孔深允许偏差宜为 50 mm；树脂锚杆和快硬水泥卷锚杆的孔深不应小于杆体有效长度，且不应超过杆体有效长度 30 mm；摩擦型锚杆孔深应比杆体长 10～50 mm。

（6）水泥砂浆锚杆孔径应大于杆体直径 15 mm；树脂锚杆和快硬水泥卷锚杆孔径宜为 42～50 mm，小直径锚杆孔径宜为 28～32 mm；水胀式锚杆孔径宜为 42～45 mm。其他锚杆的孔径应符合设计要求。

（7）系统锚杆钻孔方向应为设计开挖轮廓法线方向，垂直偏差不宜大于 20°。

（8）对成孔困难的地段应采用自进式锚杆。

4. 水泥砂浆锚杆

1）施工工艺流程

砂浆锚杆施工工艺流程见图 7-7。

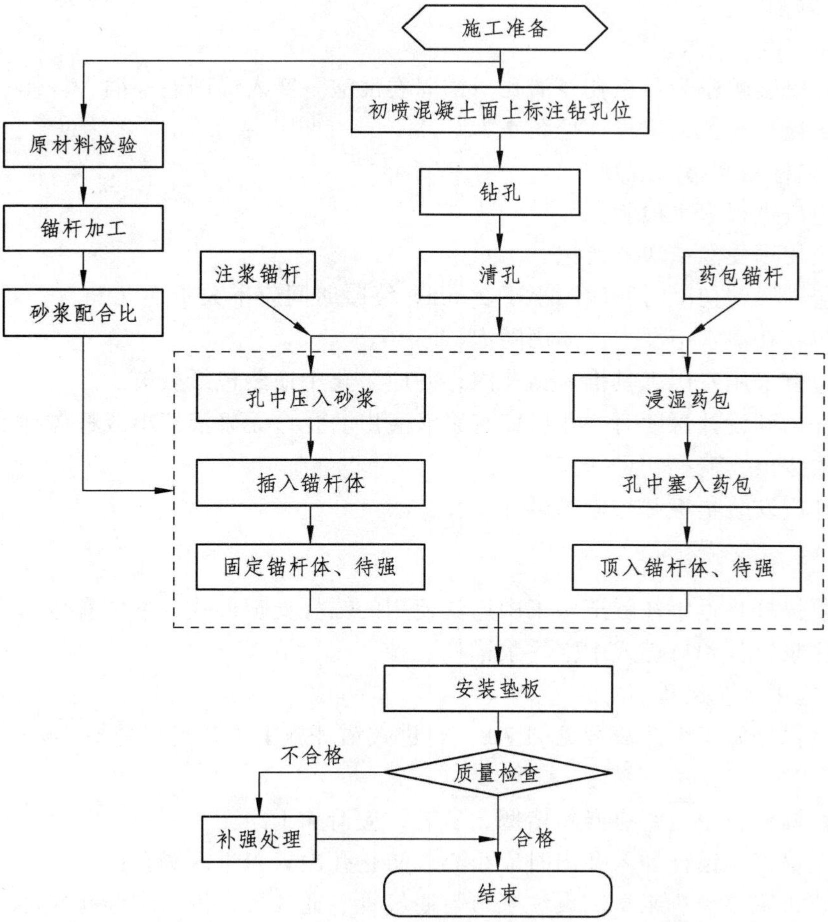

图 7-7　砂浆锚杆施工工艺流程

2）砂浆锚杆安装施工规定

（1）锚杆外露端应加工 120~150 mm 的螺纹，锚杆前端应削尖。

（2）应配有止浆塞、垫板和螺母等配件。

（3）锚杆砂浆应拌和均匀、随拌随用，已初凝的砂浆不得使用。使用掺速凝剂砂浆时，一次拌制砂浆数量不应多于 3 个孔，以免时间过长，砂浆在泵、管中凝结。

（4）锚杆孔灌浆时，灌浆管应插至距孔底 50~100 mm 处，并随砂浆的灌入缓慢匀速拔出。锚杆孔中必须注满砂浆，发现不满时须拔出锚杆重新注浆。注浆管口不准面对人员放置，以防止高压喷出物伤人。

（5）注浆开始或中途暂停超过 30 min 时，应用水润滑注浆管路；注浆孔口压力不得大于 0.4 MPa。

（6）灌浆后应及时插入锚杆杆体，锚杆杆体插到设计深度时，孔口应有砂浆流出。孔口无砂浆流出或杆体插不到设计深度时，应将杆体拔出，清孔，重新安装。

（7）应及时安装止浆塞。

（8）锚杆安装后，不得随意敲击。在水泥浆体的强度达到 10 MPa 后，安装托板和紧固螺帽。垫板应紧贴岩面，垫板与岩面不平整接触时，应用砂浆填实。螺母应拧紧。

5. 药包锚杆

1）安装顺序

药包锚杆安装顺序为：钻孔→清孔→锚固卷浸泡→塞入锚固卷→插入杆体→固定杆体、待强→安装垫板。其工艺流程详见图 7-7。

2）药包锚杆安装施工规定

（1）药包应进行泡水检验。

（2）不应使用受潮结块的药包。

（3）药包砂浆的初凝时间应不小于 3 min，终凝时间应不大于 30 min。

（4）药包宜在清水中浸泡，随用随泡。

（5）药包宜采用专用工具推入钻孔内，并应防止中途药包纸破裂。

（6）锚杆插到设计深度时，孔口应有浆液溢出。孔口无浆液流出或杆体插不到设计深度时，应将杆体拔出，清孔，重新安装。

（7）锚杆应安装垫板并拧紧螺母。

6. 中空注浆锚杆

中空注浆锚杆是近年在隧道施工中广泛使用的锚杆支护形式，主要有普通中空注浆锚杆、组合式中空注浆锚杆和自进式中空注浆锚杆三种。

1）锚杆施工工艺流程

中空注浆锚杆施工工艺流程见图 7-8，自进式锚杆施工工艺流程见图 7-9。

2）锚杆安装

（1）检查锚杆孔中是否有异物堵塞，若有，应清除干净。

（2）安设锚杆。锚杆插入孔内时应小心，防止孔内岩粉进入锚孔内。

（3）安装止浆塞。止浆塞上设注浆口与通气管，通气管应深入到锚孔底部。用钢筋将止浆塞通过锚杆外露端打入孔口 10 cm 左右。

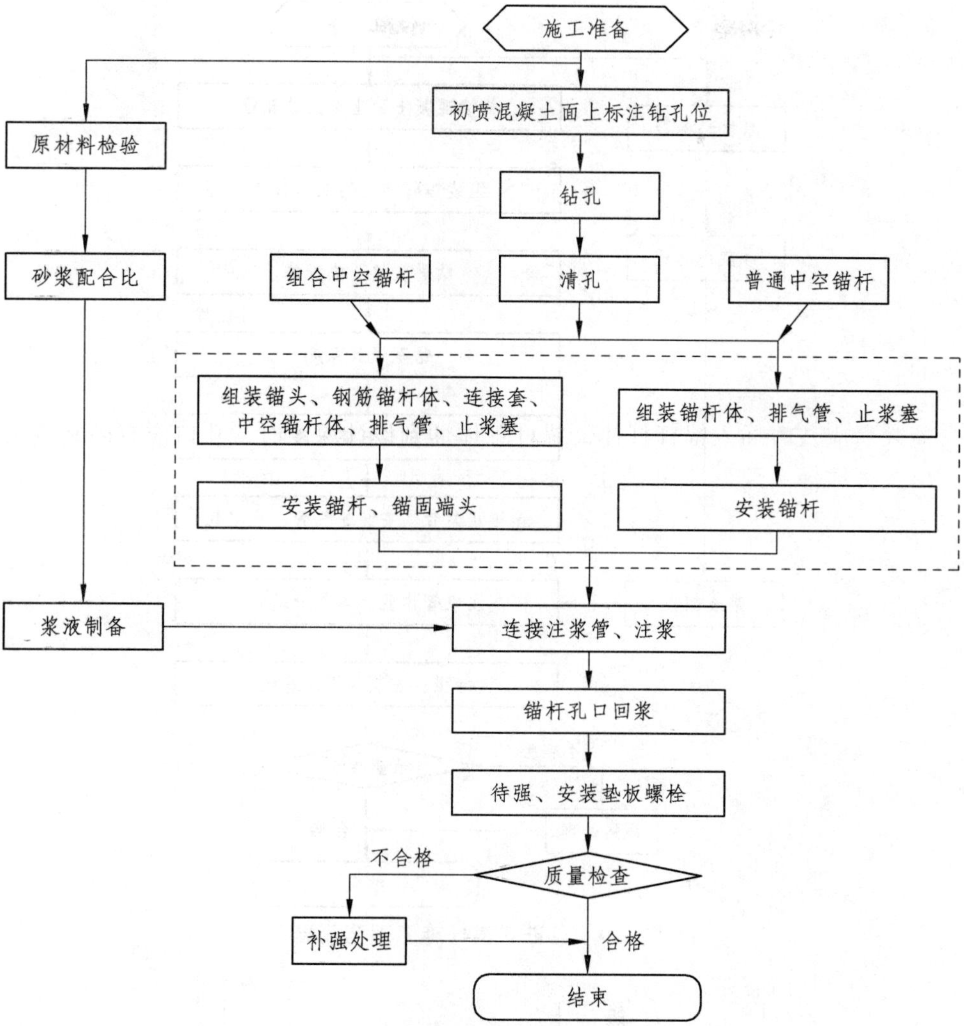

图 7-8　中空注浆锚杆施工工艺流程

（4）安装垫板及螺母，但此时不宜上紧。

（5）自进式锚杆安装前，应检查锚杆体中孔和钻头的水孔是否畅通，若有异物堵塞应及时清理。锚杆体钻进至设计深度后，应用水和空气洗孔，直至孔口返水或返气，方可将钻机和连接套卸下，并及时安装垫板及螺母，临时固定杆体。

3）注浆

普通中空锚杆在锚孔向上倾斜的仰角大于 30°时，锚杆注浆必须自锚杆体外钻孔中注浆，中空锚杆体的中空通孔作为排气回浆管，注浆完成后立即安装堵头。在用于仰角小于 30°或锚孔向下倾斜的俯角时，锚杆注浆可采用由锚杆体内中通管进浆，中通管外钻孔壁排气回浆方式。

组合中空锚杆宜用于锚孔有向上倾斜的仰角时；当时用于锚孔向下倾斜时，锚孔俯角不应大于 30°。注浆时，砂浆经中空锚杆体的中空内孔从连接套上的出浆口进入锚孔壁与钢筋杆体间的空隙，锚孔内的砂浆由下向上充盈，锚孔内的空气从排气管（内径不应小于ϕ6 mm）排出直至回浆，注浆完成立即安装堵头，见图 7-10。

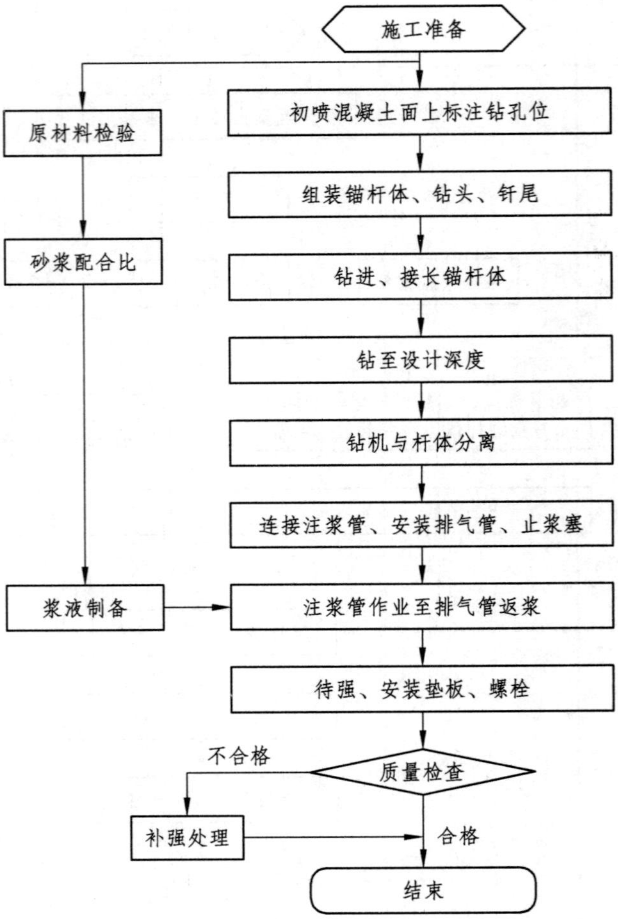

图 7-9　自进式锚杆施工工艺流程

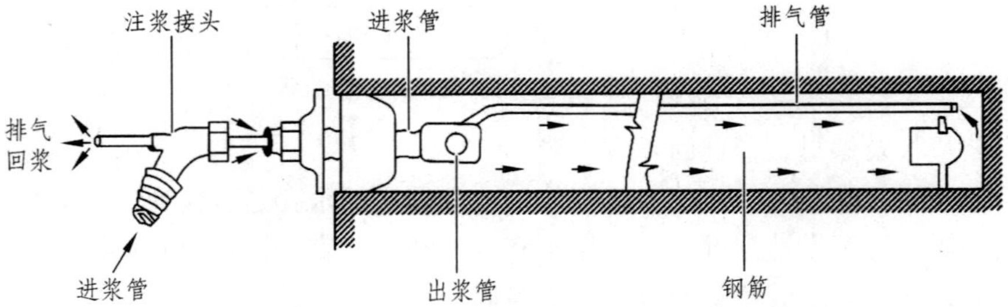

图 7-10　组合中空锚杆注浆工艺

注浆具体施工顺序如下：

（1）检查注浆泵及其零件是否齐备和正常；检查水泥和砂的粒径、比例、温度等是否符合规定。

（2）用水或风检查锚孔是否畅通，孔口返水或风即可。

（3）检查浆液稠度，水胶比或灰砂比是否达到设计要求。如无设计要求可采用如下参考值：灰砂比为 1∶0～1∶1，宜选用直径小于 1.0 mm 的细砂；水胶比为 0.4～0.5。

（4）开动泵注浆，整个过程应连续灌注，直到达到设计注浆量时注浆结束。当注浆压力达到设计终压 20 min 后，进浆量仍达不到注浆终量时，亦可结束注浆，并保证锚杆孔浆液注满。注浆质量合格后将锚杆头封堵，避免浆液倒流。

（5）当完成一根锚杆的注浆后，迅速卸下注浆软管与锚杆的接头，清洗并安装至另一根锚杆，然后注浆。若停泵时间较长，在对下根锚杆注浆前应放掉前段不均匀的灰浆，以免堵孔。

（6）在注浆过程中，应及时清洗接头，保证注浆过程的连续性。

（7）完成整个注浆后，应及时清洗保养注浆泵。

（8）水泥浆体强度达 10.0 MPa 后，上紧螺母。

4）设计、施工要点

（1）中空锚杆体材料应选用符合《中空锚杆技术条件》（TB/T 3209—2008）的无缝钢管轧制。

（2）锚杆体及附属结构的内外表面不得有裂缝、折叠、轧折、离层、结疤和锈斑等缺陷，存放及使用中材料内外表面必须除去油污。

（3）普通中空锚杆在用于边墙或俯角下倾的锚孔时，注浆可采用由锚杆内中空通孔进浆、锚杆口排气方式。用在锚孔向上倾斜的仰角时，锚杆注浆必须采用自锚杆体外钻孔中注浆、锚杆的中空通孔排气的注浆方式。

（4）锚杆孔位、孔深及布置形式符合设计要求，锚杆用的水泥浆或砂浆强度不低于 M20。单管达到设计注浆量时注浆结束；当注浆压力达到设计终压不少于 20 min，进浆量仍达不到注浆终量时，亦可结束注浆。在保证锚杆孔浆液注满，注浆质量合格后将锚杆头封堵，避免浆液倒流。

7. 锚杆的质量检查

1）安装前检查

锚杆安装前应进行下列检查工作，并做好原始记录：

（1）锚杆原材料型号、规格以及锚杆各部件质量和技术性能应满足设计要求。

（2）锚杆孔位、孔径、孔深及布置形式应满足设计要求。

（3）孔内积水、岩粉应吹洗干净。

（4）锚杆杆体应调直、除锈、清除油污。

（5）锚杆外露端应有螺纹，应逐根检查并与螺母试装配。

2）锚杆施工质量检查

（1）锚杆加工质量检查。

锚杆的种类主要包括砂浆锚杆、药卷锚杆、中空注浆锚杆、自钻式锚杆、组合中空锚杆、树脂锚杆、楔缝式端头锚固式锚杆、管缝式锚杆等。每一种锚杆在使用安装前，都必须对其材质、规格和加工质量进行检查，以免将不合格的锚杆材质用于隧道支护。

① 锚杆杆体材料力学性能检测：主要包括抗拉强度、延展性和弹性等。

② 杆体规格：锚杆杆体的直径必须与设计相符，中空锚杆还应检查管壁厚度，可用卡尺或直尺测量。杆体直径和壁厚允许偏差小或等于 4%。此外，还应注意观察杆体直径是否均匀一致，有无削弱钢筋截面的伤痕，若有发现，则应弃之不用。

③ 锚杆长度：锚杆杆体长度应不小于设计值，用直尺测量。

④ 加工质量：锚杆都需要进行一定的加工。锚杆外露端需要加工丝口，用以戴螺母固

定垫板；锚杆前端需要加锚头或削尖；组合中空锚杆连接套与螺纹钢筋和中空锚杆体需连接加工；楔缝式端头锚杆固端需特殊加工。检查时，首先应测量锚杆各部分的尺寸，其次检查焊接件的焊接质量。对于攻丝部分，应检查丝纹质量，观察是否有偏心现象，并戴上螺母。不能满足加工要求的锚杆不能用于工程国。

（2）锚杆安装质量检查。

① 锚杆孔位：钻孔前应根据设计要求定出孔位，做出标记。可用钢卷尺检测锚杆的环向间距和纵向排距，孔位允许偏差为±150 mm，但需控制累积误差，以保证锚杆设计密度。控制方法是，任意 5~10 m 范围内的锚孔数量不少于设计值。检查频率为锚杆数的 10%。

② 锚杆方向：锚杆打设方向应根据围岩情况，尽量与围岩壁面或岩层主要结构面垂直。采用气腿式风动凿岩机钻孔时，边墙锚杆打设方向能满足要求，而拱部锚杆打设方向不易做到与开挖面垂直，容易出现偏差。锚杆打设方向过于偏斜，会使锚杆实际有效锚固深度降低，造成浪费材料，达不到设计效果。锚杆打设方向检查主要采用目测，也可采用地质罗盘检测。

③ 钻孔深度：锚杆孔钻孔深度是保证锚杆锚固质量的前提，孔深不足则锚固深度不够。锚杆钻孔深度不小于锚杆设计长度，孔深允许偏差为±50 mm。钻孔深度可用带有刻度的塑料管或木棍等插孔量测，检查频率为锚杆数的 10%。砂浆锚杆锚固图见 7-11。

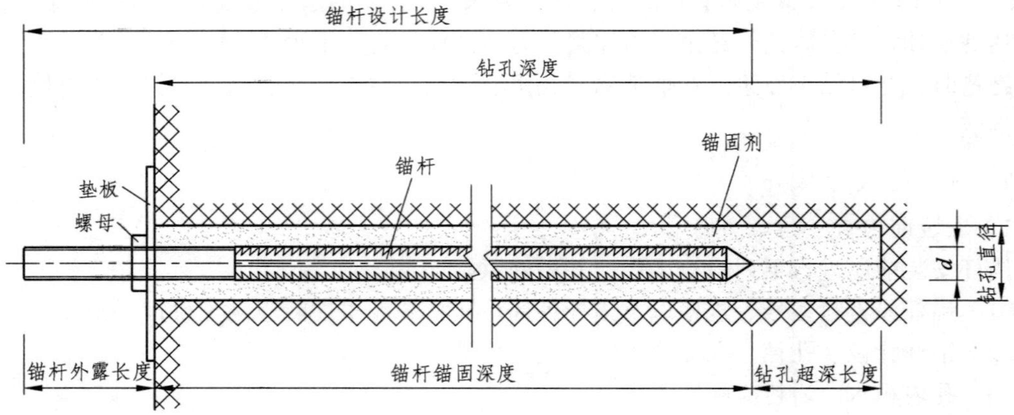

图 7-11　砂浆锚杆锚固

④ 孔径：对于以砂浆作为锚固剂的锚杆，孔径过小会减小锚杆杆体包裹砂浆层的厚度，影响锚杆的锚固力及其耐久性，因此，锚孔钻孔大于杆体直径 15 mm 才符合要求。对于其他形式锚杆，孔内有锚杆连接件、特殊锚头，为便于安装，孔径可以更大一些，以满足安装工艺要求。孔径检查采用直尺、游标卡尺测量，检查频率为锚杆总数的 10%。

⑤ 锚杆锚固剂（砂浆）强度检测：锚固剂（砂浆）强度是锚杆质量的重要保证。砂浆强度检测，首先是在现场取样，每次锚杆安装应至少取一组试件，在标准养护条件下，试件 28 d 的抗压强度不低于设计强度；设计没有特别要求时，砂浆强度等级应不小于 M20。

⑥ 锚杆垫板：锚杆垫板对发挥锚杆锚固作用十分重要，锚杆垫板要求与岩面紧贴，不能出现吊空（垫板没有贴到围岩）、翘边、螺母没有压住垫板的现象。垫板长、宽尺寸偏差不小于 5 mm，厚度大于设计值。检查频率为锚杆数的 10%。

⑦ 锚杆数量：锚杆数量是锚杆设计参数的重要指标。锚杆安装数量检测，可直接在现场肉眼点数，或通过全息扫描拍照点数。方法是，任意取 5~10 m 地段，统计该范围内锚杆

数量，实际数量不得少于设计。检查频率为锚杆总数的 10%。

⑧ 锚杆抗拔力：锚杆（抗）拔力是指锚杆锚固后能够承受的抗拔能力。它是锚杆材料、加工及锚固质量的综合反映，是锚杆质量检测的一项基本内容。锚杆抗拔力检测标准为：检测数量为锚杆数的 1%且每次不少于 3 根，同组锚杆抗拔力的平均值应不小于设计值，单根锚杆的抗拔力不得低于设计值的 90%。

⑨ 锚杆锚固长度和砂浆注满度检测：对全长钻结锚杆，还可采用锚杆质量无损检测仪进行锚固长度和密实度检测。

锚杆施工质量检查及控制标准见表 7-1。

表 7-1 锚杆施工质量检查及控制标准

序号	检查项目	施工控制值	检验频率	检验方法
1	锚杆数量/根	满足设计要求	全部	现场逐根清点
2	锚杆抗拔力/kN	28 d 抗拔力平均值≥设计值，最小抗拔力≥0.9 倍设计值	按锚杆数 1%做抗拔力试验，且不小于 3 根	抗拔力试验
3	锚杆孔位/mm	±150	随机抽查不少于锚杆数的 10%	尺量
4	钻孔深度/mm	±50	随机抽查不少于锚杆数的 10%	尺量
5	孔径/mm	锚杆钻孔直径应大于锚杆杆体直径+15	随机抽查不少于锚杆数的 10%	尺量
6	锚杆长度/m	±100	随机抽查不少于锚杆数的 10%	尺量、物探法
7	锚固剂强度	满足设计要求	每进货批次	按产品标准检验
8	锚杆杆体外观	钢筋无锈蚀，杆体无凹痕、无弯曲	随机抽查不少于锚杆数的 10%	目测
9	锚杆砂浆饱满度	饱满、密实、无空洞	随机抽查不少于锚杆数的 10%	物探法
10	锚头	锚杆外露长度≤100 mm，垫板与岩面密贴、无间隙	随机抽查不少于锚杆数的 50%	目测、尺量

注：锚杆外露长度包括垫板和螺母部分。

8. 锚杆抗拔力测试

1）测试仪器

锚杆抗拔力常用锚杆拉拔计来测试。锚杆拉拔计主要由手动泵、空心千斤顶、高压油管、传力板、压力表构成。在隧道内，由于锚杆与岩面不完全垂直，还需配备楔形调节垫块。如需测试锚杆抗拔位移，可增加行程计量装置（如千分表）。

2）测试方法

（1）现场随机抽测的锚杆，由于锚杆外露端长度不够，需对受检锚杆端头做加长处理，以便测试千斤顶安装。可采用连接套筒接长，连接抗拉强度应能承受 100%杆体极限抗拉力。

（2）专为试验埋设的锚杆，外露长度应加长。试验锚杆可由监理或设计指定埋设。

（3）用砂浆将试验锚杆口部抹平，或用楔形调节垫块调整，使千斤顶作用方向与锚杆方向设计一致。

（4）套上空心千斤顶，加上传力板，通过锚杆尾端丝口用螺母将千斤顶和传力板固定在一起（图 7-12）。

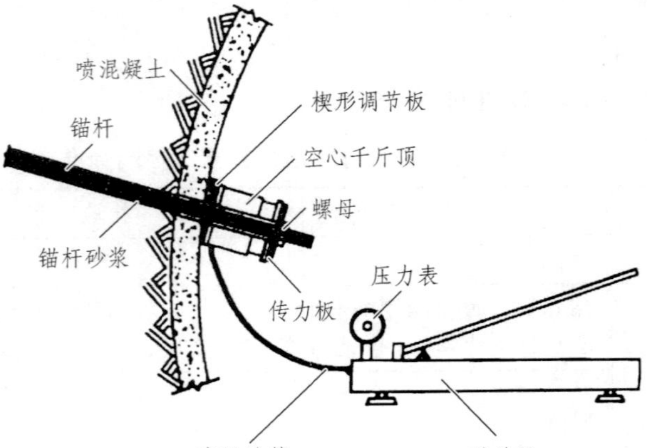

图 7-12　锚杆拉拔测试

（5）通过手动油压泵加压，从压力表读取读数，根据活塞面积换算锚杆承受的抗拔力。绘制锚杆拉力–位移曲线，以供分析研究。

3）注意事项

（1）砂浆锚杆应在锚固砂浆强度达到 100%后进行。

（2）被测试锚杆，应将锚杆垫板取下。

（3）安装拉拔设备时，应使千斤顶与锚杆同心，避免偏心受拉。

（4）锚杆抗拔力试验应逐级加载，每级应匀速加载，速率一般不大于 10 kN/min，每级加载后稍作停顿，并观测记录其变形数值和破坏情况。

（5）拉拔力加到设计要求的抗拉值即可停止加载，一般不做破坏性试验。如有特殊需要，则先测取锚杆的最大抗拉力，再进行破坏性试验。

（6）千斤顶应固定牢靠，并有必要的安全保护措施。应特别注意的是，试验时操作人员要避开锚杆的轴线延长线方向，应在被测锚杆的侧边，并尽可能远离。读取读数时，应停止加压。

9. 锚杆锚固长度和密实度检测

我国公路隧道支护中使用得较多的锚杆为全长黏结锚杆[包括普通砂浆锚杆药包（卷）锚杆、中空注浆锚杆、组合中空锚杆等]。普通砂浆锚杆施工中若钻孔呈水平或向下倾斜，则锚杆孔内的砂浆密实度容易得到保证；若钻孔上仰，特别是垂直向上，则锚杆孔内砂浆很难注满。对长度大于 3.0 m 的药包（卷）锚杆，也难以保证孔内砂浆饱满。

锚杆锚固密实度（或称砂浆注满度、灌浆饱满度、注浆密实度）不好，将严重影响锚杆的有效锚固长度，影响锚杆的长期使用寿命。所以，应增加锚杆锚固密实度检测。

1）锚杆锚固密实度检测原理

锚固密实度检测主要采用声波反射法原理进行。在锚杆杆体外端发射一个声波脉冲，它沿杆体钢筋以管道波形式传播，到达钢筋底端后反射，在杆体外端接收此反射波。如果握裹钢筋的砂浆密实，砂浆又与周围岩体黏结紧密，则声波在传播过程中从钢筋通过水泥砂浆向岩体扩散，能量损失很大，在杆体外端测得的反射波振幅很小，甚至测不到；如果无砂浆握裹，仅是根空杆，则声波仅在钢筋中传播，能量损失不大，接收到的反射波振幅则较大；如果握裹砂浆不密实，中间有空洞或缺失，则得到的反射波振幅的大小介于前两者之间。因此，可以根据杆体外端声波的反射波振幅大小判定锚杆锚固密实度。

2）检测仪器

锚杆锚固密实度检测主要采用按上述原理开发的锚杆质量无损检测仪，该仪器除可进行锚杆砂浆锚固密实度检测外，还可检测锚杆长度。

3）检测方法

进行锚杆锚固密实度检测前，宜进行室内和现场模拟试验，并以试验检测结果修正现场实测的计算参数，以提高检测可靠度。

室内标准锚杆模拟的锚杆孔宜采用内径不大于 90 mm 的 PVC 或 PE 管，其长度应比被模拟锚杆长度长 1 m 以上。锚杆宜采用与所检测工程锚杆相同的类型，其长度宜涵盖设计锚杆长度范围，锚杆外露段长度与工程锚杆设计相同，外露端头应加工平整。标准锚杆宜包含所检测工程锚杆的等级和主要缺陷类型。胶黏材料宜与所检测工程锚杆相同，设计缺陷宜用橡胶管等模拟。

现场模拟试验制作的标准锚杆试验场地宜选在与被检测工程锚杆围岩条件类同的围岩段，且不应影响主体工程施工并便于钻孔取芯施工。标准锚杆应与被检测工程锚杆的施工工艺参数相同。

试验用标准锚杆的注浆材料宜选用与工程锚杆相同的注浆材料和配合比，注浆完成后自然养护。

每种规格的锚杆应设计 1 组试验锚杆。每组试验锚杆宜包括：完全锚固密实（密实度为 100%），中部锚固不密实（密实度为 90%、75%、50%），孔底锚固密实、孔口段锚固不密实（密实度为 90%、75%、50%），孔口锚固段密实、孔底锚固不密实（密实度为 90%、75%、50%）等模型。

对标准锚杆的检测宜在 3 d、7 d、14 d、28 d 龄期时分别进行。现场标准锚杆检测完成后，若条件许可，还需采用钻孔取芯等有效手段进行检验。

对标准锚杆试验结果应编写试验报告，报告应明确试验仪器、仪器设置的最佳参数、检测精度、检测有效范围，并应提供杆体波速、杆系波速、杆系能量修正系数及标准锚杆检测图谱。

对待检锚杆锚固密实度的检测应在锚杆锚固 7 d 以后进行。检测前，应根据模拟试验结果，对检测仪器设备进行检查调试，并清除待检锚杆外露端周边浮浆，分离待检锚杆外露端与喷层，对被测锚杆的外露自由段长度和孔口段锚固情况进行测量与记录。检测时，周边不得有机械振动、电焊作业等对检测有明显干扰的施工作业。

被检测锚杆宜随机抽样，抽样率应符合相关规范要求，并应重点检测隧道拱部及地质条件较差段的锚杆。

当实测信号复杂、波形不规则、无法对锚固质量进行评价，或对检测结果有争议时，宜采用其他方法进行验证。

4）锚固质量评定

根据锚杆质量无损检测仪提供的波形特征、时域信号特征、幅频信号特征，可进行锚固密实度评判，见表 7-2。

表 7-2 锚固密实度评判标准

质量等级	密实度	质量等级	密实度
A	≥90%	C	70%~80%
B	80%~90%	D	<70%

单根锚杆锚固质量无损检测分级评价见表 7-3。

表 7-3 单根锚杆锚固质量无损检测分级评价

锚固质量等级	评价标准	锚固质量等级	评价标准
Ⅰ	密实度为 A 级，且长度合格	Ⅲ	密实度为 C 级，且长度合格
Ⅱ	密实度为 B 级，且长度合格	Ⅳ	密实度为 D 级，或长度不合格

锚杆长度合格标准：应满足设计要求。

二、喷射混凝土

1. 喷射混凝土的基础知识

1）喷射混凝土

喷射混凝土是用喷射机把掺有速凝剂的粗细骨料混凝土以适当的压力，高速喷射到隧道岩壁表面凝结而成的混凝土。由于混凝土颗粒在高速度喷射的猛烈冲击下被连续地捣固和压实，所以喷射混凝土具有密实的结构和较好的物理力学性能。喷射混凝土具有充填裂隙加固围岩、封闭围岩壁面防止风化和能与围岩组成共同承载体系等特点。

喷射混凝土与普通模筑混凝土比较有如下优越性：

（1）喷射混凝土致密，早期强度高，可与围岩牢固黏结形成整体，改传统模筑混凝土的消极支护为积极支护，且薄层柔性喷射混凝土与围岩能够共同变形，从而减少作用在支护结构上的压力。

（2）能及时支护，有效地控制围岩的有害变形，有利于安全施工。

（3）不用模板、拱架，节省大量钢木材料，相应地降低了隧道工程的造价；施工工艺简单，操作方便，机械化程度高，可减轻劳动强度，提高施工效率。

2）喷射混凝土的喷射方式

（1）干喷：将砂、石、水泥按一定比例干拌均匀投入喷射机，同时加入速凝剂，用高压空气将混合料送到喷头，再在该处与高压水混合后以高速喷射到岩面上。其工艺流程如图 7-13 所示。

（2）潮喷：将砂、石料预加水，使其浸润成潮湿状，再加水泥拌和均匀，从而降低上料和喷射时的粉尘。其工艺流程同干喷。

（3）湿喷：用湿喷机压送拌和好的混凝土，在喷头处添加液态速凝剂，再喷到岩面上。其工艺流程如图 7-13 所示。喷射混凝土施工宜采用湿喷工艺。

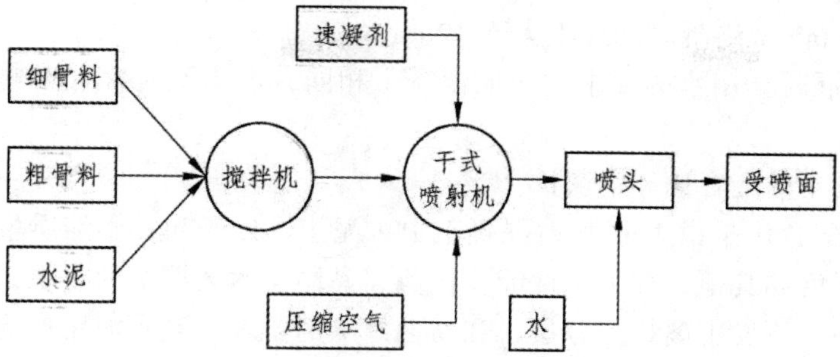

图 7-13　干喷、潮喷工艺流程

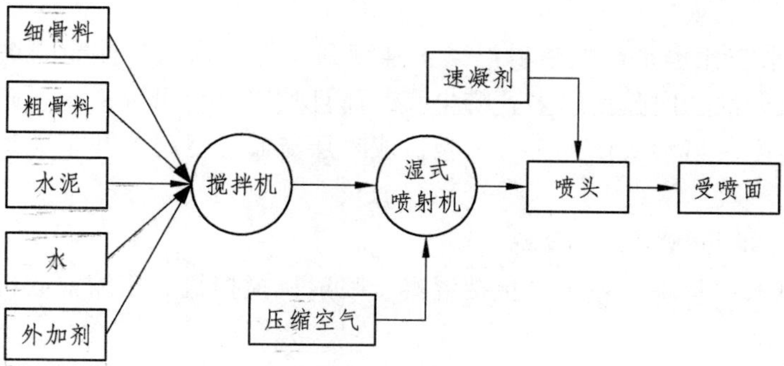

图 7-13　湿喷工艺流程

3）喷射混凝土的特点

（1）干喷的缺点是产生的粉尘量大，回弹量大，加水是由喷嘴处的阀门控制的，水灰比的控制程度与喷射手操作的熟练程度有关。但其使用的机械较简单，机械清洗和故障处理容易。

（2）潮喷是将骨料预加少量水，使之呈潮湿状，再加水泥拌和，从而降低上料、拌和和喷射时的粉尘。但大量的水仍是在喷头处加入和喷出的。

（3）湿喷混凝土质量容易控制，喷射过程中的粉尘和回弹量很少。但其对喷射机械要求较高，机械清洗和故障处理较麻烦。对于喷层较厚的软岩和渗水隧道，则不宜使用湿喷。

（4）由于喷射工艺的不同，喷射混凝土强度不同，干喷和潮喷混凝土强度较低，一般只能达到 C20，而混合喷射和湿喷则可达到 C30~C35。

（4）喷射混凝土的材料及其组成

（1）喷射混凝土的材料。

① 水泥。喷射混凝土对所采用水泥的基本要求是掺入速凝剂后凝结快、保水性好、早期强度增加快、收缩小。一般优先采用硅酸盐水泥或普通硅酸盐水泥，也可采用矿渣硅酸盐水泥。

② 砂子。喷射混凝土的用砂应符合普通混凝土所要求的用砂标准。应采用坚硬耐久的中砂或粗砂，细度模数大于 2.5，集料级配宜采用连续级配。砂的含水率宜控制在 5%~7%。

③ 石子。喷射混凝土应采用坚硬、耐久的卵石或碎石。粒径不宜大于 12 mm。

④ 速凝剂。在喷射混凝土中掺入速凝剂的目的是：加速喷射混凝土的凝结、硬化，提高早期强度；减少回弹量；防止因重力作用而引起的流淌或脱落；增大一次喷射厚度，缩短分层喷射的时间间隔。应选用速凝效果好，对喷射混凝土强度和收缩影响小的速凝剂，其初

凝时间应不大于 3 min，终凝时间应不大于 12 min。

⑤ 水。喷射混凝土用水的要求与普通混凝土相同，水中不应含有影响水泥正常凝结与硬化的有害杂质。

（2）喷射混凝土的配合比和水灰比。

① 配合比。配合比是指 1 m^3 喷射混凝土中水泥土、砂子和石子的质量比。配合比的选择应满足混凝土强度和其他物理力学性能（抗剪、黏结、耐久性）的要求，同时还应满足施工工艺（减少回弹，不发生离析、分层，和易性好）的要求，且水泥用量为最小。

喷射混凝土配合比应满足设计强度和喷射工艺的要求。喷射混凝土 1 d 龄期的抗压强度不应低于 8 MPa。

② 水灰比。水灰比也是影响喷射混凝土强度和其他物理力学性能的重要因素。若水灰比过小，不仅料束分散、回弹量增多、粉尘大，而且喷层上会出现干斑、砂窝等现象，影响喷射混凝土的密实度。当水灰比过大时，会造成喷层流淌、滑移，甚至大片塌落，影响混凝土的强度。

5）喷射混凝土的机械（具）设备

喷射作业的机械（具）设备主要包括混凝土喷射机搅拌机、压缩空气机、机械手、混凝土喷射三联机等。

（1）混凝土喷射机。

目前的国产喷射机，根据其构造特点和使用物料的干湿程度不同，常用的有双罐式混凝土喷射机、转体式混凝土喷射机、螺旋式混凝土喷射机和转盘式混凝土喷射机 4 种。这 4 种混凝土喷射机均为干式喷射机，所需的水是由喷射人员凭经验在喷嘴处加入的。

（2）搅拌机。

由于采用干式喷射机，喷射时的混合料是干料，拌和时易产生粉尘，因此应采用涡轮浆强制式混凝土搅拌机。

（3）压缩空气机。

压缩空气机俗称“空压机”，为了防止压缩空气中的油水混入喷射混凝土中，在高压风进入混凝土喷射机前必须先通过油水分离器把油水过滤排掉，以避免喷射混凝土时出现结块堵管等现象。

（4）机械手。

为了减轻人工把持喷枪的劳动强度和改善喷射的工作条件，机械手一般都具有喷枪臂的伸缩、回转或翻转机构，大臂的起落机构等，都具备使喷枪前后俯仰、左右摆动或画圈，臂杆伸缩、升降或旋转等功能，以满足喷射工艺的要求。

（5）混凝土喷射三联机。

混凝土喷射三联机由料仓（水泥砂、石仓各一个，并具有搅拌和输料功能）、喷射机和机械手三部分组成，也就是从砂石料与水泥干搅拌和输送一直到喷射混凝土，组成一个联合体。

2. 喷射混凝土的施工

1）施工工艺

喷射混凝土施工工艺流程见图 7-14。

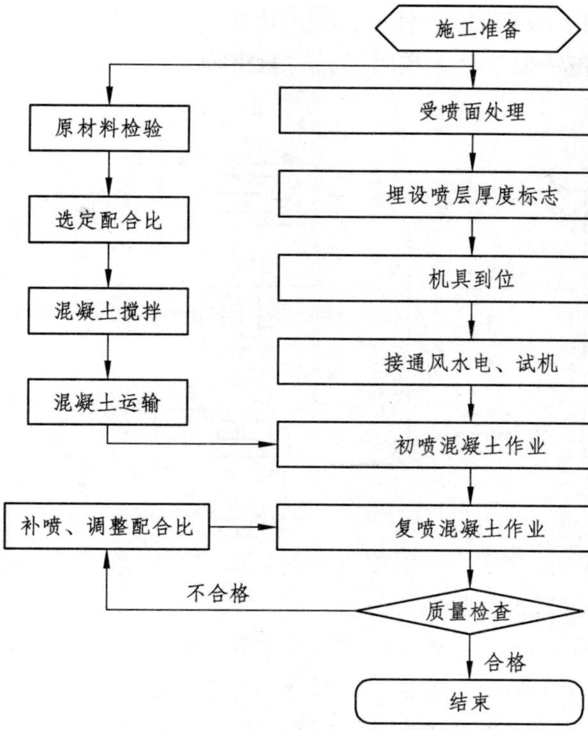

图 7-14　喷射混凝土施工工艺流程

2）准备工作

喷射混凝土作业前，应做好以下准备工作：

（1）检查开挖断面净空尺寸。

（2）清除松动岩块和墙脚岩渣、堆积物，并向料斗加水冲洗受喷面。当岩面受水容易潮解、泥化时，只能用高压风清扫。

（3）设置控制喷射混凝土厚度的标志。一般采用埋设钢筋头作标志，亦可在喷射时插入长度比设计厚度大 5 cm 的铁丝，每 1～2 m 设一根，以作为施工控制使用。

（4）检查机具设备和风、水、电等管线路，并试运转。喷射机应具有良好的密封性能，输送混凝土连续、均匀，附属机具的技术条件应能满足喷射作业需要。

（5）岩面如有渗漏水，应予妥善处理。

① 对于大股涌水，应采用注浆堵水后再喷射混凝土的方式。一般情况下，可顺涌水出漏点打孔，压注速凝浆液进行封堵。

② 对于小股涌水或裂隙渗漏水，视具体情况，宜进行岩面注浆，或采用小导管沿隧道周边环形注浆进行封堵。

③ 对于集中出水点，可顺水路如节理、裂隙等设排水半管或线形排水板，将水引到隧底水沟或纵向排水管中。

3）喷射作业

（1）初次喷射混凝土应在开挖后及时进行，喷射厚度约 5 cm。

（2）喷射操作程序应为：打开速凝剂辅助风→缓慢打开主风阀→启动速凝剂计量泵、主电机、振动器→向料斗加混凝土。

（3）喷射混凝土作业应采用分段、分片、分层依次进行，喷射顺序应自下而上，分段长度不宜大于 6 m。喷射时先将低洼处大致喷平，再自下而上顺序分层，往复喷射。喷射施工顺序见图 7-15。

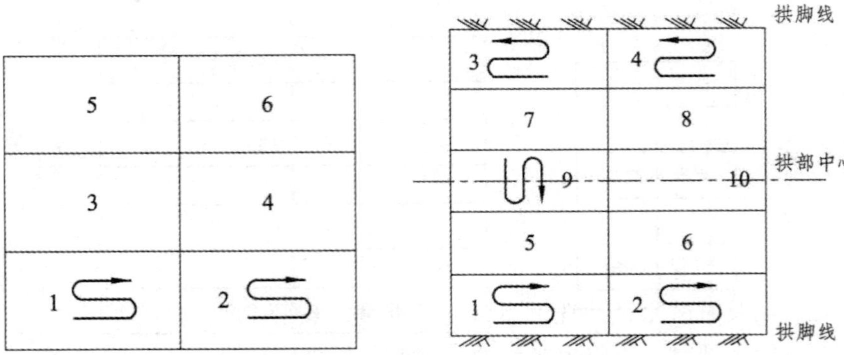

图 7-15　喷射混凝土施工顺序

① 射混凝土分段施工时，完成一段混凝土喷射后应预留斜面，斜面宽度为 200～300 mm，斜面上需用压力水冲洗润湿后再行喷射。

② 分片喷射要自下而上进行并先喷钢架与壁面间混凝土，再喷两钢架之间混凝土。边墙喷混凝土应从墙脚开始向上喷射，使回弹不致裹入最后喷层。

③ 分层喷射时，后一层喷射应在前一层混凝土终凝后进行，若终凝 1　h 后再进行喷射，则应先用风、水清洗喷层表面。混凝土的一次喷射厚度以喷混凝土不滑移、不坠落为度，既不能太厚而影响喷混凝土的黏结力和凝聚力，也不能太薄而增大回弹率。边墙一次喷射混凝土厚度控制在 7～10 cm，拱部控制在 5～6 cm，并保持喷层厚度均匀。顶部喷射混凝土时，为避免产生坠落，两次间隔时间宜为 2～4 h。

（4）喷射速度要适当，以利于混凝土的压实。风压过大，则喷射速度快，回弹量增加；风压过小，则喷射速度慢，压实力小，影响喷射混凝土强度。因此，在开机后要注意观察风压，起始风压达到 0.5 MPa 后，才能开始操作，并根据喷嘴出料情况调整风压。一般工作风压为：边墙 0.3～0.5 MPa，拱部 0.4～0.65 MPa。

（5）喷射时，使喷嘴与受喷面间保持适当距离，喷射角度尽可能接近 90°，以获得最大压实和最小回弹。喷嘴与受喷面间距宜为 0.6～1.5 m；喷嘴应连续、缓慢作横向环行移动，一圈压半圈，喷射手操作喷嘴在空中画出的环形圈，横向宽 40～60 cm，高 15～20 cm；若受喷面被钢架、钢筋网覆盖时，可将喷嘴稍加偏斜，但不宜小于 70°。如果喷嘴与受喷面间的角度太小，会造成混凝土物料在受喷面上的滚动，形成凹凸不平的波形喷面，增加回弹率，影响喷混凝土的质量。

（6）有渗水和大面积潮湿的岩面与喷射混凝土不易黏结，应在初喷混凝土时适当增加水泥用量，增强黏结性。

（7）喷射混凝土终凝 2 h 后，应进行养护。石质隧道采用喷雾养护，黄土隧道采用养护液养护，养护时间不小于 14 d。当气温低于 5℃时，不得洒水养护。

4）施工控制要点

（1）喷射混凝土原材料检验合格后才能使用。速凝剂应妥善保管，防止受潮变质。严格控制拌和物的水灰比，经常检查速凝剂注入环的工作状况。喷射混凝土的坍落度宜控制在 8～

13 cm，过大混凝土会流淌，过小容易出现堵管现象。喷射过程中应及时检查混凝土的回弹率和实际配合比。喷射混凝土的回弹率：侧壁不应大于 15%，拱部不应大于 25%。

（2）喷射混凝土不得挂模喷射。喷射混凝土回弹物不得重新用作喷射混凝土材料。

（3）喷射混凝土拌和物的停放时间不得大于 30 min，未掺入速凝剂的混合料存放时间不宜大于 2 h。

（4）喷射混凝土作业应按初喷混凝土和复喷混凝土分别进行，初喷混凝土厚度宜控制在 20~50 mm，岩面有较大凹洼时，可结合初喷找平；复喷混凝土可分层多次施作，拱顶每次复喷厚度不宜大于 100 mm。边墙每次复喷厚度不宜大于 150 mm。复喷最小厚度不宜小于 50 mm。

（5）喷射完成后应检查喷射混凝土与岩面黏结情况，可用锤敲击检查；同时测量其平整度和断面，并将此断面与开挖断面对比，确认喷射混凝土厚度是否满足设计和规范要求。当有空鼓、脱壳时，应及时凿除，冲洗干净，进行重喷，或采用压浆法充填。

（6）在喷射侧壁下部时，需将上半断面喷射时的回弹物清理干净，防止将回弹物卷入下部喷层中形成“蜂窝”而降低支护强度。

（7）喷射混凝土冬期施工时，洞口喷射混凝土的作业场合应有防冻保暖措施；作业区的气温和混合料进入喷射机的温度均不应低于 5℃；不得在结冰的层面上进行喷射混凝土作业；混凝土强度未达到 6 MPa 前，不得受冻。

3. 喷射混凝土的施工质量检测

1）质量检测内容

喷射混凝土的质量检验内容除包括对原材料进行检测外，还包括喷射混凝土强度、喷射混凝土初喷厚度和总厚度、外观及表面平整度、喷混凝土支护背后空洞等。此外，还包括施工过程喷射混凝土的回弹及粉尘检测。

（1）喷混凝土强度。

喷射混凝土抗压强度是喷射混凝土的主要性能指标。

（2）初喷。

隧道开挖暴露后，需立即对开挖面进行初喷，这是保持围岩稳定和施工作业安全很重要的施工环节，应对喷射混凝土初喷环节进行检测。高速铁路隧道初喷厚度应不小于 40 mm，初喷范围包括开挖轮廓岩面、超挖面、塌方岩面。

（3）喷射混凝土厚度。

喷射混凝土厚度是指混凝土喷层表面与围岩受喷面的距离，是初喷厚度和复喷厚度的总体厚度。喷射混凝土厚度是发挥喷射混凝土支护作用的重要保障。喷射混凝土总体厚度应满足设计要求。

（4）喷射混凝土外观及平整度。

喷射混凝土支护外观上应无漏喷鼓包、开裂、钢筋网（或金属网）外露等现象，喷射混凝土表面要求整体平整、圆顺，不应出现尖角和明显坑凹。

（5）喷射混凝土背后空洞。

喷射混凝土必须直接喷射到围岩壁面上，与围岩密贴接触形成组合结构，如图 7-16 所示。

但在实际工程中，在设有钢架支护的地段，由于超挖、掉块和塌方，隧道实际开挖断面形状与事先加工好的钢架支护形状相差较大，容易出现钢架喷射混凝土层与围岩脱离（图

7-17），形成空洞的现象。喷射混凝土衬砌与围岩之间存在空洞时，喷射混凝土层局部形成孤立的薄壳结构，喷射混凝土层结构承载能力和稳定性大为降低（图 7-17）；同时，由于喷射混凝土衬砌没有形成对围岩的有效约束、围岩也失去了喷射混凝土结构的支护，可能进一步松弛，并可能导致塌方，围岩压力会进一步增大，导致衬砌开裂，影响隧道的使用安全。因此，喷射混凝土背后不允许存在空洞和不密实现象。

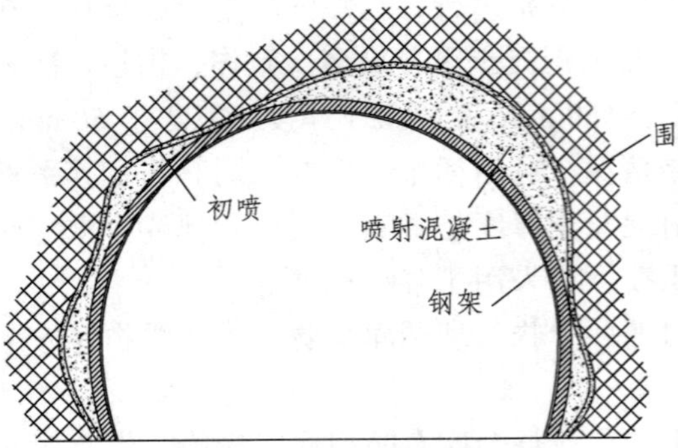

图 7-16　喷射混凝土与围岩密贴

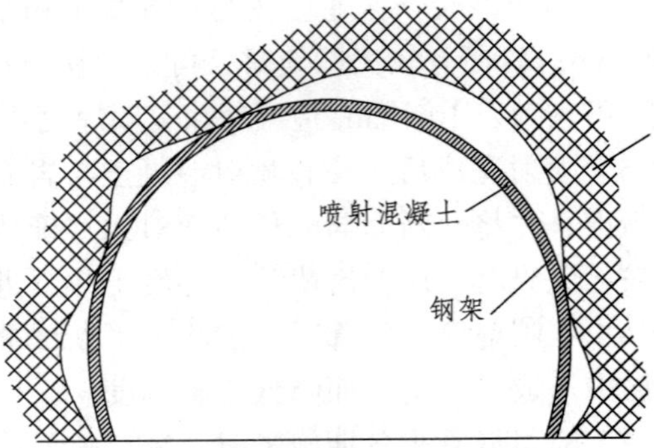

图 7-17　喷射混凝土与围岩脱离

（6）喷射混凝土回弹率。

在喷射混凝土施工过程中，部分喷射混凝土混合料由隧道岩壁跌落到底板的现象称为喷射混凝土的回弹。回弹下来的喷混凝土混合料体积与喷射混凝土总体积之比，称为喷射混凝土的回弹率。

2）施工质量控制标准

喷射混凝土施工质量控制标准见表 7-4。

表 7-4　喷射混凝土施工质量控制标准

序号	检查项目	施工控制值	检验频率	检验方法
1	喷射混凝土强度	在合格标准内	按《公路隧道施工技术规范》（JTG/T 3660—2020）附录 B.3 检查	
2	喷射混凝土厚度	初喷厚度：20~50 mm；最小厚度≥20 mm	初喷混凝土厚度每作业循环检查 1 次，每次不少于 3 个点	钻孔法
		成品厚度：平均厚度≥设计厚度；60%的检查点厚度≥设计厚度；最小厚度≥0.6 倍设计厚度，且≥50 mm	成品厚度每 10 m 抽查 2 个断面，每个断面从拱顶中线起每 3 m 检查 1 点	钻孔法、全站仪、激光断面仪
			双车道隧道拱部、边墙共 3 条测线，三车道、四车道隧道拱部、边墙不少于 5 条测线，连续检测；厚度判定测点，沿每条测线每 3 m 取 1 个点	地质雷达
3	空洞检测	每 10 m 抽查 3 个断面	每 5 m 检查 1 个断面，每个断面检查不少于 3 点	钻孔法.
			双车道隧道拱部、边墙共 3 条测线，三车道、四车道隧道拱部、边墙不少于 5 条测线	地质雷达
4	喷射混凝土支护净空	不小于设计	每 10 m 抽查 3 个断面	全站仪、激光断面仪

3）质量检测方法

（1）喷射混凝土抗压强度试验。

① 检查试件的制作方法。

检查试件制作方法有喷大板切制法、凿方切制法、喷模法、钻芯法。用于检验喷射混凝土抗压强度的试块，应在喷射现场随机制取。

喷大板切割法：在施工的同时，将混凝土喷射在 450 mm×350 mm×120 mm（可制成 6 块）或 450 mm×200 mm×120 mm（可制成 3 块）的模型内。在现场养护 28 d 后，用切割机切掉周边，加工成 100 mm×100 mm×100 mm 的立方体试块，再进行试验。用标准试验方法测得其极限抗压强度，并乘以 0.95 的系数作为试验结果。

凿方切割法：在已经喷好的喷射混凝土结构物上，养护 14 d 后用凿岩机打密排钻孔，取出长约 350 m、宽约 150 mm 的混凝土块，用切割机切掉周边，加工成 100 mm×100 mm×100 mm 的立方体试块。在现场养护 28 d 后，进行试验。用标准试验方法测得其极限抗压强度，并乘以 0.95 的系数作为试验结果。

喷模法（预留试块法）：在喷射混凝土施工的同时，将 150 mm×150 mm×150 mm 标准试模放在施工现场，待喷枪喷射稳定后，将混凝土喷入模内，喷满后将试模内混凝土表面抹平，在现场养护 28 d 后，在压力机上进行试验（精确到 0.1 MPa）。

钻芯法：在已经喷好的喷射混凝土结构物上，养护 28 d 后，直接钻取直径 50~150 mm、长径比大于 1.0 的芯样，用切割机加工成两端平行的圆柱体试块，在压力机上进行试验（精确到 0.1 MPa）。

② 现场检测方法。

拔出法：拔出法分为预埋和后装两种方法，对喷射混凝土而言适合采用后装法，即在结构物上钻孔、切槽，安装拉拔件及装置，然后将其拔出。拉拔件锚深一般为 25 mm，过深不易宜拔出，过浅则不能反映混凝土的内部情况。

射钉法：射钉法又称温莎探针法，是用射钉装置将探针打入混凝土内，根据探针打入深度推测混凝强度，但需要建立混凝土强度相关公式。

③ 检查试件的制取组数。

试件 3 件为 1 组。两车道每 10 延米，至少在拱部和边墙各取一组试件。其他工程，每喷射 50~100 m^3 混合料制作 1 组试件；小于 50 m^3 混合料的独立工程，不得少于 1 组。材料或配合比变更时，应重新制取试件。

④ 喷射混凝土抗压强度的合格标准。

同批试件组数 $n \geqslant 10$ 时，试件抗压强度平均值不低于设计值，且任一组试件抗压强度不低于 0.85 倍的设计值。

同批试件组数 $n<10$ 时，试件抗压强度平均值不低于 1.05 倍的设计值，且任一组试件抗压强度不低于 0.9 倍的设计值。

实测项目中，喷射混凝土抗压强度评为不合格时相应分项工程为不合格。检查不合格时，应查明原因并采取措施，可采用补喷增加喷层厚度予以补强，或凿除重喷。

（2）喷射混凝土厚度检测。

① 检查方法和数量。

a. 喷射混凝土厚度可用凿孔法或地质雷达法等方法检查。

凿孔检查时，宜在混凝土喷后 8 h 以内，用电钻、风钻钻孔检查，发现厚度不够时可及时补喷。如喷射混凝土与围岩黏结紧密，颜色相近而不易分辨，则可用酚酞试液涂抹孔壁，碱性混凝土即呈现红色。

b. 检查断面数量。凿孔检查时，每 10 m 检查 1 个断面，每个断面从拱顶中线起每隔 3 m 凿孔检查 1 个点。

② 合格标准。

全部检查点喷射混凝土厚度须同时满足如下 3 个条件方视为合格：

a. 检查点平均厚度≥设计厚度。

b. 检查点厚度 60%≥设计厚度。

c. 检查点最小厚度≥设计厚度 60%。

（3）喷射混凝土表面平整度检测。

①喷射混凝土表面平整度要求。

a. 喷射混凝土基面平整度应满足：

$$D/L \leqslant 1/6 \tag{7-1}$$

式中：D——喷射混凝土相邻两凸面间下凹的深度（图 7-18）；

L——喷射混凝土相邻两凸面间的距离。

b. 隧道断面变化、厚度变化或转折处的阴角圆弧半径 $R \geqslant 5$ mm 的。

c. 基面不得有钢筋、凸出的构件等尖锐凸出物。

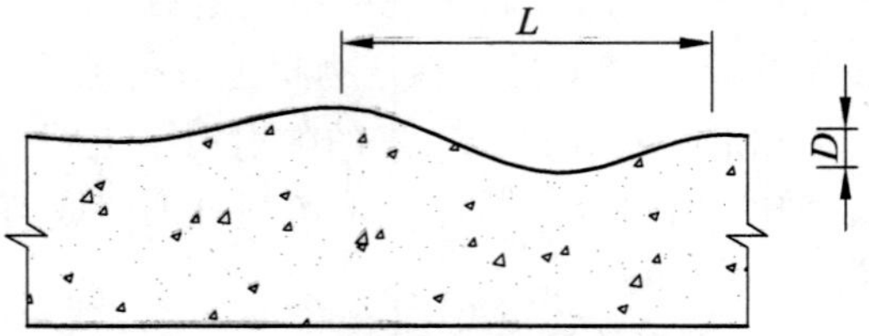

图 7-18 防水板铺设基面检测

② 喷射混凝土表面平整度检测方法。

平整度用 1 m 直尺检测，肉眼观察明显凹凸位置，直尺靠在凸出顶端检测。

（4）喷射混凝土与围岩黏结强度试验。

① 试验方法。

a. 成型试验法：在模型内放置尺寸为 100 mm×100 mm×50 mm 且表面粗糙度近似于实际情况的岩块，用喷射混凝土掩埋。在混凝土达到一定强度后，加工成 100 mm×100 mm×100 mm 的立方体试块，在标准条件下养护至 28 d，用劈裂法进行试验。

b. 直接拉拔法：在围岩表面预先设置带有丝扣和加力板的拉杆，用喷射混凝土将加力板埋入，喷层厚度约 100 mm，试件面积约 300 mm×300 mm（周围多余的部分应予清除）。经 28 d 养护，进行拉拔试验。

② 黏结强度合格标准。

喷射混凝土与岩石的黏结强度：Ⅰ、Ⅱ级围岩不应低于 0.8 MPa，Ⅲ级围岩不应低于 0.5 MPa；围岩强度低于 0.5 MPa 的软岩、破碎围岩、土石围岩、黄土围岩等，不做黏结强度检测。

（5）喷射混凝土支护背后空洞检测。

① 检查方法和数量。

a. 目前喷射混凝土支护背后空洞检测最常用和有效的方法是地质雷达法、凿孔检验法。

凿孔检查法直观、可靠。凿孔检查时，在喷射混凝土层凿孔，用手电、内窥镜、直尺伸入凿孔内检查。

b. 检查断面数量。凿孔检查时，每 10 m 检查一个断面，每个断面从拱顶中线起每隔 3 m 凿孔检查一个点。

② 合格标准。

喷射混凝土支护背部应无空洞、无回填杂物。发现空洞和不密实区，即为不合格，必须进行注浆填充密实。

（6）喷射混凝土回弹率检查。

喷射混凝土的回弹率应予以控制，拱部不应大于 25%，边墙不应大于 15%。应尽量采用经过验证的新技术，减少回弹率。回弹物不得重新用作喷射混凝土材料。

回弹率的测定方法是：按标准操作喷射 0.5～1.0 m^3 的混凝土，在长度 3.0 m 的侧壁或拱部喷 10 cm 厚的喷层，用铺在地面上的彩条塑料布或钢板收集回弹物，称重后换算为体积，其与全部喷出混凝土体积的比值即为回弹率。

（7）其他试验。

当有特殊要求时，应作喷射混凝土的抗拉强度、弹性模量等指标试验。

4. 钢筋网喷射混凝土施工

为了提高喷射混凝土的整体性，防止收缩开裂，使混凝土受力均匀，并提供一定的抗剪强度，利于抵抗岩石塌落和承受冲击荷载，有时要在喷射混凝土中配置钢筋网。目前，我国各类隧道工程中应用钢筋网喷射混凝土支护的比较多，主要用于软弱破碎围岩，而更多的是与锚杆或钢拱架共同形成联合支护。

钢筋网材料宜采用 Q235 钢，钢筋直径一般为 6～8 mm，网格尺寸为 150 mm×150 mm～300 mm×300 mm，搭接长度应为 1～2 个网格，采用焊接方式。

1）钢筋网施工

（1）钢筋网片加工。

钢筋网片在钢筋加工场内集中加工。先用钢筋调直机把钢筋调直，再截成钢筋条。钢筋网片尺寸根据拱架间距和网片之间搭接长度综合考虑确定。

钢筋焊接前，要先将钢筋表面的油渍、漆污、水泥浆、浮皮、铁锈等清除干净；加工完毕后的钢筋网片应平整，钢筋表面无削弱钢筋截面的伤痕。

（2）成品存放。

制作成型的钢筋网片必须轻抬轻放，避免摔地产生变形。钢筋网片成品应远离加工场地，堆放在指定的成品堆放场地。存放和运输过程中要避免潮湿的环境，防止锈蚀、污染和变形。

（3）挂网。

按图纸标定的位置挂设加工好的钢筋网片，钢筋片随初喷面的起伏铺设，绑扎固定于先期施工的系统锚杆之上，再把钢筋片焊接成网。网片搭接长度为 1～2 个网格。

2）施工控制要点

（1）钢筋网格尺寸应符合设计要求。

（2）钢筋网在初喷混凝土以后铺挂，且保护层厚度不得小于 2 cm。

（3）砂层地段应先加铺钢筋网，沿环向压紧后再喷射混凝土。

（4）钢筋网应随初喷面的起伏铺设，与受喷面的间隙一般不大于 3 cm，与锚杆（锚杆安装 3 d 后）或其他固定装置连接牢固。

（5）采用双层钢筋网时，第二层钢筋网应在第一层钢筋网被混凝土覆盖后铺设，其覆盖厚度不应小于 3 cm。

（6）在开始向钢筋网喷射混凝土时，应适当缩短喷头至受喷面的距离，并调整喷射角度，这样可提高喷射料流的冲击力，迫使混凝土挤入钢筋背后，保证钢筋能被混凝土完全包裹，并保证喷层的密实性。钢筋保护层厚度不得小于 4 cm。

（7）钢筋网钢筋每节长度不宜小于 2.0 m，钢筋搭接长度不应小于 30 倍钢筋直径。钢筋网每个交点和搭接段均应绑扎或焊接。

（8）钢筋网应与锚杆或其他固定装置联结牢固，在喷射混凝土时不晃动。

（9）喷射中如有脱落的石块或混凝土块被钢筋网卡住时，应及时清除后再喷射混凝土。

3）钢筋网施工质量检测

（1）原材料检查。

钢筋进场时必须对其质量进行全面检查，按批抽取试件做屈服强度、抗拉强度、伸长率和冷弯等试验，性能指标、规格应符合设计及规范要求。钢筋使用前应先进行调直，并将钢筋表面的油渍、铁锈、泥、灰等污物清除干净。

（2）铺设质量检查。

①材料：钢筋网钢筋规格应符合设计要求，使用前应调直、清除锈蚀和油渍，钢筋网环向钢筋每节长度不宜小于 2.0 m。

②铺设：钢筋网应在初喷混凝土后再进行施工。钢筋网钢筋应随初喷面的凹凸起伏进行铺设，与初喷混凝土表面之间的间隙应不大于 30 mm，并与先期施工的锚杆或专为固定钢筋网所用的短锚杆或其他固定装置绑扎或焊接。采用双层钢筋网时，第二层钢筋网应在第一层钢筋网被喷混凝土全部覆盖后进行铺设。

③钢筋网格及钢筋搭接：钢筋网格尺寸应符合设计要求，网格尺寸允许偏差为±10 mm，每 100 m^2 检查 3 个网格。钢筋网搭接长度不应小于 50 mm，并不小于一个网格长边尺寸。钢筋网每一交点和搭接段应进行绑扎或焊接。

④保护层厚度：喷射混凝土保护层厚度不应小于 20 mm，喷射混凝土完成后即可检测。检测时，沿隧道纵向每 10 延米范围内检查点不少于 5 个，分别在边墙、拱腰、拱顶凿孔检查。

钢筋网施工质量控制标准见表 7-5。

表 7-5　钢筋网施工质量控制标准

序号	检查项目	施工控制值	检验频率	检验方法
1	钢筋网格尺寸/mm	±10	每次铺挂分别在拱顶、边墙、仰拱抽查 2 个网格，分部施工每分部不小于 2 个点	尺量
2	钢筋网与受喷面的距离/mm	≤50	每次铺挂分别在拱顶、边墙、仰拱抽查 2 个网格，分部施工每分部不小于 2 个点	尺量
3	搭接长度/mm	≥30 d（*d* 为钢筋直径），不小于一个网格长边尺寸	每次铺挂分别在拱顶、边墙、仰拱抽查 2 个网格，分部施工每分部不小于 2 个点	尺量

续表

序号	检查项目	施工控制值	检验频率	检验方法
4	钢筋保护层厚/mm	≥20	纵向每 5m 分别在拱顶、边墙、仰拱检查 3 点	尺量、钻孔法
5	铺挂面积	满足设计要求	实测铺设面积，全部检查	尺量
6	钢筋网钢筋数量/根	满足设计要求	全部	逐根清点、地质雷达
7	钢筋网钢筋外观	钢筋无锈蚀，杆体无凹痕、无弯曲	随机抽查，不少于钢筋数的 10%	目测

三、钢拱架

无论是采用喷射混凝土还是锚杆或是在喷射混凝土中加入钢筋网、钢纤维，都主要是利用其柔韧性，而对整体刚度并未过多要求。这对支护破碎程度较低的围岩是可行的。但当处理破碎严重的软弱围岩且其自稳能力差时，就要求早期支护具有较大的刚度，以阻止围岩的过度变形或承担部分松弛荷载，此时可采用钢架支撑。钢架通常与锚杆、钢筋网、喷射混凝土等共同组成受力体系，起到支撑围岩稳定、限制围岩变形的作用。

钢架一般选用钢筋、型钢、钢轨等材料，按设计要求预先制成构件，使用时焊接或栓接成整体。钢架一般可分为型钢钢架和格栅钢架两种。

型钢钢架通常由工字钢、U 型钢、H 型钢、槽钢、钢轨等材料加工而成。型钢刚架的刚度和强度大，在软弱破碎围岩中施工或处理坍方时使用较多，但与混凝土黏结不好，与围岩间的空隙难于用喷射混凝土紧密充填，易致钢架附近喷射混凝土出现裂缝。

格栅钢架一般由普通Ⅱ级钢筋经冷弯成型后，按隧道轮廓进行设计、焊接而成。格栅钢架的断面形式有三角形、矩形、四边形。

1. 钢架施工

钢拱架施工工艺

1）施工工艺流程

钢架施工工艺流程见图 7-19。

2）钢架加工

（1）型钢钢架。

加工场地用混凝土硬化，精确抹平，按设计放出加工大样。结合隧道开挖方法，采用型钢弯制机，按照隧道断面曲率分节进行钢架弯制。弯制完成后，先在加工场地上进行试拼。各节钢架的拼装，要求尺寸准确，弧形圆顺，沿隧道周边轮廓误差不大于 3 cm；型钢钢架平放时，平面翘曲小于 2 cm。

（2）栅钢架加工。

格栅钢架一般在现场设计的工装台上加工。工作台一般用钢板制成，其上根据不同断面的钢架主筋轮廓放样成钢筋弯曲模型。钢架在胎模内焊接，控制变形。

按设计要求，加工好各单元格栅钢架后，组织试拼，检查钢架尺寸及轮廓是否合格。加工允许误差为：沿隧道周边轮廓误差不大于 3 cm，平面翘曲应小于 2 cm，接头连接要求同类之间可以互换。

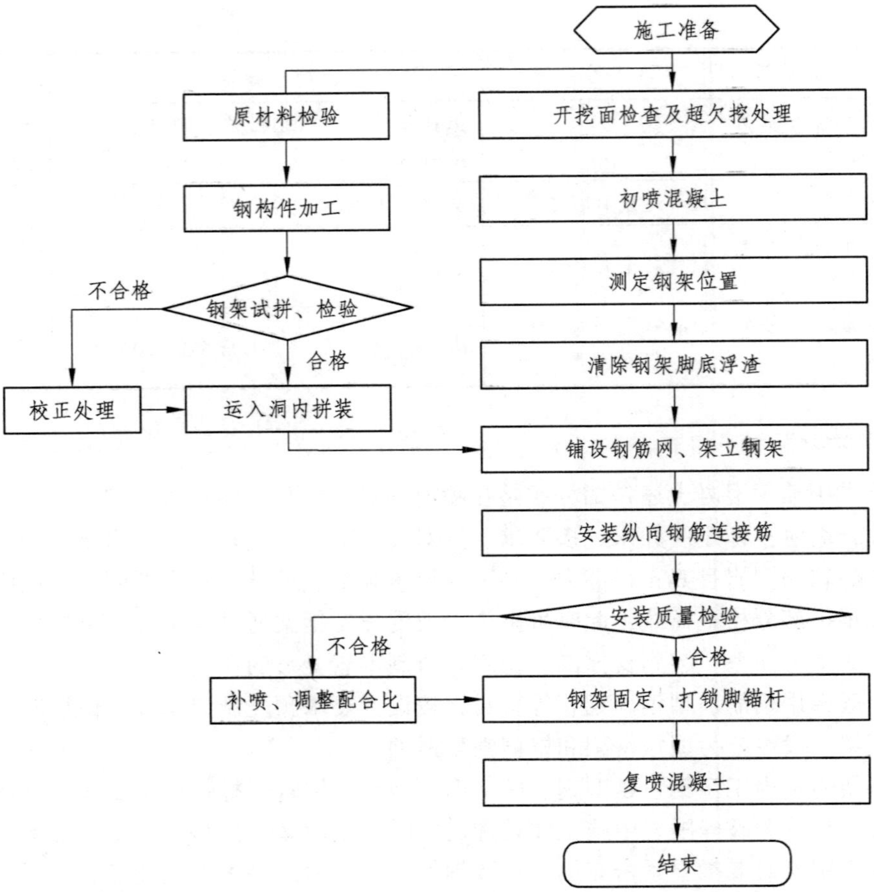

图 7-19　钢架施工工艺流程

格栅钢架各单元必须明确标注类型和单元号，并分单元堆放于地面干燥的防雨篷内。

（3）钢架加工要点。

钢架制作应符合下列规定：

① 钢架型号、规格、几何尺寸应满足设计要求，其形状应与开挖断面相适应。

② 钢架支护断面内轮廓尺寸可根据隧道实际开挖轮廓进行加工，加工的内轮廓曲线半径不应小于设计钢架的内轮廓曲线半径。

③ 钢架可分节段制作，每节段长度应根据设计尺寸和开挖方法确定，每节段长度不宜大于 4 m，每节段应编号，注明安装位置。

④ 钢架节段两端应焊接连接钢板，连接钢板平面应与钢架轴线垂直。

⑤ 连接钢板规格尺寸应满足设计要求，连接钢板上螺栓孔应不少于 4 个，应采用冲压或铣切成孔，并应清除毛刺；不得采用氧焊烧孔。

⑥ 不同规格的首榀钢架加工完成后应在平整地面上试拼。当各部尺寸满足设计要求时，方可进行批量生产。

⑦ 型钢钢架应采用冷弯法制造成型，宜在工厂加工。

⑧ 型钢钢架与连接钢板焊接应采用双面焊。

⑨ 格栅钢架所有钢筋连接节点必须采用双面对称焊接。

3）钢架安装

钢架安装在掌子面初喷完成后立即进行。

根据测设的位置，各节钢架在掌子面以螺栓连接，连接板应密贴。为保证各节钢架在全环封闭之前置于稳固的地基上，安装前应清除各节钢架底脚下的虚渣及杂物。同时每侧应打设锁脚锚杆（锚管），锚杆长度不小于 3.5 m，每侧数量为 2～3 组（每组 2 根）。底部开挖完成后，底部初期支护及时跟进，将钢架全环封闭。V级围岩需在拱部钢架基脚处设槽钢以增加基底承载力。

为保证钢架位置安设准确，隧道开挖时，需在钢架的各连接处预留连接板凹槽。初喷混凝土时，在凹槽处打入木楔，为架设钢架留出连接板（和槽钢）位置。钢架按设计位置安设，在安设过程中当钢架和初喷层之间有较大间隙时，应每隔 2 m 用混凝土预制块或钢楔楔紧，钢架背后用喷射混凝土填充密实。钢架纵向连接采用钢管（钢筋），环向间距为 1 m。

钢架落底接长在单边交错进行，每次单边接长钢架 1～2 排。在软弱地层可同时进行落底接长和与仰拱相连，并及时喷射混凝土。接长钢架和上部钢架通过垫板用螺栓牢固、准确连接。

架立钢架后，应尽快进行喷混凝土作业，以使钢架与喷混凝土共同受力。喷射混凝土分层进行，先从拱脚或墙脚处由下向上喷射，防止上层喷射料虚掩拱脚（墙脚）不密实，造成强度不够，拱脚（墙脚）失稳。

4）施工要点

（1）钢架应按设计位置安设，应清除钢架拱脚虚渣，使之支承在稳固的地基上。钢架之间必须用钢筋纵向连接，并要保证焊接质量。

（2）钢架应在初喷混凝土后安装。钢架应贴近初喷射混凝土面安装，当钢架和围岩初喷射混凝土面之间有间隙时应采用钢楔块或木楔块楔紧，并用喷射混凝土充填密实。有多个楔块时，楔块和楔块的间距不宜大于 2.0 m。

（3）钢拱架的拱脚采用纵向托梁和锁脚锚管等措施加强支撑。

（4）钢架节段与节段之间应通过连接钢板用螺栓连接。

（5）喷射混凝土时，要将钢架与岩面之间的间隙喷射饱满，达到密实。

（6）喷射混凝土应分层次、分段喷射，初喷混凝土应尽早进行“早喷锚”，复喷混凝土应在量测指导下进行，以保证喷射混凝土的复喷适时有效。

（7）钢架应垂直于隧道中线在竖直方向安装，竖向不倾斜，平面不错位、不扭曲；上、下、左、右允许偏差为±50 mm，钢架倾斜度允许偏差为+2°。

（8）接头是钢架的弱点部位，在施工中应尽量减少接头个数。在膨胀性或地应力大的地层中，钢拱架接头可采用能滑移的可缩式钢架。可缩接头处应预留 20 cm 左右宽的部位暂不喷射混凝土，待可缩接头合龙或围岩变形基本稳定后，再将预留部位喷满混凝土。

5）采用钢拱架支护时的一般规定

（1）钢拱架支护必须有足够的刚度和强度，能够承受隧道施工期间可能出现的荷载。

（2）钢拱架的支护间距宜为 0.5~1.5 m。钢拱架应分节制作，节段与节段之间应通过钢板用螺栓连接或焊接。

（3）采用钢拱架支护的地段，连续使用钢拱架的数量不小于 3 榀；钢拱架支护榀与榀之间必须用直径为 18~22 mm 的钢筋连接，连接筋的间距不大于 1 m，并应在钢拱架支护内缘、外缘交错布置。

（4）钢拱架与围岩之间混凝土保护层的厚度不应小于 40 mm，临空一侧混凝土保护层的厚度不应小于 20 mm。

2. 施工质量检测

钢架一般用在围岩条件较差地段、围岩可能出现坍塌失稳冒顶地段。钢架支护且安装就位后，就具有一定承载能力，能大大提高初期支护的支护能力。因此，必须重视钢架的加工与安装质量检测，确保施工安全。

1）材料规格

型钢钢架的型钢型号规格、格栅钢架钢筋规格应符合设计要求。

2）加工质量检测

（1）加工尺寸。

钢架加工尺寸和形状应符合设计要求，应与隧道的开挖断面相适应。加工尺寸小于设计尺寸，将导致初期支护侵入二次衬砌结构，影响二次衬砌结构厚度。同时，加工尺寸精度将影响安装质量，降低钢架的支护效果。不同规格的首榀钢架加工完成后应在平整地面上试拼，周边拼装允许偏差为±30 mm，平面翘曲应小于 20 mm。

格栅钢架需检测钢架截面尺寸（宽×高），对检测的格栅钢架，每节段检测两个截面，截面尺寸不小于设计要求。

连接钢板宽和厚度误差≤±5 mm，钻孔直径和孔位误差≤±3 mm。

（2）焊接。

钢架加工时采用焊接，包括钢架与连接板的焊接、格栅钢架钢筋节点的焊接，焊接质量对钢架的结构作用产生直接影响。为了保证焊接结构的完整性、可靠性，除了对焊接技术和焊接工艺作要求以外，还需对各焊接点进行检测。所有钢筋节点必须采用双面对称焊接，焊接长度应大于 20 mm，可通过肉眼观察和敲击听声音方式检测，抽查是否有假焊、漏焊、焊缝气泡，焊缝裂纹、焊缝长度是否符合要求。格栅钢架与连接钢板的焊接应增加 U 形钢筋连接焊，见图 7-20。

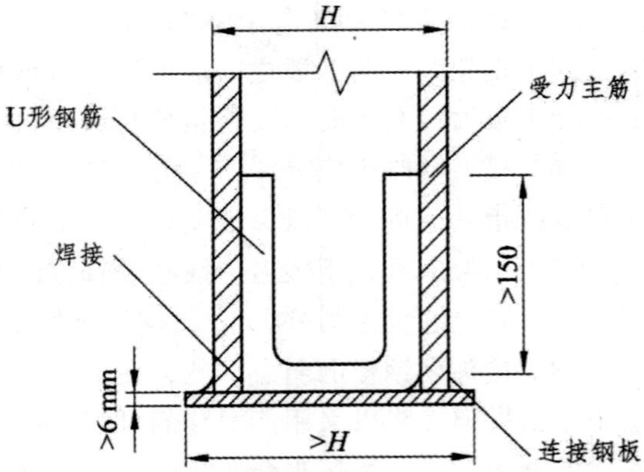

图 7-20　格栅钢架与连接钢板的焊接
（单位：mm）

（3）强度和刚度。

钢架必须具备足够的强度和刚度，必要时应对钢架的强度和刚度进行抽检，将一定数量的钢架样品放到试验台上进行加载试验。

3）安装质量

（1）安装尺寸。

钢架间距是支护设计的重要参数，检测时，在现场用钢卷尺测量，相邻钢架之间距离误差不应超过±50 mm。同时，在同一设计参数地段，钢架榀数不应小于设计值。

（2）倾斜度。

钢架安装后的竖直面应垂直于隧道中线，竖向不倾斜，平面不错位、扭曲，上、下、左、右允许偏差±50 mm。钢架在隧道纵面上的倾斜度小于 2°，可用坡度规、全站仪或经纬仪检测。

（3）钢架节段之间的连接。

钢架节段之间要求用钢板通过螺栓连接，要求上下两钢板对齐、吻合，螺栓孔对正，螺栓拧紧，使上下两块连接钢板贴紧并进行焊接；可通过肉眼抽检。

（4）钢架固定。

相邻两钢架之间应设纵向连接固定，通常采用 HRB400 钢筋连接，也有采用短节型钢连接的。连接件应与钢架焊接，采用双面焊，每处的焊缝长度不仅应小于 40 mm，可通过肉眼、敲击听声音、卷尺抽检。

（5）钢架与锁脚锚杆固定。

钢架与锁脚锚杆固定应连接牢固，传力明确可靠，可增设 U 形钢筋连接焊接，见图 7-21。

（6）钢架楔块。

钢架应尽量靠近围岩，当钢架与围岩的间隙过大时应用楔块楔紧。两楔块之间、楔块和钢架与围岩接触点之间距离不宜大于 2 m。

（7）保护层厚度。

钢架与围岩之间的混凝土保护层厚度不应小于 40 mm，临空一侧的混凝土保护层厚度不应小于 20 mm。凿孔检测时，每榀从拱顶中线向两侧每 3 m 凿孔检查 1 个点；地质雷达检测时，从拱顶中线起每隔 3 m 各布置一条纵向检测线，进行多榀钢架连续检测。

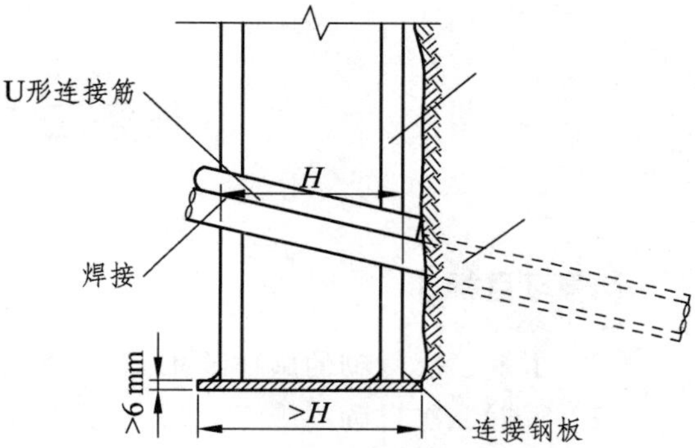

图 7-21 钢架与锁脚锚杆固定连接（单位：mm）

钢架支护施工质量控制标准见表 7-6，格栅钢架施工质量控制标准见表 7-7。

表 7-6 钢架支护施工质量控制标准

序号	检查项目		施工控制值	检验频率	检验方法
1	安装间距/mm		±50	逐榀检查	尺量
			平均值±50	隧道拱部、边墙共 3 条测线	地质雷达
2	钢架数量		不少于设计值	全部	逐榀清点、地质雷达
3	保护层厚度/mm		临空侧保护层≥20	每 10 m 抽查 3 处	尺量、钻孔法
4	倾斜度/(°)		±2	逐榀检查	铅锤法
5	钢架轴线连接偏位/mm		±3	逐榀检查	尺量
6	连接钢板		钢板平面无翘曲、连接螺栓个数≥4	全部	逐个目测
7	安装偏差/mm	横向	向洞内偏差不大于 10	逐榀检查	经纬仪、全站仪
		竖向	≥设计高程		
		钢架平面翘曲	≤50		
8	钢架连接件	数量/个	不少于设计值	全部	逐个清点
		间距/mm	±50	每榀 3 处	尺量

表 7-7　格栅钢架施工质量控制标准

序号	检查项目	施工控制值	检验频率	检验方法
1	钢筋直径	满足设计要求	全部钢筋	目测、尺量
2	钢筋焊接	双面	逐点检测	目测、尺量
3	钢筋与钢板焊接	连接辅筋不少于 2 根	逐榀检查	目测

【任务实施】

对隧道实体模型采用合适的方法，选择正确的检测仪器进行初期支护的质量检测，并编制出检测报告，给出结论。

任务二　二次衬砌施工

【学习目标】

（1）了解二次衬砌的施作要求。
（2）掌握二次衬砌的施工方法。
（3）熟悉仰拱施工质量控制标准。
（4）掌握二次衬砌拱墙混凝土施工流程及施工要求。

【任务描述】

通过隧道二次衬砌施工方法的学习，能判断施工二次衬砌的时机，能描述二次衬砌的施工方法、施工流程及施工要求，能对仰拱施工质量进行控制。

【相关知识】

在隧道初期支护完成后，为防止围岩不致因暴露时间过长而风化、松动和塌落，而降低围岩的稳定性，需要施作二次衬砌。在永久性的隧道及地下工程中常用的衬砌形式有整体式衬砌、复合式衬砌及锚喷衬砌。本任务主要介绍复合式二次衬砌。

二次衬砌的施作要求：

（1）深埋隧道二次衬砌的施作，一般情况下应在围岩和初期支护变形基本稳定后进行。变形基本稳定应符合以下条件中的任意一条。

① 隧道周边变形速率明显下降并趋于缓和。
② 水平收敛（拱脚附近 7 d 平均值）小于 0.2 mm/d，拱部下沉速度小于 0.15 mm/d。
③ 施作二次衬砌前的累计位移值已达到极限相对位移值的 80%。
④ 初期支护表面裂隙（观察）不再继续发展。

（2）浅埋隧道应及早施作二次衬砌，且二次衬砌应予以加强。

（3）围岩及初期支护变形过大或变形不收敛，又难以及时补强时，可提前施作二次衬砌，以改善施工阶段结构的受力状态。此时，二次衬砌应予以加强。

衬砌施工过程

二次衬砌的施工方法：二次衬砌施工要遵循“仰拱超前、拱墙整体衬砌”的原则。初期支护完成后，为有效地控制其变形，仰拱应尽量紧跟开挖面施工。仰拱施作完成后，利用多功能作业平台，人工铺设防水板；绑扎钢筋后，采用衬砌台车进行二次衬砌；采用拱墙一次性整体浇筑施工方法。

一、仰拱施工

进行二次衬砌拱圈施工前，应先进行仰拱施工。

1. 施工方法

仰拱及仰拱填充施工工艺流程见图 7-22。

仰拱应紧跟开挖面施作，距开挖面距离应符合规范要求。仰拱施作时，人工配合挖掘机捡底，底部虚渣、杂物、积水要清理干净。为减少其与出渣运输的干扰，采用施工栈桥进行仰拱全幅施工，全幅灌注。仰拱和底板混凝土强度达到 5 MPa 后，行人方可通行，达到设计强度 100%后，车辆方可通行。

施工时，首先布设仰拱栈桥，再进行仰拱石方开挖并处理欠挖。欠挖采用风钻钻孔，松动控制爆破，反铲配合清渣，高压风吹底；然后立模板（仰拱和填充层在施工缝处错开 50 cm，预埋接茬钢筋，拆模后进行凿毛处理）并浇筑混凝土，混凝土从混凝土运输车直接输入，插入式振捣棒振捣密实，待混凝土养护到设计强度后，移至下一幅仰拱施工。仰拱填充及铺底应超前拱墙衬砌台车 3 倍以上的循环作业长度。这样，可为拱墙衬砌台车提供轨道铺设条件，既有利于文明施工，又保证了隧道底部的施工质量，从根本上消除了隧底质量隐患，有利于结构稳定。

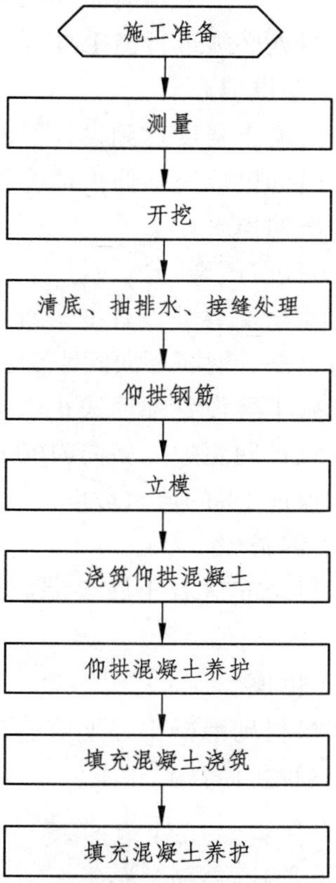

图 7-22　仰拱及仰结束填充施工工艺流程

1）隧底清理

施工前，应将隧底虚渣、杂物、泥浆、积水等清除干净，并用高压风将隧底吹洗干净，超挖应采用同级混凝土回填。

2）钢筋连接

仰拱钢筋参照隧道设计图施工。钢筋净保护层厚度为 5 cm，采用钢筋接驳器连接，同一区段内钢筋接头面积不大于全部钢筋面积的 50%。仰拱与边墙衔接处预留连接钢筋，接头要错开，连接质量要保证，使仰拱与边墙衔接成为一个整体。

3）立模

在保证仰拱衬砌厚度的情况下，严格控制模板顶面标高，立模要求模板表面平整，安装到位，支撑牢固。当仰拱采用分段施工时，注意预留纵向钢筋搭接位置。按测量班放样位置、标高准确立模并固定牢固，避免混凝土浇筑时出现跑模现象。

4）仰拱浇筑

浇筑仰拱应从仰拱中心向边墙方向两边对称进行。混凝土所用材料应符合设计规范要求，并严格按试验室提供的配合比施工。控制好粗骨料粒径、水灰比、坍落度及拌和时间。

振捣采用插入式振捣器振捣，振捣过程中应避免出现过振、漏浆现象，要求振捣密实，绝不能出现蜂窝，以保证混凝土强度。严格控制顶面高程，混凝土表面高程不得高于设计值。

在混凝土浇筑过程中，观察模板、支架、钢筋、预埋件和预留孔洞的情况，当发现有变形、移位时，应及时采取加固措施。混凝土浇筑应连续进行，当因故间歇时，其间歇时间应小于前层混凝土的初凝时间或能重塑的时间；当超过允许间歇时间时，按接缝处理，衬砌混凝土接缝处必须进行凿毛处理。

5）仰拱填充

在混凝土强度达到设计值的70%后，清除仰拱上面的碎渣杂物，并清洗干净，无积水，方可浇筑仰拱填充。仰拱填充采用整幅浇筑，其表面高程不得大于设计高程。仰拱填充严禁使用片石回填。

6）预留预埋

在明暗交界处设置变形缝。为减少变形缝两侧沉降，仰拱部位二次衬砌内设ϕ32 mm 双层抗剪钢筋，钢筋环向间距 20 cm，单根长 50 cm，仰拱变形缝空隙采用填缝料填塞密实；仰拱环向施工缝设置中埋式止水带。

按设计间距埋入横向ϕ100 mm 的 PVC 排水管，一端接入纵向中心管沟，另一端接入隧道边沟，保证 2%的流水坡度。

7）养护

仰拱填充混凝土施工完成后，采用通体洒水保湿养护，且养护不得中断。养护时间为14 d。

8）拆模

仰拱衬砌混凝土强度应达到 8.0 MPa 方可拆模。特殊情况下，应根据试验及监控量测结果确定拆模时间。

2. 仰拱施工注意事项

（1）仰拱初期支护喷射混凝土不得与仰拱混凝土衬砌一次浇筑。

（2）仰拱初期支护钢架应与拱墙钢架对齐，误差不应大于 20 mm。

（3）仰拱混凝土衬砌应先于拱墙混凝土衬砌施工，超前距离应根据围岩级别、施工机械作业环境要求确定，一般不宜大于拱墙衬砌浇筑循环长度的 2 倍。

（4）仰拱衬砌混凝土应整幅一次浇筑成型，不得左右半幅分次浇筑，一次浇筑大于 5.0 m。

（5）仰拱填充混凝土不得与仰拱衬砌混凝土一次浇筑。填充混凝土应在仰拱混凝土终凝后进行。

（6）仰拱衬砌横向施工缝与填充混凝土横向施工缝宜错开设置，错开距离不宜小于0.5 m。在设有变形缝的位置，仰拱衬砌变形缝与填充混凝土变形缝应在同一断面上。仰拱施工缝和变形缝应作防水处理。

（7）仰拱和仰拱填充混凝土应在其强度达到 2.5 MPa 后方可拆模。仰拱和仰拱填充混凝土强度达到设计强度的 100%后方可允许运渣车辆通行。

（8）仰拱表面应平顺，确保水流畅通，高程允许偏差为±15 mm，表面平整度允许偏差为 20 mm。

（9）回填注浆应在衬砌混凝土强度达到设计强度的 70%后进行。

3. 仰拱施工质量控制标准

仰拱实测项目及要求见表 7-8，仰拱填充实测项目及要求见表 7-9。

表 7-8　仰拱施工质量控制标准

项次	检查项目		规定值或允许偏差	检查频率	检查方法
1	混凝土强度/MPa		在合格标准内	按《公路工程质量检验评定标准　第一册　土建工程》（JTG F80/1—2017）的要求执行	试件检测
2	坍落度/mm	<100	±20	按《公路工程质量检验评定标准　第一册　土建工程》（JTG F80/1—2017）的要求执行，每组试件 1 次	坍落度筒
		≥100	±30	按《公路工程质量检验评定标准　第一册　土建工程》（JTG F80/1—2017）的要求执行，每组试件 1 次	坍落度筒
3	仰拱厚度/mm		不小于设计值	每一浇筑段不少于 2 个断面，每个断面不少于 5 点	尺量
4	仰拱底面高程/mm		±15	每一浇筑段不少于 2 个断面，每个断面不少于 5 点	混凝土浇筑前，水准仪

表 7-9　底板、仰拱填充施工质量控制标准

项次	检查项目		规定值或允许偏差	检查频率	检查方法
1	混凝土强度/MPa		在合格标准内	按《公路工程质量检验评定标准　第一册　土建工程》（JTG F80/1—2017）的要求执行	试件检测
2	坍落度/mm	<100	±20	按《公路工程质量检验评定标准　第一册　土建工程》（JTG F80/1—2017）的要求执行，每组试件 1 次	坍落度筒
		≥100	±30	按《公路工程质量检验评定标准　第一册　土建工程》（JTG F80/1—2017）的要求执行，每组试件 1 次	坍落度筒
3	底板厚度/mm		不小于设计值	每一浇筑段不少于 2 个断面，每个断面不少于 5 点	混凝土浇筑前，水准仪
4	顶面（底板）高程/mm		±10	每一浇筑段不少于 2 个断面，每个断面不少于 5 点	混凝土浇筑前，水准仪

二、二次衬砌拱墙混凝土施工

1. 施工工艺

二次衬砌施工工艺流程见图 7-23。

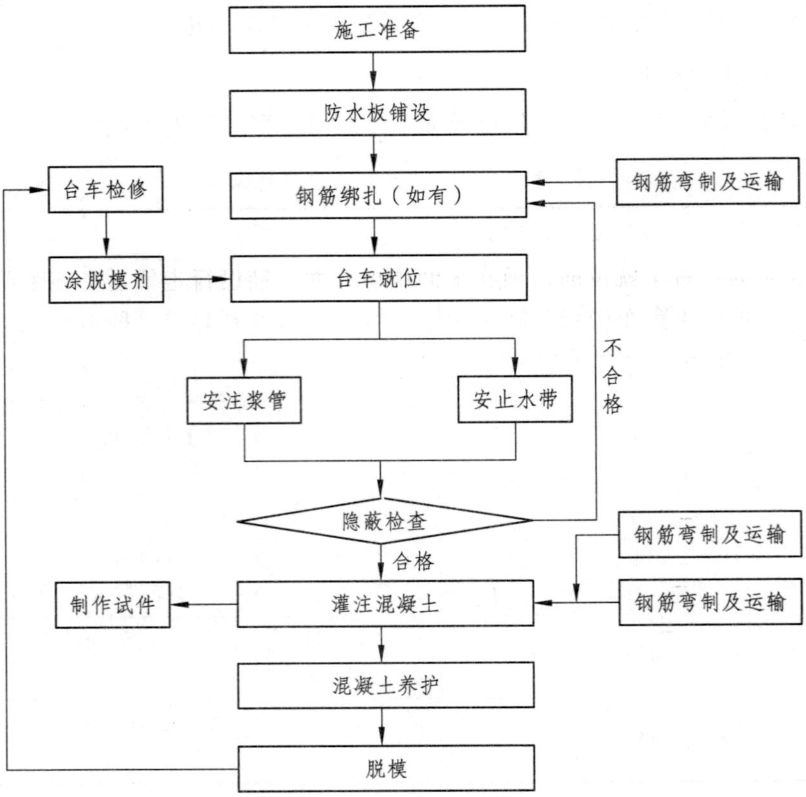

图 7-23　二次衬砌施工工艺流程

1）净空量测

拱墙衬砌施工前，先对隧道净空进行量测，合格段落可以直接按照设计铺设防水板，不合格段落需采取相应措施整理合格。对于侵入二次衬砌的初期支护或围岩应视其大小进行处理。当围岩完整、石质坚硬时，允许围岩个别突出部分（每 1 m^2 不大于 0.1 m^3）侵入衬砌，侵入厚度不应大于 5 cm。拱脚和拱脚以上 1 m 内端面严禁欠挖。

（1）对初期支护断面检查。直线段每 20 m、曲线段每 10 m 测 1 个断面，做好记录，绘制断面图。

（2）对初期支护侵限部位，在做好防止失稳措施后进行凿除，重新做初期支护并达到设计要求。对超挖部分，如有坍塌范围较大者，应事先做好处理（拱部范围及墙脚以上 1 m 范围内的超挖，应用与衬砌同级混凝土回填；隧底超挖部分，应用与隧底结构同级的混凝土回填）。

（3）当喷射混凝土表面凹凸较大时，对突出部分进行修凿喷平，凹进部分喷射混凝土补平；外露锚杆头及钢筋头应切除并用砂浆抹平，以满足铺设防水板对初期支护表面平顺度的要求。

2）防水板挂设

防水板应保持松弛适度，表面无破损，焊缝密实，不漏气。

3）衬砌钢筋

钢筋加工弯制前应调直，并将表面油渍、水泥浆和浮皮铁锈等清除干净；加工后的钢筋表面不应有削弱钢筋截面的伤痕。按照设计要求进行衬砌钢筋制作，钢筋接头应设置在承受应力较小处，并应分散布置。配制在“同一截面”内受力钢筋接头的截面面积，占受力钢筋总截面面积的百分率，应符合设计要求。钢筋的布置形式必须符合设计要求。钢筋绑扎时，不能烧伤防水板。

4）模板台车就位

拱墙二次衬砌采用全断面整体钢模衬砌台车，施工前对施工缝界面进行处理，浮浆清理干净，并涂抹界面剂。台车就位前，须找平仰拱填充面，铺设行走轨道。施工前准确测量使衬砌台车定位，保证衬砌台车中线与隧道中线一致，高程达到要求，模板与上一循环混凝土的搭接长度应大于 10 cm。台车就位后，启动微调机构，用仪器校正模板外轮廓与设计净空相吻合，并锁定台车。校正模板外轮廓时，应注意复核台车中线是否与隧道中线重合、台车拱顶高程是否考虑预留沉落量，软弱围岩段应按规定考虑 3~5 cm 预留沉落量。

测量复核无误，拱墙模板成型后固定。模板安装必须稳固牢靠，接缝严密，不得漏浆。模板表面要光滑，与混凝土的接触面必须清理干净并涂刷隔离剂，涂刷时均匀且不污染混凝土表面及钢筋。清理基底杂物、积水和浮渣，装设钢制或木制挡头模板，并按设计要求装设橡胶止水带。模板台车安装完毕并自检合格后报请监理工程师检查，合格后开始衬砌混凝土灌注。堵头板分层设排水孔排出泌浆水。在堵头板上沿竖向每 20~30 cm 设可以封闭的孔（ϕ10~14 mm 的螺钉孔即可），浇筑时根据混凝土的层面，依序打开孔排水，排完水及时封孔。灌注混凝土自下而上，先墙后拱，对称浇筑。

5）浇筑衬砌混凝土

混凝土采用集中拌和站拌和、搅拌运输车运输、输送泵泵送混凝土入模灌注、插入振捣器捣固。

混凝土泵送软管从模板台车的进料窗口（从最低一级窗口逐渐上移）处注入混凝土。混凝土应对称、分层浇筑，分层捣固。每层浇筑高度不大于 50 cm，为保证混凝土的密实性，采用高频振捣器振捣+附着式振动器振捣。

混凝土浇筑过程中要防止钢模台车偏移，混凝土倾落自由高度不超过 2.0 m。在混凝土浇筑过程中，观察模板、支架、钢筋、预埋件和预留孔洞的情况，当发现有变形、移位时，应及时采取加固措施。混凝土浇筑应连续进行；当因故间歇时，其间歇时间应小于前层混凝土的初凝时间或能重塑的时间；当超过允许间歇时间时，按接缝处理，衬砌混凝土接缝处必须进行凿毛处理。

当混凝土浇筑面接近顶部时（以高于模板台车顶部为界限），进入封顶阶段。为了保证空气能够顺利排除，在堵头的最上端预留两个圆孔，安装排气管，其大小以ϕ50 mm 为宜。排气管采用轻质胶管或塑料管，以免沉入混凝土之中。将排气管一端伸入仓内，且尽量靠前，以免被泵管中流出来的混凝土压住堵死；另一端即露出端不宜过长，以便于观察。随着浇筑继续进行，当发现有水（实为混凝土表层的离析水、稀浆）自排气管中流出时（以泵压≤0.5 MPa 为宜），即说明仓内已完全充满了混凝土，立即停止浇筑混凝土，撤出排气管和泵送软管，并将挡板的圆孔堵死。封顶混凝土按规范严格操作，从内向端模方向灌注，排除空气，保证拱顶灌注厚度和密实。

6）脱模养护

在初期支护已稳定地段二衬混凝土强度达到 8 MPa 时即可脱模；初期支护未稳定，二次衬砌提前施作时，混凝土强度应达到设计强度的 100%。特殊情况下，应根据设计、试验及监控量测结果决定拆模时间。

混凝土灌注完毕 12 h 以内开始对混凝土加以覆盖并保湿养护，混凝土养护的最低期限应符合有关要求，且养护不得中断。

7）压浆

由于超挖回填不密实和混凝土坍落度的影响，往往在衬砌背后与围岩之间留有空隙，使衬砌与围岩不密贴，不能很好地控制围岩的进一步变形和水的渗透，因此在多数情况下需要进行压浆工作，以达到限制围岩后期变形、改善衬砌结构受力工作状态的目的。

压浆工作宜在与衬砌作业区保持 70~100 m 距离范围内，同时向前推进，如留待隧道衬砌完成后再压浆，效果不好。

一般只在拱顶部位进行压浆，压浆浆液多采用单液水泥浆。

2. 施工要点

（1）拱、墙混凝土应一次连续浇筑，不得采用先拱后墙浇筑。不得先浇矮边墙。

（2）施工缝、变形缝施工。

① 墙体纵向施工缝应按图 7-24 设置，不宜设在剪力与弯矩最大处或底板与边墙的交接处，应高出底板顶面不小于 30 cm，且宜在水沟盖板底面以下的墙体上，并应设连接钢筋。

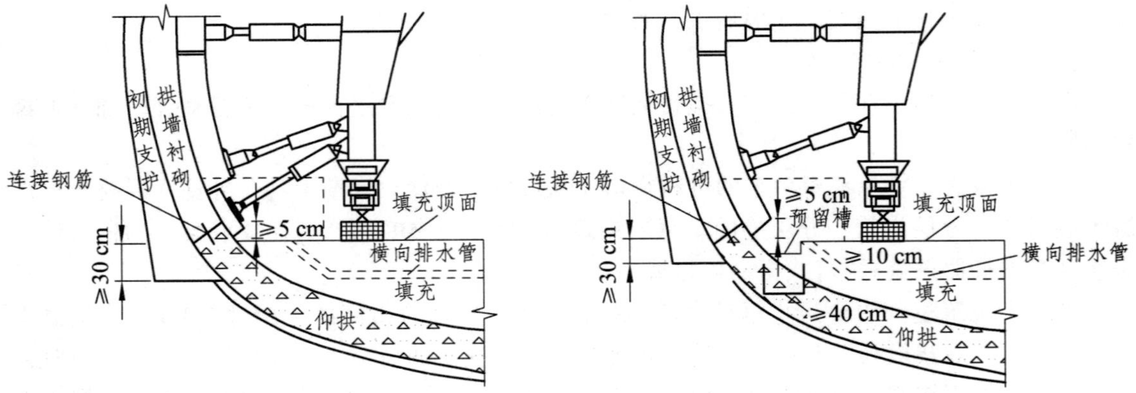

图 7-24　墙体纵向施工缝示意图

② 施工缝距墙体预留孔洞边缘不应小于 30 cm。变形缝处混凝土结构的厚度不应小于 30 cm，嵌缝应密实。

③ 混凝土浇筑段施工接头宜采用带有气囊的端模（堵头板），以防止漏浆。

④ 施工缝、变形缝施工时，缝内两侧应平整、顺直、清洁、无渗水。

⑤ 在浇筑新混凝土前，宜在垂直施工缝已有的混凝土面上铺一层厚度不大于 30 mm 的砂浆或不大于 30 cm 的混凝土。

⑥施工缝处接筑混凝土时，应凿除混凝土表面的水泥砂浆和松软层。凿毛应使露出新鲜混凝土面积不低于 75%为标准。人工凿毛时混凝土强度应达到 2.5 MPa，风动机凿毛时混凝土强度应达到 10.5 MPa。

（3）注浆回填。

① 注浆回填宜采用图 7-25 和图 7-26 的纵向预贴注浆管道法。

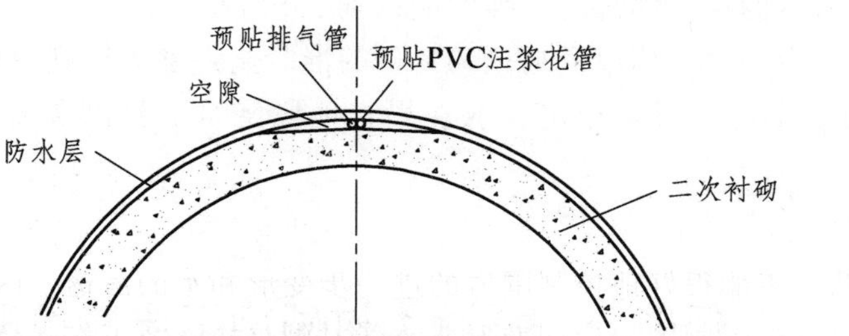

图 7-25　纵向预贴注浆管道法横断面示意图

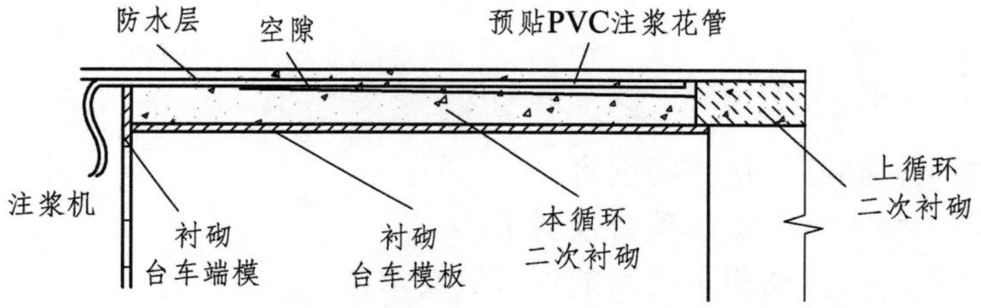

图 7-26　纵向预贴注浆管道法纵断面示意图

② 预贴注浆花管宜采用ϕ20～30 mm 的 PVC 管，并应在管身布设梅花形溢浆孔。排气管不布孔，根据排气需要安设。

③ 回填注浆应采用微膨胀性水泥砂浆，有特殊要求的地段可采用强度高、流动性好的自流平水泥浆。

④ 回填注浆应在孔口封堵材料达到一定强度后进行。

⑤ 注浆压力达到 0.2 MPa 或排气孔出浆时，即可结束注浆。

（4）衬砌不得侵入隧道建筑限界，衬砌施工放样时应将设计的轮廓线扩大 5 cm。

（5）隧道衬砌后，应对隧道基础变形沉降进行监测。具体要求为：Ⅲ级围岩段每 400m、Ⅳ级围岩段每 300 m、Ⅴ级围岩段每 200 m 设一观测面；隧道左右侧布设一对沉降观测点；观测周期为每周 1 次。

（6）衬砌混凝土施工应符合下列规定：

① 混凝土出料口距浇筑面的垂直距离不应大于 2.2 m。

② 混凝土应从两侧边墙向拱顶、由下向上依次分层对称浇筑，两侧混凝土浇筑面高差不应大于 1.0 m，同一侧混凝土浇筑面高差不应大于 0.5 m。

③ 混凝土浇筑至振捣窗下 0.2 m 时，应关闭振捣窗。

（7）衬砌背后空洞回填应符合下列规定：

① 衬砌背后空洞回填作业应在衬砌混凝土厚度达到设计厚度的条件下进行，并应在下一环衬砌浇筑混凝土前完成。

② 边墙背后空洞深度小于或等于 1.0 m、拱部背后空洞深度小于 0.5 m 时，应采用与衬

砌相同强度等级的混凝土回填密实，并应与衬砌混凝土同时浇筑。

③ 边墙背后空洞深度大于 1.0 m、拱部背后空洞深度大于 0.5 m 时，应按设计要求处理。

④ 当采用浆砌片石或片石混凝土回填时，片石不得侵入二次衬砌内。

⑤ 当衬砌混凝土厚度不足时，不得采用注浆回填，应采用其他方式处理。

（8）拱架、支架和模板拆除应符合下列规定：

① 不承受外荷载的拱、墙混凝土强度应达到 5.0 MPa。

② 承受围岩压力的拱、墙以及封顶和封口的混凝土强度应达到设计要求。

③ 围岩和初期支护变形未稳定，或在塌方地段浇筑的衬砌混凝土应达到设计强度的100%。

任务三　混凝土衬砌施工质量检测

【学习目标】

（1）掌握混凝土衬砌施工检查的内容。
（2）熟悉衬砌混凝土施工实测项目及要求。
（3）掌握模筑混凝土衬砌质量检测的项目、要求。
（4）了解地质雷达法检测混凝土衬砌质量的方法。

【任务描述】

通过隧道混凝土衬砌施工质量检测相关知识的学习，掌握混凝土衬砌施工检查的内容，掌握模筑混凝土衬砌质量检测的项目、要求等；能够针对施工图纸和施工现场条件，对二次衬砌的施工进行指导和质量控制。

【相关知识】

混凝土衬砌是隧道结构的重要组成部分，是隧道防水工程的最后一道防线，也是隧道外观美的直接体现。隧道混凝土衬砌质量好坏对隧道长期稳定、使用功能的正常发挥有很大影响。采用钻爆法开挖的隧道，混凝土衬砌通常采用现浇，也称模筑混凝土衬砌，在整体式衬砌、复合式衬砌中的二次衬砌以及明洞衬砌中被大量采用。

隧道目前多采用复合式衬砌。隧道开挖后，先进行喷锚衬砌（初期支护）施工，铺设防水层，然后浇筑模筑混凝土衬砌。隧道混凝土衬砌质量检测包括：衬砌模板、混凝土强度、衬砌厚度、衬砌钢筋、衬砌背后空洞、外观及整体几何尺寸等。

混凝土为什么叫“砼”？

一、混凝土衬砌施工检查

混凝土衬砌浇筑前，应完成初期支护及防排水系统相关检查，合格后方可进行混凝土衬砌施工。

1. 衬砌基坑开挖检查

混凝土衬砌施工前，需对衬砌边墙基础开挖（包括与仰拱座连接）的基本尺寸进行检测，基底高程应符合设计要求，基坑尺寸应大于或等于设计尺寸，严禁欠挖。采用水准仪检测高程、经纬仪检测位置或用全站仪检测高程和位置，钢尺检测几何尺寸。

基坑开挖应严格控制一次开挖长度，减少基坑暴露时间，如遇初期支护拱脚悬空，应及时用喷射混凝土填实或增加锁脚锚杆等措施。混凝土浇筑前，应清理基坑内的浮渣，抽干基坑内的积水，基坑及边墙存在的超挖部分必须采用同级混凝土回填。

2. 模板检查

衬砌模板质量在一定程度上决定着隧道衬砌的外观质量，并影响衬砌的内在质量，因此，在施工前和施工过程中都应进行严格的质量检查。

1）拼装模板

（1）模板及支架应有足够的刚度、强度和稳定性。

拱架的刚度可由计算或试验方法来检验，拱架的整体刚度通过增加拱架间的纵向联系、增加横撑、加强横向斜撑等措施进行调整。

（2）模板拱架应有规整的外形。拱架在使用前应先在样台上试排，拱架外缘轮廓曲线半径加上模板厚度后不应小于衬砌内轮廓曲线半径。考虑到混凝土浇筑可能引起的变形，拱架曲线半径宜预留 50~80 mm 的富余量；每一施工循环的前后两端拱架外形尺寸最大误差不大于 5 mm，以免相邻两环衬砌间出现错台。

（3）模板长度和宽度均不宜过大，模板长度过大容易造成刚度不足，模板宽度过大不利于衬砌内表面曲线过渡。其长度一般可取 100 cm，最大不应超过 150 cm；其宽度一般为 50 cm。

（4）拱架和模板设置位置应准确，架设时应按隧道中线和高程就位，反复校核。施工误差应控制在允许范围内，拱架高程应预留沉落量，并应在施工中应随时测量、调整。

（5）挡头模板安装要稳定可靠，封堵严实。挡头模板应与衬砌断面相适应，方便止水带固定。安装时要注意与初期支护或岩壁间嵌堵密实。

（6）浇筑混凝土前，应清除模板内的杂物、清除钢筋上的油污、抽干积水，钢模板应涂脱模剂，木模板应用水湿润，模板接缝不应漏浆。在涂刷模板脱模剂时，不得污染钢筋。

2）模板台车

（1）隧道主洞模筑混凝土衬砌施工应采用全断面衬砌模板台车。

（2）全断面衬砌模板台车模板应留振捣窗，振捣窗纵向间距不宜大于 3 m，横向间距不宜大于 2.5 m，振捣窗窗口尺寸不宜小于 45 cm×45 cm。

（3）边墙模板应连续支模到达基础，保证边墙基础与拱墙混凝土一次连续浇筑。

（4）全断面衬砌模板台车就位应以隧道中线为准，按线路方向垂直架设。

（5）模板安装前应检查隧道中线、高程、断面净空尺寸，检查防水板、排水盲管预埋件等隐蔽工程，做好记录。

3）隧道衬砌模板安装质量要求

模板安装应满足施工规范要求，见表 7-10。

表 7-10　隧道衬砌模板安装质量要求

项次	检查项目	规定值或允许偏差	检查方法和频次
1	平面位置及高程/mm	+ 15	尺量；全部
2	起拱线高程/mm	±10	水准仪测量；全部
3	拱顶高程/mm	+ 10	水准仪测量；全部
4	模板平整度/mm	5	2 m 靠尺和塞尺；每 3 m 测 5 点
5	相邻浇筑段表面错台/mm	±10	尺量；全部

3. 衬砌钢筋检查

1）钢筋加工

钢筋加工一般应采用冷加工，加工前应调直，清除表面污渍及锈迹。钢筋加工后表面不应有削弱钢筋截面的伤痕。当采用冷拉方法矫直时，钢筋伸长率应满足：HPB 级钢筋不得超过 2%，HRB 级钢筋不得超过 1%。

2）钢筋绑扎、连接

横向受力主筋与纵向分布的每个节点必须进行绑扎或焊接；受力主筋的搭接应采用焊接或机械连接；相邻主筋搭接位置应错开，错开距离应不小于 1 m，同一受力钢筋的两处搭接距离应不小于 1.5 m；箍筋和限位钢筋应布置在纵、横向筋的交叉连接处，必须进行绑扎或焊接，以保证衬砌内外两层主筋之间的间距。

钢筋的绑扎、间距、数量和位置必须满足设计和施工规范要求（表 7-11）。

表 7-11　衬砌钢筋实测项目及要求

项次	检查项目	规定值或允许偏差	检查方法和频率
1	主筋间距/mm	±10	尺量或地质雷达法；每模板测 3 点
2	两层钢筋间距/mm	±5	尺量；每模板测 3 点
3	箍筋间距/mm	±10	尺量；每模板测 3 点
4	钢筋长度/mm	满足设计要求	尺量；每模板检查 2 根
5	钢筋保护层厚度/mm	+10，–5	尺量；每模板检查 3 点

3）钢筋保护层厚度

钢筋保护层的厚度应满足设计要求，偏差应满足表 7-11 的要求。

4）工后钢筋直径和位置的检测方法

工后钢筋直径和位置的检测方法有电磁感应法、电磁波反射法等。

4. 拱墙衬砌混凝土浇筑

（1）混凝土应采用混凝土搅拌运输车运输，应确保混凝土在运送过程中不产生离析、撒落及混入杂物。

（2）混凝土应采用输送泵泵送入模，并在混凝土初凝前浇筑完毕。混凝土的入模温度应控制在 5~32℃。

（3）混凝土浇筑前，与混凝土直接接触的喷射混凝土或防水层表面应洒水润湿。

（4）浇筑混凝土时，基础、拱、墙应一次连续浇筑，不得先浇基础和矮边墙。

（5）采用拼装模板施工时，不得采用先拱后墙浇筑。

（6）混凝土浇筑应振捣密实，特别要注意折角部位、钢筋密度大的部位和拱顶部位的振捣，混凝土振捣时不得损坏防水层。

（7）拱部混凝土封顶工艺要求。拱部混凝土浇筑时如出现拱部混凝土供料不够，将导致拱部混凝土结构厚度不足、钢筋外露、衬砌背后形成空洞等严重质量问题，埋下严重安全隐患。因此，必须保证拱顶混凝土供料充足、振捣密实、与围岩紧密接触。为此，拱顶混凝土浇筑时，通过顶部挡头模板与防水板缝隙观察拱部混凝土是否浇满，在缝隙有混凝土浆液溢出后，再封堵密实。

当拱顶混凝土振捣后的厚度已达到设计要求但仍有空洞时，可继续灌注混凝土，或对拱顶进行注浆回填。但必须指出，当混凝土衬砌厚度不够时，通过注浆不能弥补衬砌厚度不足的缺陷，对结构强度没有帮助，只能改善结构受力条件。

（8）衬砌混凝土的施工质量应满足表 7-12 的要求。

表 7-12　衬砌混凝土施工实测项目及要求

<table>
<tr><th>项次</th><th colspan="2">检查项目</th><th>规定值或允许偏差</th><th>检查频率</th><th>检查方法</th></tr>
<tr><td>1</td><td colspan="2">混凝土强度/MPa</td><td>在合格标准内</td><td>按《公路工程质量检验评定标准　第一册　土建工程》（JTG F80/1—2017）的要求执行</td><td>试件检测</td></tr>
<tr><td rowspan="2">2</td><td rowspan="2">坍落度/mm</td><td><100</td><td>±20</td><td>按《公路工程质量检验评定标准　第一册　土建工程》（JTG F80/1—2017）的要求执行，每组试件一次</td><td>坍落度筒</td></tr>
<tr><td>≥100</td><td>±30</td><td>按《公路工程质量检验评定标准　第一册　土建工程》（JTG F80/1—2017）的要求执行，每组试件 1 次</td><td>坍落度筒</td></tr>
<tr><td rowspan="2">3</td><td colspan="2" rowspan="2">衬砌厚度/mm</td><td rowspan="2">90%的检查点的厚度≥设计厚度，且最小厚度≥0.5 倍设计厚度</td><td>立模后，每模端头沿模板弧线不大于 2 m 间距检查 1 个点，台车每振捣窗检查 1 个点，两侧拱脚必须检测</td><td>尺量</td></tr>
<tr><td>混凝土浇筑后，双车道分别在隧道拱部、边墙设不少于 3 条测线，三车道、四车道隧道在拱部、边墙设不少于 5 条测线，连续测试。厚度判定测点沿测线间距不大于 2 m</td><td>地质雷达</td></tr>
<tr><td>4</td><td colspan="2">墙面平整度/mm</td><td>墙、拱部位≤5</td><td>每模边墙、拱腰、拱顶不少于 5 处</td><td>2 m 直尺，顺隧道轴线方向靠衬砌表面</td></tr>
<tr><td>5</td><td colspan="2">衬砌背部密实状况</td><td>无空洞，无杂物</td><td>沿隧道纵向分别在拱顶、两侧拱腰、两侧边墙连续测试共 5 条测线</td><td>地质雷达法</td></tr>
<tr><td>6</td><td colspan="2">施工缝表面错台/mm</td><td>施工缝、变形缝±20</td><td>每条施工缝边墙、拱腰、拱顶不少于 5 处</td><td>靠尺、直尺</td></tr>
<tr><td>7</td><td colspan="2">隧道净高/mm</td><td>不小于设计</td><td>每模检查 2 个断面</td><td>水准仪</td></tr>
<tr><td>8</td><td colspan="2">总宽度</td><td>≥设计值</td><td>每模检查 2 个断面，每个断面最大跨度位置和拱脚位置</td><td rowspan="2">卷尺、经纬仪、全站仪</td></tr>
<tr><td>9</td><td colspan="2">中线偏差/mm</td><td>≤20</td><td>每模检查 2 个断面</td></tr>
</table>

注：衬砌背部密实情况指模筑混凝土衬砌与初期支护之间的密实情况。

二、模筑混凝土衬砌质量检测

1. 质量检测指标

模筑混凝土衬砌结构是目前隧道衬砌工程中最主要的结构形式。与喷射混凝土的质量检验指标一样，模筑混凝土衬砌质量检测除对原材料进行检测外，还主要包括对混凝土强度、混凝土衬砌结构厚度、混凝土密实度、混凝土外观及表面平整度、混凝土衬砌背后空洞的检查。

1）混凝土强度

混凝土强度包括抗压强度、抗拉强度、抗剪强度、疲劳强度等。由于这些指标之间存着一定的内在联系，在一般试验检测中，只检测混凝土的抗压强度，并由此推测混凝土的其他强度。

混凝土抗压强度是其物理力学性能及耐久性的一个综合指标，工程中把它作为检测混凝土强度的主要指标。强度指标应满足设计要求。

2）混凝土衬砌结构厚度

混凝土衬砌结构厚度是发挥混凝土衬砌结构支护作用的重要保障。混凝土衬砌结构厚度检测是控制混凝土施工质量的重要环节。混凝土衬砌厚度检测被列为质量等级评定的基本项目，也是保证工程质量的主要检验项目。衬砌厚度指标须满足设计要求。

3）混凝土密实度

混凝土密实度是指混凝土固体物质部分的体积占总体积的比例，说明混凝土体积内被固体物质所充填的程度，即反映了混凝土的致密程度。混凝土衬砌结构密实度对混凝土强度和耐久性影响较大。

4）混凝土衬砌外观

混凝土衬砌外观检测包括蜂窝麻面、裂缝、平整度和几何轮廓、钢筋外露等，混凝土衬砌表面轮廓线应顺直、规整、光滑、色泽一致。每平方米的面积中，蜂窝、麻面和气泡面积不应超过 0.5%。蜂窝、麻面深度不应超过 10 mm。隧道衬砌钢筋混凝土结构裂缝宽度不得超过 0.2 mm，混凝土结构裂缝宽度不得超过 0.4 mm。

5）混凝土衬砌背后空洞

混凝土衬砌是隧道围岩的支护结构和围护结构，只有与初期支护密贴接触，才能对围岩起到支护作用。但在实际工程中，由于超挖、混凝土收缩或混凝土供料不足等，会使混凝土衬砌与围岩脱离，形成空洞。混凝土衬砌与围岩（初期支护）之间存在空洞时，由于空洞处失去对围岩的约束、混凝土衬砌的受力条件与计算假定条件出现偏差，结构承载能力会受到一定影响，同时也影响隧道围岩的稳定。因此，混凝土衬砌结构背后空洞检测是控制混凝土施工质量的重要环节。模筑混凝土衬砌背后空洞合格标准与喷混凝土有所不同，一般情况下需满足下列要求：

① 衬砌背后应无空洞、无回填杂物，超挖部分按设计要求处理。

②《公路工程竣（交）工验收办法实施细则》（交公路发〔2010〕65 号）规定，空洞累计长度不大于隧道总长的 3%，单个空洞面积不大于 3 m^2。

2. 混凝土抗压强度试验

混凝土抗压强度是隧道衬砌混凝土的主要性能指标，其质量检查有以下几种方法。

（1）混凝土抗压强度试验：标准试件法、凿芯法。

（2）现场检测混凝土强度：超声-回弹综合法、回弹法。

3. 混凝土衬砌结构厚度检测方法

1）凿芯法和冲击钻打孔量测法

凿芯法和冲击钻打孔量测法检查是现场检测的主要方法，是最直观、最可靠和最准确的检测方法。其不足之处在于此方法具有破坏性，需要把衬砌凿穿，容易凿穿防水层。

（1）凿芯法。

凿芯法（即钻孔取芯量测法）通过量测混凝土芯样的长度，据此便可以准确地获得该处衬砌混凝土的厚度。钻孔取芯的设备与前述钻芯法检测混凝土强度一样，但多选用小直径钻头。

（2）冲击钻打孔量测法。

对于普查性检测，采用凿芯法成本高，且费时、费力，可选用冲击钻打孔量测法。具体做法是先在待检测部位用普通冲击钻打孔，然后量测孔深。为提高量测精度，可以采用已知长度为 L_0 的带直角钩的高强度铁丝深入钻孔中至孔底，平移铁丝并缓慢向孔壁移动，使直角钩挂在衬砌混凝土外表面。量测铁丝衬砌厚度为：

$$L = L_0 - L_i \tag{7-2}$$

式中：L_0——铁丝的直段长度（mm）；

L_i——量测铁丝外露部分长度（mm）。

如果铁丝直钩不能够挂在衬砌混凝土外表面，则表明衬砌背后无孔洞或有较大离缝，直接量测铁丝外露部分即可。

2）激光断面仪检测法

激光断面仪检测法是在同一断面位置，将用隧道激光断面仪检测的喷锚衬砌内轮廓线与二次模筑混凝土衬砌内轮廓线对比，即可得出模筑混凝土衬砌的厚度尺寸。利用该方法必须满足以下条件：

（1）衬砌浇筑前已有初期支护内轮廓线的实测结果。

（2）衬砌背后不存在空洞或间隙。

（3）初期支护内轮廓线的实测结果与二次模筑混凝土衬砌内轮廓线的测试结果在同一坐标系中的同一断面位置。

激光断面仪法所用仪器、测试原理和方法，与激光断面仪检测开挖断面方法一致。

3）直接测量法

直接测量法是以二次模筑混凝土衬砌内模为参照物，直接测量。二次衬砌模板台车就位后，在模板台车端头沿台车内模以不大于 2.0 m 的间距布置测点，以内模法线方向用直尺直接量取模板距初期支护表面的距离，可得到二次模筑混凝土衬砌厚度。

4）地质雷达法

地质雷达法在混凝土衬砌表面布置纵向连续测线，采用地质雷达设备配合高频天线对衬砌结构进行扫描，得到衬砌结构厚度数据。其检测方法与喷射混凝土厚度检测相同。

4. 混凝土衬砌结构背后空洞检测

1）钻孔取芯量测法

空洞检测可在凿芯法检测混凝土衬砌厚度时同时进行，取芯后，在孔内可用直尺量取数据，或用内窥镜观察空洞情况。

2）冲击钻打孔量测法

在采用已知长度为 L_0 的用带直角钩的高强度铁丝量测衬砌混凝土厚度的同时，将铁丝直接插入底部，量取外露长度 L_i，将测得的衬砌厚度 L 扣除，即为空洞高度（厚度）L_k：

$$L_k = L_0 - L_i - L \tag{7-3}$$

如果铁丝直钩不能够挂在衬砌混凝土外表面，则表明衬砌背后无孔洞或有较大离缝。

3）地质雷达法

其检测方法与衬砌厚度检测相同。

地质雷达法检测混凝土衬砌质量

5. 外观缺陷检测

隧道混凝土衬砌外观缺陷检测包括裂缝、蜂窝麻面、平整度和几何轮廓等。外部缺陷检测可用人眼观察，也可用有刻度的放大镜、塞尺皮尺等量测，并采用手绘、拍照记录。近年来逐步采用的红外成像法连续扫描记录，快速、直观、准确。衬砌平整度和内轮廓线检测的基本要求及检测方法前已述及，这里仅介绍采用刻度放大镜或塞尺检测衬砌混凝土裂缝。

1）刻度放大镜

刻度放大镜也称为裂缝显微镜。其操作方法是将物镜对准待观测裂缝，通过旋转显微镜侧面的旋钮可将图像调整清晰，可直接从目镜读出裂缝的宽度数值。

部分裂缝显微镜具有自动测读裂缝宽度的功能，具有很高的分辨率。显微镜连有一个在任何工作条件下都能提供清晰图像的可调光源。如 Wexham 裂缝显微镜是一种性能优越的产品，用来测试混凝土和其他材料中的裂缝宽度；其目镜分度镜可以 360°旋转，以达到与所测裂缝平行；其量程为 4 mm，被 0.2 mm 的刻度格分割，0.2 mm 刻度格又被 0.02 mm 的小刻度格分割。

2）塞尺

塞尺由标有厚度的数个薄钢片组成，可以量测裂缝的宽度和深度。根据插入裂缝的钢片厚度和深度，得出宽度较大的裂缝的宽度和深度。

3）合格标准

衬砌混凝土轮廓线顺直、规整，衬砌表面应密实、无裂缝，颜色应均匀一致。混凝土表面每隧道延米中，蜂窝、麻面和气泡面积不应超过 0.5%，蜂窝、麻面深度不应超过 5 mm。

6. 仰拱及仰拱填充检测

仰拱衬砌及仰拱填充属隐蔽工程，需在施工过程中进行检测。施工完成后检测方法多用钻孔取芯法、地质雷达法检测仰拱混凝土衬砌及仰拱填充混凝土的强度、厚度、深度。采用钻孔取芯法检测仰拱断面形状时，每个检测断面应分别在断面的左、中、右钻孔，钻孔总数应不少于 5 个点。

7. 隧道衬砌整体检测

衬砌混凝土完成后，还应对隧道整体情况进行检测，包括隧道中线、路线中线、衬砌偏位、隧道净高、净宽、车道宽度等。主要实测项目及检测控制指标见表 7-13。

表 7-13　隧道总体实测项目及要求

项次	检查项目	规定值或允许偏差	检查方法和频率
1	行车道宽度/mm	±10	尺量或激光断面仪法；曲线每 20 m、直线每 40 m 检查 1 个断面
2	内轮廓宽度/mm	不小于设计值	
3	内轮廓高度/mm	不小于设计值	激光测距仪或激光断面仪法；曲线每 20 m、直线每 40 m 检查 1 个断面，每个断面测拱顶和两侧拱腰共 3 点
4	隧道偏位/mm	20	全站仪：曲线每 20 m、直线每 40 m 测 1 处
5	边坡或仰坡坡度	不大于设计值	尺量：每洞口检查 10 处

【任务实施】

对隧道实体模型采用合适的方法，选择正确的检测仪器对二次衬砌结构进行质量检测，并编制出检测报告，给出结论。

【复习与思考】

1. 简述锚杆的支护效应。
2. 简述锚杆的施工要点。
3. 简述常见锚杆类型的施工工艺流程。
4. 锚杆的质量检查内容有哪些？分别如何检查？
5. 简述喷射混凝土的施工要点。
6. 喷射混凝土的质量检查内容有哪些？分别如何检查？
7. 钢筋网的质量检查内容有哪些？分别如何检查？
8. 简述钢拱架的施工要点。
9. 钢拱架的质量检查内容有哪些？分别如何检查？
10. 简述仰拱的施工工艺流程。
11. 简述仰拱的质量控制标准。
12. 简述二次衬砌拱墙的施工工艺流程。
13. 模筑混凝土衬砌质量检测内容有哪些？分别如何检查？

8 学习项目八 隧道防排水施工与检测

任务一　认知隧道防排水系统

【学习目标】

（1）了解隧道防排水的基本原则及要求。

（2）掌握隧道防排水系统组成。

【任务描述】

通过认知隧道防排水系统相关知识的学习，能够在施工图纸中或现场正确识别隧道防排水结构。

【相关知识】

隧道开挖改变了地下水径流途径，隧道可能成为地下水新的排泄通道，地下水渗入隧道，将增大隧道的施工难度、影响施工质量。另外，隧道渗漏水并长期作用，将影响隧道结构的耐久性，降低隧道内各种设施的使用效率和寿命，给隧道的运营条件带来不良影响。因此，隧道衬砌结构设计中，均设计了完善的防排水系统，以防止和减少地下水对隧道的危害。良好的防水与排水措施，是保证隧道衬砌结构耐久性和行车舒适性的重要条件。

一、隧道防排水的基本原则及要求

隧道防排水应遵循“防、排、截、堵结合，因地制宜，综合治理”的原则。隧道防排水设计应对地下水作妥善处理，洞内外应形成一个完善畅通的防排水系统。

防排水应满足表 8-1 所示要求：

表 8-1　隧道防排水质量要求

隧道等级	质量要求
高速公路、一级公路和二级公路隧道	① 拱部、边墙、路面、设备箱洞不渗水； ② 有冻害地段隧道衬砌背后不积水，排水沟不冻结； ③ 车行横通道、人行横通道等服务通道拱部不滴水，边墙不淌水
三级、四级公路隧道	① 拱部、边墙不滴水，路面不积水，设备箱洞不渗水； ② 有冻害地段隧道衬砌背后不积水，排水沟不冻结

隧道防排水工程，应注意保护自然环境。当隧道内渗漏水引起地表水减少，影响居民生产、生活用水时，应对围岩采取堵水措施，减少地下水的渗漏。

二、隧道防排水系统组成

1. 复合式衬砌防排水系统

复合式衬砌是目前我国隧道工程中采用最多的一种结构形式，其防排水系统基本组成如图 8-1 所示。

1）防水

复合式衬砌结构的防水，是在初期支护与二次衬砌之间铺设防水层，相当于给二次模筑混凝土衬砌“穿上一层雨衣”。防水层包括无纺布和防水板。无纺布通常采用土工织物，铺设在初期支护与防水板之间，起缓冲和导水作用，防水板通常采用高分子防水卷材，包括 EVA ECB、PE（含 HDPE、LDPE）等。

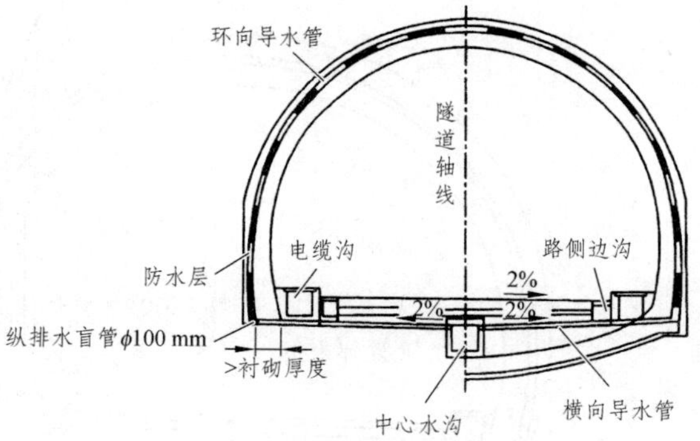

图 8-1　复合式衬砌排水系统构成

二次衬砌是隧道防水的最后一道防线，二次衬砌混凝土自身的防水性能也有一定要求，《公路隧道设计规范 第二册 交通工程与附属设施》（JTG D70/2—2014）规定二次衬砌混凝土的抗渗等级在有冻害地段及最冷月份平均气温低于−15℃的地区不低于 P8，其余地区不低于 P6。

此外，为防止二次混凝土衬砌施工缝渗水，隧道中采用了中埋式止水带、背贴式止水带等施工缝止水材料。

2）排水

隧道内水的来源一般是由围岩中渗出的地下水和隧道使用过程中产生的污水，需要通过完善的排水系统排出洞外。

（1）围岩体内渗水通过防水板与初期支护间的土工布（无纺布）及环向排水管，汇入二次衬砌拱脚处沿隧道纵向设置的排水管，再通过与纵向排水管相连的横向导水管，排入路面下方的深埋（中央）水沟排出洞外。

（2）路基下渗出的地下水通过路面下渗水盲管汇入深埋（中央）水沟或路侧边沟排出洞外。

（3）隧道内路面污水由路侧边沟排出洞外。

2. 明洞防排水

1）防水

明洞防水和洞内防水一样，是在衬砌背后铺设防水层，在明洞衬砌混凝土浇筑完成、拆除外模后施作。明洞防水层施工顺序：先用水泥砂浆将衬砌外表面抹平顺，然后涂上热沥青，铺防水板、无纺布，布设排水盲管，最后分层进行土石回填（并在靠近防水层 300 mm 范围内用黏土隔水层回填）。防水层要与拱背粘贴紧密，接头搭接长度不小于 100 mm。

2）排水

明洞衬砌背后排水是在衬砌背后设纵向、横向排水盲沟；明洞槽边仰坡坡面排水，是在开挖线以外设截水沟；回填顶面设排水沟排水。

3. 连拱隧道中墙防排水

连拱隧道中隔墙防排水结构主要与中隔墙的结构有关，常见的有以下两种形式。

1）整体式中墙防排水

连拱隧道整体式中墙防排水由墙顶排水管、竖向排水管、墙顶防水板及止水带几部分组成，见图 8-2。

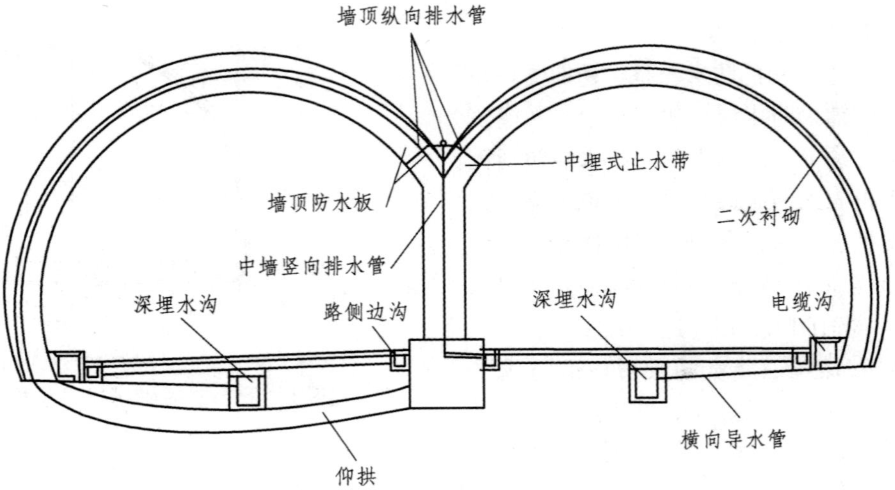

图 8-2　连拱隧道整体式中隔墙排水示意

墙顶排水管沿中隔墙顶部铺设，以一定间隔布设的竖向排水管需预埋在中隔墙体内，并与墙顶排水管连通，将中隔墙顶部积水引向边墙脚，并引入深埋水沟或路侧边沟。中隔墙顶面铺设的墙顶防水板与拱墙防水板进行焊接，同时注意纵向排水管穿透防水板的位置需作密封处理，在中墙顶与拱墙连接的施工缝中需设中埋式止水带，形成防排水系统。由于整体式中墙结构构造特殊，施作空间小，现实中很难实现。所以，一般情况下不采用整体式中墙。

2）复合式中墙防排水

连拱隧道复合式中墙防排水与复合式衬砌完全相同，不需对中墙防排水做特殊处理，见图 8-3。

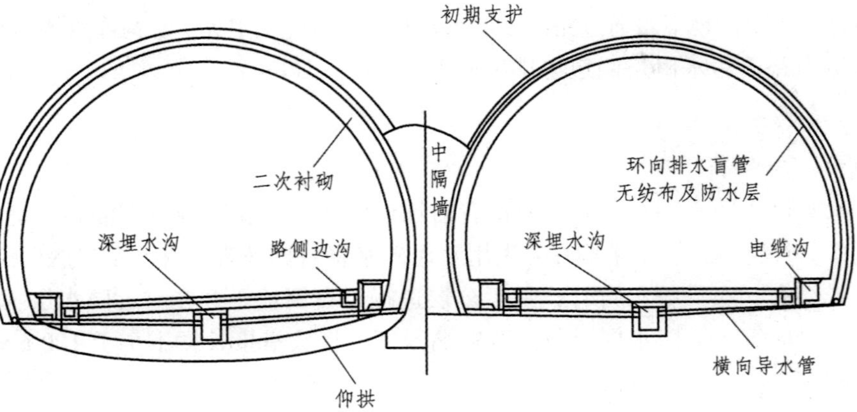

图 8-3　连拱隧道复合式中墙防排水示意

任务二　结构防排水施工

【学习目标】

（1）了解隧道结构防排水组成。

（2）掌握隧道结构防排水施工工艺。

（3）掌握基底处理、盲管施工、防水板铺设的要求。

（4）熟悉防水板原材料质量、焊接质量检查。

（5）掌握止水带及止水条施工。

【任务描述】

通过对隧道结构防排水相关知识的学习，能编制防水板施工方案，能现场指导防排水作业施工，能对防排水原材料质量和焊接质量进行检测。

【相关知识】

一、基础知识

隧道衬砌漏水现象多见于衬砌结构的两类部位：一类是隧道衬砌本身的薄弱部位（如因混凝土级配、水灰比、外加剂及掺和料等选择不当而产生的泌水通路，因混凝土施工时捣固、养护等工艺不良而引起衬砌蜂窝、麻面、洞穴，及因结构与工作环境、荷载不相适应等设计缺陷而产生的裂缝扩展）；另一类为衬砌结构构造、工艺性缝隙（施工缝、变形缝等）。保证衬砌的结构质量、混凝土质量，重视施工缝、变形缝防水是构建防水系统的关键。因此，“以衬砌自防水为主体，以接缝防水为重点”是隧道防水的基本原则。

衬砌结构防水是隧道防水系统的主体，其由锚喷支护中的喷射混凝土防水、模筑衬砌混凝土防水、施工缝（变形缝）防水和防水层等组合而成。其设置应符合下列规定：

（1）隧道设防水混凝土衬砌。防水等级二级及以上的隧道优先选择复合式衬砌。对于防潮要求高的工程，经过经济、技术比较后，可采用离壁式衬砌。采用的防水混凝土抗渗等级应根据防水等级、衬砌后渗水压力、结构厚度等因素综合确定。

（2）隧道应重视喷射混凝土的防渗性能。可通过掺加纤维材料来提高喷射混凝土的防裂能力。锚喷支护作为复合衬砌的初期支护时，不得漏泥砂，有明显漏水点时，可采用集中引排或注浆堵水。锚喷支护单独用作工程衬砌时，可用于防水等级为三、四级的工程，喷混凝土厚度不宜小于 8 cm。

（3）施工缝、变形缝防水处理宜采用两种及以上措施，并优先选用中埋式止水带。

（4）隧道防水层包括塑料防水板、喷膜防水层、防水涂料等。防水等级二级以上的隧道应设置防水层，并应优先选择塑料防水板作防水层。对结构腐蚀较强地段或水压过高地段，必要时可选择两层防水层。

（5）地下水发育的隧道宜采用分区隔离防排水技术，区段长度应根据洞内渗漏水量的大小确定：富水地段可按模筑混凝土衬砌一次施作段长度进行分区，采用带注浆管的背贴式止水带与防水板密封焊接，背贴式止水带设于施工缝位置

结构防排水施工

二、隧道结构防排水施工工艺

隧道结构防排水的施工工艺流程详见图 8-4。

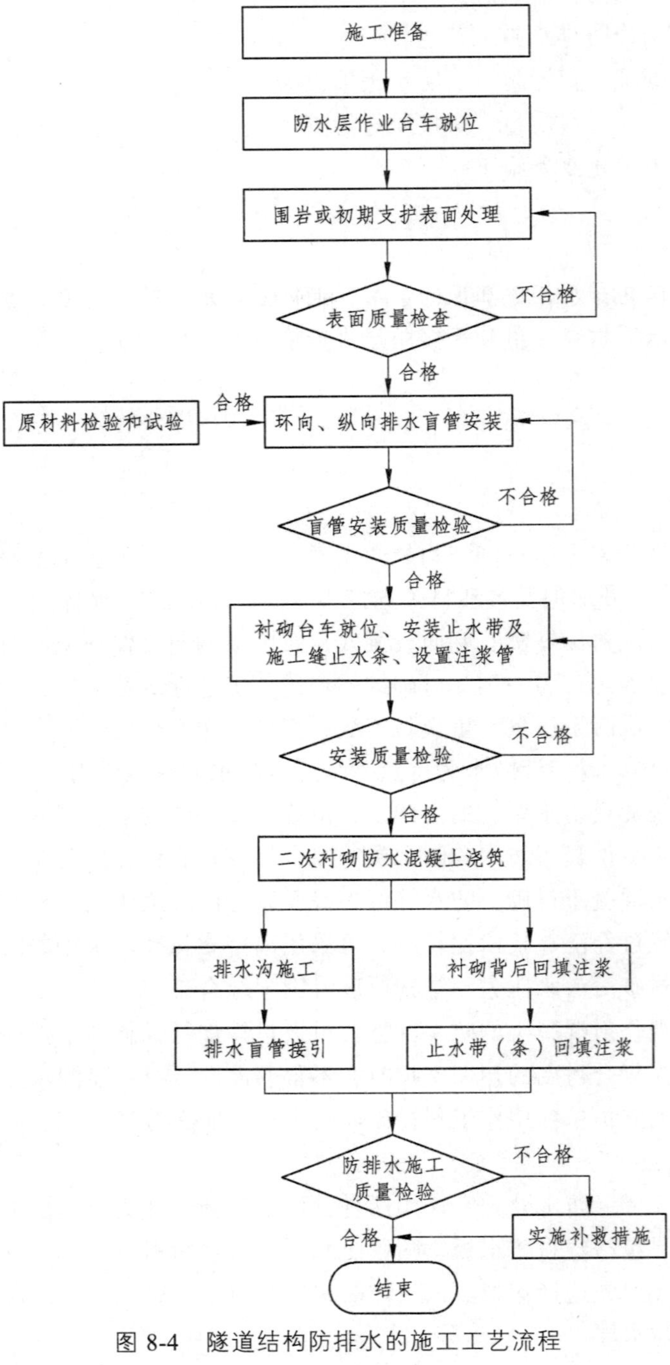

图 8-4　隧道结构防排水的施工工艺流程

三、基面处理

防水板是隧道防水的重要屏障，其铺设质量直接影响防水效果。从隧道后期出现渗漏水情况看，多为防水板破损所致。铺设防水板的基面平整光滑、无突出异物是保证铺设质量的首要条件。初期支护（喷混凝土）的表面很难达到要求，所以，在防水板铺设前应用混凝土（或砂浆）将凹坑喷平，并应对凹凸不平情况进行检查，同时对基面（初期支护表面）的渗漏水、外露的突出物及空洞、裂缝、酥松处进行处理。初期支护表面平整度应符合 $D/L\leqslant 1/6$ 的要求（D 为初期支护基面相邻两凸面凹进去的深度；L 为基层相邻两凸面间的距离，且 $L\leqslant 1$ m）。

1. 断面量测

测量断面，对隧道净空进行量测检查，对个别欠挖部位进行处理，以满足净空要求；同时准确测放拱顶分中线。

2. 渗漏水处理

渗漏水处宜采用注浆堵水或排水盲管、排水板将水引入侧沟，保持基面无明显渗漏水。当基面出现股状涌水时，可采用局部注浆、固截注浆法进行封堵，封堵后的剩余水量可用排水盲管或排水板集中将水引入洞内排水沟排出。

3. 基面突出物处理

对于基面外露的锚杆头、注浆管头、钢筋头、螺杆钉头等突出物应予以切除后妥善处理。

（1）钢筋网等凸出部分，应先切断后用锤铆平，抹砂浆素灰。

（2）有凸出的注浆钢管头时，应先切断，并用锤铆平，后用砂浆填实封平。

（3）锚杆有凸出部位时，在螺头顶 5 mm 以上位置切断，用塑料帽遮盖，如图 8-5 所示。

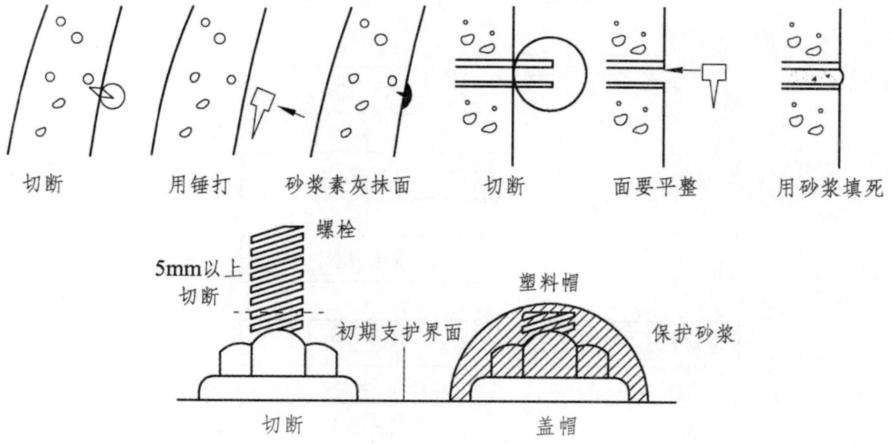

图 8-5　锚杆头处理示意图

四、排水盲管

排水盲管包括环向盲管、纵向盲管和横向泄水管。纵向盲管与环向盲管、横向泄水管采用变径三通连为一体，形成完整的排水系统。其中，纵向集水盲管在整个隧道排水系统中是一个中间环节，起着承上启下的作用。排水盲管设置如图 8-6 所示。

排水盲管施工主要有钻定位孔、锚栓安装、盲管铺设、盲管安装等环节，其施工工艺流程见图 8-7。

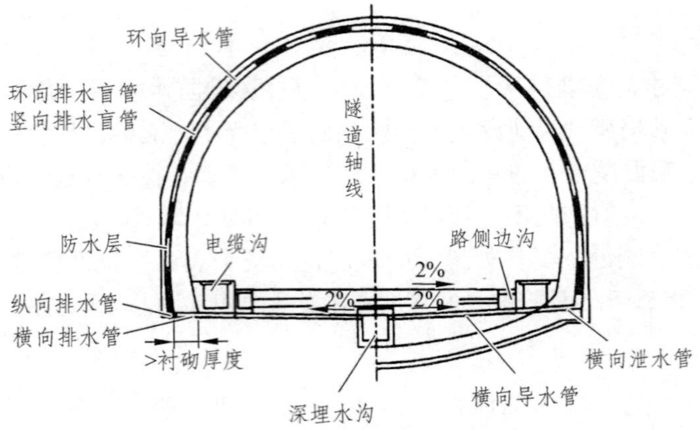

（a）排水管路横断面布置图

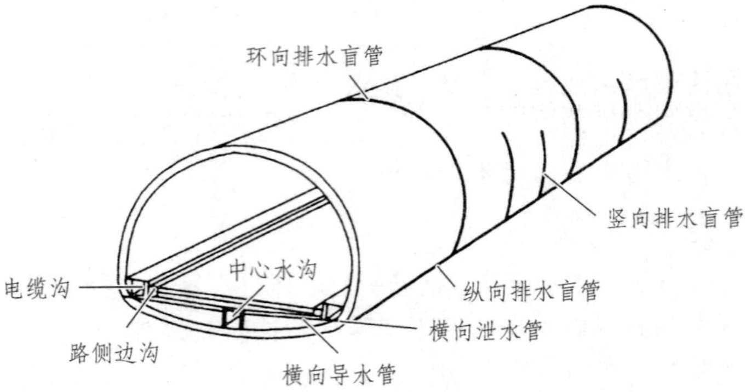

（b）排水管路布置示意图

图 8-6　排水盲管设置示意

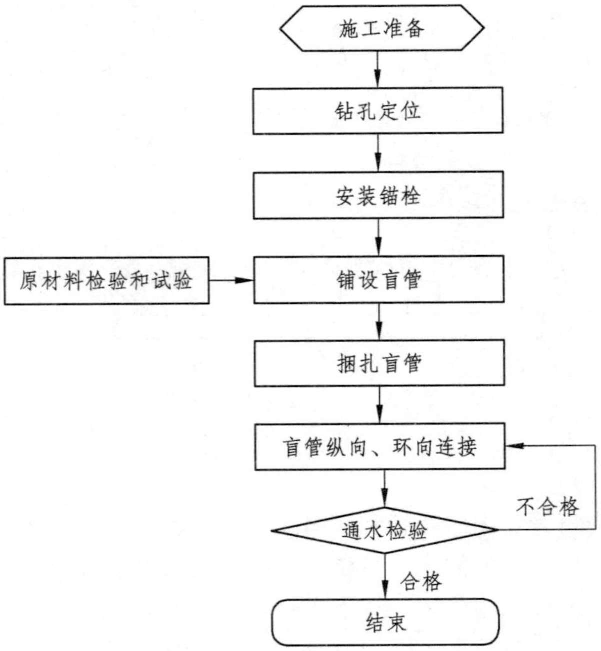

图 8-7　排水盲管施工工艺流程

1. 环向、纵向盲管施工

环向盲管沿纵向设置的间距应满足设计要求，并根据洞内渗、漏水的实际情况，在地下水较大的地段加密设置。纵向盲管安设的坡度与线路坡度一致。施作步骤与方法如下：

（1）按规定画线，以使盲管位置准确合理。

（2）钻定位孔，定位孔间距在 30～50 cm。

（3）将膨胀锚栓打入定位孔或用锚固剂将钢筋头预埋在定位孔中。

（4）将盲管用无纺布包住（防止泥砂、喷混凝土料或杂物进入，堵塞管道），用铁丝捆好；用卡子卡住盲管，然后固定在膨胀螺栓上。

（5）集中出水点沿水源方向钻孔，然后将单根引水盲管插入其中，并用速凝砂浆将周围封堵，以使地下水从管中集中引出。

（6）采用三通管与其他透水管、连接盲管相连。

2. 横向泄水管施工

横向泄水管（在设中心排水沟的情况下）位于衬砌基础的下部，布设方向与隧道走向垂直，是连接纵向排水管与中央排水管（沟）的水力通道。横向泄水管通常为硬质塑料管。施工中，先在纵向盲管上预留三通管，然后在仰拱及填充混凝土施工前接长至中心排水管（沟）。

施工中，三通管留设位置应准确，接头应牢固，防止松动脱落。

3. 施工注意事项

（1）排水（盲）管的材质、强度、透水性应符合相关规范的规定，尺寸规格应满足设计要求，盲管不得有凹瘪、扭曲。

（2）环向排水盲管、竖向排水盲管应紧贴初期支护表面敷设，布置间距应满足设计要求，应在有集中渗水位置敷设，在地下水较大地段应适当加密。

（3）纵向排水盲管敷设的纵向坡度应与隧道纵坡一致，不得起伏不平，不得侵占衬砌结构空间。

（4）环向排水盲管、竖向排水盲管与纵向排水盲管应采用三通连接，并应连接牢固。

（5）横向泄水管应采用硬质不透水管，横向泄水管与纵向排水盲管应采用三通连接，并应连接牢固，衬砌混凝土浇筑时应露出横向泄水管管头。

（6）横向导水管排水坡度不应小于设计值。

（7）环向排水盲管、竖向排水盲管、纵向排水盲管及透水的横向导水管的管体应用土工布包裹。

（8）用防水卷材半裹纵向盲管，使从上部下流之水在纵向盲管位置尽量流入管内。

五、防水板

在基面处理、排水盲管施工完成后，进行防水板施工作业。防水板施工一般包括铺设准备、缓冲层铺设、防水板固定、防水板焊接、质量检查等环节，其施工工艺流程见图 8-8。

1. 材料要求

缓冲层材料一般采用土工布，选用的土工布要具有一定的厚度，其单位面积质量不宜小于 300 g/m^2。土工布要具有延伸性，可适应初期支护由于荷载或温度变化引起的变形能力；

土工布还需具有良好的导水性。为抵抗地下水或混凝土、水泥砂浆析出水的侵蚀，土工布还应具有良好的化学稳定性和耐久性。复合防水层所使用的土工布技术性能指标见表 8-2。

表 8-2 土工布主要技术性能

项 目	单位	技术指标	项 目	单位	技术指标
断裂能力	kN/m	≥10（纵横力）	撕破强力	kN	≥0.33（纵横力）
断裂延伸率	—	≥20%（纵横力）	化学稳定性	—	强度下降不小于 20%
CBR 顶破能力	kN	≥2.1	生物稳定性	—	强度下降不小于 20%
垂直渗透系数	cm/s	$K\times(10^{-1}\sim10^{-3})$	可燃性等级	—	Ⅴ或Ⅵ

注：K 值一般为 1.0～9.9。

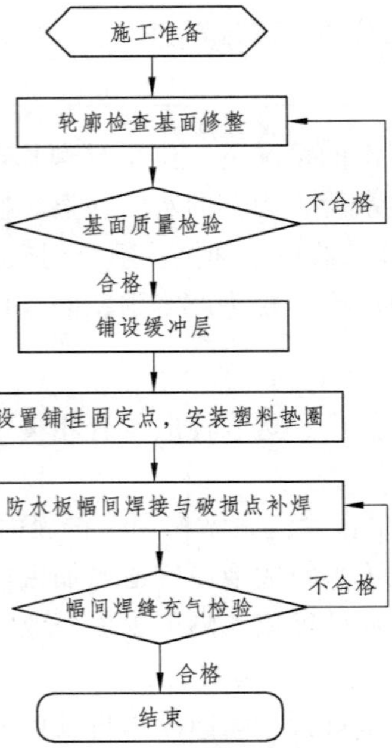

图 8-8 防水板工艺流程

防水板宜选用高分子材料，在规格长度内不允许有接头。从外观上看，防水板应表面平整、边缘整齐，无裂纹、机械损伤、折痕、孔洞、气泡及异常黏着物等影响使用的缺陷；除特殊要求外，外观颜色为材料本色，不得添加颜料和填料；在不影响使用的条件下，防水板表面凹痕深度不得超过厚度的 5%。防水板的规格尺寸及允许偏差见表 8-3。

表 8-3 防水板的规格尺寸及允许偏差

项目	厚度/mm	宽度/mm	长度/mm
规格	1.5、2.0、2.5、3.0	2.0、3.0、4.0	20 以上
平均偏差	不允许出现负值	不允许出现负值	不允许出现负值
极限偏差	- 5%	- 1%	—

防水板还要具备耐刺穿性好、柔性好、耐久性好等特点，并具备一定的阻燃性。其物理力学性能指标见表 8-4。

表 8-4　防水板的物理力学性能

序号	项目		指标		
			EVA	ECB	PE
1	断裂拉伸强度/MPa≥		18	17	18
2	扯断伸长率/%≥		650	600	600
3	撕裂强度/（kN/m）≥		100	95	95
4	不透水性（0.3 MPa/24 h）		无渗漏	无渗漏	无渗漏
5	低温弯折性/℃≤		-35	-35	-35
6	加热伸缩量/mm	延伸≤	2	2	2
		收缩≤	6	6	6
7	热空气老化（80℃×168 h）	断裂拉伸强度/MPa≥	16	14	15
		扯断伸长率/%≥	600	550	550
8	耐碱性[饱和 $Ca(OH)_2$ 溶液×168 h]	断裂拉伸强度/MPa≥	17	16	16
		扯断伸长率/%≥	600	600	550
9	人工候化	断裂拉伸强度保持率/%≥	80	80	80
		扯断伸长率保持率/%≥	70	70	70
10	刺破强度/N	1.5 mm	300	300	300
		2.0 mm	400	400	400
		2.5 mm	500	500	500
		3.0 mm	600	600	600

2. 铺设准备

防水板铺设前，一般要做如下准备工作：

（1）在洞外检验防水板及缓冲层材料质量。

（2）对检验合格的防水板，用特种铅笔画出焊接线及拱顶分中线，并按每循环设计长度截取，对称卷起备用。

（3）铺设防水板的专用台车移到要铺设的地方就位，将缓冲层（土工布）和防水板吊放在台车的卷盘上。

（4）铺设前进行精确放样，进行试铺后确定防水板一环的尺寸，尽量减少接头。

（5）在铺设基面标出拱顶线，画出每一环隧道中线及垂直于隧道中线的横断面线。

3. 铺设缓冲层

对于设计为分离式的防水板，先进行缓冲层铺设。缓冲层铺设时，用射钉或膨胀螺栓将热塑性圆垫圈和缓冲层平整顺直地固定在基层上（图 8-9），其固定点的间距可根据基面平整情况确定，一般拱部为 0.5～0.7 m，边墙为 0.7～1.0 m，隧底为 1.0～1.5 m，呈梅花形布置，并左右上下成行固定。在凹凸较大的基面上，应在凹处加密固定点，使缓冲层与基面密贴。缓冲层搭接宽度不应小于 50 mm，一般仅设环向接缝；当长度不够时，所设轴向接缝应确保上部（靠近拱部的一张）应由下部（靠近底部的一张）缓冲层压紧。

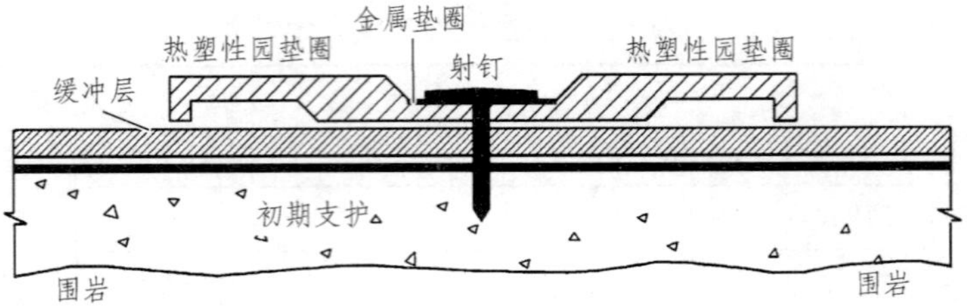

图 8-9　射钉垫圈固定缓冲层示意图

4. 铺设防水板

防水板一般采用专用台车铺设，有条件时也可采用防水板自动铺设机铺设。

防水板采用环向铺设法，从拱部向两侧边墙展铺，下部防水板应压住上部防水板，松紧应适度并留有余量（一般实铺长度与喷射混凝土面弧长的比值为 1.1∶1～1.2∶1），保证防水板全部面积均能与围岩密贴。

防水板纵向搭接与环向搭接处应采用丁字形接头，如图 8-10。除按正常方法施作外，应再覆盖一层同类材料的防水板材，用热熔焊接法焊接。

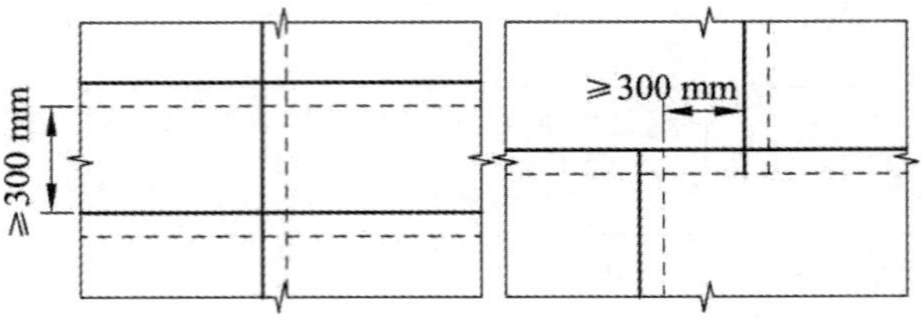

图 8-10　防水板搭接示意图

两幅防水板的搭接宽度不应小于 100 mm，应采用自动爬焊机双缝焊接，每条焊缝小于 10 mm；无法采用自动爬焊机焊接的个别局部搭接位置，可采用手持焊枪焊接，焊缝宽度不小于 20 mm。热熔双焊缝搭接如图 8-11。搭接缝焊接质量应按充气法检查，发现漏气及时修补。防水板搭接缝应与施工缝错开 1.0～2.0 m。

分离式防水板固定，一般采用热风焊枪或热合器，使防水板融化与塑料垫圈黏结牢固；复合式的防水板，则按设计要求（一般拱部 0.5～0.8 m、边墙 0.8～1.0 m、底部 1.0～1.5 m）在铺设基面打设膨胀锚栓，采用悬吊法牢固固定；膨胀锚栓帽宜采用圆弧形，锚栓顶面离喷射混凝土面距离不大于 3 mm。

洞身与附属洞室连接处的防水板铺设应按图 8-12 施作，不得形成水囊、积水槽。

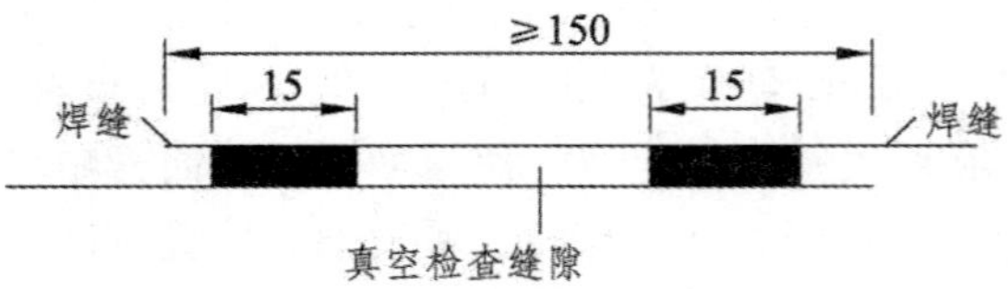

图 8-11　防水板搭接示意

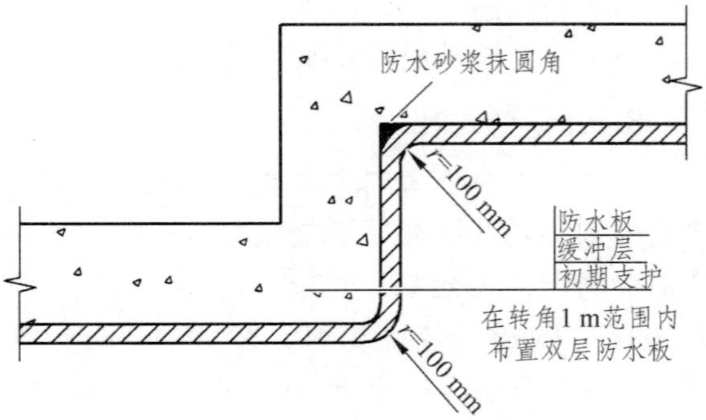

图 8-12　正洞与附属洞室连接处防水层施作示意

明洞与隧道防水板搭接时，隧道防水板应延伸至明洞，并与明洞防水板搭接良好，详见图 8-13。

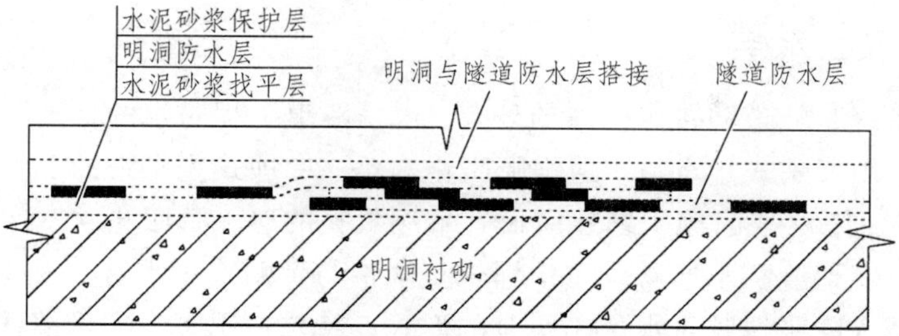

图 8-13　明洞与隧道防水板搭接示意

正洞与附属结构搭接处易形成阴阳角，防水板必须在阴阳角弯折搭接。防水板弯折前的搭接边长度 L 大于弯折后的焊贴边长度 I。为使弯折后搭接平展，可在弯折前将防水板分成 n 段并于分段处剪成口宽为（$L-I$）/n 的三角形缺口，则弯折后缺口能平展闭合，达到平顺焊接防水板的目的，如图 8-14 所示。

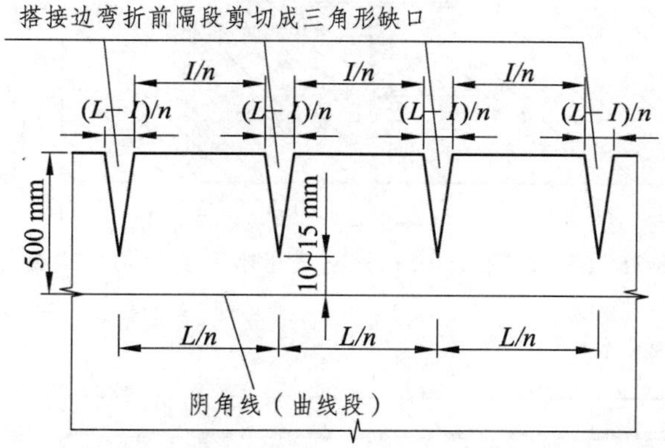

图 8-14　正洞与附属结构连接处防水板搭接平面展示

5. 施工注意事项

（1）防水板铺设应超前二次衬砌施工 1~2 个循环距离衬砌段，并设临时挡板防止机械损伤和电火花灼伤防水板，同时与开挖掌子面应保持一定的安全距离。

（2）防水层应环向整幅铺设，拱部和边墙应无纵向搭接。

（3）无纺布和防水板应分别铺挂，无纺布铺挂完成后再挂防水板。

（4）安装孔位要严格控制方向和排列距离，避免安装时搭接困难。

（5）防水板铺挂时应适当松弛，松弛系数根据超挖情况确定，一般取 1.1~1.2。

（6）焊缝若有漏焊、假焊应予补焊；若有烤焦、焊穿处以及外露的固定点，必须用塑料片焊接覆盖。

（7）挡头板的支撑物在接触到塑料防水板位置时必须加设橡皮垫层。

（8）绑扎钢筋、安装模板及衬砌台车就位时，在钢筋保护层垫块外包裹土工布可防止碰撞和刮破塑料板。

（9）浇筑混凝土时，应防止碰击塑料板，二次衬砌中的预埋管件与防水板间距不小于 5 cm，以防止破损塑料防水板。浇筑时应有专人观察，发现损伤应立即修补。

（11）衬砌浇筑中特别注意振捣引起的防水板破坏，避免振捣棒直接接触防水板。插入式振动棒变换位置时采取竖向缓慢拔出的方法，不要在舱内平拖。发现损伤应立即修补。

六、止水带及止水条

施工缝及变形缝是隧道防排水的薄弱环节，也是隧道工程防水的重点。施工缝通常采用背贴式止水带、遇水膨胀止水条、中埋式止水带的单一或复合防水方式，必要时施工缝还应设置带注浆孔的遇水膨胀止水条并预埋注浆管。变形缝防水通常采用中埋式止水带与背贴式止水带、防水密封材料、遇水膨胀橡胶止水条等组合的形式。特殊情况下，变形缝防水还可设置带接水盒的构造形式。

止水带止水条施工

几种变形缝防水构造形式的设置见图 8-15～图 8-18。

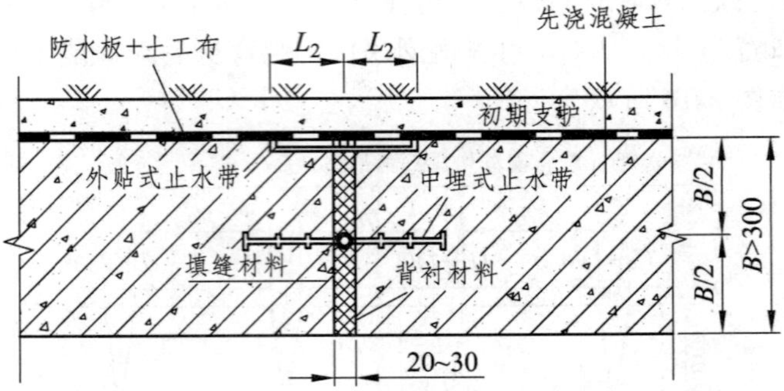

图 8-15　中埋式止水带和外贴式止水带复合防水构造形式

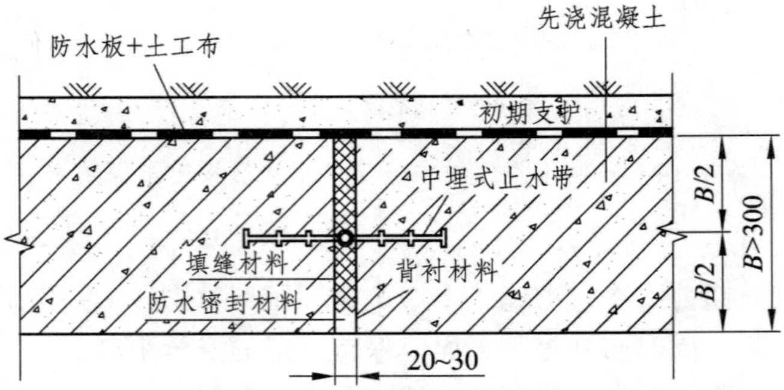

图 8-16　中埋式止水带和防水密封材料复合防水构造形式

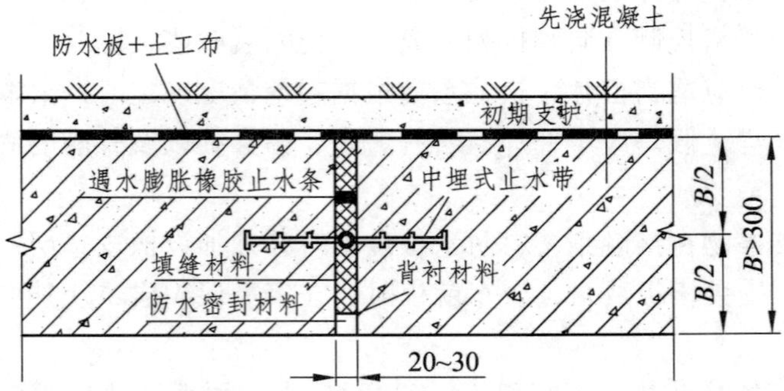

图 8-17　中埋式止水带和防水密封材料、遇水膨胀橡胶止水条复合防水构造形式

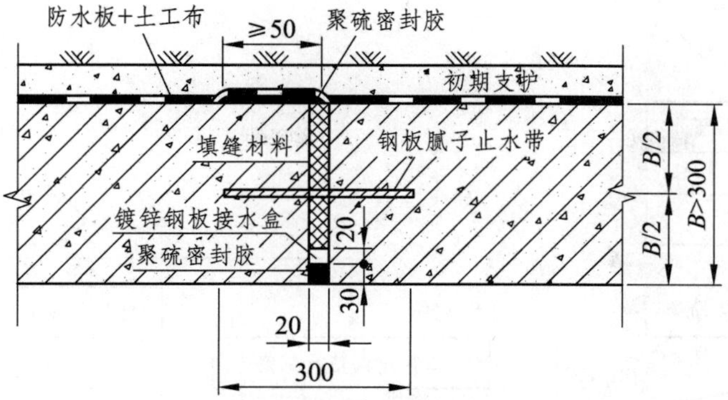

图 8-18　带接水盒的构造形式

1. 止水带

1）止水带类型

止水带按材质可分为橡胶止水带、塑料止水带、金属止水带等，按用途分为变形缝用止水带、施工缝用止水带、有特殊耐老化要求的接缝用止水带等，按设置位置分为中埋式止水带、背贴式止水带，按形状分为平板型止水带、变形型止水带等。

中埋式止水带，因构造简单、施工简便及质量可靠，在隧道中使用较为普遍。

背贴式塑料止水带一般与防水板组合使用。

2）止水带质量要求

高速铁路隧道工程一般选用橡胶止水带或塑料止水带。对水压力大、变形大的施工缝、变形缝要选用钢边止水带。当设计选用其他新型、成熟、可靠的材料时，其物理性能除要符合国家相关标准的要求外，还要满足一些外观质量和物理力学性能方面的要求。

在外观质量方面，止水带表面不允许有开裂、缺胶、海绵状等影响使用的缺陷，其中塑料止水带外观颜色为材料本色，除特殊要求除外，不得添加颜料和填料。具体的外观质量要求应符合表 8-5 的规定。

表 8-5　止水带产品质量要求

序号	缺陷类型	开挖工作面
1	气泡	直径不大于 1 cm 的气泡，每米不得超过 3 处
2	杂质	面积不大于 4 mm^2 的杂质，每米不得超过 3 处
3	凹痕	不允许有
4	接缝缺陷	高度不大于 1.5 mm 的凸起或不平，每米不得超过 2 处

3）止水带施工

（1）施工工艺流程。

背贴式止水带施工工艺流程见图 8-19，中埋式止水带施工工艺流程见图 8-20。

（2）止水带安装。

中埋式止水带安装应利用附加钢筋、卡子、铁丝、模板等将止水带固定，宜采用专用钢筋套或扁钢固定。采用扁钢固定时，止水带端部应先用扁钢夹紧，并将扁钢与结构内钢筋焊牢，固定扁钢用的螺栓间距为 50 cm。

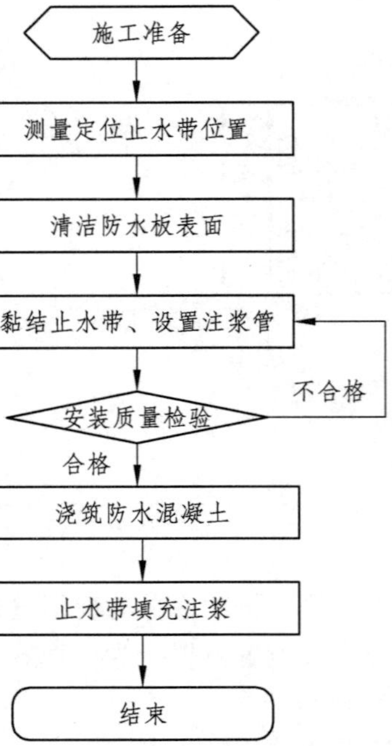

图 8-19　背贴式止水带施工工艺流程

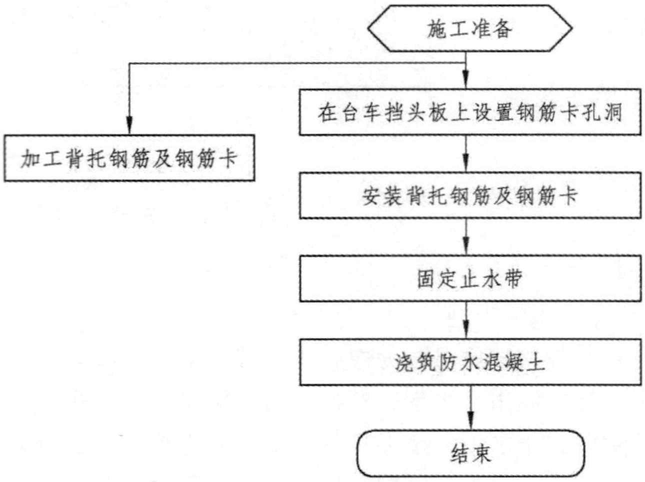

图 8-20　中埋式止水带施工工艺流程

中埋式止水带应固定在挡头模板上。中埋式止水带先施工一侧混凝土时，其端模应支撑牢固，严防漏浆。固定止水带时不能在止水带上穿孔打洞，不得损坏止水带本体部位，应防止止水带偏移，以免单侧缩短，影响止水效果。安装止水带时，沿衬砌环线每隔 0.5～1.0 m，在端头模板上钻直径为 12 mm 的钢筋孔。将制成的钢筋卡，由待灌混凝土侧向另一侧穿过挡头模板，内侧卡进止水带一半，另一半止水带平靠在挡头板上，待混凝土凝固后拆除挡头板，将止水带拉直，然后弯钢筋卡紧止水带；浇筑另一端混凝土时应用箱形模板保护，其施作方法见图 8-21。

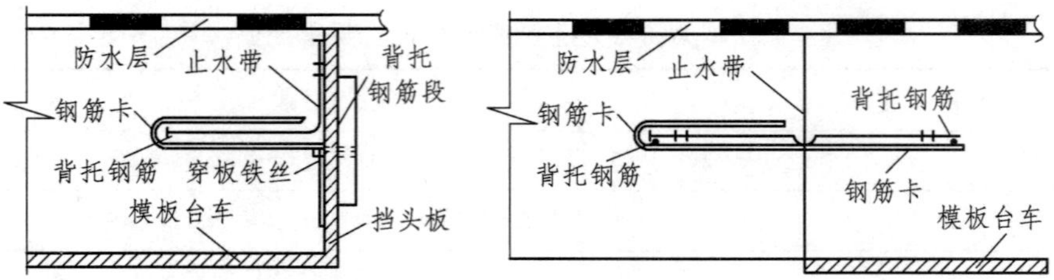

图 8-21　中埋式止水带施工方法示意图

背贴式止水带应采用黏结法与防水板连接，与止水带进行黏结的防水板应擦洗清洁。

止水带的长度应事先向生产厂家订制，尽量避免接头。如确需接头，应选在二次衬砌结构应力较小的部位，可采用搭接、复合连接、对接的形式，并满足图 8-22 的要求。止水带接头黏结前应做好接头表面的清刷与打毛。

（3）施工控制要点。

① 止水带埋设位置应准确，其中间空心圆环应与变形缝重合。

② 止水带定位时，应使其在界面部位保持平展，不得使橡胶止水带翻滚、扭结，如发现有扭结不展现象应及时进行调整。

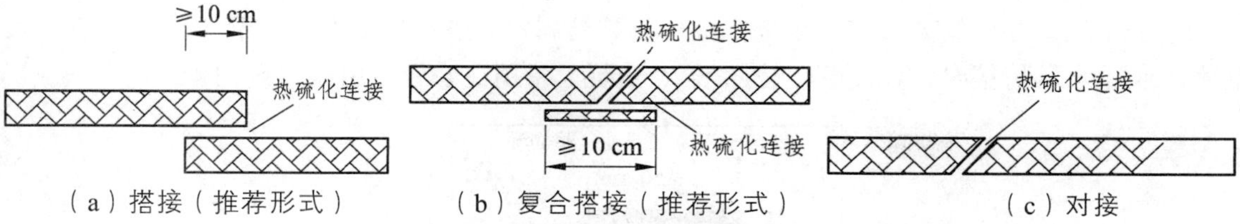

图 8-22　止水带常用接头形式

③止水带的上下压茬应排水畅通，将水引向外侧。

④浇筑振捣靠近止水带附近的混凝土时，不得破坏止水带，同时还应充分振捣。混凝土应与止水带紧密结合。

⑤衬砌脱模后，若检查发现施工中有走模现象，致使止水带过分偏离中心，则应适当凿除或填补部分混凝土，对止水带进行纠偏。

2. 止水条

止水条一般选用制品型遇水膨胀止水条。

1）施工工艺流程

止水条的施工工艺流程见图 8-23。

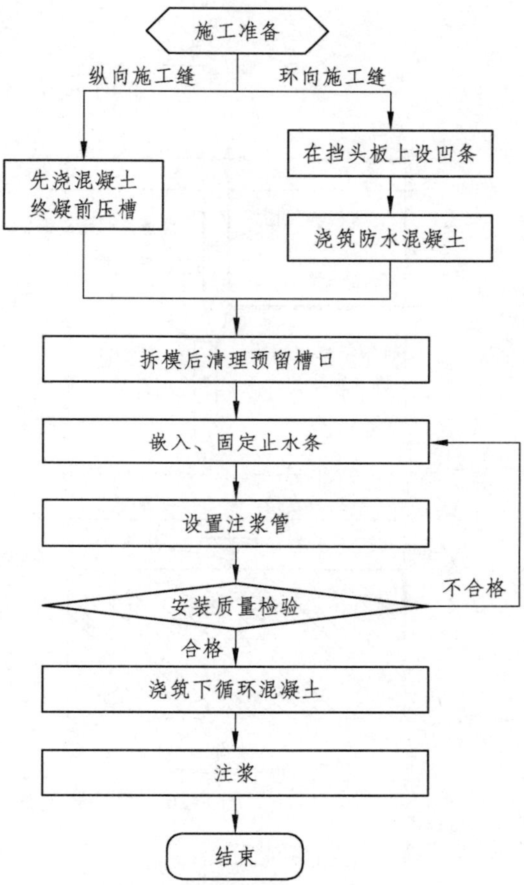

图 8-23　止水条施工工艺流程

2）止水条施工

止水条的设置如图 8-24 所示，采用预留槽嵌入法施工。水平施工缝是先浇筑混凝土，在混凝土初凝后、终凝前根据止水条的规格在混凝土端面中间压磨出一条平直、光滑槽。环向或竖向施工缝是采用在端头模板中间固定木条或金属构件等，在混凝土浇筑后即形成凹槽。槽的深度为止水条厚度的一半，宽度为止水条宽度。在灌注下一循环混凝土之前，要对预留槽进行清理，清除残渣，磨光槽壁，涂抹胶黏剂，将止水条安装在槽内，黏结牢固，并用间距不宜大于 60 cm 的水泥钉固定。

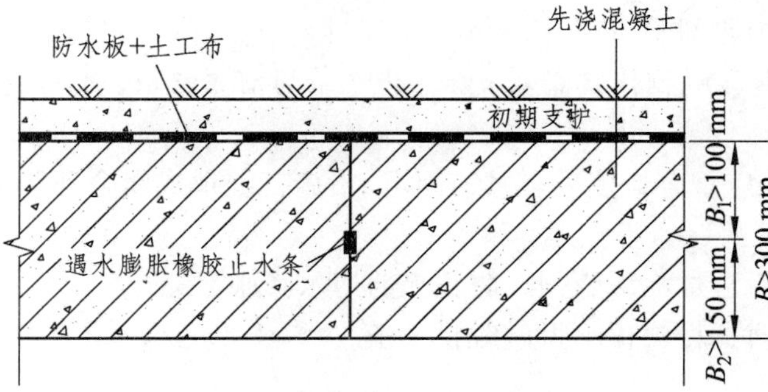

图 8-24　施工缝止水条设置

止水条接头处应按图 8-25，重叠搭接后再黏结固定，搭接长度不应小于 5 cm。带注浆孔遇水膨胀止水条搭接时，连接管应按图 8-26 安装，备用注浆管应引入衬砌内侧。

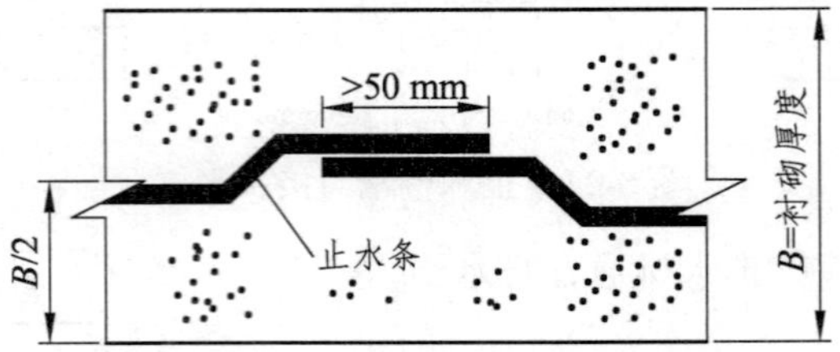

图 8-25　止水条搭接示意图

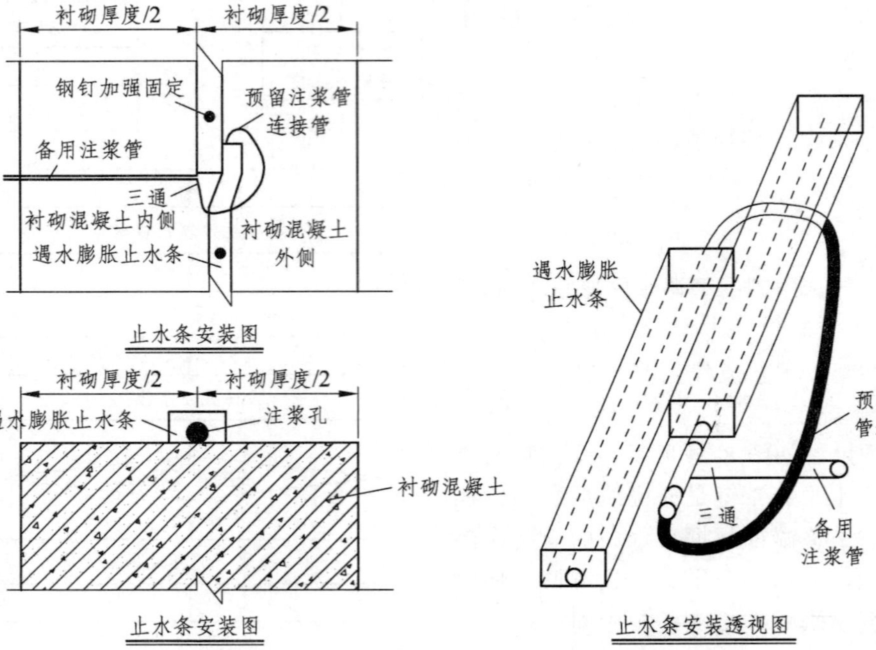

图 8-26　带注浆孔遇水膨胀止水条连接管安装示意

3）施工注意事项

（1）施工前，必须对止水条的宽度、厚度进行检查，确保其符合设计及标准要求。

（2）止水条安放前，必须对预留槽进行清洗，排除杂物。

（3）止水条安装应尽量安排在下一循环混凝土浇筑前 3～5 h，如有困难需提前安装时应采取缓膨措施，但最长时间不得超过 24 h。

（4）止水条安装时应顺槽拉紧嵌入，确保止水条与槽底密贴，不得有空隙。

（5）止水条接头处应重叠搭接后再黏结固定，沿施工缝形成闭合环路，其间不得留断点。

（6）止水条定位后应加涂缓膨剂，防止提前遇水膨胀。

（7）振捣混凝土时，振捣棒不得碰触止水条。

隧道防排水工程施工方案

任务三　防水层施工质量检测

【学习目标】

（1）掌握防水板质量检查方法。
（2）掌握止水带检查方法。

【任务描述】

通过对相关知识的学习，能对隧道防水板的原材料质量、焊接质量、铺设质量、止水带的原材料和安装质量进行检测。

【相关知识】

一、防水层质量检查

1. 外观检查

检查方式：肉眼观察。

（1）防水层表面平顺，无褶皱、无气泡、无破损，与洞壁密贴，松弛适度，无紧绷现象。
（2）焊接应无脱焊、漏焊、假焊、焊焦、焊穿，黏结应无脱黏、漏黏。
（3）明洞防水层施工前，明洞混凝土外部应平整圆顺，不得有钢筋和其他尖锐物露出。

2. 充气检查

1）检查方法

采用双缝焊接的焊缝可用充气法检查防水板焊缝，检查方法如图 8-27。将 5 号注射针与压力表相接，用打气筒充气，当压力表达到 0.25 MPa 时，保持 15 min，若压力下降在 10%以内，则焊缝质量合格；如压力下降超过 10%，则证明焊缝有假焊、漏焊。用肥皂水涂在焊接缝上，找出产生气泡的地方重新补焊，直到不漏气为止。

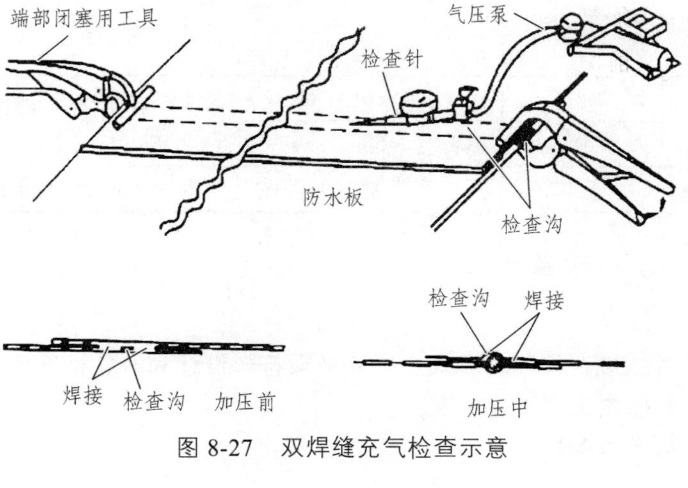

图 8-27　双焊缝充气检查示意

2）检查数量

每条焊缝均应做充气检查。

3）焊缝强度检查

焊缝拉伸强度不得小于防水板强度的 70%，焊缝抗剥离强度不小于 70 N/cm。

3. 复合式衬砌防水层检查

复合式衬砌防水层检查项目见表 8-6。

表 8-6 复合式衬砌防水层实测项目及要求

<table>
<tr><th>项次</th><th colspan="2">检查项目</th><th colspan="2">规定值或允许偏差</th><th>检查方法和频率</th></tr>
<tr><td>1</td><td colspan="2">搭接长度/mm</td><td colspan="2">≥100</td><td>尺量；每条环向搭接缝不少于 5 处，纵向搭接缝每 2 m 检测 1 处</td></tr>
<tr><td rowspan="2">2</td><td rowspan="2">缝宽
/mm</td><td>焊接</td><td colspan="2">焊缝宽≥10</td><td rowspan="2">尺量；每条环向搭接缝不少于 5 处，纵向搭接缝每 2 m 检测 1 处</td></tr>
<tr><td>黏结</td><td colspan="2">黏缝宽≥50</td></tr>
<tr><td rowspan="2">3</td><td rowspan="2">固定点
间距/m</td><td>焊接</td><td>满足设计或 0.5~0.7 m</td><td rowspan="2">±50</td><td rowspan="2">尺量；每 10 m 拱部、边墙各检查 5 处</td></tr>
<tr><td>黏结</td><td>满足设计或 0.7~1.0 m</td></tr>
<tr><td>4</td><td colspan="2">焊缝密实性</td><td colspan="2">压力下降在 10%以内</td><td>充气法：压力达到 0.25 MPa 时停止充气，保持 15 min；每 2 处搭接检查 1 处</td></tr>
<tr><td>5</td><td colspan="2">铺挂松紧度</td><td colspan="2">防水层任一点能接触到岩面</td><td>两固定点之间同时触摸；每 10 m 拱部、边墙各检查 5 处</td></tr>
</table>

4. 明洞防水层检查

明洞防水层实测项目见表 8-7。

表 8-7 明洞防水层实测项目及要求

<table>
<tr><th>项次</th><th colspan="2">检查项目</th><th>规定值或允许偏差</th><th>检查方法和频率</th></tr>
<tr><td>1</td><td colspan="2">搭接长度/mm</td><td>≥100</td><td>尺量；每环搭接测 3 点</td></tr>
<tr><td>2</td><td colspan="2">卷材向隧道暗洞延伸长度/mm</td><td>≥500</td><td>尺量；测 3 点</td></tr>
<tr><td>3</td><td colspan="2">卷材向基底的横向延伸长度/mm</td><td>≥500</td><td>尺量；测 3 点</td></tr>
<tr><td rowspan="2">4</td><td rowspan="2">缝宽/mm</td><td>焊接</td><td>焊缝宽≥10</td><td rowspan="2">尺量；每衬砌台车抽查 1 环，每环搭接测 5 点</td></tr>
<tr><td>黏结</td><td>黏缝宽≥50</td></tr>
<tr><td>5</td><td colspan="2">焊缝密实性</td><td>压力下降在 10%以内</td><td>充气法（同表 8-7）；每 10 m 检查 1 处</td></tr>
</table>

二、施工缝止水带检查方法

1. 止水带检查内容

（1）止水带材料规格、品种、形状、尺寸必须符合设计和有关标准要求。

（2）止水带与衬砌端头模板应正交。

止水带实测项目见表 8-8。

表 8-8 止水带实测项目及要求

项次	检查项目	规定值或允许偏差	检查方法和频率
1	纵向偏离/mm	±50	尺量；每环 5 处
2	偏离衬砌中线/mm	≤30	尺量；每环 5 处
3	固定点间距/mm	±50	尺量；每处环止水带检查 5 点

注：① 纵向偏离指止水带横向中线在隧道纵向方向上与施工缝的偏位。
② 偏离衬砌中线指止水带安设位置与衬砌截面中线的偏位，仅对于中埋式止水带检测此项。

2. 止水带外观鉴定要求

（1）止水带应无松脱、扭曲。

（2）止水带连接接缝应无裂口、脱胶。

3. 中埋式止水带施工检查

中埋式止水带的施工质量检查主要是预埋位置检查和止水带接头黏结检查。现以图 8-28 为例予以说明。

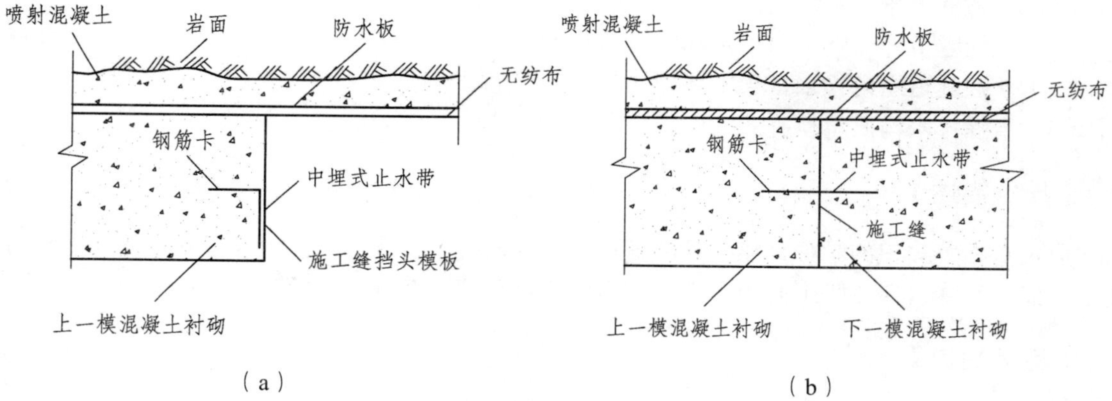

图 8-28 中埋式止水带安装示意

二次衬砌浇筑是一环一环地逐段推进的。止水带通常在先浇的一环衬砌端头由挡头板固定。止水带出现转角时应做成圆弧形，转角半径橡胶止水带不小于 200 mm，钢边止水带不小于 300 mm。

1）埋置位置检查

（1）止水带安装的横向位置。止水带预埋于设计衬砌厚度的 1/2 处，用钢卷尺量测内模到止水带的距离，偏差不应超过 30 mm。

（2）止水带安装的纵向位置。止水带以施工缝或伸缩缝为中心两边对称（图 8-28），即埋在相邻两衬砌环节内的宽度是相等的。用钢卷尺检查，要求止水带偏离中心不能超过 5 cm。

（3）止水带应与衬砌端头模板正交。浇筑混凝土前应用角尺检查，否则会降低止水带在两边埋入混凝土的有效长度，并有可能影响混凝土密实性。

2）现场接头检查

（1）根据止水带材质和止水部位可采用不同的接头方法。每环中的接头不宜多于 1 处，且不得设在结构转角处。对于橡胶止水带，其接头形式应采用搭接或复合接；对于塑料止水带，其接头形式应采用搭接或对接。止水带的搭接宽度可取 10 mm，冷黏或焊接的缝宽不小于 5 cm。

（2）止水带每隔 0.3~0.5m 预埋钢筋卡，在浇筑下一模衬砌混凝土时将露出的另一半止水带卡紧固定，使止水带垂直于施工缝浇筑在混凝土内，见图 8-28。

（3）接头留设部位应尽量避开排水坡度小与容易形成壁后积水部位，最好留设在起拱线上下。其次应检查接头处上下止水带的压茬方向，此方向以排水顺畅、将水向外引出为正确方向，即上部止水带靠近围岩，下部止水带靠近隧道内壁。

（4）接头强度检查时，用手轻撕接头，观察接头强度和表面打毛情况，不合格时重新黏结。

任务四　排水系统施工质量检查

【学习目标】

（1）了解隧道排水系统组成。

（2）掌握隧道环（竖）向排水盲管安装检查。

（3）掌握隧道纵向排水盲管安装检查。

（4）掌握排水沟质量检查。

【任务描述】

通过对相关知识的学习，能指导隧道环（竖）向排水盲管、纵向排水盲管以及排水沟的施工，能进行隧道环（竖）向排水盲管、纵向排水盲管以及排水沟的施工质量检测。

【相关知识】

一、排水系统组成

排水系统包括排水盲管、横向导水管、路侧边沟、深埋水沟等。

排水盲管又称排水盲沟，包括环（竖）向排水盲管、纵向排水盲管、横向排水盲管。排水盲管属渗水盲管，地下水可以进入管内也能从管内渗出。环（竖）向排水盲管、纵向排水盲管布置在隧道衬砌背后；横向排水盲管布置在路面结构层以下，可以起到疏导和防止衬砌背后及路面下积水、减小静水压力的作用，如图 8-29 所示。排水盲管主要为以合成纤维、塑料、钢丝弹簧等为原料，经不同的方法制成，种类较多。

横向导水管不同于排水盲管，是连接衬砌背后的纵向盲管与深埋水沟或边沟的封闭管，主要作用是将衬砌背后的地下水直接排入深埋水沟或边沟，不允许管内水渗出。横向导水管通常采用塑料圆管，管壁不打孔。将水引排至路侧边沟的横向导水管有时只在衬砌边墙内预埋或衬砌浇筑完后打孔，称为泄水孔。

路侧边沟主要用于排出运营期间隧道内污水，包括隧道清洁用水、消防用水车轮带入的雨水、衬砌结构的局部渗水等。

深埋水沟，一般设置在隧道中部路面结构下方，又称中心（排）水沟，也有的设置在隧道路面两侧下方。为了便于施工及运营期间对深埋水沟排水状况的检查、疏通，深埋水沟每隔一段距离还要设检查井。

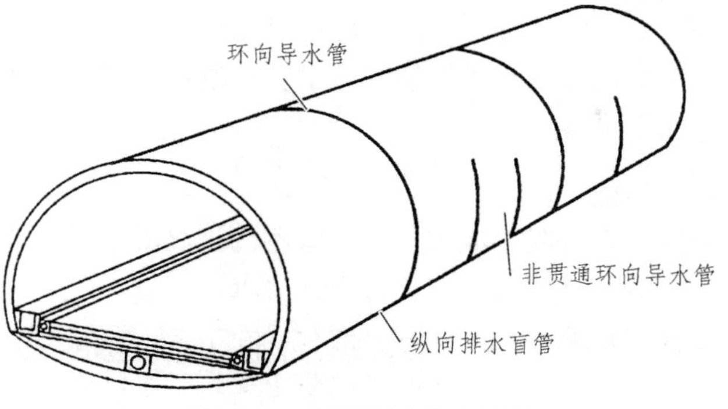

图 8-29　公路隧道排水系统

二、环向盲管、竖向盲管

1. 环（竖）向排水盲管作用

环（竖）向排水盲管的主要作用是将隧道衬砌背后渗水引排到隧道边墙脚的纵向排水盲管，通过横向导水管或泄水孔排出，减少衬砌背后积水。

2. 环（竖）向排水盲管安设

在无纺布与防水板铺设前，按设计要求的间距，将环向、竖向排水管布设在喷射混凝土表面，用铆钉或膨胀螺钉、铁丝、塑料片、无妨布片等固定。渗漏水较多时，根据渗漏水量及部位增加环向、竖向排水盲管。环向、竖向排水盲管多采用圆形弹簧排水管、打孔透水塑料管[图 8-30ca）]、半圆形弹簧排水管[图 8-30cb）]，有的也采用排水板或塑料乱丝盲沟。

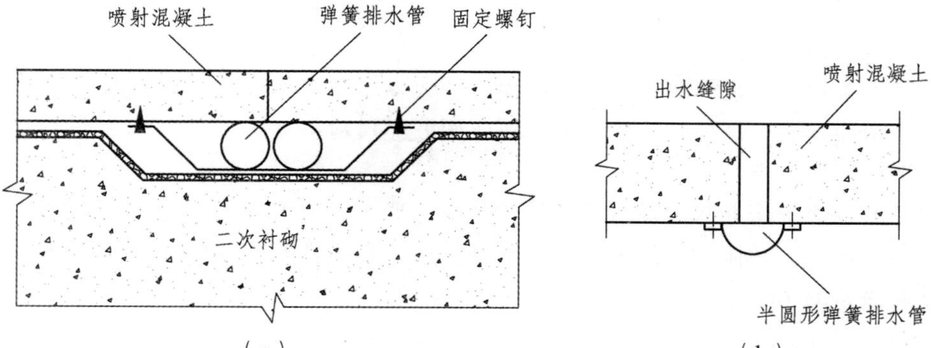

（a）　（b）

图 8-30　环（竖）向排水盲管安设示意

3. 环（竖）向排水盲管安装检查

检查方法：目测检查、直尺或卡尺（钢尺）测量。

环（竖）向排水盲管布置在防水层与初期支护间，首先应检查其布设间距是否符合设计要求。局部涌水量大时应增加盲管。盲管尽量与岩壁或初期支护紧贴，与初期支护的最大间距不得大于 5 mm。环向盲管的底部与墙脚纵向排水管通过三通接头连接，接头要牢固。

三、纵向排水盲管

1. 纵向排水盲管作用

纵向排水盲管设置于隧道模筑混凝土衬砌两侧墙脚背后，其作用一是收集环（竖）向排水盲管排至边墙脚的水，二是收集被防水卷材阻挡经无纺布导流或自重淌流至边墙脚的水。最后将衬砌背后汇入边墙脚的地下水通过横向导水管、泄水孔引入深埋水沟或路侧边沟。

2. 纵向排水盲管的基本要求

（1）具有较高的透水性能。

（2）具有一定的强度，在混凝土浇筑过程中，不能被混凝土混合料压瘪。

（3）纵向排水盲管布设高度和坡度应符合设计要求。

（4）安设位置不能侵占模筑混凝土衬砌空间。

（5）需用无纺布将盲管包裹，防止泥砂和混凝土浇筑时浆液进入，堵塞盲管。

（6）连续铺设，不得断开。

3. 纵向排水盲管检查

1）检测方法

纵向排水盲管的检查采用肉眼观测、直尺或钢尺测量、水准仪、坡度尺等方法。

2）外观检查

（1）纵向排水盲管材质及规格检查。塑料制品若保存不当，极易发生老化，可目测管材的色泽和管身的变形；轻轻敲击，观察管体是否变脆；用卡尺或钢尺量管径与管壁，检查其是否与设计要求相符。

（2）管身透水孔检查。纵向排水盲管壁必须有一定规格和数量的透水孔，用直尺检查钻孔直径和孔间距。

（3）检查纵向排水盲管是否被无纺布包裹严密。

3）安装检查

（1）坡度检查。

纵向排水盲管易出现管身高低起伏现象，造成纵向排水不畅。因此，施工中一定要为纵向盲管做好基础，坡度与设计路线纵坡一致，用坡度尺检查。

（2）平面位置检查。

纵向排水盲管平面上常出现忽内忽外的现象，严重时侵占模筑混凝土衬砌空间，造成衬砌结构厚度不足。这种情况通常是由于边墙脚欠挖，必须进行欠挖处理再铺设。纵向排水管安设示意如图 8-31 所示。

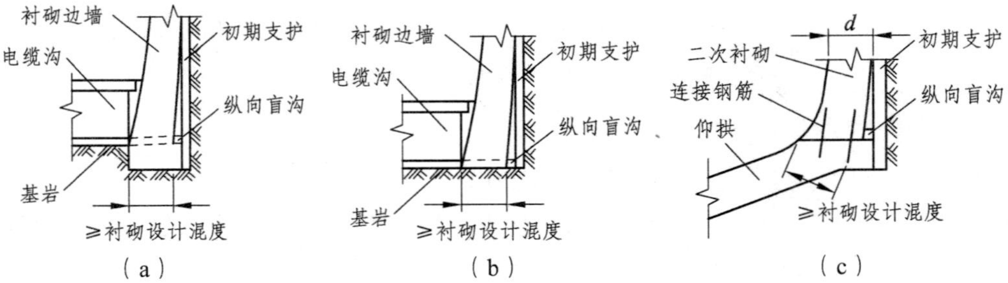

图 8-31　纵向排水管安设示意

（3）连接检查。

施工中应注意检查纵向排水盲管与环（竖）向排水盲管及横向导水管的连接。一般应采用三通管连接，纵向排水盲管管节之间应用直通导管连接，所有接头应牢靠，并用无纺布及扎丝包裹，防止松动脱落。三通连接示意如图 8-32 所示。

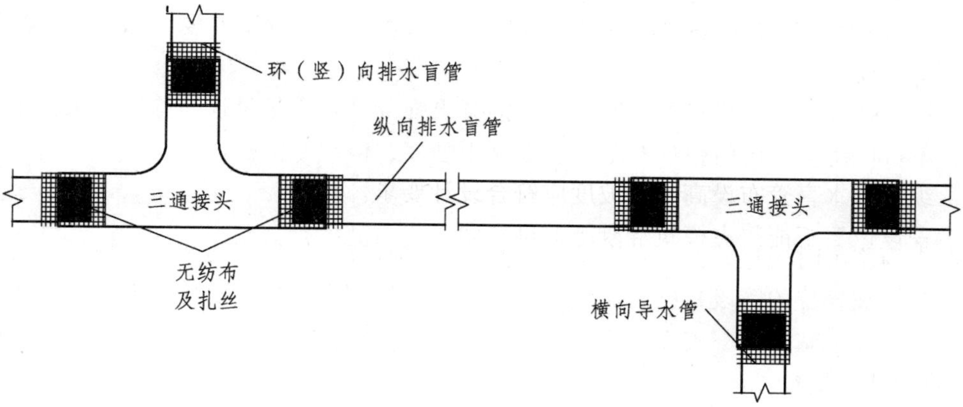

图 8-32　三通连接示意

四、横向导水管

横向导水管起点位于衬砌背后的边墙脚，通过三通管与纵向排水盲管相连，垂直于隧道轴线布设，先穿过边墙衬砌。在有深埋水沟的隧道，一部分横向导水管横向埋设在路面结构以下，与深埋水沟连通；无深埋水沟地段可直接接入边沟。横向导水管通常为硬质塑料管。

对横向导水管的检查，一是检查接头是否牢靠，对接有无错位；二是检查是否连通，需做灌水试验检测。

五、深埋水沟

深埋水沟断面形状通常有圆形和矩形两种。圆形沟多采用预制混凝土圆管，圆管上部半圆钻有一系列透水小孔，孔径$\phi \approx 12$ mm，安放在预设的沟槽内。矩形沟有预制钢筋混凝土矩形沟和现浇钢筋混凝土矩形沟，矩形沟盖板一般单独预制（盖板可钻透水小孔）。路面下积水、地下渗水可通过盖板接缝、透水小孔流入深埋水沟。深埋水沟构造见图 8-33。

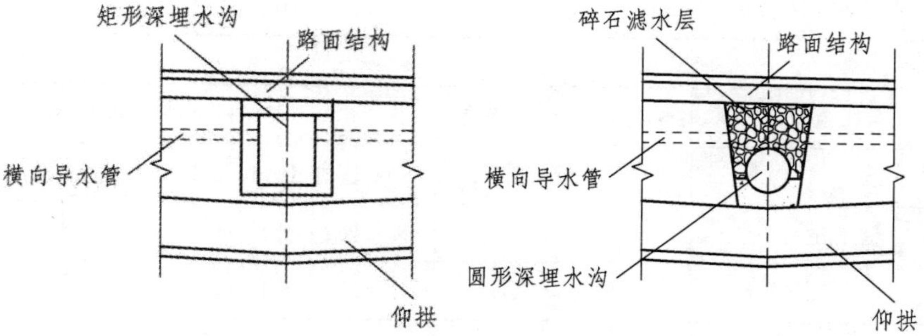

图 8-33　深埋水沟构造示意

根据深埋水沟形式的不同，检查内容也有区别。下面以预制混凝土圆管沟为例说明其质量要求与检测方法。

1. 外观检查

（1）预制管节外形规整，无变形、缺损和开裂，表面应平整，蜂窝麻面面积不得超过总面积的 1%，深度不超过 1 cm。用钢尺、卡尺量测圆管直径、管壁厚度，透水小孔数量、间距、直径符合设计要求。

（2）管壁强度。用石块轻敲管壁，检查混凝土强度是否满足设计与施工要求。出现疏松掉块时，不得使用。可用回弹仪检测管壁混凝土强度，但须专门标定。

2. 施工检查

深埋水沟施工时先挖基槽，整平基底，然后铺设管节，最后用透水碎石回填夯实。位于在软岩或断层破碎带的管段基础，应将不良岩（土）体用强度较高的碎石替换，并用素混凝土找平基础，使基础平整、密实。

1）管沟基础检查

基槽平面位置、槽底高程、宽度、排水坡度应符合设计要求，基底应平整。

2）管节铺设检查

（1）管节铺设有透水孔的一面朝上、安放平稳，接头无错位，接头处流水面高差不得大于 5 mm，管底坡度不得出现反坡。

（2）管内不得有泥土、碎石等杂物。

（3）管节间接缝和管壁透水孔用无纺布包裹。

（4）透水碎石回填密实，不得使管节移位。

（5）横向导水管出口接入碎石层。

隧道内排水沟（管）应满足表 8-9 的要求。

表 8-9 排水沟（管）实测项目及要求

项次	检查项目	规定值或允许偏差	检查方法和频率
1	混凝土强度/MPa	在合格标准内	按《公路工程质量检验评定标准 第一册 土建工程》（JTG F80/1—2017）附录 D 检查
2	轴线偏位/mm	15	全站仪；每 10 m 测 1 处
3	断面尺寸或管径/mm	±10	尺量；每 10 m 测 1 处

续表

项次	检查项目	规定值或允许偏差	检查方法和频率
4	壁厚/mm	不小于设计值	尺量；每 10 m 测 1 处
5	沟底高程/mm	±20	水准仪；每 10 m 测 1 处
6	纵坡	满足设计要求	水准仪；每 10 m 测 1 处
7	基础厚度/mm	不小于设计值	尺量；每 10 m 测 1 处

六、深埋水沟检查井

检查井是深埋水沟的一部分，主要用于深埋水沟检查作业。深埋水沟根据需要设置检查井，检查井的位置、构造不得影响行车安全，并应便于清理和检查，见图 8-34。

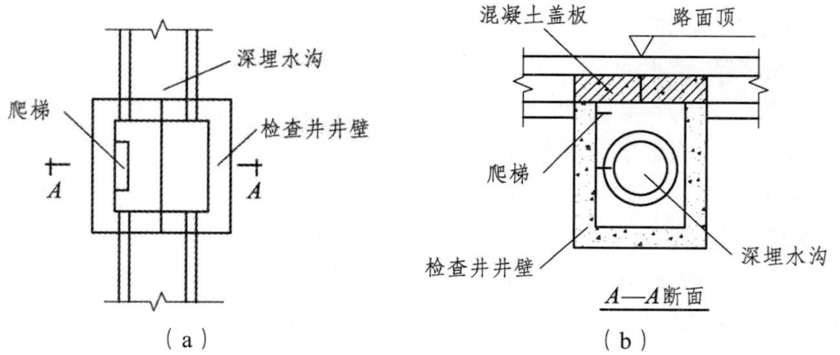

图 8-34　检查井与中心水沟位置关系示意

1. 外观检查

检查方式：观察检查、钢尺测量。

（1）井身尺寸与设计要求相符。

（2）井内砂浆抹面密实光洁，无裂缝；井内平整圆滑。

（3）圆形检查井内壁应圆顺。

2. 施工检查

检查方式：观察检查，铜尺水准仪、经纬仪测量。

检查井圬工检查项目如表 8-10 所示。

表 8-10　检查井砌筑检测项目及要求

项次	检查项目	规定值或允许偏差	检查方法和频率
1	砂浆或混凝土强度/MPa	在合格标准内	按《公路工程质量检验评定标准　第一册　土建工程》（JTGF80/1—2017）要求检查
2	中心点位/mm	50	全站仪；逐井检查
3	圆井直径或方井长、宽/mm	±20	尺量；逐井检查，每个井测 2 点
4	壁厚/mm	－10，0	尺量；逐井检查，每个并测 2 点
5	井底高程/mm	±20	水准仪；逐井检查
6	井盖与相邻路面高差/mm	+4，0	水准仪、水平尺；逐井检查

【任务实施】

根据提供的教学图纸，编制项目的防排水工序作业指导书；对隧道实体模型进行防排水结构的质量检测，并出具检测结论。

【复习与思考】

1. 隧道防排水的基本原则及要求是什么?
2. 复合式衬砌的防排水系统由什么组成?
3. 衬砌结构防水系统由什么组成?
4. 简述隧道结构防排水的施工工艺流程。
5. 基面处理的主要内容和要求是什么?
6. 简述排水盲管的施工工艺流程及要求。
7. 简述防水板的施工工艺流程及要求。
8. 简述止水带、止水条的施工工艺流程及要求。
9. 防水层质量检查的内容和要求是什么?
10. 止水带、止水条施工质量检查的内容和要求是什么?

9 学习项目九 辅助工程措施

任务一　认知围岩加固措施

【学习目标】

认知围岩加固的措施。

【任务描述】

通过对相关知识的学习，对围岩加固的措施有所了解。

【相关知识】

隧道通过浅埋、严重偏压、岩溶、流泥、砂土层、砂卵（砾）石层、回填土、软弱破碎带、断层带等自稳性差的地段以及大面积淋水或涌水地段时，采用锚杆、喷射混凝土、钢架等常规支护难以稳定围岩，容易出现开挖掌子面垮塌、围岩失稳、地表沉陷，甚至隧道冒顶、坍塌、突水、突泥等恶劣现象。这不仅使围岩条件更加恶化，给施工带来极大困难，而且影响施工安全，延误工期，影响工程质量和隧道使用年限。此时需要采用一定的辅助工程措施，以加固围岩、稳定掌子面，提高围岩的自承能力，提高施工的安全性和隧道的长期稳定。

在隧道施工容易造成地表下沉、围岩失稳和坍塌、围岩变形的地段，需对围岩进行加固。围岩加固有两种途径：一是从地面对围岩进行加固，二是在洞内对围岩进行加固。地面加固措施包括地面砂浆锚杆、地表注浆、地面旋喷桩等。洞内加固措施包括围岩超前注浆、围岩径向注浆、超前水平旋喷桩、长锚杆、锚索等。在围岩自稳性特别差的地段，有时需要采用多种围岩加固措施。

一、地面砂浆锚杆

地面砂浆锚杆是在隧道周边地表向下打设锚杆，实现对隧道围岩进行加固的方法，适用于浅埋隧道的Ⅴ级围岩地段。它通过砂浆、围岩和锚杆的联合作用，改善围岩力学性能，提高地层的整体稳定性。在锚杆顶端设置连系梁，将地面与砂浆锚杆连接成一体，是为了进一步提高地面砂浆锚杆控制地层沉降变形的能力。为了保证加固效果，锚固砂浆在达到设计强度的70%后，才能进行下方隧道的开挖。锚杆宜垂直于地表设置，锚杆布置和长度应根据隧道覆盖层厚度、地层岩性分布、地层产状等确定。锚杆外露头宜加设垫板锚固，垫板尺寸应不小于100 mm×100 mm×10 mm，地表设连系梁时，锚杆外露头应与连系梁焊接。

二、地表注浆加固

地表注浆加固和地面砂浆锚杆加固一样，也是一种浅埋隧道围岩加固方法。它通过地面注浆封闭地下水的渗入通道，提高岩体的黏结力，改善围岩力学性能和整体稳定性。

地表注浆的注浆管宜竖向设置，深度应根据需加固地层范围、隧道埋深确定，但不宜超过隧道底部开挖线以下 1 m。注浆管应采用钢花管，钢管直径不宜小于 70 mm，在需加固地层范围的钢管管壁应留有出浆孔，孔直径宜为 8~12 mm，间距宜为 300~500 mm。为保证注浆效果，注浆管施工前应在现场进行试验，找出合理的注浆压力、单孔注浆量和注浆配比等参数后再施工。注浆时，相邻孔不得同时施工，应在一孔注浆浆液终凝后，再进行相邻孔开孔。注浆强度达到设计强度的 70%后方可进行隧道开挖。

三、超前注浆加固

超前注浆加固，适用于Ⅴ级和Ⅵ级围岩地段、断层破碎带地段、塌方地段以及其他不良地质地段，是在洞内对前方未开挖段地层进行加固的措施。

注浆段的长度应根据前方地质条件确定，需加固的地层范围较长时应采用多循环方式进行，每循环注浆长度宜为 5~20 m。注浆管应采用钢花管，管直径不宜小于 70 mm，管壁应留有出浆孔，孔直径宜为 8~12 mm，间距宜为 300~500 mm。在孔口 1~1.5 m 范围不应留出浆孔。

注浆后应采用分析法、检查孔法、物探无损检测法等对注浆效果进行检查，不满足设计要求时，应进行补孔注浆。

注浆强度达到设计强度的 70%后方可进行隧道开挖。

四、洞内径向注浆加固

洞内径向注浆加固适用于围岩松散、自稳能力较差的地段。径向注浆加固施工应在初期支护完成，且喷射混凝土强度达到设计强度的 100% 后，在防水板铺挂之前实施。施工时应以 5~10 m 纵向距离为一个段落进行，注浆孔间距 0.8~2.0 m，按梅花形布置；孔深应控制在 5.0 m 以内；注浆管应为钢管，管直径不应小于 42 mm。注浆施工顺序应按由低到高、由边墙至拱顶的顺序进行。注浆孔钻完一孔后应立即对该孔注浆，并应在一孔注浆浆液终凝后，再进行相邻孔开孔。注浆后也应采用分析法、检查孔法、物探无损检测法等对注浆效果进行检查，不满足设计要求时，应进行补孔注浆。

任务二　掌子面稳定及超前支护措施

【学习目标】

（1）了解封闭开挖面的要求。
（2）掌握超前锚杆施工工艺。
（3）掌握超前小导管施工工艺。
（4）掌握超前管棚施工工艺。

【任务描述】

通过对支护措施相关知识的学习，结合教学图纸，进行对应工程数量的计算，分析出主要材料用量，应包括材料名称、规格型号、工程数量、单位、使用部位等内容。

某隧道辅助施工方案

【相关知识】

在隧道掌子面自稳性差、掌子面开挖可能坍塌、拱顶掉块时，可采用封闭开挖面、超前锚杆支护、超前小导管支护、超前管棚支护、超前水平旋喷加固等措施。根据现场围岩条件、施工条件等，其他辅助工程措施还包括超前锚杆、超前自进式锚杆、钢轨超前顶进、双层超前小导管等。

一、封闭开挖面

隧道开挖掌子面出现垮塌、溜坍、掉块涌水、突泥、流沙等危及施工安全生产的迹象时，应在保证作业人员安全的条件下及时封闭掌子面。

在软弱围岩、破碎围岩地段，掌子面容易出现掉块时，可采用喷射混凝土封闭围岩，喷射混凝土厚度不宜小于 80 mm，且封闭期间喷射混凝土不应起层、剥落，必要时可设钢筋网。

在掌子面出现较大涌水、涌泥时，可采用混凝土封堵墙封堵，封堵墙厚度应根据封堵范围大小、涌出压力、涌泥规模、需封堵时间确定，封堵墙厚度应不小于 500 mm 并应采用早强混凝土，必要时可设钢筋网。

当掌子面出现流沙、涌泥、湿陷性黄土及掌子面溜坍时，可采用洞渣加砂袋反压封堵。

封闭开挖掌子面是一种临时应急措施，主要是为了防止险情进一步扩大。

二、超前锚杆

超前锚杆支护是沿隧道开挖轮廓线向外以一定的角度（5°~12°）并排打入一系列锚杆，超前锚杆尾端与钢架焊接，共同组成棚架，实现对围岩的支撑，如图 9-1 所示。这种措施施工简单，适用于砂土地层、堆积地层、断层破碎带、水平薄层状地层、浅埋和塌方地段等。

超前锚杆又分为悬吊式超前锚杆及格栅拱支撑超前锚杆。

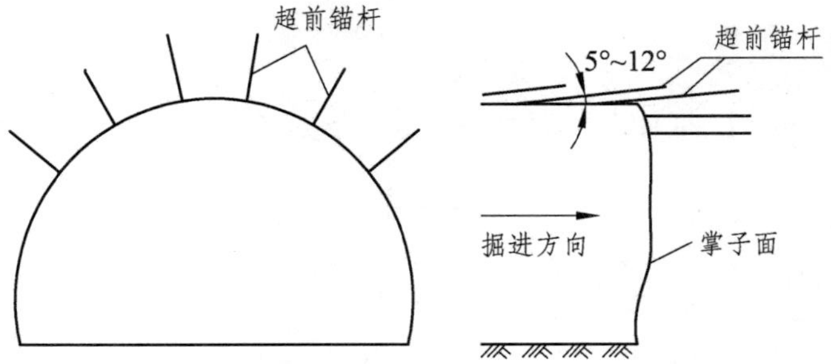

图 9-1　超前锚杆的设置方式

悬吊式超前锚杆，末端支承在拱部围岩内专为超前锚杆提供支点的径向悬吊锚杆上，或支承在作为支护的结构锚杆上，使其起到支护掘进进尺范围内拱部上方，有效地约束围岩在爆破后一定时间内不发生松弛坍塌的作用，为大断面开挖与喷锚支护创造了条件。施工中，因超前锚杆与悬吊锚杆的外露端往往不易直接相交，故以ϕ22 的横向短钢筋焊在邻近的悬吊锚杆上，再焊在超前锚杆的末端上。

格栅拱支撑超前锚杆：超前锚杆的末端支撑在格栅拱架上。

隧道开挖后锚杆杆体临空一侧可能外露，但背离临空一侧需要与围岩紧密接触，才能起到支托围岩的作用，当出现间隙时，需用喷射混凝土填实。开挖后相邻锚杆之间仍有掉块时，说明锚杆间距过大，需补打锚杆，增加支护密度，下一环超前锚杆的横向间距需要加密。

（1）超前锚杆设置范围，对于拱部宜为隧道拱部外弧全长的 1/6～1/2。

（2）锚杆长度宜为 3～5 m，拱部超前锚杆纵向两排之间应有 1 m 以上的水平搭接段；锚杆间距，Ⅳ级围岩宜为 40～60 cm，Ⅴ级围岩适宜为 30～50 cm。

（3）充填砂浆宜采用早强砂浆，其强度等级不应低于 M20。超前锚杆施工完成 8 h 后方可进行开挖。

超前锚杆的施工工艺流程如图 9-2 所示。

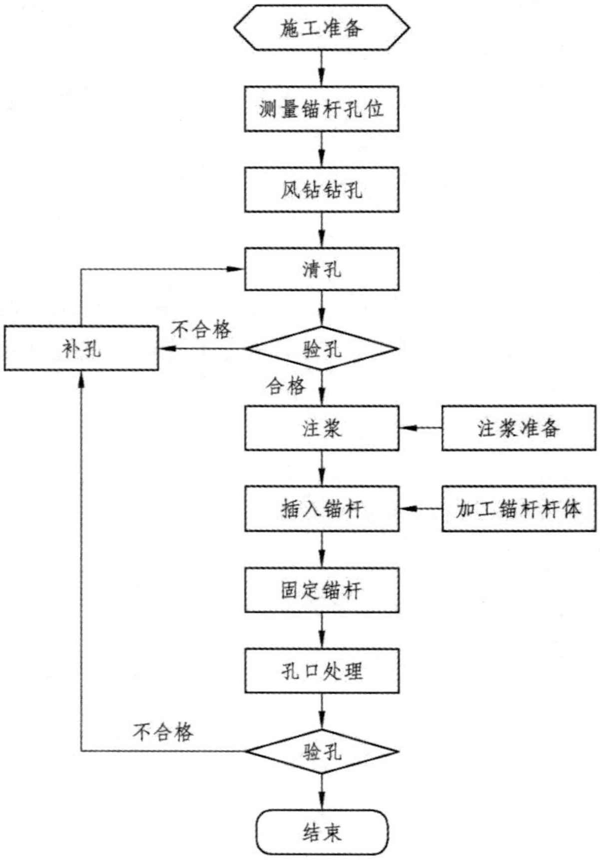

图 9-2　超前锚杆的施工工艺流程

三、超前小导管

超前小导管注浆也是一种被广泛使用的辅助施工措施，它往往与钢拱架一起设置，尾端支撑在钢架上，并应焊接牢固（图 9-3）。小导管宜采用直径为 42～50 mm 的无缝钢管，长度宜为 3～5m；小导管前部注浆孔的孔径宜为 6～8 mm，间距宜为 10～20 cm，按梅花形布置，尾部预留一定长度的止浆段，长度不小于 30 cm，管口应设置止浆阀；小导管环向设置间距宜为 20～50 cm，外插角为 10°～30°，两小导管间纵向水平的搭接长度不小于 100 cm。

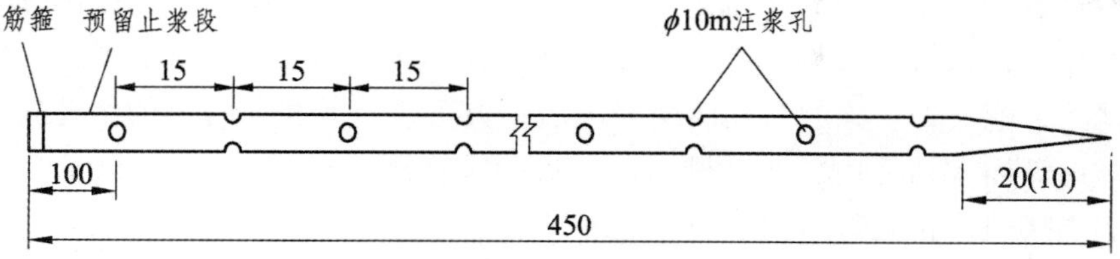

图 9-3　小导管构造

说明：① 图中尺寸单位为 cm。
② 括弧外的数值为单层小导管参数，括弧内数值为双层小导管参数，其余数值为公用部分。

施工中，当超前小导管与围岩间出现间隙时，应采用喷射混凝土填满。超前小导管施工完成 8 h 后方可进行开挖，开挖时导管间仍有掉块时，应立即补打导管，并应在下一环小导管施工时适当加密。

超前小导管施工工艺流程如图 9-4 所示。

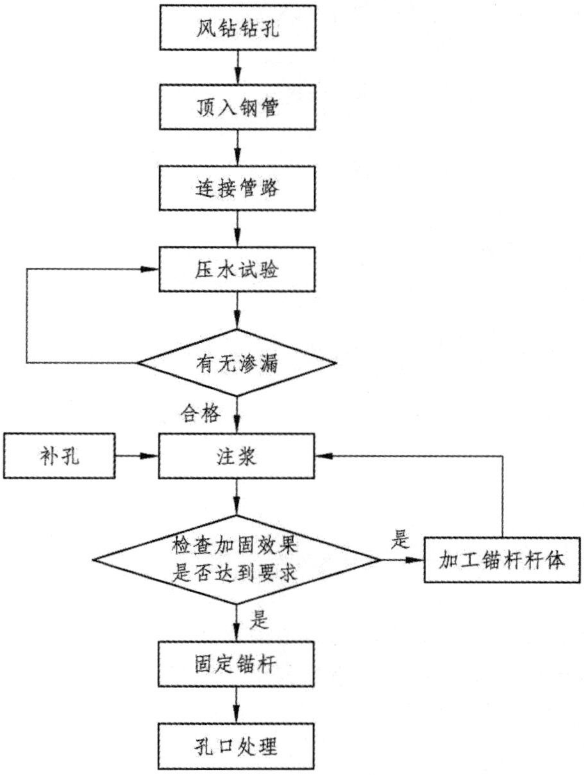

图 9-4　超前小导管施工工艺流程

超前管棚
现场施工

四、超前管棚

超前管棚支护是沿隧道开挖轮廓线向外以 0.5°~2°的外倾角度并排打入一系列钢管的支护方式，管棚直径为 89~110 mm，与初期支护钢架结合形成棚架。

管棚开孔前宜先施作导向墙，导向墙纵向长度应不小于 2 m，厚度应不小于 0.8 m，并应有足够的强度和刚度，其基础应置于稳定地基上。导向墙内的导向管内空直径应不小于管棚钻孔的钻头直径，布置间距和方向应满足设计要求。

管棚钻孔

首先沿隧道开挖工作面的拱部（呈扇形），用大型水平钻向地层中钻一排孔眼，其直径比钢管管径大 20～30 mm，钻孔外插角为 1°～2°，孔眼间距为 30～50 cm。管棚钻孔应跳孔实施，先实施的管棚注浆凝固后，方可进行其相邻管棚的钻孔施工。

然后将钢管插入钻孔内形成管棚，前、后两排管棚应有不小于 3.0 m 的搭接长度。管棚钢管宜分节连接顶入钻孔，节段长度不宜小于 2 m，相邻钢管的接头错开距离应大于 1 m，各节段间应采用丝扣连接或套管焊接连接，连接长度不应小于 50 mm。钢管的尾部需架设在钢拱架上并焊死。相邻两榀钢拱架间应采用直径为 22 mm 的钢筋作为拉筋，拉筋的环向间距约为 1 m，沿刚架外缘环向布置，每隔 2 m 用楔子楔紧，使其能立即承受围岩压力。

管棚钢管就位后，应插入钢筋笼，并应及时注浆施工，每根钢管应一次连续注满砂浆，注浆参数应根据现场试验确定，砂浆强度等级不应低于 M20。

当围岩破碎、钻进难以成孔时，可采用跟管钻孔工艺施工。

超前管棚一次支护距离长、支护能力强，适用于砂土地层、堆积地层、断层破碎带、水平薄层状地层、浅埋和塌方地段、充填岩溶等。在隧道洞口开挖施工中，已大量采用管棚超前支护，对减少洞口仰坡开挖、保持边仰坡稳定和洞口施工安全，起到了很好的效果。

大管棚施工工艺流程如图 9-5 所示。

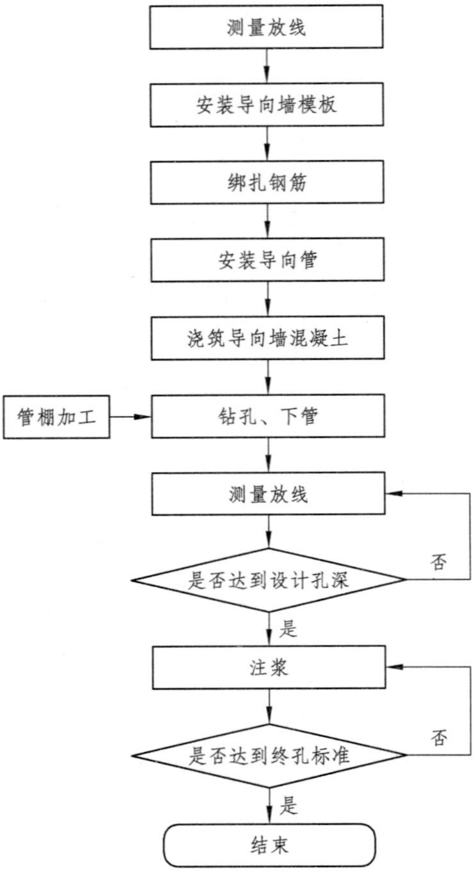

图 9-5　大管棚施工工艺流程

【任务实施】

根据提供的教学图纸，分地段对应列出所采用的超前支护类型，并进行对应工程数量的计算；分析出主要材料用量，应包括材料名称、规格型号、工程数量、单位、使用部位等内容。

【复习与思考】

1. 常用的围岩加固措施有哪些？
2. 常用的稳定掌子面及超前支护的措施有哪些？
3. 简述超前锚杆的施工流程及要求。
4. 简述超前小导管的施工流程及要求。
5. 简述超前管棚的施工流程及要求。

10

学习项目十 施工监控量测

任务一　认知隧道施工监控量测内容及要求

【学习目标】

（1）了解施工监控量测的目的。
（2）了解施工监控量测的分类。
（3）理解仪器、测点的要求。

【任务描述】

通过对相关知识的学习，了解施工监控量测的重要意义，能进行测点的一般布置。

【相关知识】

隧道施工监控量测是指在隧道施工过程中使用各种类型的仪表和工具，对围岩和支护衬砌变形、受力状态进行监测。通过施工监控量测可达到以下目的：

（1）确保安全：根据量测信息，预警险情，以便及时采取措施，避免事故。

（2）指导施工：了解隧道围岩及支护变形发展趋势，对围岩稳定性作出判断，预测隧道围岩最终稳定时间，以安排合理的施工顺序和二次衬砌施作时机。

（3）修正设计：检验施工预设计，调整支护参数和施工方法，使设计和施工更经济、合理。

（4）积累资料：已有工程的量测结果可以直接应用到后续同类围岩中，也为其他类似工程积累资料。

一、施工监控量测内容

监控量测的内容较多，通常分为必测量测项目和选测量测项目两类。

必测量测项目是施工过程中的经常性量测项目，包括对围岩及支护状态的观察、变形观测，以判断围岩稳定性。这类量测项目量测方法简单、量测密度大、可靠性高，对监视围岩稳定、指导设计施工有巨大作用。

选测量测项目是必测项目的拓展和补充，包括对围岩及支护结构受力、内力、应变，围岩内部位移等进行监测，以深入掌握围岩的稳定状态与支护效果。选测量测项目多、测试元件埋设难度较大，费用较高，一般只对特殊地段、危险地段或有代表性的地段进行量测。多数选测量测项目竣工后可以长期观测。

隧道开工前，应根据设计要求，结合隧道规模、地形地质条件、施工方法、支护类型和参数、工期安排等编制施工全过程监控量测方案。编制内容应包括量测项目、量测仪器选择、测点布置、量测频率、数据处理、信息反馈、组织机构、管理体系等。量测计划应与施工进度计划相适应。

二、仪器及传感器要求

（1）仪器及传感器具有出厂合格证，重复使用的仪器须按规定时期标定，一次性传感器须有出厂标定。

（2）量测元件应具有良好的防水、防腐蚀、防振、防冲击波能力。

（3）量测仪器、元件的量测精度、量程满足工程要求。

（4）量测元件在埋设后能长期有效工作。

（5）量测基点应长期稳定、不受干扰，满足测量精度要求，可利用施工测量基点。

三、测点保护

隧道监控量测过程中测点及测桩、传感器导线保护完好是连续采集量测数据的基本保障，必须严格保护。

（1）测点及测桩埋设不要过多地暴露在喷射混凝土外，能进行正常测试即可。尽可能加保护套，防止爆破飞石、机械设备损坏。一旦发现测点损坏，要尽快重新埋设，并读取补埋后初始读数。

（2）测点及测桩应牢固可靠、不松动、不移位，测桩锚固深度不小于 20 cm。

（3）测点及测桩不得悬挂任何物体，不得触碰和敲击，不得随意撤换，遭破坏后应即时恢复。

（4）测点周边应有红油漆或警示标识牌，易于识别。

（5）传感器线缆埋入衬砌部分应穿管保护，防止在喷混凝土或混凝土施工过程中损坏。

（6）传感器导线末端头应装入预留保护盒内。

（7）支护结构施工时要注意保护测点。

隧道监控量测方案

任务二　必测量测项目监测

【学习目标】

（1）掌握必测项目包含的内容。

（2）熟悉每一项必测项目的测量内容、量测仪器、量测方法、量测频率、数据整理及计算等。

【任务描述】

通过对必测量测项目相关知识的学习，结合教学图纸，制订量测的项目，编制量测方案。

【相关知识】

必测量测项目包括洞内外观察、拱顶下沉量测、周边收敛量测、地表沉降观测，见表 10-1。

表 10-1　隧道现场监控量测必测项目及量测方法

<table>
<tr><th rowspan="2">序号</th><th rowspan="2">项目名称</th><th rowspan="2">方法及工具</th><th rowspan="2">布　置</th><th rowspan="2">测试精度/mm</th><th colspan="4">量测间隔时间</th></tr>
<tr><th>1~15 d</th><th>16 d~1 个月</th><th>1~3 个月</th><th>大于 3 个月</th></tr>
<tr><td>1</td><td>洞内外观察</td><td>现场观测；地质罗盘等</td><td>开挖及初期支护后进行</td><td>—</td><td colspan="4">每开挖循环</td></tr>
<tr><td>2</td><td>周边收敛</td><td>各类收敛计、全站仪或其他非接触量测仪器等</td><td>每 5~100 m1 个断面，每断面 2~3 对测点</td><td rowspan="2">0.5 mm（预留变形量不大于 30 mm 时）、1 mm（预留变形量大于 30 mm 时）</td><td>1~2 次/d</td><td>1 次/2 d</td><td>1~2 次/周</td><td>1~3 次/月</td></tr>
<tr><td>3</td><td>拱顶下沉</td><td>水准测量的方法；水准仪、铟钢尺、全站仪或其他非接触量测仪器等</td><td>每 5~100 m 一个断面</td><td>1~2 次/d</td><td>1 次/2 d</td><td>1~2 次/周</td><td>1~3 次/月</td></tr>
<tr><td>4</td><td>地表下沉</td><td>水准测量的方法；水准仪、铟钢尺、全站仪等</td><td>洞口段、浅埋段（$h \leqslant 2.5B$），布置为少于 2 个断面；每断面不少于 3 个测点</td><td>0.5</td><td colspan="4">开挖面距量测断面前后<2<i>B</i> 时，1~2 次/d；
开挖面距量测断面前后<5<i>B</i> 时，1 次/2~3 d；
开挖面距量测断面前后>5<i>B</i> 时，1 次/3~7 d</td></tr>
<tr><td>5</td><td>拱脚下沉</td><td>水准仪、铟钢尺、全站仪等</td><td>富水软弱破碎围岩、流沙、软岩大变形、含水黄土、膨胀岩土等不良地质和特殊性岩土段</td><td>0.5</td><td colspan="4">仰拱施工前，1~2 次/d</td></tr>
</table>

注：*B* 为隧道开挖宽度（m）；*h* 为隧道埋深（m）。

一、洞内外观察

1. 观察目的

在隧道勘察设计阶段，地质勘探工作很难提供完全准确的地质资料。因此，特别需要在施工过程中对隧道围岩开挖揭露的地质情况、地下水出露情况、支护工作状态进行观察并描述，同时还需对隧道开挖影响范围的地表及周边地段情况进行观察、观测，了解并预测其变化。

（1）预测开挖面前方的地质条件。

（2）为判断围岩、隧道的稳定性提供地质依据。

（3）根据喷层表面状况及锚杆的工作状况，分析支护结构的可靠程度。

2. 观察内容

洞内外观察的内容包括洞内掌子面观察、隧道已施工区间的支护状态及施工状态观察、洞外地表及周边建筑变形观察。

1）掌子面观察

（1）岩性、岩层产状。

（2）地层结构面（节理、裂隙）形态、规模、产状及充填物。

（3）不良地质（溶洞、断层、采空区、有害气体等）揭露情况。

（4）地下水类型、涌水量、涌水位置、涌水压力等。

（5）开挖工作面的稳定状态，坍塌、掉块、明显变形、挤出等。

2）支护状态及施工状态观察

（1）开挖方法，台阶长度、高度、宽度。

（2）初期支护、二次衬砌、仰拱衬砌施作时机、一次开挖长度、距开挖面的距离。

（3）初期支护、二次衬砌开裂及渗水情况（位置、状态、水量等）。

（4）钢拱架有无悬空及悬空长度、钢拱压屈、歪斜。

（5）仰拱衬砌底鼓、开裂、渗水现象。

（6）施工中存在的其他缺陷。

3）洞外观察

（1）地表开裂、滑移、沉陷。

（2）边仰坡开裂、滑塌、碎落、渗水。

（3）地面植物、树木倾斜和移动。

（4）地表水水流变化。

3. 观察方法

洞内外观察方法主要为目视调查，并借助地质罗盘、地质锤、手电、放大镜、卷尺、秒表、相机等工具和设备进行，并详细记录和描绘。

4. 观察频率

隧道洞内掌子面一般每开挖循环检查 1 次，下台阶和仰拱每开挖循环检查 1 次；初期支护、二次衬砌巡查每天 1 次；洞外观察与地表沉降观测一致，当遇天气变化特别是极端天气情况时应实时观察。

5. 目测观察中围岩的破坏形态分析

1）危险性不大的破坏

构筑仰拱后，在拱肩部出现的剪切破坏，一般都进展缓慢，危险性不大，特别是当拱肩部的剪切破坏面上有锚杆穿过时，因锚杆的抵抗作用，更不会发生急剧破坏。

2）危险性较大的破坏

在没有构筑仰拱的情况下，当隧道净空位移速率较大且位移变化量极大时，拱顶喷射混凝土因受弯曲压缩而产生的裂隙常常进展急剧，时常伴有混凝土碎片剥落、异常响动、岩尘飞扬、漏水量突然加大等，是一种危险性较大的破坏。

3）塌方征兆的破坏

拱顶喷混凝土层出现对称的、可能向下滑落的剪切破坏的现象时，或侧墙发生向内侧滑动的剪切破坏，并伴有底鼓现象时，都会引起塌方事故。

开挖后目测到的地质情况与开挖前勘测结果有很大不同时，应根据目测的情况重新修改设计方案。

二、周边收敛量测

隧道内壁面两点连线方向的位移之和称为“收敛”，此项量测称“收敛量测”。收敛值为两次量测的距离之差。

收敛量测是隧道施工监控量测的重要项目，收敛值是最基本的量测数据，必须量测准确，计算无误。

1. 量测仪器

隧道周边收敛量测是在隧道两侧壁面对称埋设测桩，用收敛计进行量测。在开挖后的洞壁上及时安设测点，用收敛计量测两测点间的距离，两次测定的距离之差为该时段的收敛值（周边位移值）。根据洞壁收敛值或位移速率，可判断围岩与支护是否稳定，如图 10-1 所示。

目前隧道施工中常用的收敛计为弹簧式收敛计和重锤式收敛计。

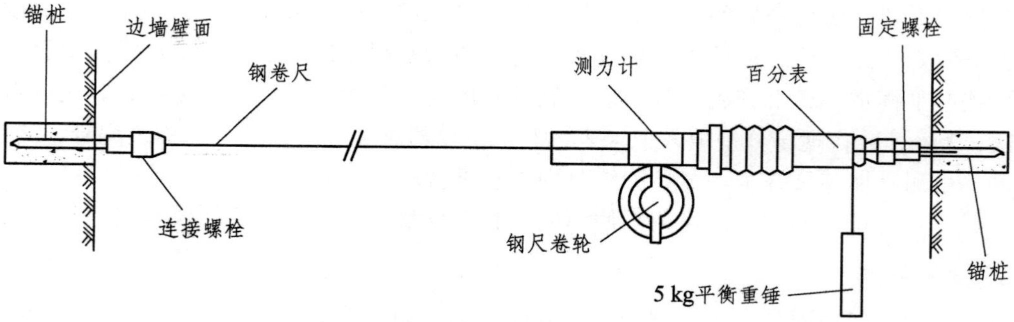

图 10-1 周边收敛量测

2. 测点布置

周边位移量测沿隧道纵向每 5~50 m 布置一个量测断面，量测断面间距应保证沿隧道轴线每类围岩至少一个量测断面。对于洞口段、浅埋地段、软弱地层段、大变形段，断面布置间距一般不大于 2 倍开挖洞径或 20 m。地质条件差或为重要工程时，应加密布设。周边收敛量测断面和拱顶下沉量测断面应布置在同一断面（桩号）上。每个量测断面，一般布置两条水平测线，如图 10-2 所示。采用三台阶法开挖时，上台阶 1 条、下台阶 1 条；采用三台阶法开挖的隧道，单洞四车道隧道，需设 3 条测线，每台阶至少 1 条测线；采用侧壁导坑开挖、双侧壁导坑开挖时，在导坑内按同样的方法布设

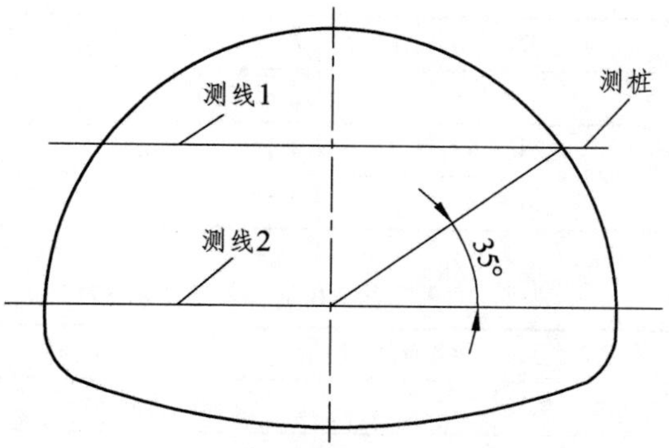

图 10-2 周边收敛测线布置

测线。测线应高出开挖底面不小于 1.5 m。

3. 测点埋设

隧道开挖初期数据变化较大，测点要及时埋设，要求在距开挖面 2 m 范围内、开挖后 24 h 内埋设，在下一循环开挖或爆破前能读取初始读数。

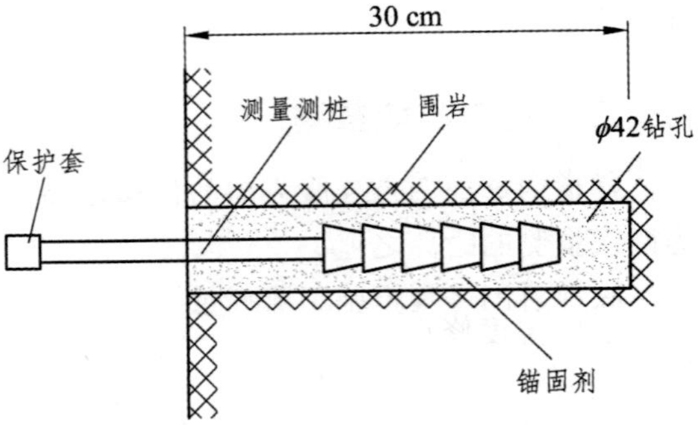

图 10-3　周边收敛测桩埋设

隧道开挖初喷后，在测线布置位置钻直径 42 mm、深 300 mm 的孔，埋入测桩，测桩杆长 ≥300 mm，用锚固剂将测桩锚固在钻孔内（测桩不能焊在钢拱架上）。测桩外露头需加保护套，如图 10-3 所示，每条测线两端各一个。喷射混凝土复喷时不要覆盖保护套，可在喷射混凝土前用易凿除的填充物保护测头，待喷射混凝土复喷完成后，凿除覆盖喷层和保护填充物，露出测头，并用红色油漆做好标记。记录测点埋设桩号、测点编号和埋设时间。

4. 测取读数方法

不同的收敛计有不同的使用方法，下面介绍重锤式收敛计读数测取方法。每次量测时将收敛仪固定在隧道边墙一侧的测桩上，拉出收敛仪上钢卷尺固定在隧道另一侧同一高度的测桩上，安装好收敛仪后，记录钢卷尺读数。挂上平衡重锤慢慢放下，待稳定后读取百分表读数，再抬起平衡重锤让百分表读数回位，然后慢慢放下重锤，待稳定后读取百分表读数。反复 3 次，3 组读数在现场分别填入记录表，并记录仪器编号、断面桩号、测线编号，测量人、记录人、量测日期签署齐全。每条测线分别重复进行。

注意：某一量测断面每次量测都使用同一收敛仪量测，以避免不同仪器出现量测误差。

5. 量测频率

待固定测桩的锚固剂强度达到 70%以后即可测取初始读数，并将读数填入现场量测记录表。此后量测频率除满足表 10-1 的基本要求外，还应根据围岩位移变化速度和量测断面距开挖面距离按表 10-2 和表 10-3 的要求进行，并应满足最低量测频率要求。当量测断面施工状况发生变化时（如下台阶开挖、仰拱开挖），应增加量测频率。

表 10-2　净空位移和拱顶下沉的量测频率（按位移速度）

位移速度/（mm/d）	量测频率	位移速度/（mm/d）	量测频率
≥5	2~3 次/d	0.2~0.5	1 次 3 d
1～5	1 次/d	<0.2	1 次/3 d~7 d
0.5~1	1 次/2~3 d		

表 10-3　净空位移和拱顶下沉的量测频率(按与开挖面的距离 *A*）

量测断面距开挖面距离/m	量测频率	量测断面距开挖面距离/m	量测频率
（0~1）*B*	2 次/d	（2~5）*B*	1 次/2~3 d
（1~2）*B*	1 次/d	>5*B*	1 次/3～7 d

注：*B* 为隧道开挖宽度（m）。

6. 数据整理及计算

（1）每次测量后 12 h 之内，应在室内对所量测的数据进行整理和分析。

（2）每条测线每次测取的 3 组读数，计算平均值作为本条测线本次的净空值。

（3）计算周边收敛值。

根据每次测得净空与上次测得净空值的差，得到两次净空值的变化，即为两次量测时间段内的周边收敛值，按式（10-1）计算：

$$\Delta d = d_{(i)} - d_{(i-1)} \tag{10-1}$$

式中：Δd——收敛值；

$d_{(i)}$——本次测取读数；

$d_{(i-1)}$——上次测取读数。

（4）温度修正。

当隧道内温度变化较大时应对钢尺进行温度修正，按下式计算：

$$\varepsilon_1 = \alpha (T_0 - T)L \tag{10-2}$$

式中：ε_1——温度修正值（mm）；

α——钢尺线膨胀系数[mm/(m·℃)]；

T_0——鉴定钢尺的标准温变，T_0=20℃，也可是洞内常温下的鉴定钢尺；

T——每次重测时的平均气温（℃）；

L——钢尺长度（m）。

（5）绘制时间–变形曲线图

根据计算结果，绘制时间–周边收敛曲线。计算过程可编程用计算机完成，并自动生成时间–周边收敛曲线图。

三、拱顶下沉量测

隧道拱顶下沉量测的目的是了解隧道拱顶下沉变化情况。

1. 地量测仪器

拱顶下沉量测的仪器为精密水准仪量测、塔尺，量测精度为±0.5 mm。

2. 测点布置

拱顶下沉量测断面布置与周边收敛量测断面布置相同。在每个量测断面的隧道拱顶布设 1~3 个测点，测点横向间距 2~3 m，如图 10-4 所示。

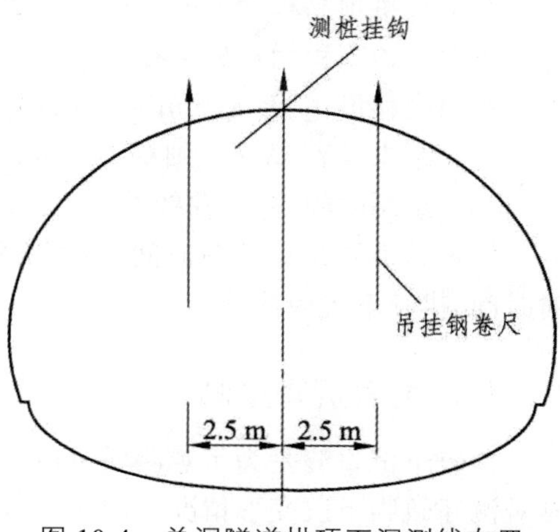

图 10-4　单洞隧道拱顶下沉测线布置

3. 测点埋设

和周边收敛量测一样，拱顶下沉量测测点要及时埋设，要求在距开挖面 2 m 范围内、开挖后 24 h 内埋设，在下一循环开挖或爆破前读取初始读数。

隧道围岩开挖初喷后，在测点位置垂直向上钻孔，孔深 300 mm、孔径 42 mm。用锚固剂将带有挂钩的测桩锚在钻孔内，挂钩向下外露，如图 10-5 所示。挂钩可用$\phi 8$ 钢筋，弯成圆形或三角形，并用红色油漆做好标记。记录测点埋设桩号、测点编号和埋设时间。

4. 基点埋设

用水准仪量测拱顶下沉时，需另外埋设稳定的观测基点，基点埋设时间应在测点埋设之前完成。基点应选择在通视条件好、地基稳定不变形、监测期间不被扰动和破坏的坚硬岩石或构造物上，一般是选在距被测断面 20 m 以外的地点。基点应打孔埋设测桩，孔深 100~200 mm、孔径 38~42 mm。测桩钢筋直径为 18~22 mm，竖向埋设，上端露头小于 50 mm，外露头磨圆。记录测点埋设时间。洞内基点可设在已完成的稳定的衬砌边墙或基础上。

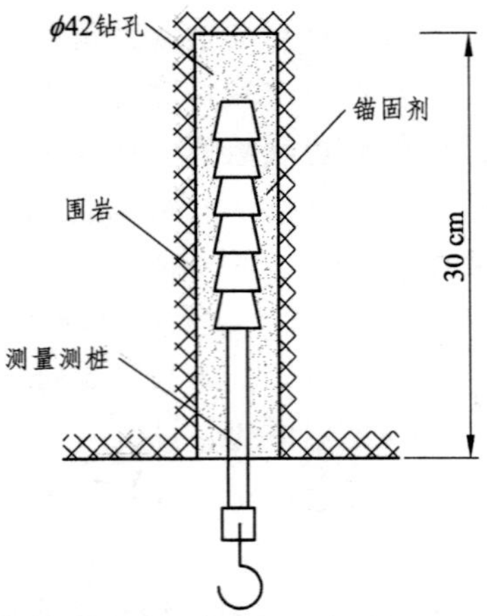

图 10-5　单洞隧道拱顶下沉测线布置

5. 测取读数方法

每次量测时，在后方基点立塔尺或铟钢尺，读取基点（后视）读数；再将钢卷尺或（塔尺）吊挂在拱顶挂钩上，在钢卷尺或（塔尺）基本不摆动的状态下通过精密水准仪测取（前视）读数。每次测取读数填入记录表，多个拱顶测点尽可能使用同一基点，并一站完成。

6. 量测频率

拱顶下沉量测频率与周边收敛量测频率相同。

7. 数据整理及计算

（1）每次测量后 12 h 之内，应在室内对所量测的数据进行整理和分析。

（2）计算拱顶下沉值。

设基点高程为 h_0，前一次后视点（基点）读数为 A_1、前视点（拱顶测点）读数为 B_1，当次后视点读数为 A_2，前视点读数为 B_2。

前一次拱顶高程为：$h_1 = h_0 + A_1 + B_1$　（10-3）

当次拱顶高程为：$h_2 = h_0 + A_2 + B_2$　（10-4）

拱顶位移值：$\Delta h = h_2 - h_1 = (A_2 + B_2) - (A_1 + B_1)$　（10-5）

计算结果：若$\Delta h<0$，则拱顶下沉；若$\Delta h>0$，则拱顶上移。

（3）绘制时间–变形曲线图。

根据计算结果，绘制时间–拱顶下沉曲线。计算过程可编程用计算机完成，并自动生成时时间–拱顶下沉曲线图。

四、地表沉降量测

地表下沉量测是为了观测隧道通过地段的地表下沉量和下沉范围；地表有建筑物时还包括观测建筑物下沉变形情况，同时了解随隧道开挖掘进与地表下沉的动态关系。

1. 量测仪器

地表沉降量测的仪器为水准仪或精密水准仪、塔尺，量测精度为±1 mm。

2. 测点布置

地面观测测点布置在隧道上方隧道开挖可能引起地表沉降的区域。量测断面尽可能与隧道轴线垂直，根据地表纵向坡度确定地表量测断面数量，一般不少于 3 个，断面间距 5~10 m。地表纵向坡度较陡时，断面布置间距小、数量少；地表纵向坡度较缓时，断面布置间距大、数量多。量测断面宜与洞内周边收敛和拱顶下沉量测布置在同一个断面（桩号）上。

单洞隧道每个量测断面的测点不少于 5 个，连拱隧道每个量测断面测点不少于 7 个，量测断面测点布置如图 10-6 所示。横向布置间距为 2~5 m，一般布置 7~11 个测点，隧道中线附近较密。小净距隧道、四车道大断面隧道，根据情况适当加密。当地表有建筑物时，应在建筑物周围增设地表下沉观测点。

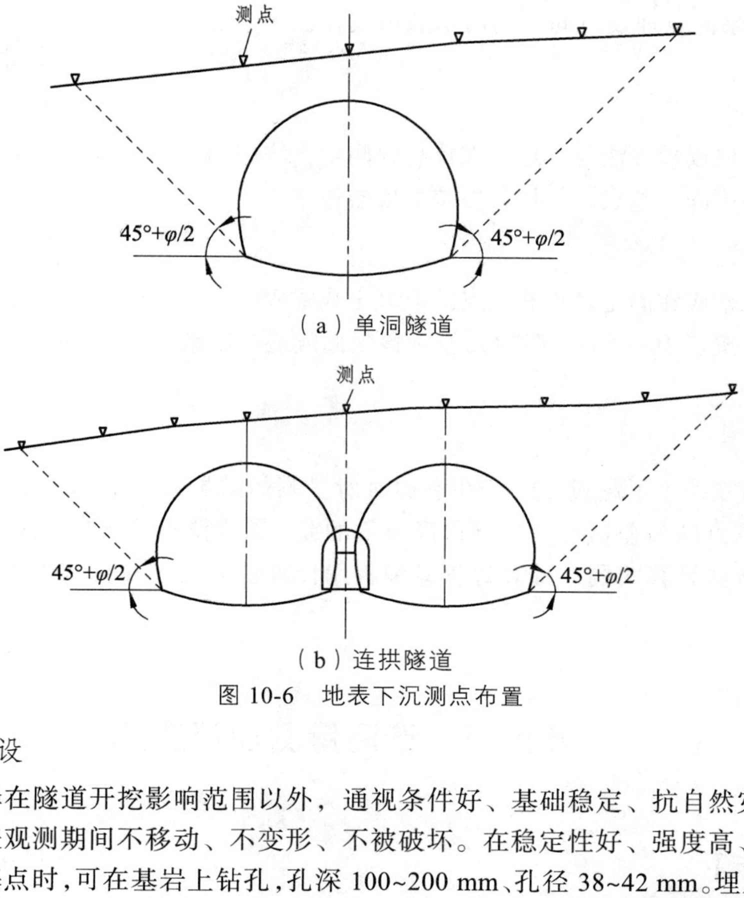

（a）单洞隧道

（b）连拱隧道

图 10-6　地表下沉测点布置

3. 基点埋设

基点应选择在隧道开挖影响范围以外，通视条件好、基础稳定、抗自然灾害强的位置。基点在整个地表观测期间不移动、不变形、不被破坏。在稳定性好、强度高、不易风化的裸露基岩上埋设基点时，可在基岩上钻孔，孔深 100~200 mm、孔径 38~42 mm。埋入直径为 18~22 mm 的钢筋，竖向埋设，钢筋露头 50 mm，磨圆，用红油漆作明显标记。在土质区域，应在不被人畜踩踏、水流冲刷的位置设基点，需挖坑（深度不小于 300 mm，直径不小于 400 mm），插入长 500 m、直径为 22 mm 的钢筋，周边灌注 C20 混凝土，钢筋露头 5 mm，磨圆，用红油漆作明显标记。基点埋设后应记录埋设时间。

4. 测点埋设

测点埋设要求与基点埋设要求相同，如图 10-7 所示。基点和测点的埋设时机应在隧道开挖到达量测断面前 1~3 倍隧道开挖跨度距离前完成，洞口段应在开挖进洞前完成。记录测点埋设桩号、测点编号和埋设时间。

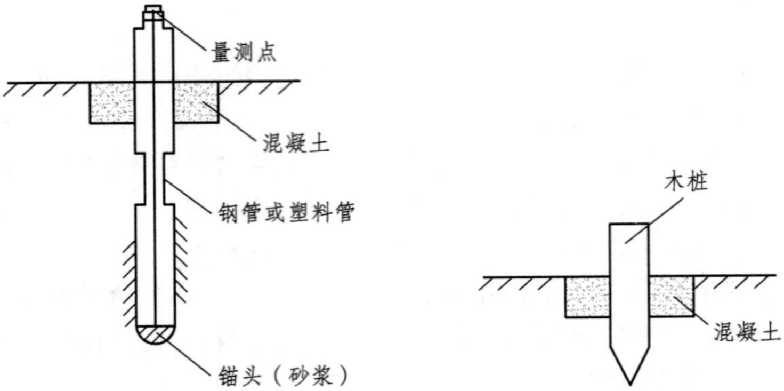

（a）地中下沉测定点　（b）地表下沉测定点

图 10-7　下沉测点构造示意

5. 测取读数方法

地表沉降测取读数方法与普通水准仪高程测量方法相同。每次测取读数填入记录表，多个测点尽可能使用同一基点，并尽可能减少仪器转站。

6. 量测频率

地表沉降观察应在固定基点和测点的混凝土或锚固剂强度达到 70%以后测取初始读数，此后的量测频率按表 10-1 的规定进行，直到该断面隧道衬砌结构封闭，地表下沉稳定 14~21 d 后方可结束。

7. 数据整理

每次测量后立即（不超过 12 h）在室内对所量测的结果进行整理，录入计算机。每次测得的测点与基点的高差值与前次测得高差值的差，即为测点下沉值。其具体计算方法与拱顶下沉计算方法计算相同，计算过程应编程用计算机完成，并自动生成时间–地表下沉曲线。

任务三　选测量测项目监测

【学习目标】

（1）掌握选测项目包含的内容。

（2）熟悉每一项选测项目的测量内容、量测仪器、量测方法、量测频率、数据整理及计算等。

【任务描述】

通过对选测量测项目相关知识的学习，结合教学图纸，制订量测的项目，编制量测方案。

【相关知识】

一、选测项目量测内容

选测量测项目内容较多，包括围岩内部位移量测、锚杆轴力量测、围岩与喷射混凝土间接触压力量测、喷射混凝土与二次衬砌间接触压力量测、喷射混凝土内应力量测、二次衬砌内应力量测、钢支撑内力量测、围岩弹性波速、爆破振动量测等，应根据设计要求、隧道横断面形状和断面大小、埋深、围岩条件、周边环境条件、支护类型和参数、施工方法等综合确定，见表 10-4。

表 10-4　隧道现场监控选测量测项目及量测频率

序号	项目名称	方法及工具	布置	测试精度	量测间隔时间			
					1~15 d	16 d~1 个月	1~3 个月	大于 3 个月
1	钢架内力及外力	支柱压力计或其他测力计	每代表性地段 1~2 个断面，每断面钢架内力 3~7 个测点，或外力 1 对测力计	0.1 MPa	1~2 次/d	1 次/2 d	1~2 次/周	1~3 次/月
2	围岩内部位移（洞内设点）	洞内钻孔中安设单点、多点杆式或钢丝式位移计	每代表性地段 1~2 个断面，每断面 3~7 个钻孔	0.1 mm	1~2 次/d	1 次/2 d	1~2 次/周	1~3 次/月
3	围岩内部位移（地表设点）	地面钻孔中安设各类位移计	每代表性地段 1~2 个断面，每断面 3~5 个钻孔	0.1 mm	同地表下沉要求			
4	围岩压力	各种类型岩土压力盒	每代表性地段 1~2 个断面，每断面 3~7 个测点	0.01 MPa	1~2 次/d	1 次/2 d	1~2 次/周	1~3 次/月
5	两层支护间压力	压力盒	每代表性地段 1~2 个断面，每断面 3~7 个测点	0.01 MPa	1~2 次/d	1 次/2 d	1~2 次/周	1~3 次/月
6	锚杆轴力	钢筋计、锚杆测力计	每代表性地段 1~2 个断面，每断面 3~7 根锚杆，每根锚杆 2~4 测点	0.01 kN	1~2 次/d	1 次/2 d	1~2 次/周	1~3 次/月
7	支护、衬砌内应力	各类混凝土内应变计、表面应力计	每代表性地段 1~2 个断面，每断面 3~7 个测点	0.01 MPa	1~2 次/d	1 次/2 d	1~2 次/周	1~3 次/月
8	围岩弹性波速度	各种声波仪及测振探头	在有代表性地段设置	—	—			
9	爆破振动	测振仪及配置传感器	邻近建（构）筑物	—	爆破源邻近时，随爆破监测			
10	渗水压力、水流量	渗压计、流量计	—	0.01 MPa	—			

续表

序号	项目名称	方法及工具	布置	测试精度	量测间隔时间			
					1~15 d	16 d~1个月	1~3个月	大于3个月
11	地表下沉	水准测量的方法，水准仪、铟钢尺等	有特殊要求段落	0.5	开挖面距离量测断面前后<2.5B时，1~2次/d；开挖面距离量测断面前后<5B时，1次/2~3 d；开挖面距离量测断面前后>5B时，1次/3~7 d			
12	地表水平位移	经纬仪、全站仪等	有可能发生滑移的洞口段高边坡	0.5	—			

注：① B为隧道开挖宽度（m）；h为隧道覆盖层厚度（m）。

② 当隧道量测断面工作状态发生改变时，量测频率应加密。

二、量测断面选择和测点布置要求

洞内量测项目的量测断面位置布置和数量见表10-4，一般是布置在围岩条件较差的Ⅳ、Ⅴ和Ⅵ级围岩中，每种围岩级别的每连续地段可设1~2个断面；Ⅲ级围岩可设1个断面；有特殊要求的地段可设1~2个断面；与必测量测断面布置在同一桩号上，同步进行量测。

对每一量测断面，测点位置一般布置在拱顶、两侧拱腰和边墙位置。两车道隧道3~5个，三车道隧道5~7个。根据量测内容的不同，每个断面位置的测点数要求不同。

和周边收敛和拱顶下沉量测一样，测点要及时埋设，要求在距开挖面2 m范围内、开挖后24 h内完成，在下一循环开挖或爆破前读取初始读数。

三、围岩内部位移量测

1. 量测目的

围岩内部位移（洞内设点）是量测隧道周边与围岩内部某一点沿量测孔钻孔方向的相对位移。通过量测可了解隧道围岩内部不同深度的位移情况，了解围岩松弛区大致范围，为判断围岩的松弛变形情况提供数据。

2. 量测仪器和原理

目前国内外量测围岩内部位移，主要采用多点位移计和单点位移计。多点位移计一般为杆式，单点位移计一般为弦式（钻孔伸长计、引伸计）；数据采集方式可分为机械式（百分表、数显百分表、游标卡尺）和电测式（差动电阻式、电感式、振弦式等）。

1）杆式多点位移计基本构造

杆式多点位移计测试原理示意图如图10-8。它由若干定位件、薄壁PVC管、传导杆（一般为铝、铜棒）若干、百分表等构成，每一传导杆连接一个固定件，传导杆穿在PVC管内，可以在管内自由伸缩。定位件均匀布置在测孔内，通过水泥砂浆与测孔孔壁固定在一起。

2）量测原理

当围岩松弛时，由于定位件（点）与水泥砂浆的黏结作用，带动定位件（点）移动，同时带动传导杆伸缩，在测孔孔口用百分表量测传导杆的伸缩量，即测得固定件（点）与孔口固定点的相对位移值。围岩内部松动程度与围岩深度有很大关系，深度越大，松动位移越小。当钻孔足够深（穿过松动范围）时，位于足够深的固定件（点）可以认为是不动点。测得隧道周边与固定件（点）的相对位移即为隧道周边的绝对位移。位于松动范围内的固定件（点）会随围岩的松动产生位移，所以测得的位移为相对位移。根据某一时间段内前后两次量测数据，计算出各固定件（点）与隧道周边的相对位移，也可测得各固定件（点）之间的相对位移，即可获得围岩内部位移不同深度的分布情况。

3）适用条件

杆式位移计适用于能钻孔成型的各类岩体。它埋设方便，价位低廉，因此得到广泛采用。

3. 测点布置

测量断面应设在有代表性的地质地段。在一般围岩条件下，每隔 200~500 m 设 1 个量测断面比较适宜。

采用多点位移计量测时，在选定的量测断面，沿隧道开挖轮廓线分别在拱顶、拱腰和边墙部位布置 5 个深孔、连拱隧道布置 6 个深孔（图 10-8），也可在隧道较敏感位置布置钻孔。孔深应比锚杆设计长度大 100~200 mm，或根据量测要求和分析松动范围确定钻孔深度，一般为 3.0~5.0 m。每个测孔内一般布置 5 个测点，即 6 个定位件（孔口必须有 1 个定位件）、5 根连杆。

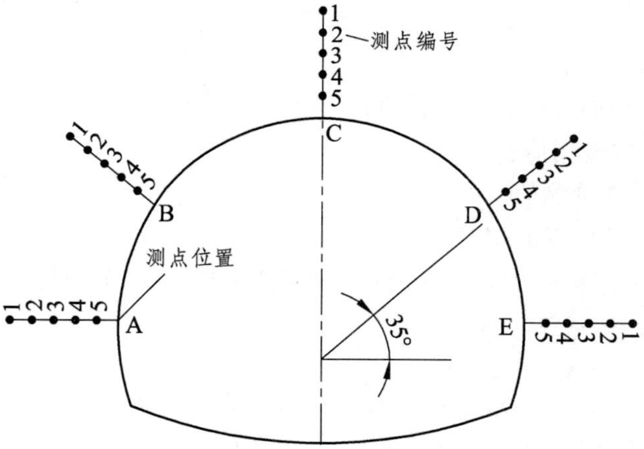

图 10-8　多点位移计测点布置断面

单点位移计是沿隧道开挖轮廓线分别在拱顶、拱腰和边墙部位布置测点。每个部位的钻孔数量根据内部测点数确定，如内部测点需要 4 个，则需钻 4 个孔，钻孔深度根据测点深度确定（1.5~4.5 m）。

4. 位移计埋设

（1）多点位移计埋设。

在隧道开挖初喷后或初期支护完成后沿隧道径向钻孔，钻孔直径为 42~50 mm，钻孔深度较位移计略长 50~100 mm。钻孔钻好后先用水冲洗清孔，将组装好的多点位移计插入钻孔，同时插入 ϕ5~10 mm 的注浆软管，注入 M20 水泥砂浆。边注浆边拔出注浆软管，使孔内注满砂浆，用止浆塞封口。用红色油漆做好标记，记录埋设桩号、各固定件（点）编号、埋设位置及对应孔口固定件通孔位置、埋设时间。

多点位移计不得用药包锚固剂锚固，宜采用灌注水泥砂浆进行锚固。

（2）钢丝式单点位移计按安装说明书进行安装，不需要注浆。

5. 数据采集

多点位移计量测待锚固砂浆强度达到70%以后即可测取初始读数（钢丝式单点位移计安装好后立即量测）。量测前先用纱布擦干净基准板上的锥形测孔，然后将百分表插入孔口固定件通孔内，用百分表测取读数。每次量测时，对每一测点（通孔）应连续采集3个读数，将每次测取的读数填入现场量测记录表格中，以后测取读数的频率按表10-2要求执行。当隧道量测断面工作状态发生改变时，量测频率应重新按初始读数开始时的量测频率执行。保存原始记录，测量人、记录人、日期签署齐全。

单点位移计采集方式与多点位移计相同。

6. 数据整理和位移计算

（1）每次测量后（不超过12 h）立即在室内对所量测的结果进行整理，将原始记录录入计算机。对每一测点量测的3个读数的均值，即为该测点的量测值。

（2）位移计算。

① 测点与隧道周边相对位移。

每一测点前后两次量测值的差为本测点与隧道周边（孔口）的相对位移值，按式（10-6）计算：

$$\Delta S_i = S_i - S_{i0} \tag{10-6}$$

式中：$\Delta S_{(i)}$——i测点与周边的相对位移值；

S_i——i测点本次量测值；

S_{i0}——i测点前次量测值。

② 同一测孔内各测点的相对位移。

第i测点与其他测点的相对位移按式（10-7）~式（10-10）计算：

$$\Delta S_{1\text{-}5} = \Delta S_1 - \Delta S_5 \tag{10-7}$$

$$\Delta S_{1\text{-}4} = \Delta S_1 - \Delta S_4 \tag{10-8}$$

$$\Delta S_{1\text{-}3} = \Delta S_1 - \Delta S_3 \tag{10-9}$$

$$\Delta S_{1\text{-}2} = \Delta S_1 - \Delta S_2 \tag{10-10}$$

式中：$\Delta S_{(1\text{-}i)}$——1测点与i测点的相对位移，i=2，3，4，5；

ΔS_i——i测点与周边的相对位移，i=1，2，3，4，5。

其他各测点间的位移，以此类推。

计算过程应编程用计算机完成。

7. 绘制位移曲线

（1）根据同一测孔各测点的相对位移绘制某一时刻不同深度位移分布图。

（2）绘制时间-围岩内部位移曲线图。

四、锚杆轴力量测

1. 量测目的

通过量测掌握锚杆不同深度受力情况判断围岩的位移范围，评价锚杆支护效果。

2. 量测仪器和原理

锚杆轴力量测，按其量测原理可分为电测式和机械式两类。其中电测式又可分为电阻应变式和钢弦式。电阻应变式和机械式的原理是通过量测不同深度锚杆的变形而获得轴力，钢弦式则是通过测定不同深度处传感器受力后钢弦振动频率的变化而获得轴力。

1）电阻应变式测力锚杆

电阻应变式测力锚杆，是在锚杆表面沿锚杆轴线方向贴电阻应变片。使用时，将它埋置在钻孔中，注满砂浆，锚杆受力变形后带动应变片一起变形，用电阻应变仪测定锚杆轴向应变，根据轴向应变转求锚杆所受的应力。应变片由于绝缘电阻低、敏感栅通电流后存在温度效应、黏结固化不充分等，很难保证量测的可靠性和精确度，因此在隧道工程现场测试中应用很少。

2）钢弦式测力锚杆

钢弦式测力锚杆，是由若干个钢弦式钢筋应力计、屏蔽导线、分线器插头和分线器、频率仪组成。使用时，将 3~4 个钢弦式钢筋应力计与锚杆钢筋分段串联，如图 10-9 所示，埋置在钻孔中，每个钢筋应力计引出一根导线。

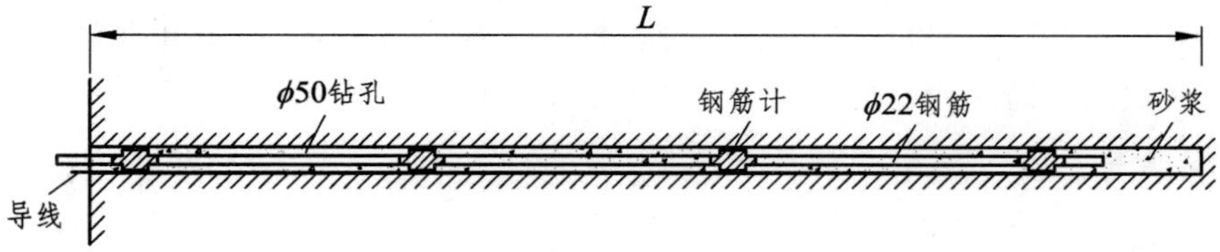

图 10-9　锚杆轴力量测制作及埋设（单位：mm）

钢弦式测力锚杆制作价格便宜、安装方便，广泛应用于隧道现场测试中。

3）机械式测力锚杆

机械式测力锚杆，是在与锚杆直径相同的钢管内设置长度不等的细长变形传递杆，每一传递杆的一端分别固定在锚杆内壁预定的不同位置上，而另一端则至孔口端头基准板，传递杆在钢管内可自由伸缩。锚杆埋入钻孔后，借助于百分表量测传递杆的伸缩位移值，即可测得锚杆不同段的变形，然后根据钢管的弹性模量，即得各测点间的应力，以此了解锚杆轴力及其分布状态。机械式量测锚杆与钢弦式测力锚杆相比，不便于远距离量测，对施工的干扰大，速度较慢，在隧道现场测试中很少采用。

3. 测点布置

锚杆轴向力量测的测点是在选定的量测断面，沿隧道开挖轮廓线分别在拱顶、拱腰和边墙部位钻 5 个深孔（连拱隧道钻 6 个深孔）布置，也可在隧道较敏感位置钻孔布置。孔深应比锚杆设计长度大 200 mm，或根据量测要求和分析松动范围确定钻孔深度，一般为 3.0~5.0 m，每个孔内一般设 3~4 个测点（即 3~4 个钢弦式钢筋计），测点断面布置见图 10-11。

4. 传感器埋设

（1）钢弦式测力锚杆埋设。

在隧道开挖初喷后或初期支护完成后沿隧道开挖轮廓径向钻孔，钻孔直径一般比锚杆杆体直径大 20~30 mm，约 50 mm，钻好孔后先用水冲洗清孔，准备好水泥砂浆、注浆设备，然后插入钢弦式测力锚杆，同时插入 ϕ5~10 mm 注浆软管。传感器导线沿着锚杆引向钻孔外。导线引出钻孔外后，穿保护管引至保护盒内，在导线末端打上编码号，与钢筋应力计一一对应。注入 M20 水泥砂浆，边注浆边拔出注浆软管，使孔内注满注浆，用止浆塞封口。其安装见图 10-10。

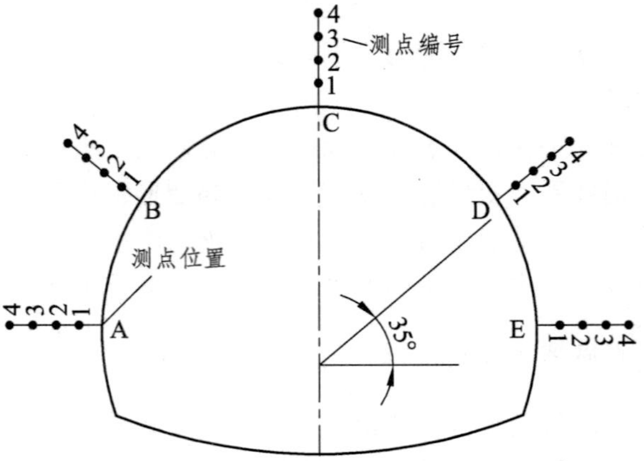

图 10-10　隧道锚杆轴力测点断面布置

钢弦式测力锚杆不得采用药包锚固剂锚固。安装完后用喷混凝土将锚头和导线覆盖，只露出保护盒。用红色油漆做好标记，记录埋设桩号、各传感器编号、埋设位置和埋设时间。

（2）机械式测力锚杆埋设与多点位移计埋设基本相同。

5. 数据采集

1）钢弦式测力锚杆数据采集

锚杆轴力量测是待锚固砂浆凝固后测取初始读数。打开保护盒盖，将钢筋应力计导线插头与频率仪连接，读取钢筋计频率读数，并做好原始记录，测量人、记录人、量测日期等签署齐全。以后测取读数的频率按表 10-4 要求执行。当隧道量测断面工作状态发生改变时，量测频率应加密。量测时用频率仪测取压力盒频率读数。

2）机械式测力锚杆数据采集

机械式测力锚杆待锚固砂浆强度达到 70%以后即可测取初始读数，量测前先用纱布擦干净基准板上的锥形测孔，将百分表插入锥形孔内测取读数，每个测孔读取 3 次，计算 3 个数的平均值。某一时段前后两次量测出的距离变化值即为每个测点与基准面间的相对位移。根据不同测点产生的位移，除以基点与测点的距离得到应变，再乘以钢管钢材的弹性模量，得到锚杆轴向应力。

6. 数据整理

（1）每次测量后（不超过 12 h）立即对所量测的读数进行整理，录入计算机。根据生产厂家提供的钢筋计标定表，换算每一钢筋计所受的力，即为该测点量测时刻的锚杆轴力。

（2）锚杆某一测点不同时刻锚杆轴力变化，按式（10-11）计算：

$$\Delta n = n_i - n_{i-1} \tag{10-11}$$

式中：Δn——量测点锚杆轴力差值；

n_i——本次测点锚杆轴力；

n_{i-1}——前次测点锚杆轴力。

计算过程应编程用计算机完成，并自动生成测点时间–锚杆轴力曲线。

（3）根据同一测力锚杆各测点的轴力绘制某一时刻不同深度的锚杆轴力分布图。

五、围岩压力量测

1. 量测目的

围岩压力量测是指围岩与初期支护间接触压力和初期支护与二次衬砌间接触压力量测（两层衬砌间接触压力），是在围岩与支护间和两次衬砌间埋设压力传感器，量测围岩压力的大小、分布及围岩压力变化状态，判断围岩和支护结构的稳定性。

2. 量测仪器

接触压力量测仪器根据测试原理和测力计结构不同分为液压式测力计和钢弦式压力盒。目前，量测围岩压力的传感器主要采用钢弦式压力盒。

3. 测点布置

在选定的量测断面，在隧道拱顶、拱腰和边墙布设测点，见图 10-11。

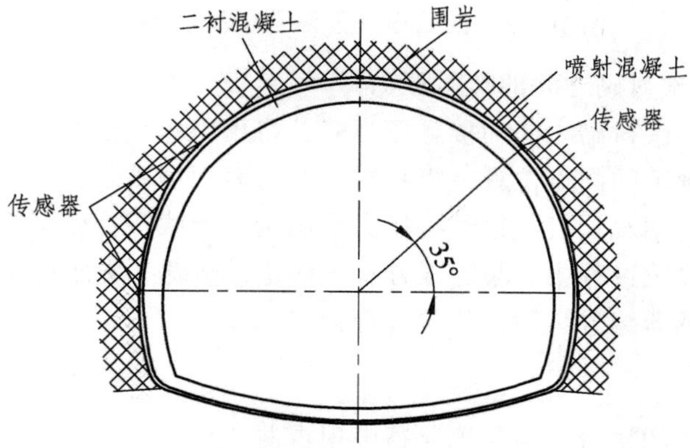

（a）围岩与初期支护之间

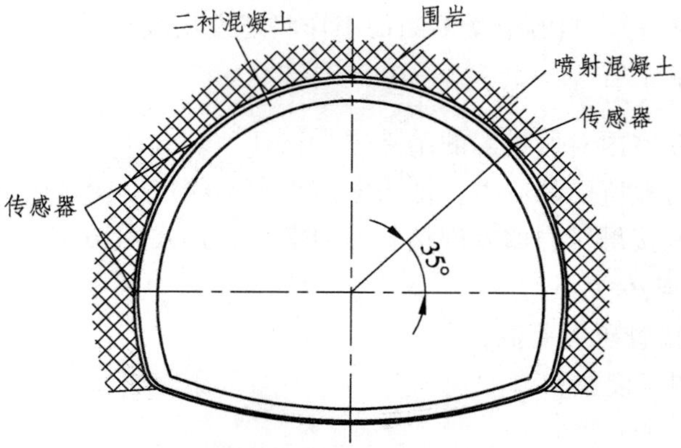

（b）初期支护与二次衬砌之间

图 10-11　压力盒埋设布置

4. 压力盒的埋设

1）围岩与初期支护间的接触压力

量测围岩与初期支护间的接触压力时，将压力盒埋设在围岩与初期支护间。在喷混凝土之前，在确定的测点位置，将岩面用砂浆找平，把压力盒双模的一面贴紧围岩，用铆钉、铅丝或钢筋固定，导线穿管引至保护盒内。喷射混凝土时将压力盒和导线全部覆盖，如图 10-12（a）所示。导线头在保护盒内露出。

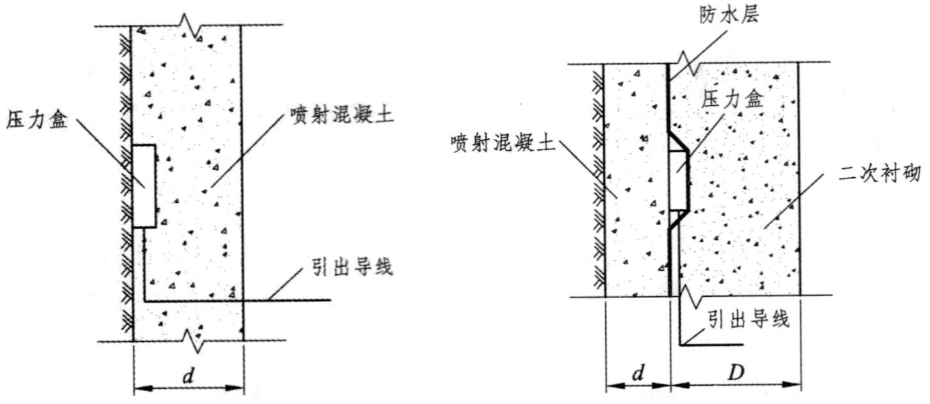

（a）围岩与初期支护之间　　（b）初期支护与二次衬砌之间

图 10-12　接触压力量测压力盒埋设构造

2）初期支护与二次衬砌之间的接触压力

量测初期支护与二次衬砌之间的接触压力时，将压力盒埋设在初期支护与二次衬砌之间。铺挂防水板之前，在确定的测点位置，将喷射混凝土表面用砂浆找平，将压力盒双模的一面紧贴喷射混凝土表面，用水泥钉、铅丝将压力盒固定，导线需穿管引至保护盒内。防水板铺挂和二次衬砌混凝土浇筑过程中，保证压力盒不移位，导线不被扯断，如图 10-13（b）所示。记录埋设桩号、各传感器编号、埋设位置和埋设时间。

5. 数据采集

围岩与初期支护间的接触压力量测是待喷射混凝土作业完成后测取初始读数，初期支护与二次衬砌间的接触压力量测是待二次模筑衬砌混凝土终凝后测取初始读数。以后测取读数的频率按表 10-2 要求执行。当隧道量测断面工作状态发生改变时，量测频率应加密。

6. 数据整理和压力计算

每次测量后立即在室内对所量测的结果进行整理，录入计算机。根据生产厂家提供的压力盒标定表，换算压力盒所受的应力，即为该测点本次测定的接触压力值。

同一测点不同时间接触压力的差即接触压力变化，按式（10-12）计算：

$$\Delta P = P_i - P_{i-1} \tag{10-12}$$

式中：ΔP——量测点接触压力差值；

P_i——本次本测点读数；

P_{i-1}——上次本测点读数。

计算过程应编程用计算机完成，随着量测数据的积累，自动生成各测点的时间–压力曲线。

六、衬砌应力量测

1. 量测目的

衬砌应力量测包括初期支护喷射混凝土应力量测和二次衬砌模筑混凝土应力量测，量测它可了解隧道喷射混凝土和模筑混凝土的受力状态。

2. 量测仪器

量测衬砌应力的传感器主要有钢弦式应变计和应变砖。

1）钢弦式应变计

量测衬砌应力时，是将量测元件（装置）直接安装于喷射混凝土内和二次衬砌模筑混凝土中。为了使量测数据能直接反映混凝土层的变形状态和受力的大小，要求量测元件材质的弹性模量应与混凝土层的弹性模量相近，不致引起混凝土层应力的异常分布，影响评价效果。将钢弦式应变计埋入混凝土内，混凝土结构受力后，带动钢弦式应变计钢丝受力发生改变，引起钢丝振动频率变化，用频率仪测出振动频率，根据事先标定出的频率-应变曲线求出混凝土的应变，再根据混凝土弹性模量计算出混凝土应力。目前钢弦式应变计在隧道现场测试中应用较多。

2）应变砖

应变砖是由电阻应变片外加银箔防护做成银箔应变计，再用混凝土材料制成的尺寸为（50~120） mm×40 mm×25 mm 的矩形立方块（外壳形如砖）。量测混凝土应变计时，将应变砖埋入混凝土内，混凝土结构受力后，应变砖也随着产生应力。采用电阻应变仪量测出应变砖应变量的大小，然后根据事先标定出的应变砖的应力-应变曲线，可求出混凝土所受应力的大小。由于应变砖和混凝土基本上是同类材料，埋入混凝土的应变砖不会引起应力的异常变化，所以应变砖可直接反映混凝土层的变形与受力的大小。

3. 测点布置

在选定的量测断面，在隧道拱顶、拱腰和边墙布设测点，见图 10-13。

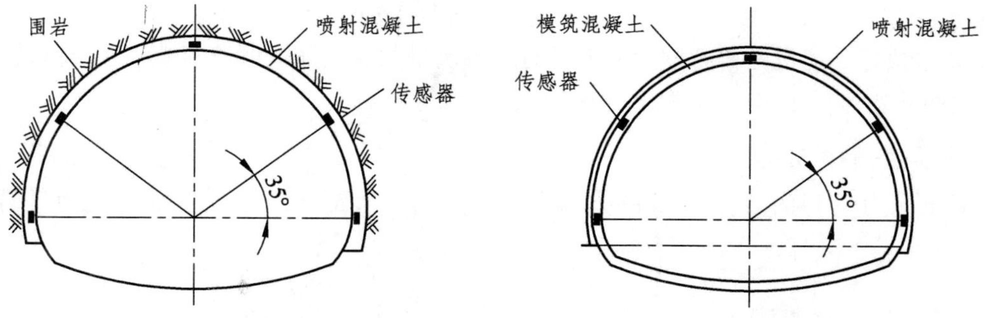

（a）衬砌支护喷混凝土　　（b）二次模筑混凝土

图 10-13　混凝土应变计布置

4. 钢弦式应变计埋设

1）喷射混凝土应变计埋设

在喷射混凝土复喷前，将应变计受力方向顺隧道开挖轮廓线的切线方向，用钢筋或借助钢筋网、铅丝，将混凝土应变计固定在喷射混凝土层中间，见图 10-14（a），导线穿管引至保护盒。在喷射混凝土过程中应保证应变计不移位，导线不被扯断。

2）模筑混凝土应变计埋设

在模筑混凝土浇筑前，将应变计受力方向顺隧道开挖轮廓线的切线方向，用钢筋或借助衬砌钢筋、铅丝，将混凝土应变计固定在模筑混凝土衬砌厚度中间，如图 10-14（b）所示，导线穿管引至保护盒。在混凝土浇筑过程中应保证应变计不移位，导线不被扯断。

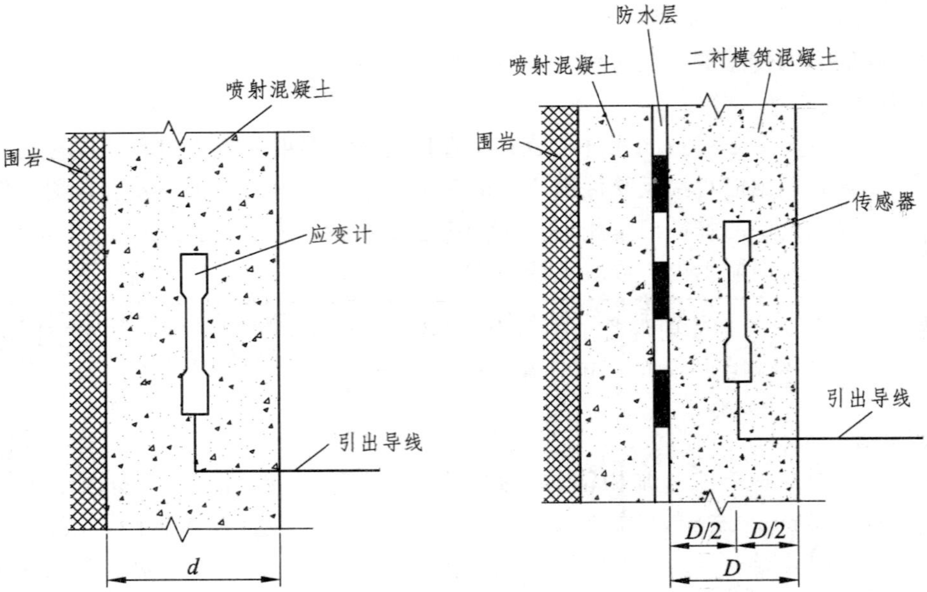

（a）喷射混凝土应变计埋设　　（b）模筑混凝土应变计埋设

图 10-14　应变计埋设图

传感器埋设后，记录埋设桩号、各传感器埋设位置、编号和埋设时间。

5. 数据采集

喷混凝土层轴力量测是待喷混凝土作业完成后测取初始读数，模筑混凝土应力量测是待模筑混凝土终凝后测取初始读数，并将读数填入现场量测记录表格，以后测取读数的频率按表 10-2 要求执行。埋设的传感器为应变砖时，每次量测时应连续测取不少于 3 个读数，取 3 个数的量测平均值作为当次的数据。

6. 数据整理和应力计算

混凝土应力量测的数据整理和受力计算与接触压力量测的数据整理和压力计算方法相同。

七、钢架应力量测

1. 量测目的

在喷锚衬砌设有钢架的地段，根据需要可对钢架的受力进行量测，以了解钢架受力变化和实际工作状态。钢架分格栅钢架和型钢钢架。

2. 量测仪器

型钢钢架应力量测可采用钢弦式表面应变计和钢弦式钢筋应力计，格栅钢架应力量测一般采用钢弦式钢筋应力计，也有采用光纤光栅表面应变计和钢筋计的。光纤光栅传感器具有体积小、质量轻、对被测介质影响小、灵敏度和分辨率高、结构简单灵活、安装方便等特点，逐渐在隧道测试中得到应用。目前多采用钢弦式钢筋应力计。

3. 测点布置

在选定的量测断面，在隧道拱顶、拱腰和边墙布设测点，见图 10-14（a）。也可根据围岩情况布置在受力敏感位置，但应避开钢架节段的接头位置，距接头距离应大于 500 mm。

4. 传感器埋设

1）钢弦式表面应变计量测型钢钢架受力

用钢弦式表面应变计量测型钢钢架受力时，将表面应变传感器顺钢架轴线方向安装在型钢钢架的表面，用电焊机将传感器底座与被测钢架表面焊接固定，保证与钢架一起变形，最后在传感器上罩上薄铁皮盒。薄皮铁盒不仅可避免表面应变传感器遭到损坏，还可避免传感器和钢架共同变形时受到喷射混凝土的阻力。钢弦式表面应变计可分别安装在型钢拱架的上、下翼缘外侧，根据量测的应变值，可计算出钢架截面的应力分布。

2）钢弦式钢筋计量测型钢钢架受力

用钢弦式钢筋计量测型钢钢架受力时，将钢筋计顺钢架轴线方向安装在型钢拱架的表面，将钢筋计两端焊在型钢钢架的翼缘上（上翼缘在内侧、下翼缘在外侧）。钢筋计的中段不要与钢架接触，当中段与钢架接触时，可在两端加钢垫块，如图 10-15 所示。钢弦式钢筋计可分别安装在型钢拱架的上、下翼缘，根据量测的应变值，可计算出钢架截面的应力分布。

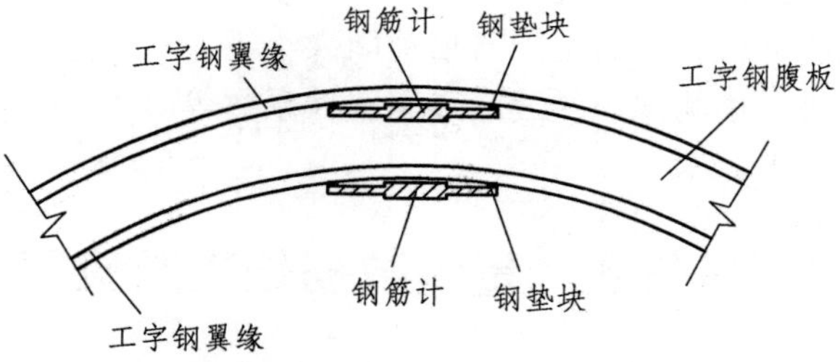

图 10-15　型钢拱架钢筋计安装构造

钢筋计价格便宜、安装方便，在隧道工程中应用较多。

3）钢弦式钢筋计量测格栅钢架受力

格栅钢架是采用钢筋焊接而成的，传感器安装时，是在测点位置按照钢筋计的长度将格栅钢架主筋截开一段，用钢筋计置换，即将钢筋计的两端与截断的主筋对接连接。钢筋计直径应与格栅钢架主筋直径相同。连接时为保证钢筋计与钢筋同心，一般要求采用丝口连接，防止钢筋计偏心或受扭而影响元件的使用和读数的准确性。

4）传感器安装注意事项

（1）焊接时，要注意给传感器降温，以防温度过高烧坏传感器钢弦和线圈。

（2）导线管需穿引至保护盒内，并保证喷射混凝土过程中导线不被扯断。

（3）传感器埋设后，记录埋设桩号、各传感器埋设位置、编号和埋设时间。

全站仪量测隧道变形及地表下沉

5. 数据采集

钢架受力量测是待喷射混凝土作业完成后开始量测，用频率仪测取读数，并将读数填入现场量测记录表格中，以后测取读数的频率按表 10-2 要求执行。当隧道量测断面工作状态发生改变时，量测频率加密。

6. 数据整理和受力计算

钢架受力量测的数据整理和受力计算与接触压力量测、衬砌应力量测的数据整理和计算方法相同。

八、围岩声波测试

岩体声波测试，是对岩体（岩石）施加动荷载，激发弹性波在介质中的传播来研究岩体（岩石）的物理力学性质及其构造特征，一般用波速、波幅、频谱等参数进行表征。

声波测试的主要仪器是声波仪及换能器（亦称声测探头）。声波仪是进行声波测试的主要设备，它的主要部件是发射机与接收机。发射机根据使用要求，能向声波测试探头输出一定频率的电脉冲，向探头输出能量；接收机将探头所接收到的微量信号，经过放大，在示波管上反映出来。

地下工程岩体中可采用声波测试的内容很多，主要有以下几个方面：

（1）地下工程位置的地质剖面检测（声波测井），用以划分岩层，了解岩层破碎情况和风化程度等。

（2）岩体力学参数如弹性模量、抗压强度等的测定。

（3）围岩稳定状态的分析，如测定围岩松动圈大小等。

（4）判定围岩的分级，如测定岩体波速和完整性系数等。

任务四　量测数据处理及应用

【学习目标】

（1）了解量测数据处理的目的。

（2）了解量测数据处理的内容及方法。

（3）熟悉量测数据的应用。

（4）掌握预警机制的应用。

【任务描述】

通过对量测数据处理及应用相关知识的学习，能根据给定的量测数据进行数据处理，并将处理结果应用于动态施工。

【相关知识】

一、量测数据的分析处理

监控量测数据的分析处理应包括数据校核、数据整理及数据分析。每次观测后应立即对观测数据进行校核，如有异常应及时补测。每次观测后应及时对观测数据进行整理，包括观测数据计算、调表制图、误差处理等。

1. 量测数据分析处理的目的

由于现场量测所得的原始数据，不可避免地具有一定的离散性，其中包含着测量误差甚至测试错误。不经过整理和数学处理的量测数据一时难以直接利用。数据处理的目的是：

（1）将同一量测断面的各种量测数据进行分析对比、相互印证，以确认量测结果的可靠性。

（2）探求围岩变形或支护系统的受力随时间变化规律、空间分布规律，判定围岩和支护系统稳定状态。

2. 量测数据分析处理的内容及方法

量测数据的整理应借助计算机进行管理。其主要内容包括：

（1）绘制位移、应力、应变随时间变化的曲线——时态曲线。

（2）绘制位移速率、应力速率、应变速率随时间变化的曲线。

（3）绘制位移、应力、应变随开挖面推进变化的曲线——空间曲线。

（4）绘制位移、应力、应变随围岩深度变化的曲线。

（5）绘制接触压力、支护结构应力在隧道横断面上的分布图。

由于量测误差所造成的离散性，按实测数据所绘制的位移等物理量随时间或空间变化的散点图上下波动，很不规则，难以用来分析。因此，需要采用数学处理的方法，将实测数据整理成试验曲线或经验公式。

回归分析是目前量测数据处理的主要方法，通过对量测数据回归分析可以预测最终值和各阶段的变化趋势。常用的回归曲线方程有以下几种：

1）对数函数

$$u = A + B\ln(1+t) \tag{10-13}$$

$$u = \ln\frac{B+T}{B+t_0} \tag{10-14}$$

2）指数函数

$$u = A\mathrm{e}^{-\frac{B}{t}} \tag{10-15}$$

$$u = A(\mathrm{e}^{-Bt_0} - \mathrm{e}^{-BT}) \tag{10-16}$$

3）双曲函数

$$u = \frac{t}{A+Bt} \tag{10-17}$$

$$u = A\left[\left(\frac{1}{1+Bt_0}\right)^2 - \left(\frac{1}{1+BT}\right)^2\right] \tag{10-18}$$

式中：u——位移值（mm）；

A、B——回归系数；

t_0——测点初读数时距开挖时的时间（d）；

t——量测时间（d）；

T——量测时距开挖时的时间（d）。

3. 回归分析的方法与步骤

（1）在以时间为横坐标、位移为纵坐标的坐标系中，标出由量测值确定的各对应的实测点，即得所谓散点图，如图 10-16 所示。

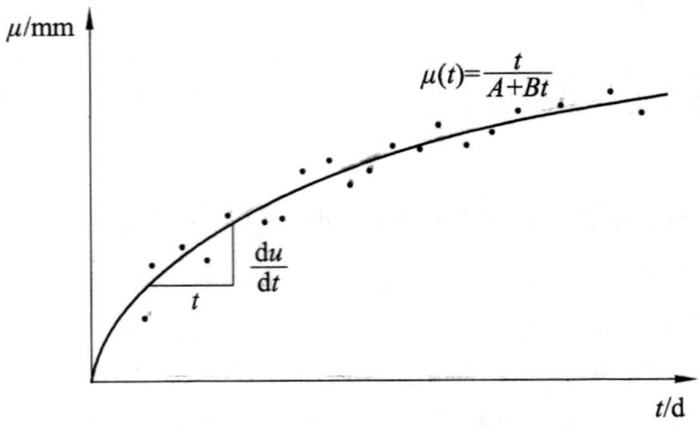

图 10-16 位移–时间曲线

（2）根据实测点描绘出光滑的试验曲线。它一般不可能通过所有实测点，但应注意使曲线尽量接近所有实测点，并使实测点分布在试验曲线的两边，如图 10-17 所示。

（3）根据所描绘的试验曲线形状选择回归函数。一般来说，位移时态曲线都是非线性的。在位移随时间渐趋稳定的情况下，可选择常用的对数函数、指数函数或双曲线函数。函数中的待定系数可以按量测数据，通过最小二乘法求得。

求得回归函数后，可以进一步修改原先所描绘的试验曲线。

（4）根据上述的回归函数可以预测最终的位移值($t=\infty$):$u_\infty=1/B$ 以及 $\mathrm{d}u/\mathrm{d}t$、$\mathrm{d}^2u/\mathrm{d}^2t$ 都是判断稳定性的重要指标。如果位移曲线始终保持 $\mathrm{d}^2u/\mathrm{d}^2t<0$ 说明位移速率不断下降，这是稳定的标准；若出现 $\mathrm{d}^2u/\mathrm{d}^2t \geqslant 0$，则说明位移速率维持不变或不断增大，表明围岩进入危险状态。

二、量测数据的应用

量测所得到的信息可通过理论计算（反分析）和经验两种途径来实现反馈。用有限元、边界元等和反分析技术结合理论分析方法，计算结果可起到定性的作用。这是由于：一方面，因为岩体结构的复杂性和多样性，其计算理论需作近似和简化；另一方面，理论计算的输入参数不易取得，理论计算分析还未达到定量标准。当前广泛采用经验方法来实现反馈。根据“经验”（包括调研及必要的理论分析）建立一套判断准则，然后根据量测结果（经过处理的）判断围岩稳定性及支护系统的可靠性，以便及时调整设计参数和进行施工决策。工程实际应用中通常以位移为基础进行控制判断。

1. 根据位移量测结果判断

1）位移管理等级

实测位移值不应大于隧道的极限位移，并按表 10-5 管理。一般情况下，将隧道设计的预留变形量作为极限位移，设计变形量应根据检测结果不断修正。

表 10-5　位移管理等级

管理等级	管理位移/mm	施工状态
Ⅲ	$U<U_0/3$	可正常施工
Ⅱ	$U_0/3 \leqslant U \leqslant 2U_0/3$	应加强支护
Ⅰ	$U>2U_0/3$	应采取特殊措施

注：U 为实测位移值；U_0 为设计极限位移值。

2）位移速率

（1）当位移速率大于 1 mm/d 时，表明围岩处于急剧变形阶段，应密切关注围岩动态，加强初期支护。

（2）当位移速率在 1~0.2 mm/d 时，表明围岩处于缓慢变形阶段。

（3）当位移速率小于 0.2 mm/d 时，表明围岩已达到基本稳定，可以进行二次衬砌作业。

3）位移时态曲线

（1）当位移速率很快变小，时态曲线很快平缓时，如图 10-17（a）所示，表明围岩稳定性好，可适当减弱支护。

（2）当位移速率逐渐变小，即 $d^2u/dt^2<0$ 时，时态曲线趋于平缓，如图 10-17（b）所示，表明围岩变形趋于稳定，可正常施工。

（3）当位移速率不变，即 $d^2u/dt^2=0$ 时，时态曲线直线上升，如图 10-17（c）所示，表明围岩变形急剧增长，无稳定趋势，应及时加强支护，必要时暂停掘进。

（4）当位移速率逐步增大，即 $d^2u/dt^2>0$ 时，时态曲线出现反弯点，如图 10-17（d）所示，表明围岩已处于不稳定状态，应停止掘进，及时采取加固措施。

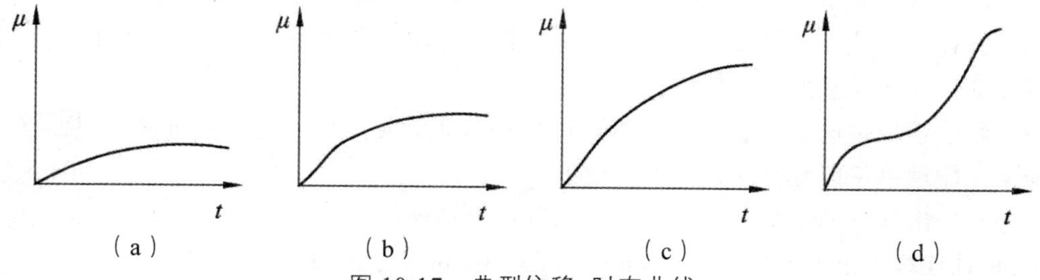

图 10-17　典型位移–时态曲线

2. 根据选测项目量测结果判断

1）围岩压力及初期支护与二次衬砌间接触压力

将量测压力先换算成结构内力，再按《公路隧道设计规范　第一册　土建工程》（JTG 3370.1—2018）规定的安全系数进行判定。

2）钢架应力

可根据钢材的抗拉、抗压极限强度来判别型钢钢架的受力安全性。

3）锚杆轴力

根据锚杆轴力换算锚杆应力，锚杆应力应小于钢材的屈服强度，HRB400 钢材的屈服强度为 400 MPa。

4）喷射混凝土内应力和模筑混凝土衬砌内应力

按《公路隧道设计规范　第一册　土建工程》（JTG 3370.1—2018）规定的安全系数进行判定。

初期支护承受的应力、应变、压力实测值与允许值之比大于或等于 0.8 时，围岩不稳定，应加强初期支护；初期支护承受的应力、应变、压力实测值与允许值之比小于 0.8 时，围岩处于稳定状态。

3. 预警机制

1）预警内容

在监控量测过程中，遇到下列情况时，必须提出预警：

（1）围岩累计位移量过大或变形速率加快或变形不收敛。

（2）衬砌或支护结构出现开裂或变形过大。

（3）浅埋段地表下沉过大或出现裂缝。

（4）围岩明显开裂或原有裂缝逐渐扩展。

2）预警警戒值

（1）地表沉降允许值为 5 cm，警戒值为 3 cm，基准值为 2 cm。

（2）拱顶下沉、水平收敛允许值为：双车道隧道正洞Ⅴ级围岩 10 cm，Ⅳ级围岩 7 cm，Ⅲ级围岩 4 cm；紧急停车带Ⅳ级围岩 10 cm，Ⅲ级围岩 7 cm。上述数值的 2/3 为警戒值，1/3 为基准值。

（3）仰拱隆起允许值为 3 cm，警戒值为 2 cm，基准值为 1 cm。

3）预警管理

监控量测预警实行三级管理。

（1）监控数据分布在基准值以下时，实行Ⅲ级管理，隧道可以正常施工。

（2）分布在基准值和警戒值之间时，实行Ⅱ级管理，应通报超前预报、施工、监理单位以及指挥部，并加强监测，谨慎施工。

（3）超过警戒值时，实行Ⅰ级管理，即暂停施工，第一时间通报超前预报、施工、监理单位以及指挥部，会商决策。

当施工中出现下列情况之一时，也应采取Ⅰ级管理。

① 拱顶连续下沉 5 d 大于等于 3 mm，或连续 3 d 大于 4 mm，或连续 3 d 大于 3 mm 且呈加速趋势。

② 量测值发生突变。

③ 初期支护或内层衬砌开裂达 5 mm。

④ 洞口地表出现开裂、坍塌。

⑤ 洞内围岩压力有明显异常。

⑥ 时态曲线长时间没有变缓的趋势。

山岭隧道监控量测报告

施工监控量测预警报告

【案例 10-1】

某两车道隧道用上下阶法开挖，对其Ⅴ级围岩段进行拱顶下沉变形位移监测时，监测断面测点埋设于隧道初期支护拱顶部位，基点埋设于已施作仰拱回填的路基面上，测量仪器为精密水准仪（配合使用测微器）。由于测点与基点间高差大，无法直接量测，因此在上下台阶中部设置转点，每次进行量测时均先对基点和转点间高差进行量测，后对测点和转点间高差进行量测。测点埋设后前半个月内每天量测 1 次，后半个月内每 2 天量测 1 次。在测点埋设后第 1～第 15 次内量测时，测点和转点处读数采用倒挂钢卷尺的方法采集数据；其后转点处采用竖立塔尺的方法采集数据。在整个检测过程中，测点埋设符合规范要求，不改变量测基点，忽略量测误差，各次检测数据如表 10-6：

表 10-6　检测数据　　单位：mm

序号	监测次数	测点埋设/d	第一次架设水准仪读数		第二次架设水准仪读数	
			基点读数	转点读数	转点读数	测点读数
1	1	1	2902.32	1048.74	210.46	4024.35
2	3	3	2742.44	1207.68	225.38	4035.42
3	5	5	2942.36	1005.37	205.26	4013.47
4	9	9	2838.12	1106.26	217.38	4023.14
5	16	17	1466.98	1439.52	2906.16	4812.23
6	18	21	1528.25	1502.37	2815.56	4903.25
7	22	29	1538.90	1512.46	2841.56	4875.46

1. 第一次监测时的基点与转点间的高差和第 3 次监测时转点与监测点的高差分别为（BD）。

A. 1853.58 mm　　B. 3951.06 mm

C. 4260.80 mm　　D. 3810.04 mm

答案：B、D

解：第 1 次监测时的基点与转点间的高差=基点读数+转点读数

第 3 次监测时转点与监测点的高差=转点读数－测点读数

2. 第 16 次监测时，基点与转点间的高差为（D）。

A. －2906.50 mm　　B. 2906.50 mm

C. －27.46 mm　　D. 27.46 mm

答案：D

解：第 16 次监测量时的基点与转点间的高差=基点读数－转点读数

3. 第 9 次测量时，监测点拱顶下沉变形（B）。

A. －14.81 mm　　B. 14.81 mm

C. －1.45 mm　　D. 1.45 mm

答案：B

解：第 9 次测量时，监测点拱顶下沉变形=第 1 次测量测点相对基点高程－第 9 次测量测点相对基点高程

4. 第 22 次监测量时，监测点拱顶下沉变形位移累积值为（D）。

A. 16.20 mm　　B. 17.20 mm

C. 20.49 mm　　D. 21.49 mm

答案：D

解：第 22 次测量时，监测点拱顶下沉变形=第 1 次测量测点相对基点高程－第 22 次测

量测点相对基点高程。

5．该断面经过 22 次监测后，监测方对该断面围岩稳定性判断为（AD）。

A. 围岩变形速率基本稳定，围岩状态稳定

B. 围岩变形速率有突变，该断面将失稳

C. 变形值较大，应进行预警

D. 变形值在正常范围内，继续监测

答案：AD

解：最后 8 d 围岩变形速率为 0.15 mm/d，小于 0.2 时围岩状态稳定。测点相对高程的计算结果见表 10-7。

表 10-7 检测数据

单位：mm

序号	监测次数	测点埋设/d	第一次架设水准仪读数		第二次架设水准仪读数		测点相对基点高程
			基点读数	转点读数	转点读数	测点读数	
1	1	1	2902.32	1048.74	210.46	4024.35	7764.95
2	3	3	2742.44	1207.68	225.38	4035.42	7760.16
3	5	5	2942.36	1005.37	205.26	4013.47	7755.94
4	9	9	2838.12	1106.26	217.38	4023.14	7750.14
5	16	17	1466.98	1439.52	2906.16	4812.23	7745.85
6	18	21	1528.25	1502.37	2815.56	4903.25	7744.69
7	22	29	1538.90	1512.46	2841.56	4875.46	7743.46

【任务实施】

根据提供的教学图纸，编制项目的施工监控量测方案。

【复习与思考】

1. 如何布设监控量测的测点？
2. 必测量测项目有哪些？
3. 选测量测项目有哪些？
4. 简述隧道洞内外观察的内容。
5. 简述周边收敛、拱顶下沉的内容。
6. 量测数据分析处理的内容是什么？
7. 简述量测数据的应用。
8. 简述预警机制。

学习项目十一 运营隧道结构检测

任务一　公路隧道养护等级划分

【学习目标】

（1）掌握公路隧道养护等级划分。
（2）掌握公路隧道总体技术状况评定类别。
（3）理解公路隧道检查及技术状况评定工作流程。

【任务描述】

通过对相关知识的学习，能对隧道的养护等级进行划分。

【相关知识】

运营隧道结构检查是隧道运营管理中的一项重要工作，通过结构检查，可了解隧道土建结构的技术状况，为隧道维修、保养以及隧道安全运营管理提供科学依据。

《公路隧道养护技术规范》（JTG H12—2015）提出了公路隧道分级养护的理念（根据公路等级、隧道长度和交通量大小，公路隧道养护可分为三个等级），并根据隧道养护等级对我国隧道结构检测、分级标准及技术状况评定方法进行了规范。不同养护等级的隧道，其结构检查的频率有一定的区别。养护等级分级标准见表 11-1 及表 11-2。

表 11-1　高速、一级公路隧道养护等级分级

年平均日交通量 /[pcu/(d·ln)]	隧道长度/m			
	L>3 000	3 000≥L>1 000	1 000≥L>500	L≤500
≥10 001	一级	一级	一级	二级
5 001~10 000	一级	一级	二级	二级
≤5 000	一级	二级	二级	三级

表 11-2　二级及二级以下公路隧道养护等级分级

年平均日交通量 /(pcu/d)	隧道长度/m			
	L>3 000	3 000≥L>1 000	1 000≥L>500	L≤500
≥10 001	一级	二级	二级	三级
5 001~10 000	二级	二级	三级	三级
≤5 000	二级	三级	三级	三级

根据检测目的、内容和范围和不同，隧道检测可分为经常性检查、定期检查、应急检查和专项检查。

一、技术状况评定

公路隧道技术状况评定应包括隧道土建结构、机电设施、其他工程设施技术状况评定和总体技术状况评定，如图 11-1 所示。

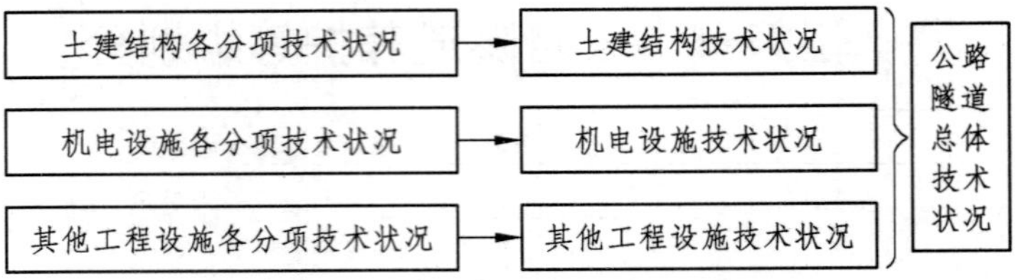

图 11-1　公路隧道技术状况评定

公路隧道技术状况评定应采用分层综合评定与隧道单项控制指标相结合的方法，先对隧道各检测项目进行评定，然后对隧道土建结构、机电设施和其他工程设施分别进行评定，最后进行隧道总体技术状况评定。

公路隧道总体技术状况评定应分为 5 类，评定类别描述及养护对策见表 11-3。

表 11-3　公路隧道总体技术状况评定类别

技术状况评定类别	评定类别描述		养护对策
	土建结构	机电设施	
1 类	完好状态。无异常情况，或异常情况轻微，对交通安全无影响	机电设施完好率高，运行正常	正常养护
2 类	轻微破损。存在轻微破损，现阶段趋于稳定，对交通安全不会有影响	机电设施完好率较高，运行基本正常，部分易耗部件或损坏部件需要更换	应对结构破损部位进行监测或检查，必要时实施保养维修；机电设施进行正常养护，应对关键设备及时修复
3 类	中等破损。存在破坏，发展缓慢，可能会影响行人、行车安全	机电设施尚能运行，部分设备、部件和软件需要更换或改造	应对结构破损部位进行重点监测，并对局部实施保养维修；机电设施需进行专项工程
4 类	严重破损。存在较严重破坏，发展较快，已影响行人、行车安全	机电设施完好率较低，相关设施需要全面改造	应尽快实施结构病害处治措施；对机电设施应进行专项工程，并应及时实施交通管制
5 类	危险状态。存在严重破坏，发展迅速，已危及行人、行车安全	—	应及时关闭隧道，实施病害处治，特殊情况需进行局部重建或改建

隧道总体技术状况评定等级应采用土建结构和机电设施两者中最差的技术状况类别作为总体技术状况的类别。

二、公路隧道检查及技术状况评定工作流程

公路隧道检查及技术状况评定工作流程如图 11-2 所示。

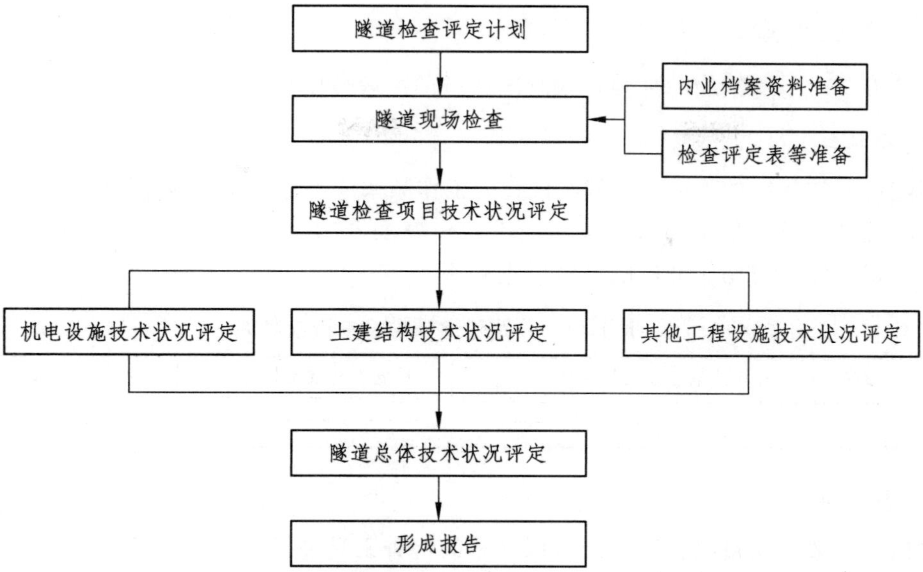

图 11-2　公路隧道检查及技术状况评定工作流程

任务二　结构检查及技术状况评定

【学习目标】

（1）了解隧道土建结构检查包含的内容。

（2）熟悉经常性检查的检查频率、检查方法、检查内容及判定标准。

（3）熟悉定期性检查的检查频率、检查方法、检查内容及判定标准。

（4）理解应急检查的检查频率、检查方法、检查内容及判定标准。

（5）掌握专项检查的检查频率、检查方法、检查内容及判定标准。

【任务描述】

通过对结构检查及技术状况评定相关知识的学习，结合教学图纸以及实体教学模型，进行定期检查和专项检查，编制检查报告。

【相关知识】

土建结构检查应包括经常检查、定期检查、应急检查和专项检查，并应满足下列要求：

（1）经常检查应对土建结构的外观状况进行一般性定性检查。

（2）定期检查应按规定频率对土建结构的技术状况进行全面检查。

（3）应急检查应在隧道遭遇自然灾害、发生交通事故或出现其他异常事件后对遭受影响的结构进行详细检查。

（4）专项检查应根据经常检查、定期检查和应急检查的结果，对于需要进一步查明缺损或病害等的详细情况的隧道，进行更深入的专门检测、分析等工作。

一、经常性检查

经常检查是对土建结构的外观技术状况进行的一般性定性检查。

1. 检查频率

根据隧道养护等级的不同，经常性检查的工作频率应不低于表 11-4 规定的频率：当某一分项技术状况评定状况值为 3 或 4 时（表 11-8～表 11-17），或在极端天气后发现异常情况时，应提高相应地段或相应分项的经常检查频率。

表 11-4　公路隧道结构经常检查频率

养护等级	一级	二级	三级
经常检查	1 次/月	1 次/2 月	1 次/季度

2. 检查方法

经常检查一般采用目测方法，配合以简单的检查工具进行。检查完成后，应翔实记述检查项目的缺损类型，估计缺损范围和程度以及养护工作量，对异常情况作出缺损状况判定分类，并提出相应的养护措施。

3. 检查内容及判定标准

经常检查的结论以定性判断为主，对各个检查项目的判定结果分为情况正常、一般异常、严重异常三种情况，检查内容和判定标准宜按表 11-5 执行。

当经常检查中发现隧道存在一般异常情况时，应进行监视、观测或做进一步检查；当经常检查中发现隧道存在严重异常情况时，应采取措施进行处治，若对其产生原因及详细情况不明时，还应做定期检查或专项检查。

表 11-5　经常性检查内容和判定标准

项目名称	检查内容	判定描述	
		一般异常	严重异常
洞口	边（仰）坡有无危石、积水、积雪；洞口有无挂冰；边沟有无淤塞；构造物有无开裂、倾斜、沉陷等	存在落石、积水、积雪隐患；洞口局部挂冰；构造物局部开裂、倾斜、沉陷，有妨碍交通的可能	坡顶落石、积水漫流或积雪崩塌；洞口挂冰掉落路面；构造物因开裂、倾斜或沉陷而致剥落或失稳；边沟淤塞，已妨碍交通
洞门	结构开裂、倾斜、沉陷、错台、起层、剥落；渗漏水（挂冰）	侧墙出现起层、剥落；存在渗漏水或结冰，尚未妨碍交通	拱部及其附近部位出现剥落；存在喷水或挂冰等，已妨碍交通
衬砌	结构裂缝、错台、起层，剥落	衬砌起层，且侧壁出现剥落状况，尚未妨碍交通，将来可能构成危险	衬砌起层，且拱部出现剥落状况，已妨碍交通
	渗漏水	存在渗漏水，尚未妨碍交通	大面积渗漏水，已妨碍交通
	挂冰、冰柱	存在结冰现象，尚未妨碍交通	拱部挂冰、形成冰柱，已妨碍交通

续表

项目名称	检查内容	判定描述	
		一般异常	严重异常
路面	落物、油污；滞水或结冰；路面拱起、坑槽、开裂、错台	存在落物、滞水、结冰、裂缝等，尚未妨碍交通	拱部落物，存在大面积路面滞水、结冰或裂缝，已妨碍交通
检修道	结构破损；盖板缺损；栏杆变形、损坏	栏杆变形损坏；道板缺损；结构破损，尚未妨碍交通	栏杆局部毁坏或侵入建筑限界；道路结构破损，已妨碍交通
排水设施	缺损、堵塞、积水、结冰	存在缺损、积水或结冰，尚未妨碍交通	沟管堵塞，积水漫流，结冰，设施缺损严重，已妨碍交通
吊顶及各种预埋件	变形、缺损漏水（挂冰）	存在缺损、漏水，尚未妨碍交通	缺损严重，或从吊顶板漏水严重，已妨碍交通
内装饰	脏污、变形、缺损	存在缺损，尚未妨碍交通	缺损严重，已妨碍交通
标志、标线、轮廓标	是否完好	存在脏污、部分缺失，可能会影响交通安全	基本缺失或严重缺失，影响行车安全

二、定期检查

定期检查是按规定周期对土建结构的技术状况进行的全面检查，主要目的在于发现新的异常情况和原有异常情况的发展变化。通过定期检查，可系统掌握隧道结构各分项的技术状况和功能状况，进而可进行土建结构总体技术状况评定，为制订养护工作计划提供依据。

1. 检查频率

定期检查的频率宜根据隧道技术状况确定，一般可按表 11-6 的要求进行，宜每年检查 1 次，最长不得超过 3 年检查 1 次。当经常性检查中发现某分项技术状况评定状况值为 3 或 4 时（表 11-8~表 11-17），应立即开展次定期检查。定期检查宜安排在春季或秋季进行。新建隧道应在交付使用 1 年后进行首次定期检查。

表 11-6　公路隧道结构定期检查频率

养护等级	一级	二级	三级
定期检查	1 次/年	1 次/2 年	1 次/3 年

2. 检查方法

定期检查需要配备必要的检查工具或设备，进行目测或量测检查。检查时，要求尽量靠近结构，依次逐段检查隧道各个结构部位，注意发现异常情况和原有异常情况的发展变化；对于有异常情况的结构，应在其适当位置做出标记；此外，检查结果需尽可能量化。在逐段对隧道土建结构各分项技术状况进行评定的基础上，再进行土建结构技术状况评定。

定期检查所需的仪器设备及工具：

（1）尺寸测量：卷尺、游标卡尺、水准仪、激光断面仪等。

（2）裂缝检查：带刻度的放大镜、宽度测定尺、测针、标线裂缝测宽测深仪等。

（3）衬砌结构检查：锤子、回弹仪、超声波仪、地质雷达等。

（4）漏水检查：pH 试验纸、温度计等。

（5）路面检查：摩擦系数测定仪、平整度仪等。

（6）照明器具：卤素灯或目测灯、手电筒。

（7）记录工具：隧道结构病害展布记录纸、记录本、照相机或摄像机。

（8）升降设备：可移动台架、升降台车。

此外，近年来，用于隧道衬砌内表面病害连续扫描记录的隧道车载摄像和激光扫描技术已有发展，在国内外均已有成功应用的专业装备。

隧道定期检测报告

3. 检查内容及判定标准

定期检查内容详见表 11-7。由于隧道衬砌结构类型洞门形式、内装形式不同，不同的隧道，定期检查的重点及内容也会有差异。

表 11-7　定期检查内容

项目名称	检查内容
洞口	山体滑坡、岩石崩塌的征兆及其发展趋势；边坡、碎落台、护坡道的缺口、冲沟、潜流涌水、沉陷、塌落等及其发展趋势
	护坡挡土墙的裂缝、断缝、倾斜、鼓肚、滑动、下沉的位置、范围及其程度，有无表面风化泄水孔堵塞墙后积水、地基错台、空隙等现象及其程度
洞门	墙身裂缝的位置、宽度、长度、范围或程度
	结构倾斜、沉陷、断裂范围、变位量、发展趋势
	洞门与洞身连接处环向裂缝开展情况、外倾趋势
	混凝土起层、剥落的范围和深度，钢筋有无外露、受到锈蚀
	墙背填料流失范围和程度
衬砌	衬砌裂缝的位置、宽度、长度、范围或程度，墙身施工缝开裂宽度错位量
	衬砌表层起层、剥落的范围和深度
路面	路面拱起、沉陷、错台、开裂、溜滑的范围和程度；路面积水、结冰等范围和程度
检修道	检修道毁坏盖板缺损的位置和状况；栏杆变形、锈蚀缺损等的位置和状况
排水系统	结构缺损程度，中央窨井盖、边沟盖板等完好程度，沟管开裂漏水状况；排水沟（管）、积水井等淤积堵塞、沉沙、滞水、结冰等状况
吊顶及各种预埋件	吊顶板变形、缺损的位置和程度；吊杆等预埋件是否完好、有无锈蚀、脱落等危及安全的现象及其程度；漏水（挂冰）范围及程度
内装饰	表面脏污缺损的范围和程度；装饰板变形、缺损的范围和程度等
标志标线、轮廓标	外观缺损、表面脏污状况，连接件牢固状况、光度是否满足要求等

隧道洞口、洞门、衬砌结构、衬砌渗漏水、路面、检修道、排水设施、吊顶及预埋件、内装饰、交通标志标线等各分项技术状况评定标准应按表 11-8~表 11-17 进行。

表 11-8　隧道洞口技术状况评定标准

状况值	技术状况描述
0	完好，无破坏现象
1	山体及岩体、挡土墙、护坡等有轻微裂缝产生，排水设施存在轻微破坏
2	山体及岩体裂缝发育，存在滑坡、崩塌的初步迹象，坡面树木或电线杆轻微倾斜，挡土墙、护坡等产生开裂、变形，土石零星掉落，排水设施存在一定裂损、阻塞
3	山体及岩体严重开裂，坡面树木或电线杆明显倾斜，挡土墙、护坡等产生严重开裂、明显的永久变形，墙角或坡面有土石堆积，排水设施完全堵塞、破坏，排水功能失效
4	山体及岩体有明显而严重的滑动、崩塌现象，挡土墙、护坡断裂、外倾失稳、部分倒塌，坡面树木或电线杆倾倒等

表 11-9　隧道洞门技术状况评定标准

状况值	技术状况描述
0	完好，无破坏现象
1	墙身存在轻微的开裂、起层剥落
2	墙身结构局部开裂，墙身轻微倾斜、沉陷或错台，壁面轻微渗水，尚未妨害交通
3	墙身结构严重开裂、错台；边墙出现起层、剥落，混凝土块可能掉落或已有掉落；钢筋外露，受到锈蚀，墙身有明显倾斜、沉陷或错台趋势，壁面严重渗水（挂冰），将会妨害交通
4	洞门结构大范围开裂、砌体断裂、混凝土块可能掉落或已有掉落；墙身出现部分倾倒、垮塌，存在喷水或大面积挂冰等，已妨碍交通

表 11-10　衬砌破损技术状况评定标准

状况值	技术状况描述	
	外荷载作用所致	材料劣化所致
0	结构无裂损、变形和背后空洞	材料无劣化
1	出现变形、位移、沉降和裂缝，但无发展或已停止发展	存在材料劣化，钢筋表面局部腐蚀，衬砌无起层、剥落，对断面强度几乎无影响
2	出现变形、位移、沉降和裂缝，发展缓慢，边墙衬砌背后存在空隙，有扩大的可能性	材料劣化明显，钢筋表面全部生锈、腐蚀，断面强度有所下降，结构物功能可能受到损害
3	出现变形、位移、沉降，裂缝密集，出现剪切性裂缝，发展速度较快；边墙处衬砌压裂，导致起层、剥落，边墙混凝土有可能掉下；拱部背面存在大的空洞，上部落石可能掉落至拱背；衬砌结构侵入内轮廓界限	材料劣化严重，钢筋断面因腐蚀而明显减小，断面强度有相当程度的下降，结构物功能受到损害；边墙混凝土起层、剥落，混凝土块可能掉落或已有掉落
4	衬砌结构发生明显的永久变形，裂缝密集，出现剪切性裂缝，裂缝深度贯穿衬砌混凝土，并且发展快速；由于拱顶裂缝密集，衬砌开裂，导致起层、剥落，混凝土块可能掉下；衬砌拱部背面存在大的空洞，且衬砌有效厚度很薄，空腔上部可能掉落至拱背；衬砌结构侵入建筑限界	材料劣化非常严重，断面强度明显下降，结构物功能损害明显；由于拱部材料劣化，导致混凝土起层、剥落，混凝土块可能掉落或已有掉落

表 11-11　衬砌渗漏水技术状况评定标准

状况值	技术状况描述
0	无渗漏水
1	衬砌表面存在浸渗，对行车无影响
2	衬物拱部有滴漏，侧墙有小股涌流，路面有浸渗但无积水，拱部、边墙因渗水少量挂冰，边墙脚积冰；不久可能会影响行车安全
3	拱部有涌流、侧墙有喷射水流，路面积水、沙土流出、拱部衬砌因渗水形成较大挂冰、胀裂，或涌水积冰至路面边缘，影响行车安全
4	拱部有喷射水流，侧墙存在严重影响行车安全的涌水，地下水从检查井涌出，路面积水严重，伴有严重的沙土流出和衬砌挂冰，严重影响行车安全

表 11-12　隧道路面技术状况评定标准

状况值	技术状况描述
0	路面完好
1	路面有浸湿、轻微裂缝、落物等，引起使用者轻微不舒适感
2	路面有局部的沉陷、隆起、坑洞、表面剥落、露骨、破损、裂缝，轻微积水，引起使用者明显的不舒适感，可能会影响行车安全
3	路面出现较大面积的沉陷、隆起、坑洞、表面剥落、露骨、破损、裂缝，积水严重等，影响行车安全；抗滑系数过低引起车辆打滑
4	路面出现大面积的明显沉陷、隆起、坑洞，路面板严重错台、断裂，表面剥落、露骨、破损、裂缝，出现漫水、结冰或堆冰，严重影响交通安全，可能导致交通意外事故

表 11-13　检修道技术状况评定标准

状况值	技术状况描述	
	定性描述	定量描述
0	护栏、路缘石及检修道面板均完好	—
1	护栏变形，路缘石或检修道面板少量缺角、缺损，金属有局部锈蚀，尚未影响其使用功能	护栏、面板、路缘石损坏长度≤10%，缺失长度≤3%
2	护栏变形损坏，螺栓松动、扭曲，金属表面锈蚀，部分路缘石或检修道面板缺损、开裂，部分功能丧失，可能会影响行人和交通安全	护栏、面板、路缘石损坏长度>10%且≤20%，缺失长度>3%且≤10%
3	护栏倒伏、严重损坏，侵入限界，路缘石或检修道面板缺损开裂或缺失严重，原有功能丧失，影响行人和交通安全	护栏、面板、路缘石损坏长度>20%，缺失长度>10%

表 11-14　洞内排水设施技术状况评定标准

状况值	技术状况描述
0	设施完好，排水功能正常
1	结构有轻微破损，但排水功能正常
2	轻微淤积，结构有破损，暴雨季节出现溢水，可能会影响交通安全
3	严重淤积，结构较严重破损，溢水造成路面局部积水、结冰，影响行车安全
4	完全阻塞，结构严重破损，溢水造成路面积水漫流、大面积结冰，严重影响行车安全

表 11-15　吊顶及预埋件技术状况评定标准

状况值	技术状况描述
0	吊顶完好
1	存在轻微变形、破损、浸水，尚未妨碍交通
2	吊顶破损、开裂、滴水，吊杆等预埋件锈蚀，尚未影响交通安全
3	吊顶存在较严重的变形、破损，出现涌流、挂冰，吊杆等预埋件严重锈蚀，可能影响交通安全
4	吊顶严重破损、开裂甚至掉落，出现喷涌水、严重挂冰，各种预埋件和悬吊件严重锈蚀或断裂，各种桥架和挂件出现严重变形或脱落，严重影响行车安全

注：本分项含各种灯具、通风机等拱顶设备的悬吊结构评定。

表 11-16　内装饰技术状况评定标准

状况值	技术状况描述	
	定性描述	定量描述
0	内装饰完好	—
1	个别内装饰板或瓷砖变形、破损，不影响交通	损坏率≤10%
2	部分内装饰板或瓷砖变形、破损、脱落，对交通安全有影响	损坏率>10%，且≤20%
3	大面积内装饰板或瓷砖变形、破损、脱落，严重影响行车安全	损坏率>20%

表 11-17　交通标志标线技术状况评定标准

状况值	技术状况描述	
	定性描述	定量描述
0	完好	—
1	存在脏污、不完整，尚未妨碍交通	损坏率≤10%
2	存在脏污、都分脱落、缺失，可能会影响交通安全	损坏率>10%，且≤20%
3	大部分存在脏污、脱落、缺失，影响行车安全	损坏率>20%

土建结构技术状况评分按下式计算：

$$JGGI = 100 \times \left[1 - \frac{1}{4}\sum_{i=1}^{n}\left(JGGI_i \times \frac{w_i}{\sum\limits_{i=1}^{n} w_i}\right)\right] \tag{11-1}$$

式中：w_i——分项权重；

$JGGI_i$——分项状况值，值域 0~4。

分项状况值 i 计算按下式计算：

$$JGGI_i = \max(JGGI_{ij}) \tag{11-2}$$

式中：$JGGI_{ij}$——各分项检查段落状况值；

j——检查段落号，按实际分段数量取值。

其中土建结构各分项目权重 w_i 按表 11-18 取值。

表 11-18 土建结构各分项权重

分项		分项权重 w_i	分项	分项权重 w_i
洞口		15	检修道	2
洞门		5	排水设施	6
衬砌	结构破损	40	吊顶及预埋件	10
	渗漏水		内装	2
路面		15	交通标志、标线	5

土建结构技术状况评定分类界限值宜按表 11-19 的规定执行。

表 11-19 土建结构技术状况等级界限值

技术状况评分	土建结构技术状况评定分类				
	1 类	2 类	3 类	4 类	5 类
JGCI	≥85	≥70, <85	≥55, <70	≥40, <55	<40

土建结构技术状况评定时，当洞口、洞门、衬砌、路面和吊顶及预埋件的技术状况评定状况值达到 3 或 4 时，对应土建结构技术状况应直接评为 4 类或 5 类。

在公路隧道技术状况评价中，有下列情况之一时，隧道土建技术状况评定应评为 5 类隧道。

（1）隧道洞口边仰坡不稳定，出现严重的边坡滑动、落石等现象。

（2）隧道洞门结构大范围开裂、砌体断裂、脱落现象严重，可能危及行车道内的通行安全。

（3）隧道拱部衬砌出现大范围开裂、结构性裂缝深度贯穿衬砌混凝土。

（4）隧道衬砌结构发生明显的永久变形，且有危及结构安全和行车安全的趋势。

（5）地下水大规模涌流、喷射，路面出现涌泥砂或大面积严重积水等威胁交通安全的现象。

（6）隧道路面发生严重隆起，路面板严重错台、断裂，严重影响行车安全。

（7）隧道洞顶各种预埋件和悬吊件严重锈蚀或断裂，各种桥架和挂件出现严重变形或脱落。

三、应急检查

应急检查是在隧道遭遇自然灾害（地震、火灾、洪水等）、发生交通事故或出现其他异常事件后，为了查明缺损状况、采取应急措施，而对遭受影响的结构进行的详细检查。

应急检查的内容和方法原则上与定期检查相同，但主要针对发生异常情况或者受异常事件影响的结构或结构部位作重点检查，以掌握其受损情况。应急检查应根据受异常事件影响的结构，决定采取的检查方法、工具和设备。

应急检查结果的记录、评定标准与定期检查相同。检查完成后，应提交应急检查报告，总结检查内容和结果，评估异常事件的影响，确定合理的对策措施。

四、专项检查

专项检查是根据经常检查、定期检查和应急检查的结果，对于需要进一步查明缺损或病害产生原因而进行的更深入的专门检测，其目的是为制订病害处治方案提供基础资料，更多的情况是针对破损或病害局部开展的检查，检查项目可按表 11-20 选择执行。

表 11-20 专项检查项目

检查项目		检查内容
结构变形检查	公路线形、高程检查	公路中线位置、路面高度、缘石高度以及纵、横坡度等测量
	隧道横断面检查	隧道横断面测量，周壁位移测量（与相邻或完好断面比较）
	净空变化检查	隧道内壁间距测量（自身变化比较）
裂缝检查	裂缝调查	裂缝的位置、宽度、长度、开展范围或程度等
	裂缝检测	裂缝的发展变化趋势及其速度；裂缝的方向及深度等
漏水检查	漏水调查	漏水的位置、水量、浑浊程度、冻结及原有防排水系统的状态等
	漏水检测	水温；pH 检查、电导度检测、水质化学分析
	防排水系统	拥堵、破坏情况
材质检查	衬砌强度检查	强度简易测定，钻孔取芯，各种强度试验等
	衬砌表面病害	起层、剥落、蜂窝、麻面、孔洞、露筋等
	混凝土碳化深度检测	采用酚酞液检查混凝土的碳化深度
	钢筋锈蚀检测	剔凿检测法、电化学测定法、综合分析判定法
衬砌及围岩状况检查	无损检查	无损检测衬砌厚度、空洞、裂缝和渗漏水等，以及钢筋、钢拱架、衬砌配筋位置及保护层厚度、围岩状况、仰拱充填层密实程及其下岩溶发育情况
	钻孔检查	钻孔测定衬砌厚度等，内窥镜观测衬砌及围岩内部状况
荷载状况检查	衬砌应力及拱背压力检查	衬砌不同部位的应力及其变化，拱背压力的分布及其变化
	水压力检查	地下水丰富的隧道检查衬砌背后水压力大小、分布及变化规律

专项检查的项目通常由定期检查或应急检查结果确定，某些检测需要专业的检测手段和设备，专项检查的内容、目的不同，选择的检测方法、手段也可能不相同。

任务三　衬砌裂缝检查与检测

【学习目标】

（1）掌握裂缝检查的内容。
（2）掌握裂缝检查的工具。

（3）熟悉裂缝检测结果的判定。

【任务描述】

通过对衬砌裂缝检查与检测相关知识的学习，结合教学图纸，对实体模型进行裂缝检测，出具相应结论。

【相关知识】

运营隧道衬砌裂缝是最常见的病害类型，裂缝检测也是隧道结构检测的重要内容。隧道衬砌裂缝包括受力裂缝、沉降裂缝、混凝土收缩裂缝等。裂缝发展可能导致衬砌局部失稳、坍塌、掉块，威胁隧道运营安全。同时，有水区域的隧道，衬砌裂缝可能会出现衬砌渗漏水，对衬砌结构混凝土及钢筋产生侵蚀，对结构强度和稳定性产生不良影响，诱发新的裂缝产生，形成恶性循环，加速隧道衬砌结构破坏。

一、检测内容

1. 常规裂缝检查

（1）位置：裂缝中点的位置，可简单地分为隧道拱部、边墙、路面 3 个部位，可用裂缝中点与隧道中线或墙底线的距离进行定位。

（2）方向：用量角器或罗盘测量在裂缝起始端处，裂缝起始端和终端的连线与隧道中线或墙底线的夹角。

（3）长度：用钢卷尺测量裂缝起始端到终端的距离。

（4）宽度：用游标卡尺或裂缝计测量。裂缝宽度系指裂缝最宽处的宽度，可用实测宽度表示，也可用如下裂缝宽度特征表示：

① 微裂缝：裂缝宽度小于 0.2 mm。

② 微张开：裂缝宽度介于 0.2~3 mm。

③ 张开：裂缝宽度介于 3~5 mm。

④ 宽张开：裂缝宽度大于 5 mm。

（5）裂缝形态即裂缝展布状态。一般裂缝表现为以下几种形态：

① 平直：裂缝基本呈一条直线。

② 起伏：裂缝总体上呈一条直线，细部有弯曲起伏。

③ 弧形：裂缝呈弧形。

④ 分叉：裂缝从某一处向多于一个方向发展。

⑤ 交叉：多条裂缝相交呈交叉状。

⑥ 龟裂：多条裂缝闭合在局部区域形成多个闭合状。

裂缝展布状态一般用素描裂缝展布图和拍照的方法记录。展布图应有桩号、特征描述；照片应注明桩号和编号；衬砌环向施工缝应清晰标示。图 11-3 是隧道衬砌裂缝展布图示意。

2. 详细裂缝检查

除了常规裂缝检测外，为了深入了解裂缝特征，还可对裂缝进行全面的检测。裂缝全面检测是在常规检测的基础上，增加以下内容。

（1）裂缝深度和倾角检测：检查裂缝的深度和倾角，可利用钻孔取样方法或无损检测的方法进行，也可以采用凿孔检查的方法。

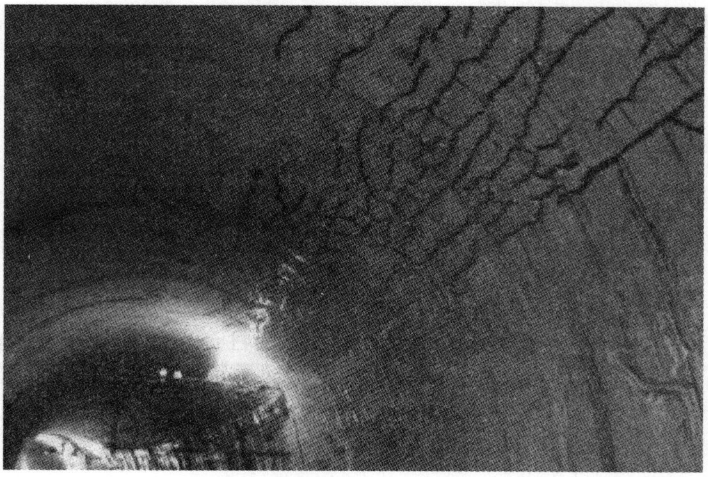

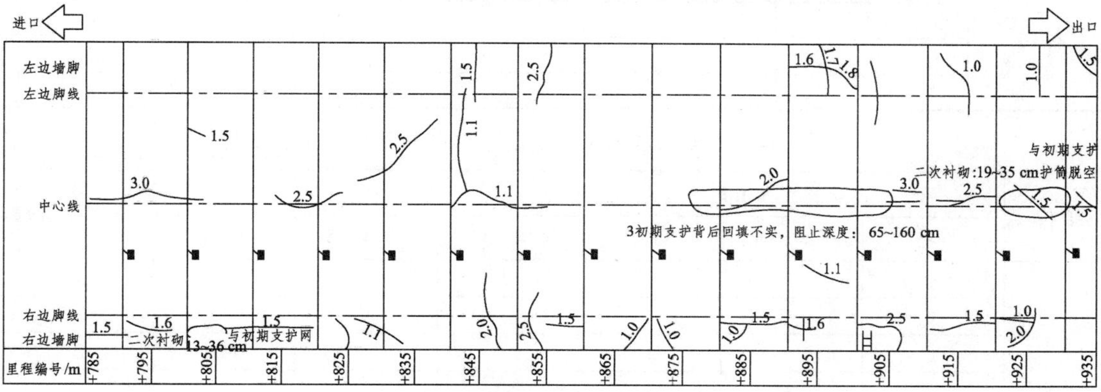

图 11-3　衬砌裂缝展布图

（2）裂缝发展性观测：隧道在荷载或其他外界因素作用下，裂缝的宽度、长度和深度可能会不断发展，所以需要观测其变化规律。通常是对裂缝宽度和长度进行定期或不定期的多次检测和观测。裂缝的宽度可以采用标点量测法、砂浆涂抹法和裂缝测量计的方法进行观测，裂缝长度扩展可采用尖端标记法、砂浆涂抹法进行观测，见图 11-4~图 11-7。

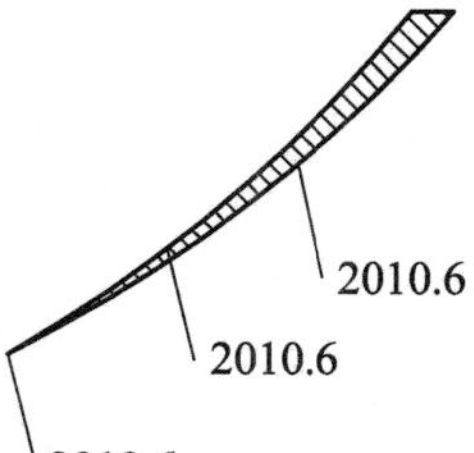

图 11-4　尖端标记法

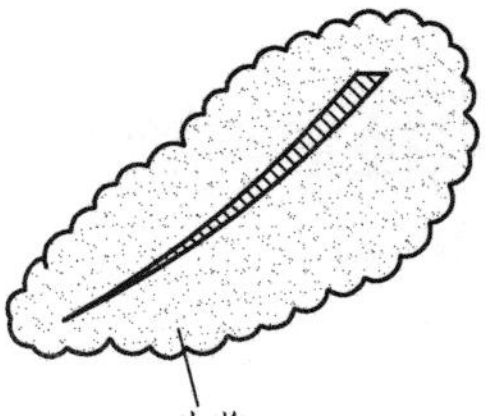

图 11-5　砂浆涂抹法

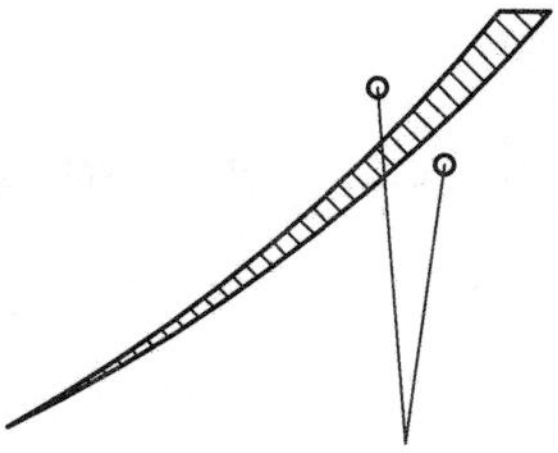

图 11-6　裂缝标点法

图 11-7　裂缝计测量法

二、裂缝检测工具

隧道衬砌裂缝检测和观测需要准备以下工具：

数码相机、卷尺、游标卡尺、裂缝计（尺、卡）、探针、手持钻机、锤子、电筒、声波检测仪、砂浆、水泥钉、高空作业车等。

三、衬砌裂缝检测结果的判定

根据隧道衬砌裂缝检测结果，可对存在裂缝段落的衬砌结构进行技术状况评定。对于已知裂缝扩展的裂缝扩展性无法确定的情况，可分别参照表 11-21 和表 11-22 进行衬砌结构技术状况值评定。

表 11-21　当裂缝存在开展时的评定标准

结构	裂缝宽度 b/mm		裂缝长度 l/m		评定状况值
	$b>3$	$B\leqslant 3$	$l>5$	$l\leqslant 5$	
衬砌	√		√		3/4
	√			√	2/3
		√	√		2
		√		√	2

表 11-22　当无法确定裂缝是否存在开展时的评定标准

结构	裂缝宽度 b/mm			裂缝长度 l/m			评定状况值
	$b>5$	$5\geqslant b>3$	$3\geqslant b$	$l>10$	$10\geqslant l>5$	$5\geqslant l$	
衬砌	√			√			3/4
	√				√		2/3
	√					√	2/3
		√		√			3
		√			√		2/3
		√				√	2
			√	√	√	√	1/2

表中的裂缝主要以水平方向的裂缝或剪断裂缝为对象；对于横向裂缝，将评定状况值相应地降低 1 个等级。当裂缝众多时，宜将宽度最大的裂缝作为主要检查对象。

任务四　渗漏水检查与检测

【学习目标】

（1）掌握渗漏水检查的内容。

（2）掌握渗漏水检查的工具。

（3）熟悉渗漏水检测结果的判定。

【任务描述】

通过对渗漏水检查与检测相关知识的学习，结合教学图纸，对实体模型进行渗漏水检测，出具相应结论。

【相关知识】

渗漏水是公路隧道最常见的病害之一。渗漏水与衬砌裂缝经常相伴出现，共同影响衬砌结构的安全性和耐久性。隧道衬砌渗水出现滴漏、涌流、喷射及路面渗水、冒水会造成路面湿滑。寒冷地区衬砌渗水会引起衬砌混凝土冻胀开裂、拱墙变形，拱墙上悬挂冰柱、冰溜，路面形成冰层、冰锥。

一、渗漏水检查内容

隧道渗漏水检查可分为简易检测和水质检测两类。结合隧道病害具体状况、隧道重要程度及养护等级、业主要求等因素综合决定需要检测的内容。

1. 简易检测

简易检测内容包括：

（1）位置：漏水点的位置或渗水区中心点的位置，用皮尺或钢卷尺测量，一般从漏水点和渗漏水的起始端与隧道中线或墙底底线的距离进行定位。

（2）范围：渗漏水润湿的面积，或存在渗漏水润湿痕迹的面积，以平方米计。

（3）漏水状态和漏水流量检查：根据漏水压力、流量等因素，将漏水状态分为喷射、涌流、滴漏、浸渗四类，如图 11-8 所示。在漏水显著的情况下，可用计量容器收集，用秒表记录时间，即可测得该处漏水流量（L/min）。

（a）喷射　（b）涌流　（c）滴漏　（d）浸渗

图 11-8　漏水状态的分类

（4）浑浊程度：漏水如果是浑浊的，需检查砂土是否和漏水一起流出，如有，则需测定每处砂土流失量（如水槽内堆积的砂土量）；降雨后隧道出现漏水浑浊或有泥砂析出，则需进行隧道衬砌背后空洞和水流来源的详细勘察查、地下水渗流规律的长期观测。

（5）pH：漏水是助长衬砌材质劣化的原因之一，特别是当漏水显示出强酸性时，混凝土有严重劣化的危险。检查时，一般使用 pH 试纸对漏水的酸碱度作简易测定。

（6）冻结检查：主要检查隧道衬砌混凝土上的挂冰、路面堆冰和结冰的位置分布，并记录温度变化、最低温度值。长隧道需测量隧道洞内沿隧道纵向的温度分布。当冻害可能造成衬砌材质受损时，需对衬砌材质进行检测。

2. 渗漏水水质检测

当渗漏水可能具有腐蚀作用时，应对水质进行检测，主要包括：

（1）温度检测：通过测量水温，可掌握各处水温的季节性变化规律，便于判定漏水与地下水、地表水的关系。

（2）pH 及水质检测：必要时应利用容器收集水样，利用 pH 测定器精确测定渗漏水 pH 值，或送专业水质检测机构进行详细的水质分析，注意水样收集前应保持容器干燥，水样收集完毕应保持容器封闭，避免水样污染。

（3）水样检测：必要时，将收集到的水样交专业机构，利用导电计等仪器对渗漏水溶解物质及数量进行检验，并就渗漏水对衬砌结构的腐蚀性进行评价和推定。

二、渗漏水检查工具

隧道渗漏水检查的工具主要有数码相机、卷尺、pH 试纸、量筒或量杯、秒表、水样收集容器、温度计、导电计等。

三、渗漏水检测结果的判定

根据渗漏水是否具有腐蚀性以及渗漏水水量大小、形态、位置、结冰状态等，评判渗漏水对衬砌结构的安全性及洞内行车安全的影响。评定标准见表 11-23。

表 11-23　渗漏水的评定标准

结构	主要状况	漏水程度				是否影响行车		评定状况值
		喷射	涌流	滴漏	浸渗	是	否	
拱部	漏水	√				√		4
			√			√		3
				√		√		2
					√		√	1
	挂冰					√		3
							√	1
侧墙	漏水	√				√		3
			√			√		2
				√		√		2
					√		√	1
	冻柱					√		3
							√	1
路面	砂土流出					√		3/4
							√	1
	积水					√		3/4
							√	1
	结冰					√		3/4
							√	1

任务五　隧道净空断面变形检测

【学习目标】

（1）掌握净空断面变形检测的方法。
（2）熟悉变形结果的判定。

【任务描述】

通过对隧道净空断面变形检测相关知识的学习，结合教学图纸，对实体模型进行净空断面变形检测，出具相应结论。

【相关知识】

隧道净空断面变形包括衬砌鼓出、裂缝发展、施工缝错台、衬砌沉降（陷）、电缆沟上翘、边沟下陷和冒出、路面沉陷和上鼓等，检测内容包括高程检测、隧道断面检测、隧道衬砌结构裂缝缝发展监测、拱顶及边墙沉降检测、路面和电缆沟沉降（陷）检测等。根据检测结果判断隧道整体沉降及隧道断面形状的变化情况，为隧道处治决策和处治设计提供依据。隧道衬砌结构变形监测与隧道施工监测类似，是通过长期的定期或不定期观测，了解隧道衬砌结构变形与裂缝发展速度与发展趋势。

一、隧道净空断面变形检测

1. 衬砌高程检测

衬砌高程检测，即通过隧道建设时期高程控制点或独立设置的永久固定点，利用经纬仪、水准仪或全站仪对隧道路面控制点、路沿和衬砌边墙或基础沉降与变形进行测量。

2. 净空断面检测

采用激光断面检测仪对隧道净空断面进行检测，检查隧道衬砌混凝土是否存在侵入设计内轮廓线的现象。也可采用过去采用的隧道净空检测尺和隧道检测（查）车进行检测。老的检测方法，检测过程和程序比较复杂，且精度较低，但比较直观。

3. 衬砌结构变形监测

在地质不良地段，隧道上跨、下穿结构物等特殊地段，施工中隧道出现塌方和大变形地段，可对其净空变化进行长期的监测或检测，一般需对衬砌拱顶下沉和衬砌宽度收敛状况进行监测，特殊情况可依照检测要求特别定制监测方案。衬砌结构变形状况和变形发展的监测方法、检测仪器和操作步骤可参照隧道施工监控量测要求进行，但不得影响车辆通行和行车安全。

二、衬砌变形结果的判定

衬砌的变形、沉降一般较慢，变形需要较长时间，在地震、滑坡、暴雨后可能发生明显的变化。在北方寒冷地区，结构由于冻胀而变形，并随季节的循环而反复发生。当变形发生时，路面、边沟、电缆沟表现较为明显。

任何时候用隧道激光断面检测仪检测出隧道衬砌或附属设施任何部分侵入建筑限界，应直接判定侵限区域属于 3 类及以上病害。

隧道衬砌变形病害评定标准见表 11-24，当变形速度呈现加速时，则可以将等级提高一级；如因山体滑移导致衬砌变形，则应判定为 3/4 类。

表 11-24　基于变形速度的评定标准

结构	变形速度 v/(mm/a)				评定状况值
	$N \geq 10$	$10 > v \geq 3$	$3 > v \geq 1$	$1 > 0$	
衬砌	√				4
		√			3
			√		2
				√	1

如隧道衬砌结构同时存在剥落、材料劣化等病害，可参照表 11-25~表 11-27 进行分项技术状况判定。

表 11-25　衬砌起层、剥落的评定标准

结构	部位	掉落的可能性		判定
		有	无	
衬砌	拱部	√		4
			√	3
	侧墙	√		2
			√	1

表 11-26　衬砌断面强度降低的评定标准

结构	主要原因	起层和剥落的可能性		劣化程度 有效厚度/设计厚度			评定状况值
		有	无	<1/2	1/2~2/3	>2/3	
拱部	劣化，冻害，设计或施工不当等	√					4
			√				1
				√			3
					√		2
						√	1
侧墙		√					3
			√				1
				√			3
					√		2
						√	1

表 11-27　钢材腐蚀的评定标准

结构	主要原因	腐蚀程度	评定状况值
衬砌	盐害、渗漏水、酸（碱）化等	表面或小面积的腐蚀	1
		浅孔蚀或钢筋全周生锈	2
		钢材断面减小程度明显，钢结构功能受损	3

隧道衬砌表观自动化检测

隧道检测方案

隧道衬砌混凝土质量检测报告

【案例 11.1】 某隧道进行定期检查，根据定期检查相关知识回答下列问题。

1. 该隧道衬砌结构强度检测的主要工具是（ABC）。

A. 锤子　　B. 回弹仪

C. 地质雷达　　D. 测针

2. 该隧道下次定期检查的最长时间间隔不得超过（C）1 次。

A. 1 年　　B. 2 年

C. 3 年　　D. 5 年

3. 在该隧道经常检查中，发现重要结构分项技术状况评定状况值为（CD）时，应立即开展一次定期检查。

A. 1　　B. 2

C. 3　　D. 4

4. 该隧道漏水检查的主要工具为（AC）。

A. pH 试纸　　B. 照相机

C. 温度计　　D. 卷尺

5. 检查中发现隧道洞口存在滑坡、崩塌的初步迹象，坡面树木轻微倾斜，则该项目的技术状况评定值是（A）。

A. 2　　B. 3

C. 4　　D. 5

【任务实施】

根据提供的教学图纸，编制检测方案，对教学实体坛模型进行现场质量检测，并编制质量检测报告。

【复习与思考】

1. 公路隧道养护分成多少个等级？如何划分？
2. 简述公路隧道技术状况评定的流程。
3. 公路隧道总体技术状况评定类别有哪几类？各有什么特征？分别对应什么养护对策？

4. 经常性检查的检查频率、方法、内容及判定标准是什么?
5. 定期检查的检查频率、方法、内容及判定标准是什么?
6. 专项检查的项目主要有哪些?
7. 衬砌裂缝检查的内容、工具、结果判定分别是什么?
8. 渗漏水检查的内容、工具、结果判定分别是什么?
9. 隧道净空断面变形检测的内容、工具、结果判定分别是什么?

参 考 文 献

[1] 王国博. 高速铁路隧道工程施工技术[M]. 北京：中国铁道出版社，2019.

[2] 王万德，张美娜，张岩. 隧道工程施工[M]. 北京：邮电大学出版社，2014.

[3] 陈小雄. 隧道施工技术[M]. 北京：人民交通出版社，2011.

[4] 交通运输部安全与质量监督管理司，交通运输部职业资格中心. 公路水运工程试验检测专业技术人员职业资格考试用书　桥梁隧道工程[M]. 北京：人民交通出版社，2018.

[5] 中华人民共和国交通运输部. 公路隧道养护技术规范：JTG H12—2015[S]. 北京：人民交通出版社，2015.

[6] 中华人民共和国交通运输部. 公路隧道设计规范　第一册　土建工程：JTG 3370. 1—2018[S]. 北京：人民交通出版社，2018.

[7] 中华人民共和国交通运输部. 公路工程质量检验评定标准　第一册　土建工程：JTG F80/1—2017[S]. 北京：人民交通出版社，2018.

[8] 中华人民共和国交通运输部. 公路工程竣（交）工验收办法与实施细则：交公路发〔2010〕65 号[S]. 北京：人民交通出版社，2010.

[9] 中华人民共和国交通运输部. 公路隧道施工技术规范：JTG/T 3660—2020[S]. 北京：人民交通出版社，2020.

[10] 中华人民共和国交通运输部. 公路隧道设计细则：JTG/T D70—2010[S]. 北京：人民交通出版社，2020.